PROGRAMACIÓN EN

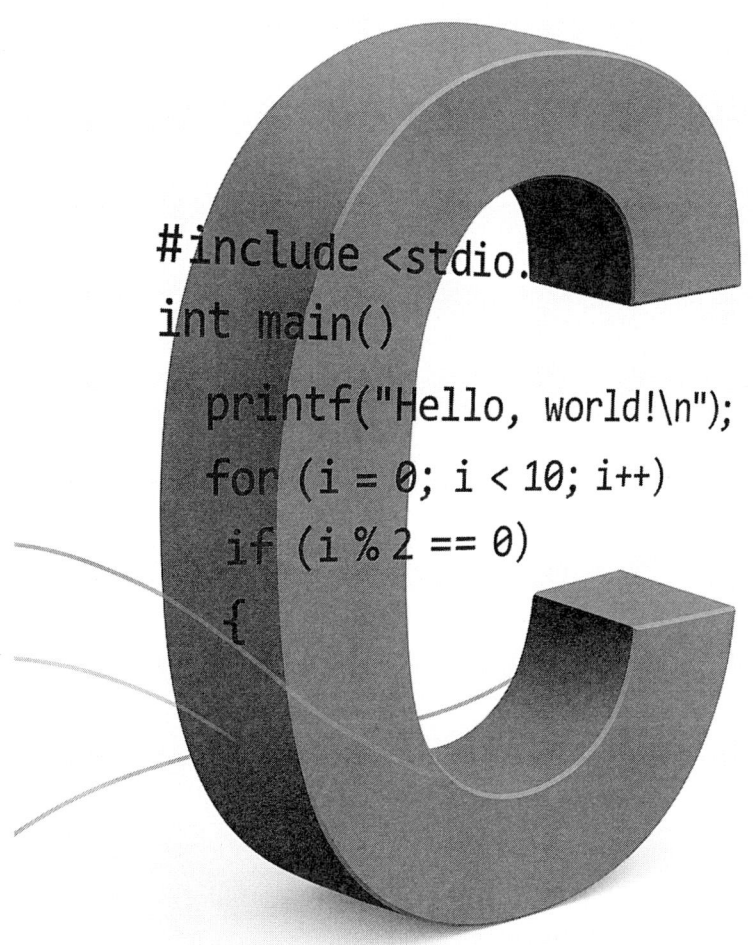

PROGRAMACIÓN EN

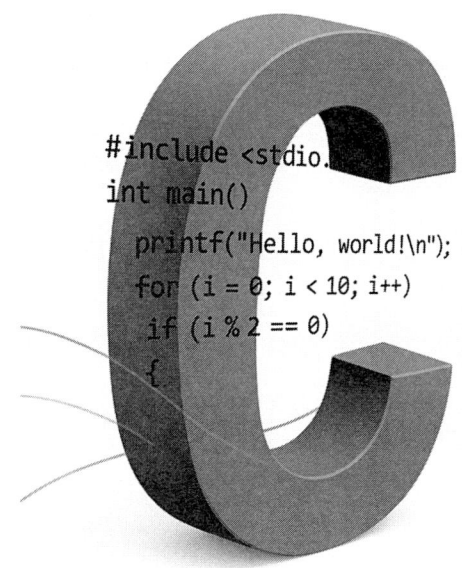

```
#include <stdio.
int main()
  printf("Hello, world!\n");
  for (i = 0; i < 10; i++)
  if (i % 2 == 0)
  {
```

Santiago Higuera de Frutos

Doctor Ingeniero de Caminos

Universidad Politécnica de Madrid

Garceta grupo editorial

PROGRAMACIÓN EN C	
Santiago Higuera de Frutos	
ISBN: 978-84-1903-425-0	
IBERGARCETA PUBLICACIONES, S.L., Madrid, 2025	
Edición: 1.ª	
Nº de páginas: 500	
Formato: 17 × 24 cm.	
Materia THEMA: UMX Lenguajes de programación y extensión/*scripting*: general	

Programación en C
ISBN: 978-84-1903-425-0
© Santiago Higuera de Frutos
COPYRIGHT © 2025 IBERGARCETA PUBLICACIONES, S.L.

Imagen de cubierta: cortesía del autor

Edición: 1.ª
Impresión: 1.ª
Depósito legal: M-18889-2025
OI: 0069/2026
Imprenta Valle del Tiétar, S.L.

A Gloria, por quererme.
A Manuel y Lucía, por supuesto.
A mi compañero Víctor, por haber creído en mí.
Y a la comunidad del software libre,
por creer que un mundo mejor es posible.

Santiago

Los programas deben escribirse
para que las personas los lean
y, solo de forma incidental,
para que las máquinas los ejecuten.

Harold Abelson, 1996 [1]

CONTENIDO

Prólogo

Aprender a programar constituye hoy en día una de las competencias fundamentales en la formación de cualquier ingeniero. Incluso en un mundo en el que las herramientas de Inteligencia Artificial están cada vez más presentes y facilitan muchas tareas, comprender cómo funciona un programa, cómo se organiza un algoritmo y cómo se traduce una idea en código sigue siendo imprescindible. El ingeniero no puede limitarse a utilizar soluciones ya hechas: debe ser capaz de analizar un problema, diseñar una estrategia de resolución y llevarla a la práctica con precisión y rigor.

Este libro está destinado a los estudiantes universitarios que se enfrentan por primera vez al aprendizaje de la programación. No se requieren conocimientos previos: el texto parte desde los conceptos más básicos y avanza de forma gradual, apoyándose en una gran cantidad de ejemplos explicados con detalle. Sin embargo, el camino recorrido conduce hasta un nivel medio de programación, que permitirá al lector enfrentarse a problemas de cierta complejidad y sentar las bases para aprendizajes más avanzados.

La extensión y profundidad del libro hacen que difícilmente pueda agotarse en un único semestre. Más bien, debe entenderse como un manual de referencia que acompaña al estudiante durante toda su formación inicial: una obra a la que volver en distintos momentos para repasar conceptos, reforzar técnicas o explorar nuevas posibilidades del lenguaje C.

A lo largo de sus capítulos se incluyen cientos de ejemplos repartidos estratégicamente para ilustrar cada idea, junto con más de doscientos ejercicios propuestos que permiten practicar y afianzar los contenidos. Cada ejercicio va acompañado de su solución, de manera que el alumno pueda comprobar su progreso y, al mismo tiempo, aprender distintas formas de abordar un mismo problema.

Pero aprender a programar no consiste solo en lograr que un programa funcione. La programación es también un medio de comunicación entre personas: el código debe ser comprensible, legible y mantener una estructura clara. Por ello, este libro insiste de manera constante en las buenas prácticas de programación, en el estilo y en la importancia de escribir programas que puedan ser entendidos y mantenidos por otros.

La elección del lenguaje C como punto de partida responde a varias razones. Se trata de un lenguaje con una larga tradición en el mundo de la ingeniería y la informática, en el que se apoyan muchos otros lenguajes modernos. Aprender C significa adquirir un conocimiento profundo de los fundamentos de la programación, de la relación entre el código y la máquina, y de los principios que siguen vigentes en entornos actuales. C, con su sencillez y potencia, ofrece al principiante una oportunidad única de comprender de verdad cómo se construye un programa desde sus cimientos.

En suma, este libro no pretende únicamente enseñar a programar en C, sino formar en el arte de pensar de manera algorítmica, rigurosa y creativa. Su meta es que los estudiantes, además de aprobar un curso, desarrollen una herramienta intelectual que les será útil durante toda su vida profesional como ingenieros.

Espero que este libro te acompañe en la aventura de descubrir la programación y que en cada página encuentres, no solo respuestas, sino también nuevas preguntas que despierten tu curiosidad como futuro ingeniero.

Repositorio de recursos adicionales del libro

Existe un repositorio con recursos adicionales asociados al libro [2], como las soluciones de los ejercicios propuestos, los ficheros de datos necesarios para algunos de los ejemplos que se desarrollan en el texto y algunos manuales sobre instalación del compilador o de VSCode.

Puedes acceder al repositorio a través del siguiente enlace o escaneando el código QR.

```
https://github.com/shiguera/programacion_c
```

Acerca del autor

Santiago Higuera de Frutos

 Doctor Ingeniero de Caminos por la Univer-
sidad Politécnica de Madrid (UPM). Ha sido
profesor en la Escuela Técnica Superior de
Ingenieros de Caminos, Canales y Puertos, y
actualmente en Escuela Técnica Superior de
Ingeniería y Sistemas de Telecomunicación,
ambas pertenecientes a la UPM. Es autor del
libro *"Programación en Rust"* y coautor de *"Programación y métodos numéricos para Ingeniería
con MATLAB y Octave"*, publicados en esta mis-
ma editorial. También es autor de numerosos artículos y conferencias sobre
programación, geometría de las carreteras y simuladores de conducción, todo
ello en el ámbito del software de código abierto.

Capítulo 1

Introducción a los computadores y los lenguajes de programación

Contenido

Los computadores son una herramienta de cálculo muy valiosa. No es indispensable saber cómo funcionan para poder utilizarlos, pero un pequeño conocimiento acerca de los sistemas de numeración, de los componentes de un computador o de cómo se organiza el sistema de archivos, favorece el aprendizaje posterior de las técnicas de programación.

En este capítulo se exploran los conceptos fundamentales sobre los computadores y su relación con los lenguajes de programación. Comienza con una descripción de los sistemas de numeración; a continuación, se explica qué es un computador, sus componentes principales y cómo funcionan para procesar información; sigue un apartado acerca de los sistemas operativos y sus sistemas de archivos; se introduce la clasificación de los lenguajes de programación en bajo y alto nivel, junto con los paradigmas más comunes como la programación estructurada y orientada a objetos; se cierra el capítulo con la explicación del concepto de algoritmo.

Este capítulo proporciona una base esencial para entender cómo operan los programas escritos en lenguaje C dentro del sistema informático. El capítulo no se plantea como un conjunto de materias evaluables para los estudiantes, sino como un conjunto de conocimientos de cultura general y también como un capítulo de consulta posterior, durante el aprendizaje de la programación.

1.1 Sistemas de numeración. El sistema binario

Un *sistema de numeración* es un conjunto de símbolos y reglas de generación que permiten representar números de manera estructurada y comprensible. Estos sistemas se utilizan para expresar cantidades y realizar operaciones matemáticas. Los números se representan mediante una cadena compuesta por varios símbolos. Cada símbolo individual se denomina *dígito*.

Los sistemas de numeración pueden clasificarse en dos grandes grupos: posicionales y no posicionales:

- **Posicionales:** el valor de un dígito depende, tanto del símbolo utilizado, como de la posición que ocupa en el número.
- **No posicionales:** cada dígito tiene el valor del símbolo utilizado, que no depende de la posición (columna) que ocupa en el número.

Como ejemplo de sistema de numeración no posicional puedes recordar el sistema de numeración de los romanos, donde cada símbolo representaba un valor independientemente de la posición que ocupara el dígito en la cifra total[1]. Así, el número romano *XVII* equivale a *10+5+1+1 = 17*.

Cada sistema de numeración posicional tiene una base, que define la cantidad de símbolos disponibles para construir números válidos. Así, el sistema decimal tiene base 10, el binario tiene base 2 y el sistema hexadecimal tiene base 16. Teóricamente, las

---

[1]Hay cierto carácter posicional en el sistema de numeración romano. Por ejemplo, en el número XIV y el número XVI, la I vale +1 o -1, según su posición respecto de la V.

combinaciones de los símbolos en los sistemas posicionales permiten generar infinitas cifras, reutilizando los caracteres disponibles. Los tipos comunes de sistemas de numeración son los que muestra la Tabla 1.1.

Tabla 1.1: Sistemas de numeración habituales

Sistema	Base	Símbolos utilizados	Uso habitual
Decimal	10	$0, 1, ..., 9$	Vida cotidiana.
Binario	2	$0, 1$	Ordenadores.
Octal	8	$0, 1, ..., 7$	Programación y electrónica.
Hexadecimal	16	$0, 1, ..., 9, A, B, C, D, E, F$	Programación y electrónica.

1.1.1 Sistema de numeración decimal

El sistema de numeración decimal, que usamos hoy en día para escribir números, es un sistema posicional de origen indo-arábigo. Llegó a Europa a principios del siglo XIII gracias a Leonardo de Pisa, más conocido como Fibonacci, quien lo presentó en su libro *Liber Abaci* (*Libro de cálculo*).

El sistema utiliza diez símbolos distintos: *0, 1, 2, 3, 4, 5, 6, 7, 8* y *9*. Cuando un número tiene más de un dígito, cada uno de ellos representa su valor multiplicado por una potencia de diez, determinada por la posición que ocupa. La posición se cuenta desde la derecha, empezando por la *0*. Por ejemplo:

$$321 = 3 \times 10^2 + 2 \times 10^1 + 1 \times 10^0$$

Como se utilizan diez símbolos, se dice que es un *sistema de base* 10.

1.1.2 Sistema de numeración binario

A raíz de la implantación de los computadores, se han comenzado a utilizar otros sistemas de numeración. Por ejemplo, el sistema de numeración *binario* utiliza solo dos símbolos: el 0 y el 1. Se trata de un sistema de numeración posicional de base 2. A cada uno de los dígitos de un número expresado en el sistema binario se le denomina *BIT*, que es el acrónimo de *BInary digiT*.

La razón de utilizar el sistema binario está en la facilidad de implementarlo mediante dispositivos electrónicos que solo admiten dos estados: *encendido* (1) y *apagado* (0), como se muestra en la Figura 1.1.

La interpretación decimal de un número binario se hace de manera similar a lo visto para números decimales: cada dígito equivale a su valor multiplicado por la potencia de 2 correspondiente a su posición, empezando en cero por la derecha. Así, se tiene:

$$101 = 1 \times 2^2 + 0 \times 2^1 + 1 \times 2^0$$

Si se realizan las operaciones, se ve que el número binario *101* equivale al decimal *5*.

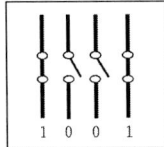

Figura 1.1: Representación de un número binario mediante interruptores abiertos o cerrados

Este procedimiento, que sirve para calcular el valor decimal de un número expresado en cualquier base, se conoce como *representación polinómica exponencial*.

Convertir números decimales a binarios consiste en transformar un número en base 10 (decimal) a su equivalente en base 2 (binario). Se van a explicar dos métodos:

- Mediante divisiones sucesivas entre 2.
- Utilizando la tabla de potencias de 2.

Método de las divisiones sucesivas entre 2

Hay que seguir los siguientes pasos:

1. Divide el número por 2 y anota el resto de la división. El resto será siempre 0 o 1.
2. En la división anterior, obtén el cociente, que es el resultado entero de la división. Si el cociente es diferente de cero, continúa dividiendo por 2.
3. Repite los pasos 1 y 2 hasta que obtengas un cociente igual a cero.
4. Escribe los restos obtenidos en orden inverso. Ese será el resultado.

El siguiente ejemplo convierte el número decimal 25 a binario:

- Dividir 25 entre 2   →   cociente=12,   resto=1.
- Dividir 12 entre 2   →   cociente=6,   resto=0.
- Dividir 6 entre 2   →   cociente=3,   resto=0.
- Dividir 3 entre 2   →   cociente=1,   resto=1.
- Dividir 1 entre 2   →   cociente=0,   resto=1.

Escribiendo los restos en orden inverso, se obtiene: 11001. Por tanto, el número decimal 25 en binario es 11001. La Figura 1.2 muestra el esquema del proceso de convertir el número decimal 25 a binario, tal como se harían las divisiones a mano.

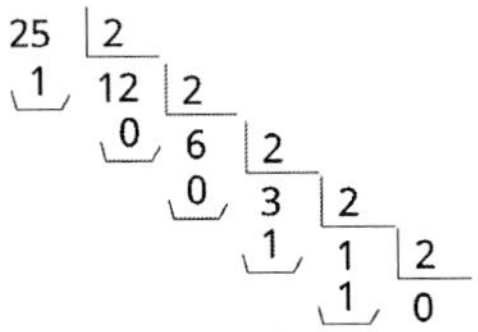

$$
\begin{array}{r}
25\ \lfloor\underline{2} \\
1\ \ 12\ \lfloor\underline{2} \\
0\ \ 6\ \lfloor\underline{2} \\
0\ \ 3\ \lfloor\underline{2} \\
1\ \ 1\ \lfloor\underline{2} \\
1\ \ 0
\end{array}
$$

Figura 1.2: Conversión del número decimal 25 a binario por el método de las *divisiones sucesivas*

Método de las tablas de potencias de 2

Consiste en descomponer el número en suma de potencias de 2. En el ejemplo del número decimal 25, se procedería de la siguiente forma:

1. Obtener las potencias de 2 menores o iguales que 25: 16, 8, 4, 2, 1.

   El 16 es la cuarta potencia, el 8 es la tercera, el 4 es segunda, el 2 es la primera y el 1 es la potencia 0. Hay 5 potencias menores o iguales que 25, por lo que el número binario tendrá 5 cifras.

2. Ir restando esas potencias del número hasta llegar a cero.

   - $25 - 16 = 9$ (quinta cifra).
   - $9 - 8 = 1$ (cuarta cifra).
   - $1 - 1 = 0$ (primera cifra).

3. En las posiciones de las potencias que se hayan utilizado en el paso anterior se pondrá un 1 y en las posiciones de potencias que no se hayan utilizado se pondrá un 0. De esta forma, el resultado de convertir el decimal 25 a binario es: 11001.

La Figura 1.3 muestra el esquema de aplicación del método de la tabla de potencias para convertir números decimales a binario.

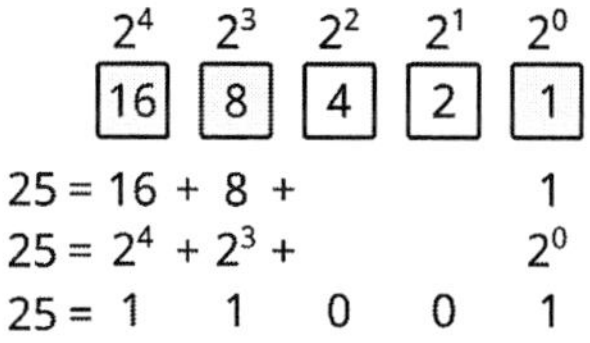

$$
\begin{array}{ccccc}
2^4 & 2^3 & 2^2 & 2^1 & 2^0 \\
\boxed{16} & \boxed{8} & \boxed{4} & \boxed{2} & \boxed{1}
\end{array}
$$

$$25 = 16 + 8 + \qquad\quad 1$$
$$25 = 2^4 + 2^3 + \qquad\quad 2^0$$
$$25 = 1 \quad 1 \quad 0 \quad 0 \quad 1$$

Figura 1.3: Conversión del número decimal 25 a binario por el método de la *tabla de potencias*

Ambos métodos de conversión son útiles y se complementan entre sí. En los ejercicios del Capítulo 5 encontrarás algunos sobre la conversión entre decimal y binario.

Aunque pueda parecer complicado, el uso de los números binarios es sencillo, ya que solo emplea dos cifras distintas. La suma, la multiplicación o la potenciación se realizan de forma muy simple, aunque aquí no se explicará el procedimiento.

1.1.3 Sistema de numeración hexadecimal

El sistema hexadecimal es un sistema de numeración posicional de base 16 (2^4). Utiliza 16 símbolos:

$$0, 1, 2, 3, 4, 5, 6, 7, 8, 9, A, B, C, D, E, F$$

La A en hexadecimal corresponde al número 10 en decimal, la B al 11 y así sucesivamente hasta la F, que equivale al 15. Las letras pueden escribirse en mayúsculas o minúsculas. Al representar un número hexadecimal, suele anteponerse una x para indicar su base; también es habitual usar el prefijo $0x$.

El sistema hexadecimal actual fue introducido en el ámbito de la computación por IBM en 1963. Se emplea habitualmente para simplificar la escritura de números binarios, ya que cada dígito hexadecimal equivale a un grupo de 4 bits. De este modo, un número de dos dígitos hexadecimales puede representar valores decimales del 0 al 255, es decir, un *byte*.

La conversión de hexadecimal a decimal se realiza de forma similar a la utilizada con los números binarios, pero empleando la base 16. A continuación se muestran algunos ejemplos:

$$A = 10 \times 16^0 = 10$$
$$1A = 1 \times 16^1 + 10 \times 16^0 = 26$$
$$b3 = 11 \times 16^1 + 3 \times 16^0 = 179$$
$$ff = 15 \times 16^1 + 15 \times 16^0 = 255$$
$$FFFF = 15 \times 16^3 + 15 \times 16^2 + 15 \times 16^1 + 15 = 65535$$

La Figura 1.4 ilustra un concepto fundamental: un mismo número puede tener distintas representaciones según el sistema de numeración utilizado.

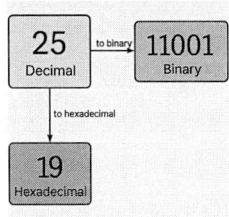

Figura 1.4: Representación de un mismo número en distintos sistemas de numeración

1.1.4 Unidades de medida de la cantidad de información

Los dispositivos electrónicos facilitan el uso de números binarios agrupados en conjuntos de 1, 2, 4, 8, 16, 32, 64, ... , que corresponden a potencias de 2.:

$$1 = 2^0;\ 2 = 2^1;\ 4 = 2^2;\ 8 = 2^3;\ 16 = 2^4;\ 32 = 2^5;\ 64 = 2^6$$

La Figura 1.5 muestra un esquema de las agrupaciones de bits más usuales.

Los procesadores de los computadores manejan grupos de bits en cada ciclo. Los primeros procesadores trabajaban con grupos de 4 bits, pero en la actualidad todos utilizan grupos de al menos 8 bits.

La agrupación más común es la de 8 bits, conocida como *byte*. En informática, el bit y el byte no solo se emplean para representar información, sino también como unidades de medida del almacenamiento. Del mismo modo que medimos la distancia en metros o el peso en kilogramos, medimos la cantidad de información en bits y bytes. El byte y

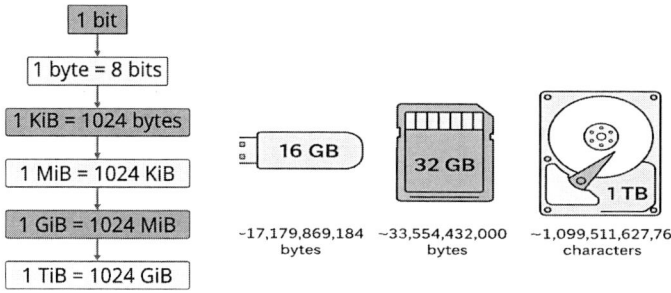

Figura 1.5: Agrupaciones de bits más frecuentes en informática

sus múltiplos se han convertido en la unidad estándar para indicar la capacidad de los dispositivos de almacenamiento.

Entre los múltiplos del byte más habituales están el *kilobyte* (kB, mil bytes), el *megabyte* (MB, un millón de bytes), el *gigabyte* (GB, mil megabytes) y el *terabyte* (TB, mil gigabytes). Son comunes las memorias USB de varias decenas de gigabytes (4 GB, 16 GB, 32 GB, 64 GB) y los discos duros que van desde unos 500 GB hasta varios terabytes.

Si el prefijo se interpreta según el Sistema Internacional, *kilo* equivale a 10^3 (mil), *mega* a 10^6, *giga* a 10^9 y *tera* a 10^{12}. Sin embargo, en informática es más frecuente emplearlos en términos de potencias de 2^2.

Por ejemplo, una memoria USB de 16 GB (gigabytes) almacena aproximadamente:

$$16 \times 1024^3 \, bytes = 17\,179\,869\,184 \, bytes$$

Como cada carácter de texto suele ocupar 1 byte, en esa memoria podrían almacenarse unos 17 000 millones de caracteres, es decir, varios miles de libros.

La Tabla 1.2 resume los principales múltiplos del byte.

Tabla 1.2: Múltiplos del byte

Prefijo	Sistema Internacional de Medida	Norma ISO/IEC 80000-13
byte	1 byte = 10^0 bytes	1 byte = 2^0 bytes
kilo	1 KB = 10^3 bytes	1 KiB = 2^{10} bytes = 1024 bytes
mega	1 MB = 10^6 bytes = 1000 MB	1 MiB = 2^{20} bytes = 1024 KiB
giga	1 GB = 10^9 bytes = 1000 Mb	1 GiB = 2^{30} bytes = 1024 MiB
tera	1 TB = 10^{12} bytes = 1000 GB	1 TiB = 2^{40} bytes = 1024 GiB

---

[2]La norma ISO/IEC 80000-13 establece que, cuando los múltiplos del byte se expresan como potencias binarias, deben utilizarse los prefijos *KiB* (kibibyte), *MiB* (mebibyte), *GiB* (gibibyte) y *TiB* (tebibyte). No obstante, es habitual ver la notación *KB, MB, GB, TB* para referirse a múltiplos del byte basados en potencias de 2.

1.2 El computador

Un *computador* es un dispositivo electrónico programable capaz de realizar operaciones aritméticas o lógicas. El computador recibe unos datos, que se denominan *entrada*, los procesa y devuelve el resultado de dicho procesamiento, que se denomina *salida*.

Figura 1.6: Imagen de un computador generada por *Perplexity*

La palabra *ordenador* es el término más frecuente en el español de España. Proviene del francés *ordinateur*, introducido en Francia por IBM a mediados del siglo XX. En el español de América se utilizan habitualmente los términos *computador* o *computadora*, procedentes del inglés *computer*.

Como máquina, el computador está formado por diversos dispositivos electrónicos que, en conjunto, constituyen el *hardware*. Para que un computador funcione, necesita *software*, es decir, el conjunto de instrucciones que dirige su funcionamiento. A estos conjuntos de instrucciones también se les llama *programas*. La Figura 1.7 muestra un diagrama de bloques con el *hardware* y el *software* de un computador.

La capacidad de un computador depende de sus componentes *hardware*; la diversidad de tareas que puede realizar depende del *software* que tenga instalado.

Existen muchos tipos de máquinas programables. Algunas están dedicadas al manejo de maquinaria o de dispositivos electrónicos y electromecánicos. A este tipo de máquinas programables se les suele denominar *controladores*, más que computadores.

En el lenguaje habitual, el término *computador* se reserva para las máquinas programables provistas de teclado, pantalla y unidades de almacenamiento. Los tipos más comunes son los servidores, los computadores de sobremesa, los portátiles, las tabletas y los teléfonos móviles. La denominación *servidor* se aplica a los computadores que ofrecen servicios a otros equipos a través de una red de telecomunicaciones. Un ejemplo son los servidores que proporcionan páginas web en Internet o el computador central que da servicio a los equipos individuales de una empresa mediante una red cableada.

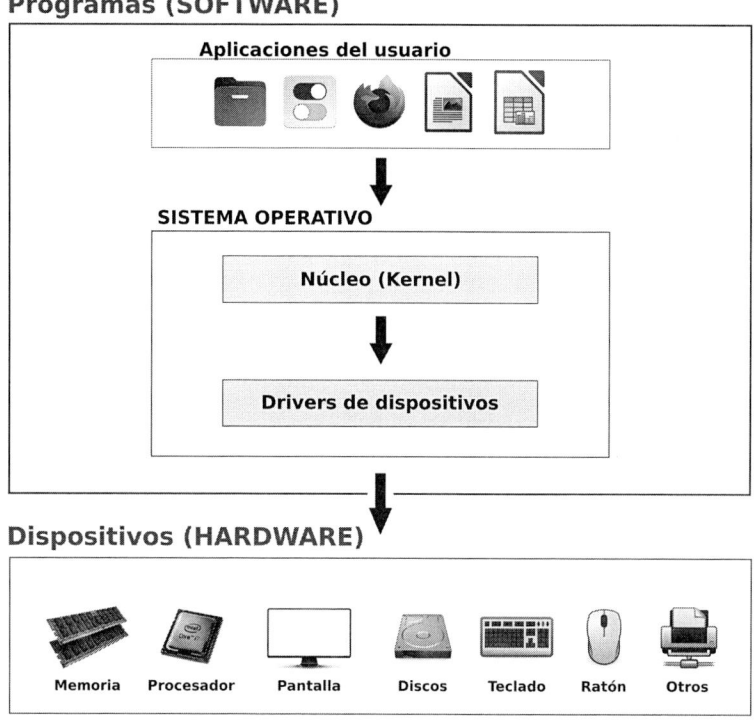

Figura 1.7: Esquema de bloques del hardware y el software de un computador

1.2.1 Componentes *hardware* del computador

Los componentes *hardware* de un computador de sobremesa suelen ser la unidad central, el monitor, el teclado, el dispositivo apuntador y las unidades de almacenamiento. El dispositivo apuntador más frecuente en la actualidad es el ratón. Los computadores portátiles suelen incluir los mismos componentes que los de sobremesa. Las tabletas y los teléfonos disponen de pantallas táctiles que integran el teclado y permiten usar los dedos como dispositivo apuntador. Los servidores, por su parte, suelen contar únicamente con la unidad central y los dispositivos de almacenamiento; para manejarlos se emplean uno o más computadores de la red.

La unidad central está compuesta en realidad por varios dispositivos que conviene conocer. Su núcleo es el *procesador*, también denominado *Unidad de Procesamiento* o *CPU (Central Processing Unit)*. La CPU controla el resto de dispositivos: unidades de memoria, *controladoras* y puertos de entrada y salida. La alimentación eléctrica se suministra a través de una unidad de alimentación conectada a la red eléctrica.

Entre las controladoras, destaca la encargada de gestionar la salida de imagen por pantalla. Hoy en día, las pantallas cuentan con resoluciones de varios millones de puntos que se actualizan a frecuencias superiores a 60 Hz. Esto requiere realizar un gran número de cálculos por segundo, lo que ha llevado al desarrollo de placas específicas para la gestión de la salida gráfica. En realidad, se trata de auténticos computadores dedicados exclusivamente al procesamiento gráfico, liberando al procesador principal de esta tarea. Se les conoce como *tarjetas gráficas* o GPU (*Graphics Processing Units*) y su coste suele ser elevado. Con frecuencia, los programas aprovechan la potencia de cálculo de las GPU para otros tipos de procesamiento.

El *bus de datos* es el componente que comunica el procesador con el resto del sistema. Es un elemento fundamental para el funcionamiento del computador. La Figura 1.8 muestra un esquema de la comunicación del procesador con el resto de componentes a través del bus de datos.

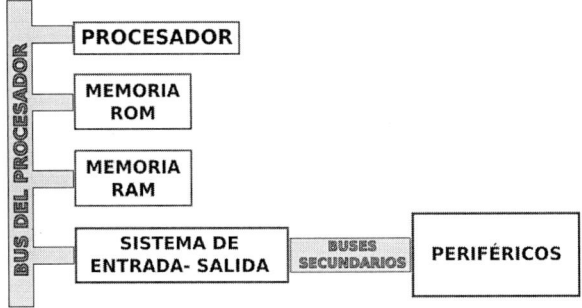

Figura 1.8: Esquema de comunicación del procesador a través del bus de datos

La *memoria* de un computador está formada por dispositivos electrónicos que permiten almacenar información, ya sean datos o instrucciones de programas. Se comunica con el procesador a través del *bus de datos*. En un computador se distinguen dos tipos principales de memoria:

- **Memoria fija:** también conocida como memoria *ROM* (*Read Only Memory*), contiene instrucciones que se mantienen aunque se apague el computador. Estas instrucciones se encargan de gestionar el arranque de la máquina, activar el resto de dispositivos y cargar el sistema operativo. En los equipos actuales, este tipo de memoria suele estar implementada mediante tecnologías reprogramables (como memoria *flash*), aunque su contenido no cambia durante el uso normal del computador.

- **Memoria volátil:** denominada memoria *RAM* (*Random Access Memory*), pierde su contenido cuando se desconecta el computador, ya que requiere alimentación eléctrica para mantener la información. En ella se cargan, durante el funcionamiento del sistema, los datos, los programas y los resultados de los procesamientos.

1.2.2 La capacidad del procesador

El procesador es el componente central de cualquier computador. Actualmente, dos marcas dominan el mercado de procesadores para computadores de sobremesa: Intel y AMD, ambas con productos de alta calidad. Apple incorpora a sus dispositivos sus propios procesadores. En el ámbito de los teléfonos móviles, existen varios fabricantes, como Qualcomm o Mediatek; además, cada vez es más habitual que los propios fabricantes de móviles (Samsung, Huawei, Google, Apple, entre otros) diseñen e integren sus propios procesadores.

Los principales parámetros que permiten estimar el rendimiento de un procesador son los siguientes:

- **Velocidad de reloj:** internamente, el procesador dispone de una señal de reloj que sincroniza sus operaciones. Se mide en hercios (Hz) y, en la actualidad, son habituales frecuencias de varios gigahercios (GHz). Esta cifra no coincide necesariamente con la velocidad que percibe el usuario, ya que, según la arquitectura del procesador, este puede realizar más o menos operaciones por ciclo de reloj.

- **Anchura en bits del bus:** indica el número de bits que puede transmitir en un ciclo de reloj. En los computadores de sobremesa actuales, lo habitual es una anchura de 64 bits (8 bytes).

- **Velocidad del bus:** es la frecuencia de funcionamiento del bus, normalmente inferior a la del procesador. Un bus más rápido permite transferir datos con mayor agilidad entre el procesador y el resto de componentes.

- **Memoria caché:** es una memoria muy rápida que almacena temporalmente datos e instrucciones que el procesador necesita o necesitará de forma inmediata. Cuanto mayor es la caché, mayor puede ser el rendimiento, ya que se reducen los accesos a memorias más lentas.

- **Número y tipo de núcleos:** un procesador con varios núcleos equivale, en la práctica, a disponer de varios procesadores trabajando en paralelo. Esto permite ejecutar múltiples tareas de forma simultánea, lo que incrementa el rendimiento en aplicaciones preparadas para aprovecharlo. Son habituales denominaciones comerciales como *dual core* (dos núcleos) o *quad core* (cuatro núcleos).

La velocidad real de un computador depende de su componente más lento. Un procesador muy rápido, pero acompañado de un bus o de memorias lentas, verá limitado su rendimiento por la menor capacidad de estos elementos.

1.2.3 Ejecución de los programas

En general, la ejecución de programas de computador sigue el proceso de cuatro fases indicado en la Figura 1.9. Estas fases son: *entrada, almacenamiento, procesamiento y salida* y todas ellas requieren el uso de *datos*.

Inicialmente, los programas están guardados en las unidades de almacenamiento (por ejemplo, en discos duros o unidades de estado sólido). Para poder ejecutarlos, deben cargarse primero en la memoria RAM; desde ahí se transmiten sus instrucciones al procesador para su ejecución. La tarea de cargar los programas en memoria corresponde al sistema operativo.

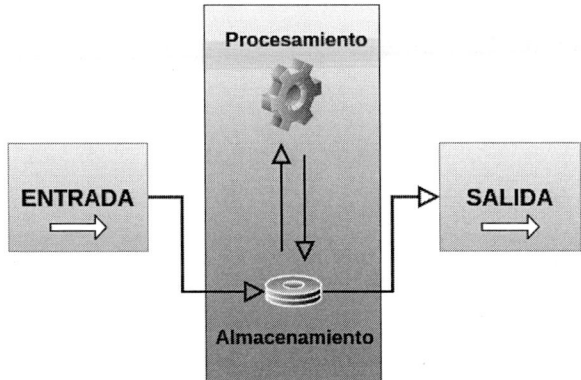

Figura 1.9: Esquema de interacción con el computador

Un computador mantiene en ejecución numerosos programas de forma aparentemente simultánea. A esto se suman los programas que el usuario decide ejecutar: cliente de correo, navegador web, reproductor de música, entre otros.

En realidad, la ejecución no es verdaderamente simultánea (a menos que el procesador tenga varios núcleos). El sistema reparte el tiempo de reloj del procesador entre los diferentes programas en un proceso conocido como *ejecución concurrente*. Debido a la gran velocidad del reloj, el usuario percibe que los programas se ejecutan al mismo tiempo.

Si el procesador dispone de más de un núcleo, entonces sí es posible realizar varias tareas de manera más simultánea, lo que se conoce como *ejecución en paralelo*, como muestra la Figura 1.10.

Para que un mismo programa pueda beneficiarse de la ejecución en paralelo, debe estar diseñado para ello. Este es el caso, por ejemplo, de algunos videojuegos y de determinados programas científicos.

1.3 El sistema operativo

El *sistema operativo* de un computador es el software encargado de interactuar con el usuario, gestionar el sistema de archivos, las comunicaciones y ejecutar el resto de pro-

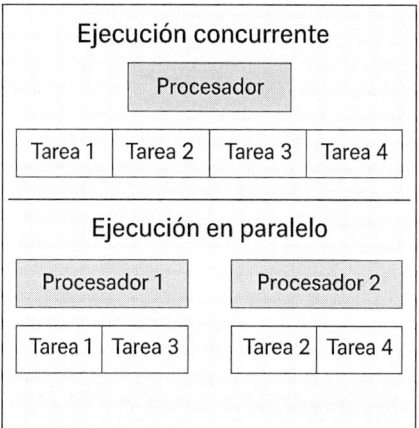

Figura 1.10: Ejecución concurrente versus ejecución en paralelo

gramas. Actualmente existen varios sistemas operativos, con mayor o menor implantación según el tipo de dispositivo.

En los computadores de sobremesa y portátiles, el sistema operativo más extendido es *Windows*, de la empresa Microsoft. En los computadores fabricados por Apple se utiliza *macOS*. Entre científicos, programadores y administradores de sistemas es frecuente emplear alguna variante de *Linux*.

En servidores, se utilizan casi exclusivamente sistemas operativos basados en *Linux*.

En los teléfonos móviles y tabletas predominan dos sistemas operativos: *Android*, de Google e *iOS*, de Apple.

Los sistemas operativos de Microsoft y Apple son de código propietario (cerrado) y requieren una licencia de pago para poder utilizarlos. *Linux*, en cambio, es software de código abierto disponible de manera gratuita. *Android* está basado en el núcleo (*kernel*) de Linux y *macOS* e *iOS* están basados en *Darwin*, un sistema operativo de código abierto derivado de BSD (Berkeley Software Distribution), aunque ambos incluyen componentes de software libre.

Cuando se arranca el computador, la memoria ROM contiene las instrucciones necesarias para iniciar la carga del sistema operativo en la memoria RAM. En realidad, no se carga en memoria todo el sistema operativo, sino solo una parte esencial (habitualmente llamada *núcleo* o *kernel*). A medida que el sistema operativo recibe solicitudes, se van cargando en memoria los distintos módulos y servicios encargados de gestionar dispositivos, cargar y ejecutar programas, leer y escribir en los discos, y realizar otras tareas fundamentales.

1.4 El sistema de archivos

El *sistema de archivos* o *sistema de ficheros* (*file system*) es el componente del sistema operativo que controla cómo se almacenan y recuperan los datos. Administra la información en las unidades de almacenamiento (discos, memorias USB, etc.), asignando espacio a los nuevos archivos, gestionando el espacio libre y controlando el acceso a los datos.

Cada sistema operativo dispone de uno o varios sistemas de archivos compatibles, aunque suele tener uno considerado como *nativo* o recomendado. De cara al usuario, la mayoría presenta una organización basada en *directorios* y *archivos* dispuestos de forma jerárquica, en una estructura en forma de árbol[3].

En una estructura en árbol, la información se organiza en *ramas* y *hojas*. En el sistema de archivos, los directorios son las ramas y los archivos, las hojas.

Un *archivo* es una unidad de información independiente que contiene datos o instrucciones de programa. Una *carpeta* o *directorio* es una agrupación que puede contener otros directorios o archivos dentro de un dispositivo de almacenamiento. Cada dispositivo tiene un *directorio raíz*, que es el punto de inicio de la estructura de árbol del dispositivo. Dentro de este directorio raíz puede haber otros directorios y archivos.

La Figura 1.11 muestra una estructura jerárquica en forma de árbol que parte del directorio o carpeta raíz (en la parte superior) y se extiende hacia abajo mediante carpetas que contienen otras carpetas o archivos.

1.4.1 Nombre de los archivos

Cada archivo o directorio tiene un *nombre* asociado. La regla general es que no puede haber dos elementos con el mismo nombre dentro de un mismo directorio. El nombre suele constar de dos partes separadas por un punto: el *nombre* y la *extensión*. Es importante respetar las siguientes convenciones:

- El *nombre* puede estar formado por cualquier combinación de letras, números y símbolos permitidos por el sistema de archivos. Algunos caracteres están reservados y no pueden usarse (por ejemplo, en Windows no se permiten los siguientes caracteres en los nombres de archivos: /, \, :, *, ?, ", <, > y |).

- La *extensión* suele estar formada por tres o cuatro caracteres (aunque en la actualidad pueden ser más), separada del nombre propiamente dicho por un punto, y sirve para indicar al sistema operativo y al usuario el tipo de archivo. Por ejemplo,

---

[3]El nombre *directorio* es equivalente al término *carpeta*. Originalmente se empleaba el término *directorio*. En los años 80 del siglo pasado, Apple Inc. introdujo la *Interfaz Gráfica de Usuario* (GUI, *Graphical User Interface*) en su computador Macintosh. En esta interfaz, los directorios se representaban con el dibujo de una carpeta. A partir de entonces, la mayoría de sistemas operativos incorporaron sus GUI manteniendo ese símbolo. Hoy en día, se utilizan indistintamente los términos *carpeta* y *directorio* para referirse a las agrupaciones de archivos en la estructura del sistema de archivos.

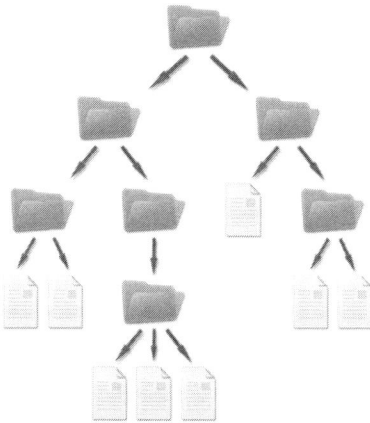

Figura 1.11: Estructura en árbol del sistema de archivos de una unidad de almacenamiento

los archivos que contienen código fuente en lenguaje C utilizan la extensión .c. Otros ejemplos son: .txt para texto plano, .docx para documentos de procesador de texto, .xlsx para hojas de cálculo, .png o .jpg para imágenes y muchos más.

> ## Consejo
>
> En su configuración por defecto, el explorador de archivos de Windows oculta la extensión de los archivos y solo muestra el nombre. Esto lleva a que, en un mismo directorio, puedan aparecer varios archivos aparentemente con el mismo nombre, cuando en realidad se diferencian por la extensión.
>
> Esto resulta poco práctico, especialmente al programar, ya que dificulta identificar rápidamente los archivos por su tipo. Por ello, se recomienda desactivar esta opción para mostrar siempre las extensiones. La forma de hacerlo varía según la versión de Windows; localiza cómo se hace en tu versión y desactívala para evitar confusiones.

1.4.2 La ruta de acceso al archivo

Cada archivo o directorio, además de tener un nombre, está ubicado dentro de un directorio específico. Para identificar la ubicación de un elemento concreto, se indica la secuencia de directorios que hay que recorrer desde el directorio raíz hasta el directorio que lo contiene.

Los nombres de carpeta se separan utilizando el *carácter separador*; en Windows es la barra invertida \, en Linux y macOS es la barra inclinada normal /.

El directorio raíz también se representa de forma distinta según el sistema operativo. En Windows, se utiliza una letra mayúscula denominada *nombre de la unidad*, seguida de dos puntos (por ejemplo, C:). En Linux y macOS, el directorio raíz se representa con la barra inclinada /.

A esta secuencia de directorios que conduce a un archivo o carpeta se le denomina *ruta* (en inglés, *file path*). Por ejemplo:

`C:\MisCarpetas\Carpeta_2`

La línea anterior hace referencia a una carpeta llamada *Carpeta_2*, situada dentro de una carpeta llamada *MisCarpetas*, que a su vez está en el directorio raíz de la unidad `C:` en un sistema Windows. En Linux o macOS, esta ruta sería:

`/MisCarpetas/Carpeta_2`

En este caso, se trata de una carpeta llamada *Carpeta_2*, ubicada dentro de *MisCarpetas*, que está en el directorio raíz de un sistema Linux o macOS.

Como puede verse, la estructura de una ruta es similar en los tres sistemas operativos, variando solo el separador de directorios y el nombre del directorio raíz.

El acceso a un archivo o recurso a través de Internet sigue un sistema de rutas similar. Primero se indica el protocolo y la dirección del servidor al que se desea acceder (por ejemplo, `https://www.etsist.upm.es/`), seguido de la ruta dentro de ese servidor hasta el recurso deseado. La mayoría de servidores web utilizan Linux, por lo que el separador de carpetas en las direcciones es la barra inclinada /. Un ejemplo de ruta de acceso a un fichero en Internet sería:

`https://webs.um.es/iverdu/AP07_FicherosA.pdf`

Esta dirección apunta al servidor *webs.um.es*, dentro del cual hay una carpeta llamada *iverdu* que contiene el fichero *AP07_FicherosA.pdf*. Si se introduce esta ruta en el navegador, se descargará el archivo.

1.4.3 El directorio actual

En todo momento, durante el uso de cualquier programa, se asume que el usuario está posicionado en un directorio concreto del sistema de archivos. Este recibe el nombre de *directorio actual* o *directorio de trabajo*. Todas las rutas relativas se interpretan en función de este directorio.

1.4.4 Rutas absolutas y relativas

Para identificar un archivo concreto, el sistema operativo necesita conocer, además de su nombre completo, la ruta hasta su ubicación. Esta puede especificarse de dos maneras: como *ruta absoluta* o como *ruta relativa*.

- **Ruta absoluta:** indica la ruta completa desde el directorio raíz de la unidad:

`C:\carpeta_1\datos.txt`

En este ejemplo de Windows, el archivo *datos.txt* se encuentra en *carpeta_1*, ubicada en el directorio raíz de la unidad `C:`.

- **Solo el nombre de archivo:** si se indica únicamente el nombre, por ejemplo `datos.txt`, el sistema operativo lo buscará en el directorio actual. Esta es un caso particular de ruta relativa.

- **Ruta relativa:** describe la ubicación del archivo partiendo desde el directorio actual, sin mencionar el directorio raíz. Por ejemplo, en Windows: `carpeta_1\datos.txt`, y en Linux o macOS: `carpeta_1/datos.txt`.

En los ejemplos anteriores se han utilizado rutas de Windows, Linux y macOS. La Tabla 1.3 resume las principales diferencias entre rutas absolutas y relativas.

Tabla 1.3: Comparación entre rutas absolutas y relativas

Característica	Ruta absoluta	Ruta relativa
Ej. Windows:	`C:\Usuarios\Documentos\programa.c`	`Documentos\programa.c`
Ej. Linux/Mac:	`/Usuarios/Documentos/programa.c`	`Documentos/programa.c`
Descripción	Ubicación completa desde el directorio raíz	Ubicación relativa al directorio actual.
Empieza por:	Letra de unidad (Windows) o / (Linux, Mac)	Nombre de carpeta o archivo.
Validez	Siempre apunta al mismo archivo, independientemente del directorio actual.	Depende del directorio actual.
Uso común	Accesos directos, configuraciones, etc.	Scripts, programación, proyectos portables.
Portabilidad	Menor: depende de la estructura completa del sistema.	Mayor: adaptable si se mueve el proyecto.

¡Importante!

Aunque los sistemas operativos actuales permiten nombres con caracteres acentuados, espacios y otros símbolos especiales, se recomienda utilizar únicamente letras del alfabeto inglés, números y el guion bajo para nombrar archivos o carpetas. Esto evita problemas de compatibilidad entre diferentes sistemas y con ciertos programas.

En particular, los espacios en los nombres de archivo suelen provocar incompatibilidades. Por ello, se recomienda usar el guion bajo para separar palabras, o el criterio *CamelCase*, que consiste en escribir las palabras juntas y comenzar cada una con mayúscula. Los siguientes, son ejemplos de nombres seguros:

```
datos_anuales.txt     DatosAnuales.txt
```

1.4.5 Tipos de archivos

Los archivos pueden clasificarse en dos grandes tipos según su contenido y la forma en que se interpretan: *archivos de texto plano* y *archivos binarios*.

Un archivo de texto plano contiene únicamente caracteres codificados según un estándar (como ASCII o UTF-8). Puede abrirse con un editor de texto común y su contenido es legible por una persona. Es el formato habitual para los archivos que contienen código fuente de programas, pero también se emplea para almacenar datos u otros contenidos estructurados. En estos archivos no se incluyen metadatos de formato como tipo de letra, negritas o colores; solo hay caracteres codificados[4].

Un archivo binario, en cambio, contiene datos codificados de manera específica para ser interpretados por un programa. No están pensados para ser leídos directamente, ya que suelen ser secuencias de bytes sin significado textual claro. Ejemplos típicos son los programas compilados, así como archivos que almacenan imágenes, sonido, datos comprimidos o bases de datos.

La Figura 1.12 muestra un ejemplo de archivo de texto plano (`programa.c`), que contiene el código fuente de un programa en C, frente al archivo binario resultante de su compilación (`programa.exe`). Mientras que el primero puede leerse directamente, el segundo contiene información en formato máquina, ilegible para una persona sin herramientas específicas.

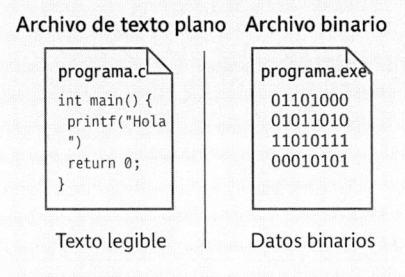

Figura 1.12: Archivo de texto plano con el código fuente de un programa, frente al archivo binario resultante de compilar dicho programa

---

Observación

A lo largo del libro se utilizarán de manera indistinta las denominaciones *archivo* y *fichero*.

1.4.6 Editores y procesadores de texto

Los *editores de texto* son programas que se utilizan para crear, inspeccionar o modificar archivos de texto plano.

Cuando se abre un archivo de texto plano en un editor, el texto se visualiza con un tipo de letra concreto y, a veces, con diferentes colores. Estas ayudas las proporciona el

---

[4]Todo archivo, incluido el texto plano, es en última instancia una secuencia de bytes. La diferencia está en que, en el texto plano, todos esos bytes corresponden a caracteres válidos en una codificación estándar.

propio editor para mejorar la legibilidad, pero el archivo en sí no contiene información sobre tipo de letra, colores u otros elementos de estilo.

El tipo de letra (*fuente*) se elige en el editor y se aplica a todo el archivo. Es habitual utilizar *fuentes monoespaciadas*, en las que todos los caracteres ocupan el mismo ancho al visualizarse; por ejemplo, la letra *m* ocupa lo mismo que la letra *i*. Esto emula el funcionamiento de las antiguas máquinas de escribir y facilita la alineación visual del código. Un ejemplo clásico de fuente monoespaciada es *Courier*.

Para programar, se emplean editores de texto. Existen numerosos editores, algunos comerciales y otros de uso libre. Tres ejemplos de editores libres y de alta calidad son *Visual Studio Code* (Microsoft), *Notepad++* y *Emacs*.

Los editores de texto suelen proporcionar *ayudas a la programación*, como el coloreado sintáctico (colorear de forma distinta las partes del código según su función) o el *autocompletado* de estructuras y comandos.

Los *procesadores de texto* son programas pensados para la creación de documentos formateados. Permiten cambiar el tipo y tamaño de letra, aplicar estilos, insertar imágenes, generar índices de contenido, etc. Los archivos que producen incluyen, además del texto, información sobre el formato aplicado. Ejemplos de procesadores son *Microsoft Word*, *LibreOffice Writer* o *Google Docs*.

Inicialmente, los procesadores de texto almacenaban los documentos en archivos binarios de formato propietario, como el formato *.doc* de *Microsoft Word*. Actualmente se tiende al uso de formatos abiertos, como el estándar *ODT* (*Open Document Text*)[5]. Microsoft utiliza el formato abierto *.docx*, similar al *.odt*. Sin embargo, sigue siendo habitual encontrar problemas de compatibilidad al abrir documentos creados en *Word* con otros procesadores.

Un enfoque diferente es el que emplea *LaTeX*, un sistema de composición tipográfica de alta calidad, inicialmente pensado para documentos con abundante contenido matemático, pero hoy apto para todo tipo de publicaciones. Aunque requiere mayor curva de aprendizaje que los procesadores citados, ofrece gran calidad y productividad en documentos extensos y complejos, como libros o tesis doctorales. Este libro está escrito íntegramente en *LaTeX*. Un buen punto de partida para aprenderlo es la referencia [3].

Otra alternativa interesante es *Markdown*, un lenguaje muy sencillo para crear documentos con resaltado de texto, listas, enlaces, imágenes y otros elementos. Su gran ventaja es que permite exportar fácilmente el contenido a otros formatos, como HTML para páginas web o blogs. También se utiliza en herramientas de planificación (*Todoist*) y mensajería (*Microsoft Teams*, *Discord*). El lector puede consultar la referencia [4].

---

[5]El 1 de julio de 2015, ISO e IEC publicaron la revisión ISO/IEC 26300-1:2015 del estándar ODT.

Una característica común a *LaTeX*, *Markdown* y otros sistemas similares es que los documentos se crean en texto plano, lo que permite centrarse en el contenido y dejar el formato para el final. Además, el texto plano facilita el trabajo colaborativo y el control de versiones. Al estar basados en texto plano, estos documentos pueden generarse de forma automática mediante programas, empleando las técnicas de escritura de archivos que se estudiarán más adelante. Animamos al lector a experimentar con estos sistemas, que amplían el abanico de herramientas más allá del marco de *Microsoft Word*.

> **¡Atención!**
>
> Para programar o escribir documentos en *LaTeX* o *Markdown*, se utilizan *editores de texto plano*. Los *procesadores de texto*, como *Microsoft Word* o *LibreOffice Writer*, no se emplean para programar.

1.5 Lenguajes de programación

Un *lenguaje de programación* es un lenguaje formal, con reglas gramaticales bien definidas, que permite escribir una serie de instrucciones o secuencias de órdenes en forma de algoritmos, con el fin de controlar el comportamiento físico o lógico de un sistema informático. A este conjunto de órdenes escritas en un lenguaje de programación se le denomina *programa informático*, *programa de ordenador* o, simplemente, *programa*.

Cuando un computador lleva a cabo las órdenes contenidas en un programa, se dice que *ejecuta* o que está *ejecutando* el programa. En inglés, es habitual utilizar el verbo *run* para referirse a la ejecución.

El computador funciona internamente con códigos binarios llamados *código máquina*, que es lo único que entiende el procesador. Los lenguajes de programación permiten expresar las instrucciones en un lenguaje más comprensible, denominado de *alto nivel*. Al archivo que contiene esas instrucciones se le denomina *código fuente del programa*.

En última instancia, cualquier programa escrito en un lenguaje de alto nivel debe traducirse a código máquina para que el procesador pueda ejecutarlo. La Figura 1.13 esquematiza este proceso.

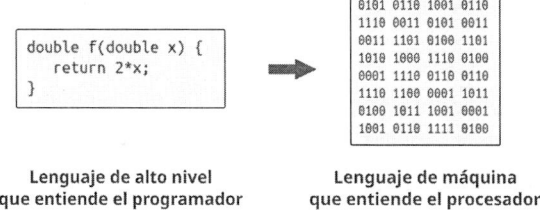

Lenguaje de alto nivel que entiende el programador   Lenguaje de máquina que entiende el procesador

Figura 1.13: El código fuente escrito en cualquier lenguaje de programación debe traducirse a código máquina, para que pueda ser ejecutado por el procesador

Según el momento en el que se realiza la traducción a código máquina, los lenguajes de alto nivel se clasifican en *lenguajes compilados* y *lenguajes interpretados*.

En los *lenguajes compilados*, tras escribir el programa en texto plano con un editor, se *compila* para generar un archivo en código máquina, que será el que se ejecute en el computador. Este archivo se denomina *binario* o *ejecutable*. Los archivos .exe en Windows son ejemplos de programas compilados. Un mismo código fuente necesita ser recompilado para cada combinación de procesador y sistema operativo (plataforma). Ejemplos de lenguajes compilados son C, Rust, Fortran, etc. La Figura 1.14 muestra el proceso.

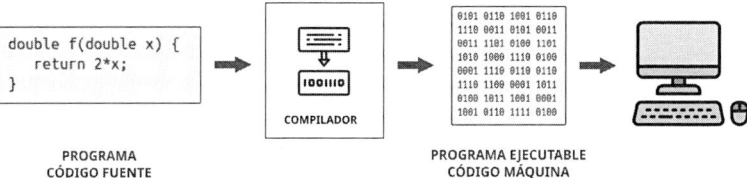

Figura 1.14: Esquema de compilación y ejecución de un programa compilado

En los *lenguajes interpretados*, un componente de software denominado *intérprete* (o, en algunos casos, *máquina virtual*) lee las instrucciones del programa y las traduce a código máquina en el mismo momento en que se ejecutan. Ejemplos de lenguajes interpretados son Python y JavaScript. La Figura 1.15 muestra este proceso.

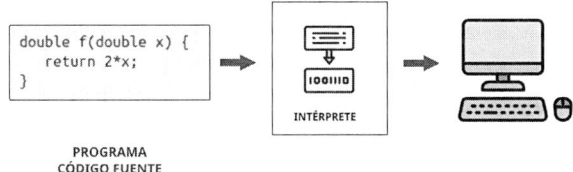

Figura 1.15: Esquema de ejecución de un programa interpretado

En general, los lenguajes compilados producen programas más rápidos y que no requieren disponer de un intérprete para ejecutarlos. Por ello, se emplean en aplicaciones donde la velocidad es crítica, como diseño CAD, tratamiento de imágenes, modelado 3D, cálculo de estructuras, videojuegos, etc. La desventaja es que se necesita una versión específica para cada plataforma[6].

Los lenguajes interpretados suelen ser más lentos, pero su facilidad de uso y portabilidad los hacen populares, especialmente en el ámbito científico para análisis de datos, estadística, matemáticas y gráficos. Con el intérprete adecuado, el mismo pro-

---

[6]Se denomina *plataforma* a la combinación de un procesador concreto con un sistema operativo concreto. Por ejemplo, un computador con procesador Intel de 64 bits y Windows es una plataforma distinta a otro con el mismo procesador pero con Linux.

grama puede ejecutarse en distintos sistemas operativos y procesadores. Por ejemplo, un programa Java desarrollado en macOS podrá ejecutarse en Windows o Linux si tienen instalada la máquina virtual de Java.

Algunos lenguajes interpretados utilizan estrategias intermedias para mejorar la velocidad. Por ejemplo, Java compila el código fuente a un formato intermedio llamado *bytecode*, que luego se ejecuta en la *máquina virtual* de Java. La Figura 1.16 ilustra este proceso.

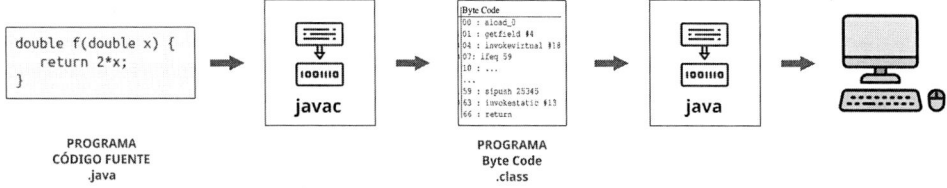

Figura 1.16: Esquema de ejecución de un programa escrito en Java

Un lenguaje de programación se considera *completo* cuando puede expresar cualquier algoritmo computable. Para ello, debe cumplir ciertas condiciones que se explicarán en el Apartado 3.1. Todos los lenguajes citados hasta aquí son completos.

Sin embargo, algunos lenguajes completos se usan casi exclusivamente en ámbitos específicos. Por ejemplo, SQL es un lenguaje completo, pero está orientado a la gestión de bases de datos relacionales.

También existen lenguajes que, sin ser completos, son fundamentales en su campo. HTML, por ejemplo, se emplea para estructurar páginas web, mientras que XML se usa para describir datos o documentos. Muchas implementaciones usan XML como base, como los formatos .docx o .gpx.

1.6 Algoritmos

Un *algoritmo* es un conjunto de instrucciones o reglas definidas, no ambiguas, ordenadas y finitas que permiten resolver un problema, realizar un cálculo, procesar datos o llevar a cabo otras tareas.

Dado un estado inicial y una entrada, si se siguen los pasos del algoritmo, se alcanza un estado final en el que se obtiene una solución. La finitud es una característica esencial: todo algoritmo debe terminar tras un número determinado de pasos.

Aunque los algoritmos se pueden aplicar para resolver problemas de cualquier tipo, en este libro nos centraremos en los algoritmos destinados a la computación.

Como ejemplo, vamos a mostrar un algoritmo que serviría para obtener el valor máximo de un conjunto finito de números enteros. Se podría proceder como sigue:

1. Ordenar los elementos en forma de lista.

2. Guardar el primer elemento de la lista como valor máximo actual.

3. Tomar el siguiente elemento de la lista y compararlo con el valor máximo actual. Si es mayor, sustituir el valor máximo actual por este nuevo valor.

4. Repetir el paso 3 hasta llegar al final de la lista.

5. El valor máximo será el que haya quedado guardado al finalizar el recorrido.

Como se aprecia, el algoritmo se ha descrito en lenguaje natural. Esto muestra que los algoritmos son independientes del lenguaje de programación concreto en el que se implementen después: un mismo algoritmo puede expresarse en C, Python, Java o cualquier otro lenguaje completo.

Existen numerosos algoritmos para resolver problemas de computación. A lo largo del libro veremos varios de los más conocidos y útiles en programación.

Aprender a programar es independiente del lenguaje elegido

Los principios de la programación son independientes del lenguaje concreto. Lo importante es dominar la lógica y los conceptos fundamentales en algún lenguaje.

Existen cientos de lenguajes de programación. El índice TIOBE, que se actualiza mensualmente, ofrece una referencia de los más utilizados en cada momento [5].

Instalación y primeros pasos

Contenido

Antes de adentrarnos en los fundamentos del lenguaje C, es necesario preparar el entorno de trabajo. En este capítulo se presentan las tres herramientas básicas para programar: el compilador, el editor de texto y el terminal. Sin ellas no sería posible escribir, compilar y ejecutar programas en nuestro computador.

Explicamos cómo obtener el compilador GCC, disponible de forma gratuita gracias al proyecto GNU y cuál es la mejor forma de instalarlo en los distintos sistemas operativos. A continuación, se introduce el editor Visual Studio Code, una herramienta ligera y potente que se convertirá en nuestro entorno principal de programación. También se muestra cómo aprovechar el terminal, tanto el integrado en VSCode como los terminales propios de cada sistema operativo.

Con estas herramientas en marcha, escribimos nuestro primer programa, el clásico Hola mundo, aprendiendo el ciclo completo de edición, compilación y ejecución. Además, se explica la utilidad de los comentarios en el código y se ofrecen recursos online y herramientas de inteligencia artificial que pueden servir como apoyo durante el aprendizaje.

El objetivo de este capítulo no es profundizar en la teoría, sino asegurar que todos los estudiantes dispongan de un entorno funcional desde el primer día. Con esta base práctica ya preparada, estamos listos para comenzar a explorar, en los siguientes capítulos, los fundamentos del lenguaje C.

2.1 Herramientas de trabajo

Para poder escribir, compilar y ejecutar programas en C, es necesario disponer de tres herramientas fundamentales:

- Un *compilador*, que traduzca el código fuente a un programa ejecutable.
- Un *editor de texto especializado*, que facilite la escritura del código con ayudas como el resaltado de sintaxis.
- Un *terminal*, que permita ejecutar los programas y comunicarnos de manera eficiente con el sistema.

En los siguientes apartados describiremos brevemente cada una de estas herramientas y dónde se pueden descargar.

2.1.1 El compilador GCC

Existen muchos compiladores para el lenguaje C, tanto comerciales como de libre distribución. Una de las mejores opciones es el compilador *GCC* (*GNU Compiler Collection*), desarrollado por el proyecto GNU y disponible de manera gratuita.

La instalación depende del sistema operativo:

- En **Linux**, lo habitual es que *GCC* ya esté instalado. En caso contrario, puede instalarse desde el gestor de paquetes de la distribución. En Ubuntu y distribuciones derivadas, la forma más completa de instalar el compilador y las herramientas asociadas es:

```
sudo apt update
sudo apt install build-essential
```

- En **macOS**, se recomienda utilizar el gestor de paquetes *Homebrew*:

```
https://brew.sh
```

Tras instalar Homebrew, la orden para instalar GCC es:

```
brew install gcc
```

En macOS conviene recordar que el comando gcc puede apuntar realmente a *clang*, el compilador de Apple. Instalar GCC mediante Homebrew asegura disponer de la versión oficial de GNU.

- En **Windows**, la forma más sencilla y actualizada de disponer de *GCC* es instalar el entorno *MSYS2*:

```
https://www.msys2.org
```

Una vez instalado MSYS2, se podrá instalar *GCC* mediante su gestor de paquetes. En el repositorio de recursos adicionales de este libro se incluye un manual detallado de instalación paso a paso [2].

Una vez instalado el compilador, conviene comprobar que todo funciona correctamente. Para ello, basta con abrir un terminal y teclear el siguiente comando:

```
gcc --version
```

Si la instalación se ha realizado con éxito, aparecerá en pantalla información sobre la versión de *GCC* instalada.

2.1.2 El editor Visual Studio Code

Existen numerosos editores de texto y entornos de desarrollo que pueden utilizarse para programar en C, como *Sublime Text*, *Atom* o *CLion*. Sin embargo, una de las opciones más recomendables hoy en día es *Visual Studio Code* (VSCode), desarrollado por Microsoft y disponible de forma gratuita.

VSCode es multiplataforma, ligero y muy flexible. Dispone de una amplia colección de extensiones que permiten adaptar el editor a las necesidades de cada programador. Entre sus características positivas destacan:

- Resaltado de sintaxis y autocompletado inteligente.
- Integración con sistemas de control de versiones como Git.
- Posibilidad de depurar programas directamente desde el propio editor.
- Integración con aplicaciones de inteligencia artificial, como *ChatGPT*, *GitHub Copilot* y otras herramientas que ayudan a escribir y comprender código más rápidamente.

Para programar en C resultan especialmente útiles las siguientes extensiones:

- **C/C++ (Microsoft)**: ofrece soporte oficial para C y C++, incluyendo autocompletado, resaltado de errores y depuración.
- **Code Runner**: permite ejecutar programas directamente desde el editor sin necesidad de abrir el terminal.
- **C/C++ Compile Run**: facilita la compilación y ejecución de programas C y C++.
- **GitLens**: mejora la integración con Git, muy útil para proyectos en equipo.

Es importante aprender a utilizar bien VSCode para ser más productivo en el trabajo diario. Para dar los primeros pasos, la página oficial de ayuda es:

https://code.visualstudio.com/docs

También resulta muy útil conocer algunos atajos de teclado, que permiten trabajar de manera más ágil. La lista oficial de atajos de teclado de VSCode se encuentra en:

https://code.visualstudio.com/docs/getstarted/keybindings

Tras la instalación de *Visual Studio Code*, podemos comprobar que funciona correctamente abriendo el programa. En la ventana inicial debería aparecer la pantalla de bienvenida, desde la cual se pueden crear o abrir carpetas de trabajo.

Además, en el menú de extensiones (Ctrl+Shift+X) conviene comprobar que se puede buscar e instalar la extensión **C/C++ (Microsoft)**. Si la búsqueda funciona y la extensión se instala sin problemas, el editor está listo para programar en C.

En el repositorio de recursos adicionales de este libro se incluye un manual detallado de instalación y primeros pasos con VSCode, así como un manual sobre la utilización del depurador integrado [2].

2.1.3 El terminal

Para ejecutar programas en C y comunicarnos con el sistema operativo, necesitamos utilizar un terminal.

En **Linux** y **macOS** los sistemas ya incorporan un terminal suficientemente completo, por lo que no es necesario instalar nada adicional. Estos terminales soportan correctamente la codificación de caracteres *UTF-8*, lo que resulta importante para mostrar acentos, eñes y otros símbolos propios de distintos idiomas.

En **Windows**, en cambio, el terminal tradicional es limitado. La mejor opción es instalar la aplicación *Windows Terminal*, disponible gratuitamente en la Microsoft Store:

https://aka.ms/terminal

Windows Terminal ofrece una interfaz moderna, con pestañas y múltiples perfiles de configuración. Permite también trabajar con la codificación *UTF-8*, de modo que los programas puedan mostrar correctamente los textos con caracteres internacionales.

En Windows es posible elegir qué intérprete de comandos se abre por defecto. Lo más habitual es que aparezca *PowerShell*, pero si se prefiere se puede configurar para que se abra directamente el *Command Prompt* (símbolo del sistema clásico). Esta opción puede ajustarse en la configuración de *Windows Terminal* y es la que usaremos en el libro.

Una vez instalada la aplicación *Windows Terminal*, se puede comprobar que funciona correctamente buscándola en el menú de inicio y ejecutándola. Conviene que la ancles a la barra de tareas, pues la usaremos frecuentemente.

2.2 El primer programa: Hola mundo

Una vez que tenemos instalado el compilador, el editor y el terminal, podemos escribir nuestro primer programa en C. Lo llamaremos tradicionalmente *Hola mundo*.

En **Visual Studio Code** es importante comprender que siempre se trabaja dentro de una *carpeta* de proyecto. Esa carpeta puede contener uno o varios ficheros fuente en C, junto con otros recursos. No es recomendable abrir archivos sueltos, ya que muchas funciones de VSCode (como la depuración o la gestión de extensiones) necesitan trabajar sobre una carpeta.

Los pasos son los siguientes:

1. Abrir VSCode y seleccionar la opción *File* → *Open Folder...* para crear o abrir una carpeta de trabajo. Por ejemplo, podemos llamarla *proyectosC*.

2. Dentro de esa carpeta, crear un fichero nuevo con el nombre *hola.c*.

3. Escribir en el fichero el siguiente código:

Ejemplo 2.1   Programa Hola mundo

```c
#include <stdio.h>

int main() {

    printf("Hola mundo\n");

    return 0;
}
```

Una vez guardado el fichero, abrimos un terminal dentro de VSCode mediante el menú *Terminal* → *New Terminal*.

También se puede usar la combinación de teclas Ctrl+Ñ en Windows (teclados en español) o Ctrl+` (acento grave) en Linux y macOS.

Compilamos el programa con la orden:

```
gcc hola.c -o hola
```

En **Windows**, al abrir un terminal dentro de VSCode, por defecto puede aparecer *PowerShell*. Sin embargo, para compilar y ejecutar programas en C conviene utilizar el *Command Prompt* (símbolo del sistema clásico).

En la barra del terminal de VSCode se puede desplegar un menú y seleccionar *Command Prompt* como intérprete por defecto. De este modo, cada vez que abramos un terminal dentro de VSCode se usará automáticamente el entorno más adecuado.

Configurar el terminal por defecto en VSCode

Para que *Visual Studio Code* abra siempre el *Command Prompt* en lugar de *PowerShell*, hay que cambiar la configuración del terminal predeterminado:

1. Abrir la paleta de comandos con la combinación de teclas Ctrl+Shift+P.
2. Escribir *Terminal: Select Default Profile*.
3. Elegir la opción *Command Prompt*.

A partir de ese momento, cada vez que se abra un nuevo terminal en VSCode, se usará automáticamente el *Command Prompt*.

Si no aparece ningún mensaje de error al compilar, significa que la instalación ha sido correcta. Al compilar, el compilador no modifica el fichero fuente *hola.c*, sino que genera un nuevo fichero ejecutable. El compilador habrá generado un programa ejecutable llamado *hola.exe*, en Windows, o simplemente *hola* en Linux y macOS.

Este nuevo fichero puede verse en el explorador de archivos de VSCode (panel izquierdo de la ventana). También es posible comprobarlo desde el terminal con las siguientes órdenes:

- En **Windows**:

```
dir
```

- En **Linux** y **macOS**:

```
ls
```

Para ejecutar el programa, escribimos en el terminal:

- En **Windows**:

```
hola
```

- En **Linux** y **macOS**:

```
./hola
```

En ambos casos, en la pantalla debería mostrarse la salida del programa:

```
Hola mundo
```

Para movernos cómodamente entre la ventana del editor y la del terminal integrado, VSCode ofrece atajos de teclado:

- En **Windows**: `Ctrl+Ñ` abre o activa el terminal integrado, y `Ctrl+J` muestra u oculta el panel.

- En **Linux y macOS**: la combinación es `Ctrl+`` (acento grave) para alternar entre editor y terminal.

Aunque resulta muy cómodo usar el terminal integrado en VSCode, también es posible compilar y ejecutar el programa desde un terminal externo del sistema operativo.

Para abrir un terminal externo directamente en la carpeta del proyecto, podemos utilizar la combinación de teclas `Ctrl+Shift+C` desde VSCode. Esto abrirá una ventana del terminal del sistema (Command Prompt en Windows, o la terminal habitual en Linux y macOS) situada en el directorio del proyecto.

A partir de ahí, los comandos para compilar y ejecutar son exactamente los mismos:

```
gcc hola.c -o hola
./hola
```

La salida volverá a ser:

```
Hola mundo
```

Además de compilar y ejecutar desde el terminal, *Visual Studio Code* ofrece la posibilidad de ejecutar programas directamente desde el menú. Basta con elegir la opción *Run → Run Without Debugging* (o pulsar la combinación de teclas `Ctrl+F5`).

La primera vez que se utilice esta opción, VSCode pedirá que se seleccione el compilador adecuado. En nuestro caso debemos indicar *GCC*. Una vez configurado, en las siguientes ejecuciones el programa se compilará y ejecutará automáticamente con un solo comando.

En este caso, la salida del programa también será:

```
Hola mundo
```

Con esto hemos completado todo el ciclo: escribir el código, compilarlo y ejecutarlo. A partir de aquí podremos desarrollar programas más complejos siguiendo el mismo procedimiento.

Mover el terminal integrado en VSCode

El terminal integrado aparece por defecto en la parte inferior de la ventana de *Visual Studio Code*.

Si se prefiere, puede arrastrarse con el ratón hacia la zona del editor, de modo que quede en un panel lateral junto al código fuente.

De esta manera se pueden ver en paralelo el programa y su salida en el terminal, lo que resulta especialmente cómodo al compilar y ejecutar repetidamente.

Evitar que la consola se cierre al terminar el programa

En algunos entornos, como Windows, al ejecutar un programa en C desde el explorador de archivos o ciertos entornos de desarrollo, la ventana de la consola se cierra automáticamente al finalizar el programa. Esto impide al usuario ver la salida por pantalla.

Para evitar este comportamiento, existen dos opciones habituales:

1. Usar *system("pause")* (solo Windows):

Este comando muestra el mensaje *"Pulsa una tecla para continuar..."* y espera a que el usuario pulse una tecla antes de cerrar la ventana:

```c
#include <stdlib.h>

int main() {
    // Código del programa
    system("pause");   // Solo en Windows
    return 0;
}
```

2. Usar *getchar()* (opción multiplataforma):

Esta opción funciona en cualquier sistema operativo. Basta con mostrar un mensaje y esperar a que el usuario pulse *Enter*:

```c
#include <stdio.h>

int main() {
    // Código del programa
    printf("Pulsa Enter para terminar...\n");
    getchar();   // Funciona en Windows, Linux y macOS
    return 0;
}
```

Ambas soluciones son válidas. Si quieres que tu programa sea portátil y funcione igual en cualquier sistema, se recomienda usar la opción con *getchar()*.

2.3 Comentarios en los programas

Los comentarios son textos que se incluyen dentro de un programa, pero que no forman parte del código que se ejecuta. Sirven para que el autor u otras personas que lo lean comprendan lo que hace el programa.

En C existen dos formas de escribir comentarios:

- **Comentarios de línea**: comienzan con // y se extienden hasta el final de la línea.
- **Comentarios de bloque**: comienzan con /* y terminan con */. Pueden ocupar varias líneas.

El siguiente ejemplo muestra los dos tipos de comentarios:

Ejemplo 2.2   Líneas de comentarios en C

```c
#include <stdio.h>

int main() {
    // Comentario de línea: explica lo que hace la siguiente instrucción
    printf("Hola mundo\n");

    /* Este es un comentario de bloque:
    puede ocupar varias líneas y se utiliza
    para dar explicaciones más largas. */

    return 0;
}
```

En el ejemplo, el compilador ignora el contenido de los comentarios. No afectan al resultado del programa, pero sirven como documentación dentro del código fuente.

2.4 Recursos online

Además de este libro, existen numerosos recursos en línea que pueden ser de gran ayuda para aprender y practicar programación en C. A continuación se presentan algunos de los más útiles:

- **Compiladores online**: permiten escribir y ejecutar programas directamente en el navegador, sin necesidad de instalar nada en el computador.

    https://www.onlinegdb.com/online_c_compiler

    https://www.w3schools.com/c/c_compiler.php

- **Tutoriales y comunidades**:

    https://www.w3schools.com/c

    https://stackoverflow.com

- **Referencia del lenguaje C y C++**:

    https://en.cppreference.com/w/c

- **Lista de libros recomendados**:

    https://stackoverflow.com/questions/562303/the-definitive-c-book-guide-and-list

- **Manuales oficiales de GNU**:

    https://www.gnu.org/software/gnu-c-manual/

    https://www.gnu.org/software/libc/manual/

Además de estos recursos, existen muchas otras guías, tutoriales y cursos en línea.

Es recomendable utilizarlos como complemento a la práctica con el compilador y el editor local.

Una herramienta cada vez más extendida para aprender a programar son las aplicaciones de inteligencia artificial, como *ChatGPT*, *GitHub Copilot* y otros asistentes similares. Estas herramientas pueden sugerir código, explicar errores y proponer soluciones alternativas. Aunque no sustituyen al aprendizaje personal, sí pueden convertirse en una ayuda muy valiosa.

Recursos adicionales del libro

Los lectores tienen a su disposición un repositorio en Github con recursos adicionales o complementarios al libro. Allí se pueden encontrar algunos manuales acerca de la instalación y configuración de las herramientas necesarias para programar en C, así como el código fuente de los problemas propuestos en cada capítulo.

La dirección del repositorio es:

```
https://github.com/shiguera/programacion_c
```

2.5 Conclusión

En este capítulo hemos preparado el entorno de trabajo necesario para programar en C: el compilador, el editor y el terminal. También hemos escrito y ejecutado nuestro primer programa, el tradicional *Hola mundo*, y aprendido a añadir comentarios en el código.

A partir de aquí ya disponemos de las herramientas básicas para experimentar con nuestros propios programas. Es importante practicar la compilación y ejecución varias veces hasta que el proceso resulte natural, tanto en el terminal integrado de VSCode como en un terminal externo.

Hemos visto también algunos recursos en línea y ayudas de inteligencia artificial que pueden servir como apoyo en el aprendizaje. Sin embargo, nada sustituye a la práctica constante: escribir código, equivocarse, corregir y volver a intentarlo.

Ya tenemos todo lo necesario: ahora sí comienza nuestro viaje en el lenguaje C.

Uso de WSL en Windows

En Windows, puede resultar interesante instalar el *Subsistema de Windows para Linux* (WSL). Esta herramienta permite ejecutar una distribución de Linux dentro de Windows, accediendo desde un terminal como si se tratara de un sistema Linux real. De esta forma, es posible utilizar directamente los compiladores y herramientas disponibles en Linux, sin necesidad de máquinas virtuales ni arranques duales.

Para instalar WSL basta con abrir un terminal de *PowerShell* con privilegios de administrador y ejecutar la orden:

```
wsl --install
```

El sistema descargará e instalará la distribución de Ubuntu por defecto (aunque se pueden instalar otras distribuciones desde la Microsoft Store).

Una vez completada la instalación, se podrá acceder al terminal de Linux desde el menú de inicio de Windows escribiendo *Ubuntu* o el nombre de la distribución instalada.

En WSL, los comandos de compilación y ejecución de programas en C son los mismos que en cualquier distribución de Linux.

Capítulo 3

Tipos de datos y variables

Contenido

El capítulo presenta los fundamentos esenciales para trabajar con datos en C, empezando por los tipos de datos primitivos (enteros, coma flotante, caracteres y lógico) y los tipos derivados (arrays, estructuras, uniones, enumeraciones y punteros).

Se explica cómo declarar variables, asignarles valores, inicializarlas y utilizar constantes mediante const y #define.

Se introducen las reglas de nomenclatura para identificadores y criterios de estilo comunes. También se estudian los operadores aritméticos, relacionales, lógicos, bit a bit y compuestos de asignación, junto con el orden de precedencia y el concepto de promoción de tipos.

Se incorpora el uso del operador typedef para definir alias de tipos y mejorar la legibilidad del código. Finalmente, se presentan las funciones básicas de entrada y salida (printf(), puts() y scanf()), con ejemplos prácticos de uso y advertencias sobre errores comunes.

Aunque el capítulo es completo y detallado, su densidad puede resultar elevada para una primera lectura. No es necesario asimilar todos los conceptos de una vez: la intención es que el lector pueda volver a este material a medida que avance en el libro y adquiera más experiencia, utilizándolo como referencia para reforzar y ampliar sus conocimientos.

3.1 Lenguajes completos

Un *computador* es un dispositivo electrónico capaz de realizar operaciones aritméticas y lógicas. Un *programa de computador* es una lista de instrucciones que indican a un computador las operaciones que debe llevar a cabo.

Durante la década de 1930, diversos investigadores profundizaron en el estudio de la computación. Son estudios de gran valor, pues en aquel momento aún no existían computadores, tal como los conocemos hoy en día. Entre estos investigadores destaca el matemático inglés Alan Turing, considerado el *padre* del concepto de algoritmo computacional[1] y de la formalización de la ciencia de la computación.

Alan Turing estableció las condiciones que debería reunir una máquina para poder resolver cualquier algoritmo computable. Traducido a los términos que se manejan actualmente en los lenguajes de programación, estas tres condiciones podrían describirse de la siguiente forma:

1. **Asignación de variables**: se debe disponer de un mecanismo que permita guardar valores en la memoria del computador para poder utilizarlos en cálculos posteriores.

2. **Bifurcaciones lógicas**: el lenguaje debe permitir elegir entre dos juegos de instrucciones en función del resultado lógico de cierta operación.

---

[1] El término *algoritmo* se puso en honor al matemático árabe al-Khwarizmi, que trabajó en la *Casa de la Sabiduría* de Bagdag en el siglo IX. Su libro *Al-Jabr* sentó los principios del álgebra y la resolución de ecuaciones, además de dar nombre a la disciplina.

3. **Bucles**: debe existir un procedimiento que permita repetir un conjunto de instrucciones un cierto número de veces.

Cuando un lenguaje de programación reúne las tres condiciones anteriores, permite resolver cualquier algoritmo de computación y se dice que es un lenguaje *Turing completo*.

C es un lenguaje de programación Turing completo. En este capítulo se va a explicar el concepto de variable y cómo utilizar el operador de asignación, además de otros conceptos asociados a las variables, como los tipos de datos y los operadores.

Más adelante, en el Capítulo 4, se explicarán las construcciones que permiten realizar bifurcaciones en el código de los programas y, en el Capítulo 5, se explicarán las construcciones que ofrece C para la realización de bucles.

3.2 Expresiones

Las instrucciones que componen los programas se pueden clasificar en dos tipos:

- **Expresiones**: son instrucciones que devuelven algún valor como resultado. Por ejemplo, las expresiones aritméticas.

- **Declaraciones**: son instrucciones que no devuelven ningún valor. Por ejemplo, la declaración de una variable, pero también las instrucciones de bifurcación o los bucles.

Las expresiones más simples son los *literales*, que pueden ser números, con o sin decimales, caracteres individuales y cadenas de caracteres.

Los siguientes serían ejemplos válidos de literales:

$$3 \qquad 7.16 \qquad \text{'a'} \qquad \text{"Cadena de caracteres"}$$

Observa que el separador de decimales es el punto, no la coma; los caracteres individuales se encierran entre comillas simples y las cadenas de caracteres se encierran entre comillas dobles.

El lenguaje C proporciona unos *operadores* que se pueden combinar con los literales para dar lugar a expresiones que devuelven un resultado. Por ejemplo, los operadores aritméticos $(+, -, *, /, \%)$ sirven para realizar las operaciones de suma, resta, multiplicación, división y resto, utilizando como operandos literales numéricos. Observa que el símbolo utilizado para el operador de la multiplicación es el asterisco $*$.

Las siguientes serían ejemplos de expresiones en las que se combinan literales numéricos y operadores aritméticos:

$$3 + 5 \qquad 5 - 3 \qquad 6 * 1.5 \qquad 12/3 \qquad 12\,\%3$$

Más adelante, veremos otros tipos de expresiones más complejas que implican la utilización de nombres de variables o la llamada a funciones.

3.3 Introducción a los tipos de datos

Un *tipo de datos* es una especificación que indica un conjunto de valores posibles y las operaciones que se pueden realizar con dichos valores. Todos los lenguajes proporcionan diversos tipos de datos que permiten a los programas llevar a cabo sus operaciones.

En C, los tipos de datos se pueden clasificar en dos grandes categorías:

1. **Tipos de datos básicos o primitivos:** son los tipos fundamentales que ofrece C de manera nativa, Se pueden usar directamente en los programas, sin necesidad de definirlos previamente ni importar bibliotecas externas. Comprenden tipos para valores numéricos, caracteres individuales y el tipo *_Bool*. En la Tabla 3.1 se resumen sus principales características. Algunos tipos solo están disponibles a partir de C99.

Tabla 3.1: Tipos de datos básicos o primitivos

Categoría	Tipo	Tamaño típico	C99	Rango típico
Enteros	short	2 bytes	No	$-32\,768$ a $32\,767$
	unsigned short	2 bytes	No	0 a 65 535
	int	4 bytes	No	-2^{31} a $(2^{31} - 1)$
	unsigned int	4 bytes	No	0 a 2^{32}
	long	8 bytes	No	-2^{63} a $(2^{63} - 1)$ aprox.
	unsigned long	8 bytes	No	0 a 2^{32} aprox.
	long long	8 bytes	C99	-2^{63} a $(2^{63} - 1)$ aprox.
	unsigned long long	8 bytes	C99	0 a 2^{64} aprox.
Flotantes	float	4 bytes	No	$\pm 3{,}4 \times 10^{38}$, $\approx$ 6–7 cifras decimales
	double	8 bytes	No	$\pm 1{,}7 \times 10^{308}$, $\approx$ 15–16 cifras decimales
	long double	16 bytes	No	$\pm 1{,}1 \times 10^{4932}$, $\approx$ 18–19 cifras decimales
Carácter	char	1 byte	No	-128 a 127 o 0 a 255 según implementación
	signed char	1 byte	No	-128 a 127
	unsigned char	1 byte	No	0 a 255
Lógico	_Bool	1 byte	C99	0 o 1

2. **Tipos de datos compuestos o derivados:** permiten agrupar varios valores, del mismo tipo o de tipos diferentes, bajo un mismo nombre de variable. Los tipos compuestos que ofrece C son:

   - **Arrays**: agrupación de valores del mismo tipo, accesibles por un índice (Capítulo 6).
   - **Estructuras (struct)**: agrupación de valores que pueden ser de distintos tipos bajo un mismo nombre de variable (Capítulo 9).

- **Punteros:** variable que almacena una dirección de memoria. El tamaño de un puntero depende de la arquitectura, pero en sistemas modernos de 64 bits suele ser de 8 bytes, independientemente de su tipo base. Los trataremos en el Capítulo 11.

- **Funciones:** en C, las funciones también son un tipo de datos, aunque no se pueden almacenar directamente como variables comunes. Una función se caracteriza por un tipo de retorno y una lista de parámetros con sus tipos. Las estudiaremos en el Capítulo 7.

- **Uniones (union)**: almacenamiento de diferentes tipos de datos en la misma ubicación de memoria, pero solo uno a la vez (Capítulo 10).

- **Enumeraciones (enum)**: listas de constantes enteras con nombre simbólico (Capítulo 10).

- **Campos de bits**: acceso y manipulación de bits individuales dentro de una estructura (Capítulo 9).

Otro tipo de datos que se utiliza a menudo son las *cadenas de caracteres*, que se tratarán en el Capítulo 8. En C, las cadenas de caracteres son un tipo especial de array.

Una característica importante del lenguaje C es la posibilidad de definir tipos de datos personalizados mediante el uso de la cláusula *typedef*, tal como se explicará en el Apartado 3.8.

Hay un tipo que podríamos considerar *especial* que es el tipo *void*. Sirve para indicar la ausencia de valor o tipo. No se pueden declarar variables de ese tipo, salvo las funciones sin retorno o los punteros genéricos. Por ello, se dice que es un tipo incompleto.

En C no hay un tipo *null*. Existe una constante NULL que es un valor constante que puede tomar cualquier puntero.

Existen numerosas bibliotecas externas que permiten acceder a otros tipos de datos para aplicaciones específicas.

Puedes observar que existen numerosos tipos de datos. Es importante conocerlos para comprender cómo se almacenan y procesan los datos en un programa. Elegir correctamente los tipos de datos que se van a utilizar en los programas es fundamental para optimizar el uso de memoria y asegurar la correcta manipulación de la información.

3.4 Tipos de datos primitivos

3.4.1 Tipos de datos para números enteros

El lenguaje C ofrece varios tipos de datos para manejar números enteros. El tipo base es el tipo *int*. Se pueden aplicar los modificadores *short* o *long*. Así se tienen enteros *short int*, *int* y *long int*. Se permite abreviar y llamar simplemente *short* a los *short int* o *long* a los *long int*.

La Tabla 3.2 resume las características de los principales tipos de enteros.

Tabla 3.2: Tipos de datos para números enteros

Tipo	Tamaño típico	C99	Rango típico
`short`	2 bytes	No	$-32\,768$ a $32\,767$
`unsigned short`	2 bytes	No	0 a 65 535
`int`	4 bytes	No	-2^{31} a $(2^{31} - 1)$
`unsigned int`	4 bytes	No	0 a 2^{32}
`long`	8 bytes	No	-2^{63} a $(2^{63} - 1)$ aprox.
`unsigned long`	8 bytes	No	0 a 2^{32} aprox.
`long long`	8 bytes	C99	-2^{63} a $(2^{63} - 1)$ aprox.
`unsigned long long`	8 bytes	C99	0 a 2^{64} aprox.

El número de bytes que utilizan para el almacenamiento no está garantizado y depende del compilador y de la plataforma. En los computadores personales habituales hoy en día, con procesadores de 64 bits y utilizando el compilador *gcc*, el número de bytes que utiliza cada tipo es el indicado en la Tabla 3.2[2].

Estos tipos abarcan números positivos y negativos. Si *n* es el número de bits utilizados por el tipo de datos para el almacenamiento, los valores disponibles estarán comprendidos entre -2^{n-1} y $(2^{n-1} - 1)$.

Por ejemplo, con un tipo *int* que utilice 4 bytes, que son 32 bits, los valores que se pueden guardar estarán comprendidos entre $-(2^{31}) = 2147483648$ (menos dos mil y pico millones) y $2^{31} - 1 = 2147483647$ (dos mil y pico millones). En el caso de utilizar el tipo *unsigned int*, los valores podrían estar entre 0 y 2^{32} (cuatro mil y pico millones)[3].

En todos los tipos se puede utilizar el modificador *unsigned*, con lo que solo se podrán guardar números positivos y su rango de valores estará comprendido entre 0 y 2^n, siendo *n* el número de bits utilizados en el almacenamiento.

Además de los tipos mencionados, existe el tipo *char* que utiliza un solo byte para el almacenamiento. El tipo *char* dispone de valores entre -128 y 127. Si se aplica el modificador *unsigned*, el rango de valores estará entre 0 y 255.

El tipo de datos por defecto para los números enteros es *int*. Cuando se teclea un literal numérico sin decimales se interpreta como un número entero del tipo *int*.

---

[2]En relación con los valores indicados en la Tabla 3.2 en Windows, los tipos *long* y *unsigned long* suelen utilizar solo 4 bytes para el almacenamiento.

[3]Cuatro mil millones puede parecer un número muy grande, pero no lo es tanto y en muchas aplicaciones se queda pequeño. Por ejemplo, imagina que quieres asignar un número diferente a cada habitante del planeta. Actualmente hay unos diez mil millones de habitantes, por lo que el tipo *unsigned int* no permitiría hacerlo.

3.4.2 Tipos de datos para números con decimales

También se denominan *números en coma flotante*. A lo largo del libro utilizaremos fundamentalmente el tipo *double*, que utiliza 8 bytes para el almacenamiento, aunque también existe el tipo *float*, que utiliza solo 4 bytes y el tipo *long double* que utiliza 16 bytes.

El tipo de datos por defecto para números con decimales es el *double*. Este tipo numérico permite alcanzar precisiones de unas 15 cifras decimales.

Cuando se teclea un literal correspondiente a un número con decimales, si no se especifica otra cosa, el compilador de C lo interpreta como un número del tipo *double*.

Para teclear literales correspondientes a números con decimales en C, hay que seguir las siguientes reglas:

- El separador de decimales es el punto, no la coma.
- El punto decimal es obligatorio para que un literal numérico se interprete como *double*. Si un literal numérico no incluye el punto decimal, se interpretará como *int*. Los siguientes son literales *double* válidos:

    2.31   0.45   .37   100.0   -3.14   -.07

- La notación exponencial en base 10 está permitida. Para utilizarla, a continuación de la base se escribe la letra *e*, mayúscula o minúscula, seguida por la potencia de 10 que se quiera utilizar. La potencia de 10 puede llevar el signo negativo. Los siguientes serían ejemplos válidos de números *double* expresados en notación exponencial, junto con su equivalente algebraico:

$$1.5e3 \rightarrow 1.5 \times 10^3 \rightarrow 1500$$
$$0.45E\text{-}3 \rightarrow 0.45 \times 10^{-3} \rightarrow 0.00045$$

La Tabla 3.3 muestra algunos ejemplos de representación en C de números con decimales (números de coma flotante).

El tipo *float* sirve para representar valores con decimales, aunque con menor precisión que el tipo *double*. El tipo *float* proporciona una precisión de unos 7 decimales.

Para indicar al compilador que un literal de un número en coma flotante debe ser interpretado como *float*, hay que poner la letra *f* o la letra *F* a continuación del número, como se hace en los siguientes ejemplos:

    3.45f   -0.01F   3.14E-2f

Para indicar que el literal debe interpretarse como *long double* hay que añadir el sufijo *l* o *L*. Conviene usar siempre la letra *L* mayúscula, para que no haya la posibilidad de confundir la *l* con un 1. Algunos ejemplos:

    3.45L   -0.01L   3.14E-2L

Tabla 3.3: Ejemplos de números con decimales

Expresión algebraica	Literal C	Comentario
2.31	2.31	El separador de decimales es el punto
−2.31	-2.31	Números negativos
1.5^3	1.5e3	Se puede usar notación exponencial
1.5^{-3}	1.5e-3	Notación exponencial con exponente negativo
1.5^{-3}	1.5E-3	Notación exponencial utilizando la E mayúscula

---

¡Atención! Los números en coma flotante no son números reales

Es muy importante entender que los números en coma flotante, *double* o *float*, no son números reales, sino aproximaciones.

Por ejemplo, si utilizamos un número *double* para aproximar un número como π o como 1/3, lo que obtendremos es una aproximación, no su valor exacto.

Insistiremos sobre este concepto a lo largo del libro pues, ignorarlo, es un error frecuente y que puede tener consecuencias graves cuando se está programando.

3.4.3 Caracteres

En C, para guardar caracteres individuales, se utiliza el tipo *char*, que es un tipo entero que utiliza 1 byte para el almacenamiento. Puede contener valores entre -128 y 127.

Los valores positivos (0 al 127) corresponden a los caracteres y símbolos del *sistema de codificación ASCII* [6]. A cada valor se le denomina *código ASCII* o simplemente *código*.

Los códigos del 0 al 31 son *caracteres de control* de dispositivos. Por ejemplo, el carácter 10 ('\n') representa la función *nueva línea (line feed)*, que usaremos a menudo al imprimir en pantalla o en ficheros. Los códigos entre 32 y 127 son *caracteres imprimibles* y se muestran en la Tabla 3.4.

Los caracteres ASCII imprimibles incluyen las letras mayúsculas y minúsculas del alfabeto inglés, algunos símbolos de puntuación y algunos caracteres especiales, pero no incluyen letras acentuadas, la letra ñ o el carácter ¿, por poner algunos ejemplos.

Tabla 3.4: Caracteres ASCII imprimibles

Cod	Car	Cod	Car	Cod	Car	Cod	Car	Cod	Car
32	(espacio)	52	4	72	H	92	\	112	p
33	!	53	5	73	I	93	]	113	q
34	"	54	6	74	J	94	^	114	r
35	#	55	7	75	K	95	_	115	s
36	$	56	8	76	L	96	`	116	t
37	%	57	9	77	M	97	a	117	u
38	&	58	:	78	N	98	b	118	v
39	'	59	;	79	O	99	c	119	w
40	(	60	<	80	P	100	d	120	x
41	)	61	=	81	Q	101	e	121	y
42	*	62	>	82	R	102	f	122	z
43	+	63	?	83	S	103	g	123	{
44	,	64	@	84	T	104	h	124	|
45	-	65	A	85	U	105	i	125	}
46	.	66	B	86	V	106	j	126	~
47	/	67	C	87	W	107	k	127	(DEL)
48	0	68	D	88	X	108	l		
49	1	69	E	89	Y	109	m		
50	2	70	F	90	Z	110	n		
51	3	71	G	91	[	111	o		

Para escribir un literal del tipo *char* se escribe el carácter correspondiente entre comillas simples. Los siguientes son ejemplos válidos de literales de caracteres ASCII:

```
'a'     'A'     'Z'     '$'     '#'     '?'     '!'
```

El tema de los juegos de caracteres en los diferentes idiomas es complicado de gestionar en cualquier lenguaje de programación. A lo largo del libro hablaremos de los *sistemas de codificación*, que permiten usar distintos *juegos de caracteres*. También explicaremos cómo utilizar las letras y símbolos del idioma español o de cualquier otro.

3.5 Variables y asignación de valores

3.5.1 Concepto de variable

La posibilidad de guardar un valor en memoria para poder utilizarlo más adelante en otra parte del programa es un mecanismo indispensable para que un lenguaje de programación se pueda considerar completo en el sentido Turing. Este mecanismo se suele denominar *asignación de variables*.

Una *variable* es una etiqueta (un nombre simbólico, un identificador) que se asocia con un valor de algún tipo que está guardado en la memoria del computador.

Cuando uno se está iniciando en la programación, puede ser útil visualizar una variable como una especie de caja con nombre en la que se puede guardar un valor de algún tipo. De hecho, cuando se asocia determinado valor a una variable, se suele decir que se ha *guardado* el valor en la variable.

El ciclo de vida de una variable consta de cuatro fases, como indica la Figura 3.1:

Ciclo de vida de una variable

Figura 3.1: Las cuatro fases del ciclo de vida de una variable: *declaración*, *asignación*, *utilización* y *destrucción*

- **Declaración:** es lo primero que hay que hacer para poder utilizar una variable, *declararla*. La *declaración* de una variable es una instrucción que le indica al compilador el nombre y el tipo de datos de una variable de nueva creación. Solo se puede hacer una vez para una variable determinada.

- **Asignación:** consiste en explicitar el valor concreto que va a guardar la variable. Se puede hacer más de una vez. Por ejemplo, a una variable se le puede asignar inicialmente un valor y, más adelante, sustituir dicho valor por otro. La variable sigue siendo la misma, pero se cambia el valor que guarda. La primera vez que se asigna valor a una variable se suele decir que se *inicializa* la variable.

- **Utilización:** se trata de recuperar el valor que haya guardado en la variable para incorporarlo en los cálculos del programa. Una vez que una variable está definida, en los lugares del programa donde aparezca su nombre, se sustituirá por su valor. Se puede hacer todas las veces que sea necesario, mientras la variable no haya sido destruida.

- **Destrucción:** es el final de la vida útil de una variable. Cuando el ámbito del programa en el que se declaró llega a su fin, la variable se destruye y no es posible recuperar su valor.

La declaración de una variable y la asignación de valor a la misma son dos procesos diferenciados. Se suele hablar de *definir* una variable para referirse a los dos procesos de manera simultánea.

3.5.2 Nombres de variables

Un *identificador* es el nombre simbólico que se asigna a una variable o a otros elementos con nombre del lenguaje, como las funciones o los tipos de datos personalizados.

Cada lenguaje de programación tiene sus reglas para los *nombres válidos* de los identificadores. Además, en cada lenguaje hay ciertos convenios que se deben respetar, para favorecer la legibilidad del código.

En C, se utilizan las siguientes reglas para el nombre de las variables[4]:

- Un nombre de variable es una secuencia de letras y números, en la que el primer carácter no puede ser un número. Las letras permitidas son las del alfabeto inglés, en mayúsculas o minúsculas. El símbolos del guion bajo también está permitido en el nombre de las variables, incluso como primer carácter del nombre.

- El carácter *espacio* no está permitido en el nombre de una variable.

- Los nombres de las variables son sensibles a las mayúsculas o minúsculas. De esta forma, una variable que se llame *x* (minúscula) es distinta que otra que se llame *X* (mayúscula).

- Hay una lista de palabras reservadas del lenguaje que no se pueden usar como nombres de variables u otros identificadores. Por ejemplo, una variable no se puede llamar *double* ni *int*. La lista de palabras reservadas de C se puede consultar en la especificación del lenguaje [7] o en el siguiente enlace:

```
https://en.cppreference.com/w/c/keyword.html
```

Los siguientes serían nombres válidos de variables en C:

```
altura       valorInicial       valor_inicial       x       x0       x_0       _x
```

En cambio, los siguientes serían nombres incorrectos:

```
0x       valor Inicial       año       medición
```

3.5.3 Declaración de variables

En C, para declarar una variable, se escribe el tipo de datos de los valores que va a guardar la variable, seguido del nombre que se quiere asignar a la misma y finalizando la instrucción con punto y coma.

La sintaxis de la instrucción de declaración de una variable es la siguiente:

```
tipo_de_datos    nombre_de_variable;
```

Por ejemplo, la siguiente línea de código declara una variable que va a guardar un valor del tipo *int* llamada *contador*:

---

[4]Desde la versión C99, el lenguaje C permite utilizar caracteres Unicode para los nombres de los identificadores. No obstante, en aras a maximizar la portabilidad del código, es preferible utilizar solo caracteres ASCII, como se indica en este apartado.

```
int contador;
```

El siguiente ejemplo declara una variable que va a guardar un valor del tipo *double* llamada *x*:

```
double x;
```

Se pueden declarar varias variables del mismo tipo en una misma línea de código, separando los nombres de las variables con una coma, como se hace en el siguiente ejemplo:

```
double u, v, w;
```

El ejemplo anterior declara tres variables del tipo *double*, una llamada *u*, otra llamada *v* y otra llamada *w*.

Hay que tener en cuenta las siguientes reglas en relación con la declaración de variables:

- La línea de código de la declaración de variables debe terminar en punto y coma.
- Para una misma variable, solo puede haber una instrucción de declaración.
- Dentro del mismo *ámbito* del programa, no puede haber dos identificadores con el mismo nombre. Como veremos más adelante, los *ámbitos* dentro de un programa suelen estar definidos por bloques de código entre llaves {}.

3.5.4 El operador de asignación

Una vez que se ha declarado una variable, es posible *asignarle* un valor. Para ello, se utiliza el *operador de asignación*. El operador de asignación es el signo igual (=) y asigna, a la variable cuyo nombre aparece a la izquierda del operador, el resultado de la expresión situada a la derecha del operador. La Figura 3.2 muestra el esquema del operador de asignación.

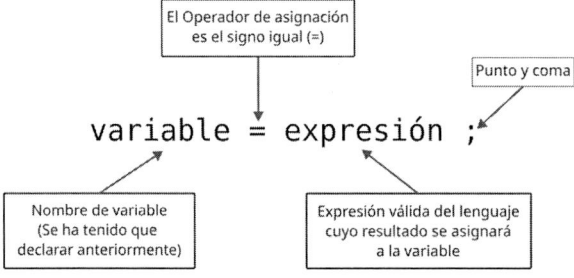

Figura 3.2: Operador de asignación

El siguiente ejemplo de código declara una variable del tipo *double* llamada *pi* en la primera instrucción y, en la siguiente instrucción, le asigna el valor 3.14:

```
double pi;
pi = 3.14;
```

3.5.5 Declaración más asignación en la misma instrucción

Es posible realizar la declaración de la variable y la asignación de valor en una sola línea de código, como se hace en el siguiente ejemplo:

```
double pi = 3.14;
```

La expresión situada a la derecha del operador de asignación puede ser cualquiera que dé lugar a un resultado del tipo de datos de la variable. En el siguiente ejemplo, se asigna a la variable *double* llamada *superficie* el resultado de multiplicar 4.0 por 3.0:

```
double superficie = 4.0 * 3.0;
```

Tras ejecutar la instrucción anterior, la variable *superficie* guardará el valor 12.0.

3.5.6 Utilización de las variables

Una vez que se ha declarado una variable y se le ha asignado algún valor, es posible utilizarla en cálculos posteriores. Por ejemplo, el siguiente código declara y asigna valor a dos variables llamadas *base* y *altura*. Posteriormente, declara una variable llamada *superficie* y le asigna el resultado de multiplicar el valor que tiene la variable *base* por el valor que tiene la variable *altura*:

```
double base = 4.0;
double altura = 3.0;
double superficie = base * altura;
```

Cuando se ejecuten las instrucciones anteriores, la variable *base* tendrá el valor 4.0, la variable *altura* tendrá el valor 3.0 y la variable *superficie* tendrá el valor 12.0.

Un caso habitual en programación, que puede sorprender a los principiantes, es cuando la variable a la que se asigna el resultado aparece también a la derecha del signo igual. Por ejemplo, observa la siguiente instrucción:

```
x = x+1;
```

En Álgebra, la expresión anterior no tendría sentido: no es posible que un número sea igual a ese mismo número más una unidad. En programación, en cambio, es una instrucción muy habitual que asigna a una variable llamada *x* el valor que tuviera antes de esta instrucción más una unidad.

A la izquierda del operador de asignación siempre habrá un nombre de variable y a la derecha, una expresión que dé lugar a un resultado del tipo de datos de la variable que aparece a la izquierda. Primero se opera la expresión situada a la derecha del signo igual y, el resultado que se obtenga, se asigna a la variable que aparece a la izquierda.

Suponga que, antes de la instrucción anterior, la variable x valía *10*. Primero se opera la expresión situada a la derecha del operador, obteniendo como resultado *11*. Luego, el resultado de la expresión a la derecha del operador se asigna a la variable que aparece a la izquierda. Por tanto, el valor *11* se asigna a la variable x y, después de la instrucción, la variable x ya no valdrá *10*, valdrá *11*.

3.5.7 Copia de valores de variables

Otra forma habitual de utilizar el operador de asignación es para copiar el valor de una variable en otra. Por ejemplo:

```
int y = 10;
int x = y;
```

Tras ejecutar el código anterior, tanto la variable *x* como la variable *y* tendrán el valor 10. Eso sí, cada una de ellas tiene su *propio* valor 10, guardado en distintas zonas de memoria. Si, tras la asignación anterior, modificamos el valor de *y*, por ejemplo, el valor de *x* seguirá guardando el valor 10:

```
y = 20; // Ahora, y vale 20, pero x sigue valiendo 10
```

A este mecanismo de copia de los valores de unas variables a otras se le suele denominar *copia por valor*: se copia el valor contenido en la variable, pero cada variable sigue siendo independiente y sigue disponiendo de su propio espacio de memoria para guardar su valor.

3.5.8 El algoritmo del intercambio de valores

Como se indicó en el Apartado 1.6, los algoritmos son un conjunto de reglas que permiten resolver un problema de computación. Vamos a explicar aquí el conocido como *algoritmo del intercambio*.

El problema a resolver es el siguiente: se dispone de dos variables, del mismo tipo de datos cuyos valores se quieren intercambiar. El tipo de datos podría ser cualquiera, pero las dos variables tienen que ser del mismo tipo.

En el siguiente código, se parte de unas variables *a* y *b*, con unos valores iniciales. Se quiere conseguir un estado final en el que la variable *a* tenga el valor inicialmente asignado a *b* y viceversa.

```
int a = 10;
int b = 5;

int aux = a; // a=10, b=5, aux=10
a=b;         // a=5, b=5, aux=10
b=aux;       // a=5, b=10
```

Observa que ha sido necesario utilizar una variable auxiliar, que hemos llamado *aux*, para guardar el valor de la variable *a*, antes de asignarle el valor de *b*. Luego, el valor de *aux* se asigna a *b*.

En el ejemplo se han utilizado números enteros, pero el algoritmo se podría aplicar a cualquier tipo de datos que permita copiar valores con el operador de asignación.

3.5.9 Constantes

Hasta ahora hemos visto cómo declarar variables, es decir, espacios de memoria cuyo contenido puede cambiar a lo largo de la ejecución de un programa. Sin embargo, en muchas ocasiones es útil definir valores que no deben cambiar nunca. A estos valores se les llama *constantes*.

Una constante es un identificador asociado a un valor fijo. Una vez definida, su valor no puede ser modificado durante la ejecución del programa. Utilizar constantes tiene varias ventajas:

- Hace que el código sea más legible, al dar un nombre significativo a ciertos valores.
- Evita errores accidentales, ya que el compilador impide modificar su valor.
- Facilita el mantenimiento del código. Si se modifican los requerimientos del programa, cambiando el valor de la constante en su línea de definición, se actualizará en todos los puntos de programa donde se utilice.

En C, existen dos formas habituales de definir constantes:

1. **Usando la palabra clave *const*:** se escribe la palabra reservada *const* delante del tipo de datos. Es obligatorio inicializar la constante en la línea de declaración.

   ```
   const double PI = 3.14159;
   const int MAX_ESTUDIANTES = 100;
   ```

   Una vez declarada una constante, no es posible modificar su valor. En el ejemplo anterior, si se intenta hacer una asignación posterior a *PI* o *MAX_ESTUDIAN-TES*, el compilador dará un error.

2. **Usando la directiva de preprocesador** #define: la cláusula #define indica al preprocesador que sustituya todas las apariciones de un identificador por un valor literal. Por ejemplo:

   ```
   #define PI 3.14159
   #define MAX_ESTUDIANTES 100
   ```

   En el ejemplo anterior, durante el proceso de compilación, en todos los sitios del código donde aparezcan las palabras *PI* o *MAX_ESTUDIANTES* se sustituirá la palabra por el valor de la constante.

   Este método es más antiguo y tiene menos control que el uso de *const*. Por ejemplo, no respeta el ámbito de las variables y no ofrece verificación de tipo. Sin embargo, sigue siendo muy utilizado en proyectos grandes para definir valores globales o configuraciones.

¿Qué método debo utilizar?

En programas sencillos o en las primeras etapas del aprendizaje, es preferible utilizar *const*, porque:

- El compilador comprueba el tipo de datos.
- Respeta las reglas de ámbito (la constante solo existe en el bloque donde se define).

La directiva #define se sigue utilizando habitualmente para definir constantes de configuración globales, valores de macros o banderas de compilación.

Cualquiera que sea el procedimiento elegido para la definición de constantes, es recomendable escribir el nombre en mayúsculas, separando las palabras con guion bajo (criterio SCREAMING_SNAKE_CASE). También es conveniente utilizar nombres descriptivos, incluso si son largos. Esto hace el código más claro.

3.5.10 Criterios y buenas prácticas para los nombres de las variables

En los primeros lenguajes de programación, los nombres de variables solo podían tener unos pocos caracteres y se consideraba una buena práctica poner comentarios en el código, para explicar el significado de las variables. Era habitual ver códigos como el siguiente:

```
// br = base del rectángulo
int br = 3;
// hr = altura del rectángulo
int hr = 4;
// ar = área del rectángulo
int ar = br*hr;
```

El código es válido pero, si se tuviera que volver a utilizar alguna de estas variables en otra parte del programa alejada de esta, quizás sería necesario volver a añadir la línea de comentario, para explicar de nuevo el significado de la variable.

Los lenguajes actuales, como el lenguaje C, permiten utilizar nombres de variables más largos. Por ello, hoy en día se prefiere utilizar nombres de variables suficientemente descriptivos y evitar líneas de comentarios. El ejemplo anterior se podría codificar así:

```
int base = 3;
int altura = 4;
int area = base * altura;
```

Esta técnica facilita la lectura del código y hace innecesarias muchas líneas de comentarios. Si se utilizaran estas variables en otra parte del programa, sería fácil saber a qué se refieren.

Los nombres de variables tienen que ser cortos, pero descriptivos. Por ejemplo, *nombre* es mejor que *n*; *nombre_estudiante* es mejor que *n_s*; y *altura_triangulo* es mejor que *altura_del_triangulo*.

Es habitual utilizar sustantivos para los nombres de las variables. En algunos casos, también pueden ser adecuados los adjetivos.

Hay varios criterios habituales para dar nombre a los identificadores de las variables, las funciones y otras construcciones de los lenguajes de programación:

- **camelCase:** si el identificador tiene una sola palabra, se pone en minúsculas. Si tiene más de una palabra, la primera se pone en minúsculas y las demás en mayúsculas, sin espacios ni guiones bajos de separación. Los siguientes serían ejemplos de identificadores utilizando el criterio *camelCase*:

    valorInicial   getName()   x0

- **PascalCase:** es como el *camelCase*, pero poniendo todas las palabras en mayúsculas. Es habitual para nombres de estructuras, enumeraciones y tipos de datos personalizados. También se llama a veces *Upper Camel Case* o simplemente *CamelCase* (con la primera C mayúscula). Los siguientes serían ejemplos de identificadores utilizando el criterio *PascalCase*:

    Punto   ColorPrincipal   EstadoInicial

- **snake_case:** en este convenio se utilizan palabras en minúsculas separadas por el guion bajo. En C es frecuente utilizarlo para los nombres de variables y funciones. Los siguientes serían ejemplos de identificadores utilizando el criterio *snake_case*:

    valor_inicial   get_name()   x_0

- **SCREAMING_SNAKE_CASE:** es como el *snake_case*, pero poniendo las palabras con todas las letras mayúsculas. Se suele utilizar en todos los lenguajes para nombrar valores constantes. Los siguientes son algunos ejemplos de este criterio:

    VALOR_INICIAL   PI   X_0

La Figura 3.3 puede ayudar a memorizar estos criterios.

Figura 3.3: Ayuda para memorizar los criterios de nombres

Hay un criterio, que algunos llaman *kebab-case*, que consiste en separar las palabras mediante un guion. Un ejemplo podría ser el un identificador llamado *notas-junio*. El sistema operativo permite este criterio para dar nombres a carpetas o archivos, pero no sirve para las variables de los programas, pues el compilador interpreta el guion como el operador *resta* y trataría de restar la variable *junio* de la variable *notas*.

Salvo *SCREAMING_SNAKE_CASE*, que conviene usarlo siempre para las constantes, para los nombres de otros identificadores se puede usar uno u otro criterio. La elección depende del programador o de las normas establecidas en el equipo de desarrolladores del programa. No es muy importante qué criterio se elija, es una cuestión de estilo. Sí que es importante, en cambio, la consistencia: una vez elegido un criterio, hay que mantenerlo en todo el programa.

En cada lenguaje, suele haber unas costumbres establecidas en cuanto a los criterios que se deben usar para los distintos tipos de identificadores del lenguaje. A lo largo del libro iremos indicando los criterios que se suelen usar en C. En el libro, utilizaremos *snake_case* para nombres de variables y funciones y *Pascal Case* para estructuras, enumeraciones y tipos personalizados.

3.6 Operadores en C

Los *operadores* están asociados a los tipos de datos. Cada tipo de datos tiene definidas las operaciones que se pueden hacer con los valores de ese tipo. Los tipos numéricos tienen definidos los siguientes operadores:

- Operadores aritméticos.
- Operadores relacionales o de comparación.
- Operadores lógicos.
- Operadores de asignación compuestos.
- Operadores bit a bit (solo para tipos *int*).

Estos operadores representan una forma abreviada de utilizar ciertas funciones que reciben uno o dos argumentos y devuelven un resultado calculado en base al valor de dichos argumentos. Los argumentos se suelen llamar también *operandos*.

En general, los operandos tienen que ser del mismo tipo para poder operarlos. En algunos casos, el compilador hace una conversión implícita de un tipo de datos numérico en otro, pero es mejor cuidar las expresiones para no cometer errores de cálculo al mezclar operandos de distintos tipos.

3.6.1 Operadores aritméticos

Los operadores aritméticos utilizan uno o dos operandos de tipo numérico y devuelven como resultado un valor numérico. La Tabla 3.5 resume los operadores aritméticos disponibles en C.

Tabla 3.5: Operadores aritméticos

Operador	Significado
+	Suma
−	Resta
*	Producto
/	División
%	Resto de la división (solo para tipos enteros)

En los operadores aritméticos que utilizan dos operandos, estos se escriben a los lados del operador, de la forma habitual en álgebra.

Aunque, por comodidad, los tratemos de forma conjunta para todos los tipos numéricos, hay que tener claro que los operadores están asociados al tipo de datos concreto. Esto es más evidente, por ejemplo, con el operador de la división, cuyo comportamiento es diferente cuando se dividen números enteros o con decimales, como veremos más adelante. También es un caso especial el operador *resto de la división*, que solo se puede utilizar con operandos de tipos enteros.

Los operadores se pueden encadenar para formar expresiones complejas, de manera similar a lo que se hace en álgebra. Si queremos sumar 3 números, por ejemplo, se puede escribir en una sola expresión de la siguiente manera:

```
a + b + c
```

En una expresión en la que se combinen varios operadores, el compilador opera de izquierda a derecha, pero hay elementos que alteran el orden de las operaciones. Las expresiones que estén encerradas entre paréntesis, las llamadas a funciones o los nombres de variables, se evalúan antes y su resultado se sustituye en la expresión. También se evalúan antes los productos, las divisiones y el resto que las sumas y restas.

Se muestran a continuación algunos ejemplos, utilizando números enteros, aunque se podrían haber hecho ejemplos similares utilizando números en coma flotante:

$$5 + 3 + 4 \quad \rightarrow \quad 8 + 4 \quad \rightarrow \quad 12$$
$$5 + 3 * 4 - 1 \quad \rightarrow \quad 5 + 12 - 1 \quad \rightarrow \quad 17 - 1 \quad \rightarrow \quad 16$$
$$(5 + 3) * 4 - 1 \quad \rightarrow \quad 8 * 4 - 1 \quad \rightarrow \quad 32 - 1 \quad \rightarrow \quad 31$$
$$3 + 5 \ \% \ 2 \quad \rightarrow \quad 3 + 1 \quad \rightarrow \quad 4$$

Hay que tener en cuenta que, cuando los operandos de la división son números enteros, la operación es la *división entera*, cuyo resultado es un número entero y se descarta el resto decimal:

```
double x = 9.0 / 4.0; // x vale 2.25
int n = 9 / 4; // n vale 2, división entera (descarta la parte decimal)
```

Esta división entera se mantiene, incluso si se asigna a una variable *double*. Observa el siguiente ejemplo:

```
double y = 9 / 4; // y vale 2.0
```

En la instrucción anterior, primero se opera la expresión a la derecha de la asignación, 9/4 y luego se asigna el resultado a la variable a la izquierda del operador, *x*. La operación 9/4 es una división entera cuyo resultado es 2. Al asignar, el 2 entero se convierte en 2.0 *double*.

Otro caso particular que hay que tener en cuenta al hacer divisiones es cuando el denominador es cero. En el caso de la división entera, si el denominador es cero, se produce un error de ejecución y el programa se interrumpe. Por ejemplo:

```
int n = 3;
int m = 0;
int result = n/m; // ERROR DE EJECUCIÓN!
```

En cambio, si la división es entre números en coma flotante y el denominador es cero, el resultado será *infinito* y el programa no se interrumpe:

```
double n = 3.0;
double m = 0.0;
double result = n/m; // No hay error, resultado inf
```

En relación con el operador *resto*, %, hay que indicar que solo se puede aplicar a operandos de tipos enteros. Este operador devuelve un número entero, que es el resto de dividir el primer operando entre el segundo. Por ejemplo:

```
int n = 10 % 2; // n vale 0
int m = 9 % 4;  // m vale 1
```

3.6.2 Promoción de tipos en C

Cuando se combinan dos operandos de distintos tipos numéricos, el compilador de C convierte automáticamente el tipo "*más simple*" al tipo "*más complejo*" antes de realizar la operación. Este proceso se llama *promoción de tipos*.

La Tabla 3.6 resume el caso de los tipos *int* y *double*.

Tabla 3.6: Promoción de tipos en C

Operando A	Operando B	Tipo del resultado
int	int	int
int	double	double
double	double	double

Como regla general, el tipo más amplio se impone: double > int.

Por ejemplo:

```
int a = 3;
double b = 2.5;
double c = a + b;    // a se convierte a double; c = 5.5
```

También se puede realizar la conversión explícita mediante el mecanismo llamado *casting*, que consiste en poner entre paréntesis, delante de una variable o un valor, el tipo al que se quiere convertir. Si se convierte a un tipo más simple, puede haber pérdida de datos. Observa los siguientes ejemplos:

```
int n = 100;
double x = (double)n; // x vale 100.0, no hay pérdida de datos

double y = 10.5;
int m = (int)y; // m vale 10, se pierde el decimal 0.5
```

¡Atención!

Si se almacena el resultado de una expresión en una variable de un tipo menor, puede haber pérdida de precisión:

```
double a=3.0;
double b=2.5;
int c = a + b;    // c = 5, se pierde el decimal 0.5
```

En la práctica conviene:

- Usar el mismo tipo en ambos operandos siempre que sea posible.
- Ser explícito con *castings*, si se desea forzar un tipo concreto.

3.6.3 Operadores aritméticos unarios

Se trata de operadores aritméticos que utilizan un solo operando de tipo numérico, siendo el resultado también numérico. En la Tabla 3.7 se indican los operadores unarios existentes en C:

Tabla 3.7: Operadores aritméticos unarios

Operador	Significado
+	Signo positivo (por defecto, los números son positivos)
-	Aplica el signo negativo a un valor
++	Incrementa el operando en una unidad
--	Decrementa el operando en una unidad

Merece la pena detenerse en los operadores de *incremento/decremento*. El operador de incremento es ++. Se puede escribir delante o detrás del operando y el resultado que se obtiene en ambos casos es el incremento en una unidad del valor de la variable operando.

```
++x // Equivale a x = x + 1;
x++ // Idem
```

Cuando el operador incremento interviene en una asignación o bien en una expresión, combinado con otros operadores, el comportamiento es diferente según se ponga el ++ delante o detrás del operando.

Si el ++ se pone delante del operando, primero se hace el incremento y luego se realizan las operaciones o asignaciones de la expresión en la que esté implicado.

En el siguiente ejemplo, x tiene un valor inicial de 10. Tras asignar a z el valor ++x, la variable z vale 11, igual que la variable x:

```
int x = 10;
int z = ++x; // z vale 11, x vale 11
```

El código anterior sería equivalente a haber hecho:

```
int x = 10;
x = x + 1; // Aquí se hace el incremento, antes de la asignación
int z = x;
```

En cambio, cuando el operador ++ se escribe detrás de la variable, primero se hacen las operaciones y luego el incremento. En el siguiente ejemplo, el valor de z será 10 y el valor final de x será 11: primero se opera la asignación y luego el incremento:

```
int x = 10;
int z = x++; // z vale 10, x vale 11
```

En este caso, la equivalencia sería:

```
int x = 10;
int z = x;
x = x + 1; // Aquí se hace el incremento, después de la asignación
```

La diferencia está en el momento en el que se aplica el operador incremento.

El operador decremento, --, se comporta igual que el operador incremento, pero su resultado es disminuir una unidad el valor del operando.

En expresiones que combinen varios operadores, el signo menos tiene prioridad frente a cualquier otro operador aritmético. Observa el siguiente ejemplo:

```
int c = -a * -b; // equivalente a c = (-a)*(-b)
```

3.6.4 Operadores relacionales o de comparación

En general, los *operadores relacionales*, también conocidos como *operadores de comparación*, permiten comparar dos valores, determinando si se cumple cierta relación entre ellos y devolviendo un resultado lógico: verdadero o falso. La Tabla 3.8 muestra los operadores relacionales que ofrece el lenguaje C.

Tabla 3.8: Operadores relacionales o de comparación

Operador	Significado	Ejemplo
==	Igual a	a == b
!=	Distinto de	a != b
<	Menor que	a < b
<=	Menor o igual que	a <= b
>	Mayor que	a > b
>=	Mayor o igual que	a >= b

En C no existe un tipo específico para los valores lógicos[5]. El resultado de una comparación es 1, si el resultado de la comparación es verdadero y 0, si es falso.

Estos operadores son fundamentales para la toma de decisiones en un programa, ya que se utilizan en instrucciones condicionales como *if, while, for,* etc. El siguiente ejemplo muestra alguna comparación entre números enteros:

```
int a = 10, b = 7;
int x = (a > b);    // x vale 1 (verdadero)
int y = (a == b);   // y vale 0 (falso)
```

Cuando en una expresión se combinan varios operadores, se operan de izquierda a derecha. Si en la expresión hay operadores aritméticos y de comparación, los operadores aritméticos se ejecutan antes que los de comparación. Por ejemplo:

$$5 > 2 + 3 \quad \rightarrow \quad 5 > 5 \quad \rightarrow \quad 0$$
$$5 + 1 > 2 + 3 \quad \rightarrow \quad 6 > 2 + 3 \quad \rightarrow \quad 6 > 5 \quad \rightarrow \quad 1$$

Los operadores relacionales pueden aplicarse también a valores de tipo *float* o *double*. En ese caso, las comparaciones se realizarán considerando la precisión.

Algunos programadores nóveles confunden el operador de igualdad, ==, con el operador de asignación, =. El operador de igualdad compara los dos operandos y devuelve 1, si son iguales o 0 (cero), si no lo son. Por su parte, el operador de asignación asigna, a la variable a la izquierda del operador, el resultado de la expresión a su derecha.

---

[5]En realidad, desde C99, existe el tipo _Bool, que es un tipo entero que solo puede tomar los valores (0, 1). En el Apartado 4.4, se explicará su uso y el de la biblioteca *stdbool.h*

Debugging

El proceso de localizar, diagnosticar y corregir errores o fallos (bugs) en un programa se denomina *depurar*, en inglés, *debugging*.

"*Bug*" en inglés significa *bicho*. En informática, se usa para designar un error. "*Debug*" es quitar el bicho (eliminar el error). En programación, se suelen considerar tres tipos de errores:

- **Errores sintácticos:** el programa no compila. Son los más fáciles de depurar.

- **Errores de ejecución:** el programa compila, pero falla durante la ejecución. Según el tipo concreto de error, pueden ser más o menos difíciles de depurar.

- **Errores en la lógica:** son los *bugs*, propiamente dichos. El programa compila y se ejecuta sin interrupciones, pero los resultados no coinciden con lo que cabría esperar. Suelen ser los más difíciles de depurar.

Confundir el operador de igualdad == con el operador de asignación = es un *bug* frecuente en los programadores nóveles que puede dar lugar a resultados inesperados.

¡Nunca compares números *float*! El problema del cero exacto en computación

Hay un viejo dicho en computación que dice: *¡Nunca compares números float!*. Seguramente, si actualizásemos el dicho, diríamos: *¡Nunca compares números double!*

Cuando se trabaja con números *double*, hay que tener en cuenta que se trata de números con una precisión de unos 15 decimales, pero no son números reales (pertenecientes a $\mathbb{R}$). Por ejemplo, la operación 1.0/3.0 devolverá una aproximación al número real resultante de dividir 1 entre 3. Sucede lo mismo con todos los números irracionales como π o $\sqrt{2}$. Además, los números *double* se guardan en memoria como una potencia de 2, por lo que algunos números aparentemente sencillos se guardan como una aproximación, no como su valor exacto.

En el siguiente ejemplo, se declaran y asignan dos variables $x = 0.1 + 0.2 + 0.15$ e $y = 0.1 + 0.3 + 0.05$, cuyo contenido debería ser 0.45 en ambos casos. En cambio, al comparar x e y con el operador ==, el resultado es que no son iguales.

```
double x = 0.1+0.2+0.15; // x=0.45
double y = 0.1+0.3+0.05; // =0.45

int cmp = (x == y); // cmp vale 0, o sea, falso!
```

A la vista del resultado anterior, al hacer comparaciones entre *doubles*, hay que tomar precauciones.

Por ejemplo, si se quiere comprobar si determinado resultado es igual a 0, la forma correcta de operar es establecer un nivel de precisión y comprobar si el resultado, en valor absoluto, es menor que la precisión establecida. De manera análoga, para comparar dos números *double*, se puede comprobar si el valor absoluto de su diferencia es menor que la precisión que se desea obtener. La formulación es la siguiente:

$$|x| < precision \Rightarrow x \approx 0$$
$$|x - y| < precision \Rightarrow x \approx y$$

En el ejemplo siguiente, se establece un nivel de precisión 10^{-6} y se determina si el valor absoluto de la diferencia entre x e y es menor que la precisión considerada:

```
#include <math.h>
double PRECISION = 1e-6;

double x = 0.1+0.2+0.15; // 0.45
double y = 0.1+0.3+0.05; // 0.45
int cmp = fabs(x - y) < PRECISION); // cmp vale 1, x e y son
    iguales
```

Conviene definir la variable *PRECISION* al principio del programa, como una constante. Cada vez que se necesita usar en el código, se pone el nombre de la constante, no su valor. Así, si se quiere cambiar la precisión, con cambiar el valor de la constante, se actualizarán todos los cálculos en los que se haya utilizado.

Otro detalle es que se ha hecho uso de la función *fabs()* de la biblioteca *math.h*. Esta función calcula el valor absoluto de un número *double*. En el apartado 17.2 se explicarán esta y otras funciones de la biblioteca estándar para realizar cálculos matemáticos.

3.6.5 Operadores lógicos

En general, los *operadores lógicos* toman uno o dos operandos de tipo lógico y devuelven un valor de tipo lógico. Permiten combinar valores lógicos (verdadero o falso) y construir condiciones más complejas a partir de expresiones simples.

En C, un valor se considera *falso* si es igual a 0 y *verdadero* si es distinto de 0. Esta convención se aplica tanto a variables como a expresiones numéricas.

La Tabla 3.9 muestra los operadores lógicos utilizados en C.

Tabla 3.9: Operadores lógicos

Operador	Significado	Ejemplo
&&	Y lógico (*AND*)	`a > 0 && b < 10`
||	O lógico (*OR*)	`x == 0 || y != 0`
!	Negación lógica	`!condicion`

- El operador && devuelve 1 si *ambas condiciones* son verdaderas.
- El operador || devuelve 1 si *al menos una* de las condiciones es verdadera.
- El operador ! invierte el valor lógico: convierte verdadero en falso y viceversa.

El siguiente ejemplo muestra algunos casos de uso:

```
int n = 3;
int m = 5;
int result1 = (n<m) && (n>0); // result1 = 1
int result2 = (n>m) || (n>0); // result2 = 1
int result3 = !result2;       // result3 = 0
```

En C, la evaluación de operadores lógicos es *perezosa*, concepto que también se conoce como *short-circuit evaluation*:

- En una expresión con &&, si la primera condición es falsa, la segunda no se evalúa.
- En una expresión con ||, si la primera condición es verdadera, la segunda no se evalúa.

Esto permite construir condiciones eficientes y seguras. Por ejemplo:

```
int a = 0;
int b = 5;

int result = (a != 0) && ((b / a) > 1);
```

En este ejemplo, la expresión a!=0 es *falsa*, por lo que el compilador no evalúa la parte derecha: (b/a)>1. Esto evita una división entre cero y, por tanto, un error de ejecución.

En cierto sentido, el operador lógico *AND* se podría equiparar al operador aritmético producto y el operador lógico *OR* se podría equiparar a la suma. De hecho, si en una expresión aparecen operadores *AND* y operadores *OR*, se ejecutan primero los *AND*. El operador *NOT* tiene precedencia sobre los otros operadores lógicos: primero se ejecutan los operadores *NOT*, luego los operadores *AND* y, por último, los operadores *OR*.

Cuando en una expresión aparecen operadores lógicos y operadores de comparación, los operadores de comparación se operan antes que los lógicos (recuerde también que los operadores aritméticos se ejecutan antes que los de comparación).

Un buen ejemplo de esta regla de precedencia de los operadores de comparación sobre los lógicos es la condición para indicar que un número está dentro de determinado intervalo. En notación algebraica, un ejemplo podría ser:

$$x \in (a, b) \Rightarrow a < x < b$$

Si se utiliza la expresión tal como se escribe en álgebra, el resultado es siempre verdadero:

```
int a = 0;
int b = 10;

int result1 = a<-1<b;   // result1 = 1
int result2 = a<5<b;    // result2 = 1
int result3 = a<12<b;   // result3 = 1
```

La explicación es que primero se evalúa el primer operador <. El resultado será 0 o 1, que pasará a ser el primer operando de la siguiente comparación.

La expresión algebraica $a < x < b$ encierra dos comparaciones y un operador *AND*:

"a es menor que x"   **Y**   *"x es menor que b"*

En C, se podría poner:

```
a<x && x<b
```

El orden de precedencia de los operadores hace innecesarios los paréntesis, aunque también se podrían utilizar para facilitar la lectura:

```
(a<x) && (x<b)
```

Con esto, la forma correcta de evaluar el ejemplo anterior sería:

```
int a = 0;
int b = 10;

int result1 = a<-1 && -1<b;   // result1 = 0
int result2 = a<5 && 5<b;     // result2 = 1
int result3 = a<12 && 12<b;   // result3 = 0
```

Este es otro *bug* típico entre programadores nóveles: el programa compila y funciona, pero los resultados que da no son correctos. Como la mayoría de *bugs*, suele ser difícil localizarlo para poder corregirlo.

3.6.6 Operadores bit a bit

El lenguaje C permite trabajar directamente con los bits individuales que componen una variable entera mediante los *operadores bit a bit* (*bitwise operators*). Estos operadores se aplican a variables de tipo *int*, *unsigned int*, *char*, etc., y permiten modificar, comprobar o combinar sus bits de forma eficiente.

La Tabla 3.10 muestra los operadores bit a bit existentes en C.

Tabla 3.10: Operadores bit a bit (*bitwise operators*)

Operador	Nombre	Descripción
&	AND bit a bit	El resultado tiene 1 solo donde ambos operandos tienen 1
|	OR bit a bit	El resultado tiene 1 donde al menos uno tiene 1
^	XOR bit a bit	El resultado tiene 1 donde los bits son distintos
~	NOT bit a bit	Invierte todos los bits del operando
<<	Desplaz. izquierda	Desplaza los bits hacia la izquierda
>>	Desplaz. derecha	Desplaza los bits hacia la derecha

Estos operadores trabajan sobre la *representación binaria* de los operandos. A continuación se muestra un ejemplo con números pequeños:

```
unsigned int a = 6;  // 00000110 en binario
unsigned int b = 3;  // 00000011 en binario
unsigned int c;

c = a & b;   // Resultado: 00000010 (2)
c = a | b;   // Resultado: 00000111 (7)
c = a ^ b;   // Resultado: 00000101 (5)
c = ~a;      // Resultado: depende del tamaño del tipo
c = a << 1;  // Resultado: 00001100 (12)
c = b >> 1;  // Resultado: 00000001 (1)
```

Los operadores bit a bit se utilizan en muchas tareas de bajo nivel, entre ellas:

- Activar, desactivar o comprobar bits individuales (uso de máscaras).
- Compactar datos o representar conjuntos mediante bits.
- Multiplicar o dividir rápidamente por potencias de 2 (x << n equivale a x * 2^n).
- Criptografía, compresión y codificación de datos.

3.6.7 Operadores compuestos de asignación

Los *operadores compuestos de asignación* son una forma abreviada y muy habitual en C, para modificar el valor de una variable aplicando una operación aritmética o bit a bit. Realizan una operación aritmética o lógica y una asignación.

Por ejemplo, la operación:

```
x = x + 1;
```

se puede abreviar utilizando un operador compuesto de asignación de la siguiente forma:

```
x += 1;
```

La Tabla 3.11 muestra los operadores compuestos de asignación existentes.

Tabla 3.11: Operadores compuestos de asignación

Operador	Equivalente a	Significado
+=	x = x + y	Suma y asigna
-=	x = x - y	Resta y asigna
*=	x = x * y	Multiplica y asigna
/=	x = x / y	Divide y asigna
%=	x = x % y	Módulo y asigna
&=	x = x & y	AND bit a bit y asigna
|=	x = x | y	OR bit a bit y asigna
^=	x = x ^ y	XOR bit a bit y asigna
<<=	x = x << y	Desplazamiento a la izquierda y asigna
>>=	x = x >> y	Desplazamiento a la derecha y asigna

El siguiente código muestra algunos ejemplos de utilización de estos operadores:

```
int a = 10;
a += 5;   // a= a+5; ahora a vale 15
a *= 2;   // a = a*2; ahora a vale 30
a -= 6;   // a = a-6; ahora a vale 24
```

El uso de los operadores compuestos aporta algunas ventajas:

- Mejora la legibilidad del código.

- Permite que el compilador genere código más eficiente.

- Es especialmente útil dentro de bucles o expresiones compactas.

3.7 Orden de precedencia de los operadores

En principio, el compilador evalúa las expresiones de izquierda a derecha. Pero, cuando en una expresión aparecen varios operadores distintos, el lenguaje C utiliza reglas internas para decidir en qué orden se deben evaluar. A estas reglas se las conoce como *precedencia de operadores*.

Algunas se han ido comentando en los apartados anteriores. Por ejemplo, en la expresión:

```
int x = 3 + 2 * 4;
```

la multiplicación tiene mayor precedencia que la suma, por lo que se evalúa primero el producto 2*4 = 8, y luego se suma 3, dando x = 11.

Además de la precedencia, también se define una *asociatividad*, que indica si los operadores con la misma precedencia se evalúan de izquierda a derecha o de derecha a izquierda.

El resumen de todas las reglas de precedencia que se aplican a las expresiones es el que muestra la Tabla 3.12, que presenta los operadores más comunes en C, ordenados de mayor a menor precedencia.

Tabla 3.12: Orden de precedencia de los operadores

Precedencia	Operadores	Asociatividad
1	() [] -> .	De izquierda a derecha
2	++ -- + - ! (tipo)	De derecha a izquierda
3	* / %	De izquierda a derecha
4	+ -	De izquierda a derecha
5	<< >>	De izquierda a derecha
6	< <= > >=	De izquierda a derecha
7	== !=	De izquierda a derecha
8	&	De izquierda a derecha
9	^	De izquierda a derecha
10	|	De izquierda a derecha
11	&&	De izquierda a derecha
12	||	De izquierda a derecha
13	?: (condicional ternario)	De derecha a izquierda
14	= += -= *= /= ...	De derecha a izquierda
15	,	De izquierda a derecha

Consejo práctico

Para evitar errores y ambigüedades, es buena práctica utilizar paréntesis para dejar claro el orden deseado de evaluación, incluso cuando se conoce la precedencia.

Por ejemplo:

```
int a = 2, b = 3, c = 4;
int x = a + b * c;      // x = 2 + (3 * 4) = 14
int y = (a + b) * c;    // y = (2 + 3) * 4 = 20
```

3.8 Tipos personalizados con el operador *typedef*

En el lenguaje C, la capacidad de crear tipos de datos personalizados es una herramienta fundamental para mejorar la legibilidad, la modularidad y el mantenimiento de los programas. La palabra reservada typedef permite al programador definir nuevos nombres para tipos de datos ya existentes, facilitando así la creación de alias más descriptivos y adaptados al contexto del problema que se está resolviendo.

La sintaxis de *typedef* es la siguiente:

```
typedef   tipo_base alias
```

El *tipo_base* tiene que ser un tipo ya existente y el *alias*, un nombre por el que podremos referirnos a ese tipo de datos a partir de ese momento.

Por ejemplo, podríamos crear el alias *Natural* para referirnos a los números enteros positivos, de la siguiente forma:

```
typedef unsigned int Natural;
```

La instrucción anterior crea un alias de tipo, llamado *Natural*, para referirse al tipo *unsigned int*. A partir de ese momento, podemos crear variables del tipo *Natural* que funcionarán como lo que son, *unsigned int*:

```
Natural n1=10, n2=20;
Natural resultado = n1 * n2; // resultado vale 200
```

La utilización de nombres de tipos personalizados es útil para:

- Mejorar la legibilidad (por ejemplo, *Natural* sugiere que las variables no deben ser negativas).

- Facilitar cambios futuros (si se quisiera cambiar *unsigned int* por *unsigned long*, por ejemplo, solo habría que cambiar el *typedef*).

Las definiciones de tipos se suelen hacer al principio del programa, fuera de la función *main()*. Haciéndolo así, el alias es una declaración *global* que estará disponible en todo el programa.

Esta técnica resulta especialmente útil al trabajar con las estructuras, arrays o punteros, como se verá en los capítulos respectivos, ya que simplifica las declaraciones y evita errores comunes.

Además, el uso de *typedef* contribuye a la portabilidad del código entre diferentes plataformas, permitiendo adaptar tipos de datos de manera centralizada.

3.9 Entrada y salida básica: *printf()*, *puts()* y *scanf()*

Hasta ahora hemos visto cómo declarar variables y almacenar valores en ellas. Para que un programa sea realmente útil, debe ser capaz de:

- Mostrar información por pantalla (salida).

- Leer datos introducidos por el usuario (entrada).

En este apartado vamos a hacer una introducción muy básica de las siguientes instrucciones de entrada/salida:

- ***printf()*:** se utiliza para escribir información formateada en el terminal.

- ***puts()*:** permite escribir cadenas de caracteres sin formato.

- ***scanf()*:** sirve para recoger información tecleada por el usuario.

Todas estas funciones están disponibles en la biblioteca *stdio.h*, cuya cabecera será necesario incluir en los programas.

Más adelante, en el Capítulo 8 se profundizará un poco más en el uso de estas funciones para su uso con cadenas de caracteres y en el Capítulo 14, se explicarán con más profundidad estasy otras instrucciones disponibles para hacer entradas y salidas a través del terminal.

3.9.1 La función *printf()*

La función *printf()* permite mostrar en pantalla texto y valores de variables. Por ejemplo, la siguiente línea de código mostrará en pantalla la frase "*Hola, mundo*".

```
printf("Hola, mundo\n");
```

El texto que queremos mostrar se escribe entre comillas dobles. El símbolo \n indica que, tras escribir "*Hola, mundo*", se haga un salto de línea.

Para mostrar el contenido de una variable, se utilizan *especificadores de formato*. La Tabla 3.13 muestra los más usuales.

Tabla 3.13: Especificadores de formato más habituales con *printf()*

Especificador	Tipo de dato
%d o %i	Número entero (*int*)
%f	Número real (*float* o *double*)
%lf	Número *double*
%.2f	Número real redondeado a dos decimales
%c	Carácter

Hay que poner el especificador de formato en el lugar de la cadena entrecomillada donde queremos que aparezca el valor; tras la cadena entrecomillada, hay que poner las variables cuyo valor queremos que aparezca en el lugar del especificador.

En la Figura 3.4 se esquematiza el funcionamiento de *printf()*, para un caso con dos especificaciones de formato y dos variables. El valor de *variable1* se insertará en la especificación 1; el valor de *variable2* en el lugar de la especificación 2.

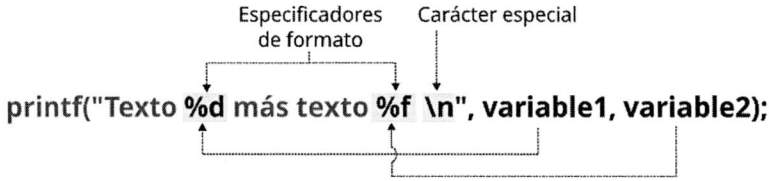

Figura 3.4: Ejemplo de una instrucción *printf()* con dos especificadores y dos variables

Se pueden poner tantos especificadores de formato como sean necesarios; por cada uno de ellos, deberá haber una variable en la lista de variables posterior a la cadena entrecomillada.

En el siguiente ejemplo, se muestra el valor de la variable *edad* utilizando la especificación de formato para números enteros:

```
int edad = 20;
printf("Tengo %d años.\n", edad);
```

La salida de pantalla será:

```
Tengo 20 años
```

Observa que, en la salida, el especificador %d se ha sustituido por el valor de la variable *edad*.

3.9.2 La función *puts()*

Esta función permite mostrar una cadena de caracteres en el terminal. No permite dar formato y añade automáticamente el salto de línea. Un ejemplo podría ser el siguiente:

```
puts("Hola, mundo");
```

La salida de pantalla será:

```
Hola, mundo
```

3.9.3 La función *scanf()*

La función *scanf()* permite leer datos introducidos por el usuario desde el teclado. La sintaxis de *scanf()* es:

```
scanf(especificador, &variable);
```

Observa que hay que poner el símbolo & delante del nombre de la variable donde queremos guardar los datos. Más adelante entenderás por qué[6]. De momento quédate con que la expresión &x, por ejemplo, se lee como *la dirección de memoria de la variable x*.

También utiliza especificadores de formato para indicar qué tipo de dato se desea leer. Son muy similares a los de *printf()*, aunque hay algunas diferencias. La Tabla 3.14 muestra los más habituales.

El siguiente ejemplo de código serviría para leer un número entero tecleado por el usuario y guardarlo en la variable edad.

---

[6]En realidad, el segundo parámetro de *scanf()* es una dirección de memoria. En el Capítulo 6 explicaremos que, en el caso de los arrays, el propio nombre de la variable proporciona una dirección de memoria y no se necesita escribir el operador & delante.

```
int edad;
printf("Introduce tu edad: ");
scanf(" %d", &edad);
printf("Tienes %d años.\n", edad);
```

Tabla 3.14: Especificadores de formato más habituales con *scanf()*

Especificador	Tipo de dato
%d	Número entero (*int*)
%f	Número *float*
%lf	Número *double*
%c	Carácter

3.9.4 Consideraciones importantes sobre *scanf()*

- Recuerda siempre escribir & delante del nombre de la variable en *scanf()*.

- El carácter de salto de línea (\n) no se consume automáticamente por *scanf()*, lo cual puede provocar efectos no deseados al leer caracteres individuales. Esto se tratará en capítulos posteriores.

- De momento, utilizaremos *scanf()* para leer valores de tipo *int* y *double*. La lectura de cadenas de caracteres se explicará en el capítulo dedicado a las cadenas.

- En el caso de *scanf()*, para leer un número de tipo *double* es obligatorio usar el especificador %lf (*long float*). Usar %f en su lugar provocará un error. En cambio, en *printf()* puede utilizarse %f tanto para *float* como para *double*.

Ejercicios propuestos

(Las soluciones de estos ejercicios se pueden consultar en [2])

Ejercicio 3.1. Declaración y asignación.
Escribe un programa en C que declare tres variables: una del tipo *int*, otra del tipo *double* y otra del tipo *char*. Asigna valores a las tres variables y muestra sus contenidos en pantalla utilizando *printf()*.

Ejercicio 3.2 Variables *double* y operadores.
Escribe un programa que defina las variables tipo *double* con el nombre y valor que se indica a continuación. Recordando la prioridad de operadores, escribe solo los paréntesis estrictamente necesarios. El valor de las variables se debe mostrar en pantalla, redondeando a 2 decimales, utilizando instrucciones *printf*.

$$k = 7$$
$$x = \frac{\left(-\frac{1}{3}\right)}{2k + 1}$$
$$a = \frac{10}{2x}$$
$$z = 2 + \frac{7}{4}x + a$$

Ejercicio 3.3. Variables *int* y operadores.
Indica cuál sería el resultado de las siguientes expresiones, si se incluyeran en un programa escrito en lenguaje C:

- $4/3$
- $4 \% 3$
- $4 + 3 * 5$
- $4 + 3/5$
- $4 > 3 \quad \&\& \quad 5 < 6$
- $(4 > 3) \quad \&\& \quad (5 < 6)$
- $4 < 3 \quad || \quad 5 > 2$

Ejercicio 3.4. Variables *int* y operadores.
Escribe un programa que defina una variable *int* para cada una de las expresiones del ejercicio anterior y muestre en pantalla el valor de cada variable.

Ejercicio 3.5. Variables *int* y operadores.
Escribe un programa que solicite al usuario un número entero *n* e imprima en pantalla un 1, si el número es par (divisible por 2) y un 0 si no lo es. No se podrá hacer uso de bifurcaciones.

Ejercicio 3.6. Cálculo del área de un triángulo.
Escribe un programa que calcule el área de un triángulo. El programa debe pedir al usuario que introduzca la base y la altura y debe mostrar el resultado formateado con dos decimales.

Ejercicio 3.7. Nombres de variables.
Indica cuáles de los siguientes nombres de variables serían inválidos, explicando la causa.

- $n\%$
- $\$n$
- $3n$
- $n2$
- n_2
- *área*
- *año*

Ejercicio 3.8. Notación científica en *double*.
Escribe los siguientes valores utilizando la notación científica para números *double* del lenguaje C.

- 0.0001
- 10257
- 245000
- 0.0255

Ejercicio 3.9. Notación científica en *double*.
Escribe el valor decimal correspondiente a las siguientes expresiones en notación científica para números *double*.

- $1.55e - 3$
- $1.55E4$
- $2.03E - 2$
- $0.3141592e1$

Ejercicio 3.10. Intercambio de valores.
Dado el siguiente código:

```
int a = 5;
int b = 10;
```

Completa el programa escribiendo las instrucciones necesarias para intercambiar los valores de *a* y *b* utilizando una variable auxiliar.

Ejercicio 3.11. Operadores de incremento y decremento.

¿Qué valor tendrán las variables x, y y z después de ejecutar las siguientes instrucciones? Razona la respuesta.

```
int x = 5;
int y = ++x;
int z = y++;
```

Ejercicio 3.12. Operadores unarios y asignaciones.

Indica cuál sería el valor de las variables x e y tras ejecutar las siguientes instrucciones:

- ```
  int x = 2;
  int y = x++;
  ```
- ```
  int x = 3;
  x = x + 2;
  int y = ++x;
  ```
- ```
  int x = 5;
  int y = x + 2;
  x = y++;
  ```

Ejercicio 3.13. Operadores unarios y asignaciones.

Codifica tres programas que permitan calcular y mostrar en pantalla los valores finales de las variables x e y del ejercicio anterior.

Ejercicio 3.14. División entera vs. división real.

Escribe un programa que declare dos variables enteras n y m, las inicialice con los valores 7 y 2, respectivamente, y que calcule:

a) La división entera de n/m.

b) La división real de n/m (obtén el resultado en coma flotante).

Muestra ambos resultados en pantalla.

Ejercicio 3.15. Concepto de variable *versus* concepto de valor.

Indica cuál es el error en el siguiente código y cómo podría resolverse.

```
int num;
printf("Número: \%d", num);
```

Ejercicio 3.16. Distinción de operadores.

En C, ¿Cuál es la diferencia entre el operador = y el operador ==?.

Ejercicio 3.17. Comparación de números en coma flotante.

Escribe un programa que declare dos variables *double* cuyos valores sean el resultado de sumar fracciones decimales distintas que deberían sumar lo mismo. Compara sus valores utilizando el operador == y luego repite la comparación utilizando una tolerancia (precisión) de 10^{-6}. Muestra en pantalla el resultado de ambas comparaciones.

Ejercicio 3.18. Clasificación de operadores.

Clasifica los siguientes operadores según sean aritméticos, relacionales, lógicos o bit a bit:

```
+    ==    &&    |    !=    <<    ++ %
```

Ejercicio 3.19. Cálculo de expresión combinada.

Escribe un programa en C que calcule el valor de la siguiente expresión, respetando correctamente la precedencia de los operadores:

$$x = 3 + 5 \times (2 - 4)/2$$

Muestra el resultado en pantalla.

Ejercicio 3.20. Uso de operadores compuestos de asignación.

Dado el siguiente código:

```
int n = 10;
```

Escribe las instrucciones necesarias para:

a) Sumar 5 a n

b) Multiplicar n por 3

c) Restar 7 a n

Utiliza operadores compuestos de asignación.

Ejercicio 3.21. Definición de constantes.

Escribe un programa que defina una constante *PI* utilizando *const* y otra constante *MAX_ALUMNOS* utilizando *#define*. El programa debe pedir al usuario que introduzca el radio de un círculo y calcular el área utilizando *PI*. Después, debe mostrar cuántos círculos cabrían en una clase con capacidad para *MAX_ALUMNOS* (asumiendo que cada alumno ocupa un círculo).
```

Bifurcaciones

Contenido

En la vida diaria, constantemente tomamos decisiones: ¿llevo paraguas si parece que va a llover?, ¿sigo estudiando o hago una pausa?, ¿elijo café o té? De manera similar, los programas necesitan tomar decisiones para resolver problemas y adaptarse a diferentes situaciones.

Las bifurcaciones permiten que un programa ejecute diferentes instrucciones según ciertas condiciones. Gracias a ellas, los programas pueden responder de forma dinámica[a] a los datos que reciben, resolver problemas complejos y comportarse de manera inteligente.

En este capítulo aprenderás cómo utilizar las estructuras condicionales en C, como if*,* else *y* switch*, para que tus programas puedan tomar decisiones y seguir diferentes caminos de ejecución según las circunstancias. Descubrirás cómo comparar valores, evaluar condiciones y seleccionar la acción más adecuada en cada caso.*

Por último, hablaremos de la denostada instrucción goto *que, aunque existe, no es recomendable su uso.*

Al finalizar este capítulo, serás capaz de escribir programas que no solo sigan un flujo lineal, sino que también reaccionen y se adapten a los datos y situaciones que se presenten, haciendo tus soluciones mucho más potentes y flexibles.

---

[a]En programación, se llama *responder de forma dinámica* a la respuesta que da el programa en función de datos que no se conocen en el momento de la compilación, sino que solo son conocidos durante la ejecución del programa.

4.1 Bifurcaciones

En programación, una bifurcación es una instrucción que permite al programa seguir diferentes caminos de ejecución, dependiendo de si se cumple o no una condición.

Sin bifurcaciones, los programas solo seguirían una secuencia fija de instrucciones, sin poder adaptarse a diferentes situaciones o datos. Durante la ejecución de un programa, hay situaciones que requieren decisiones: comprobar si un usuario ha introducido una contraseña correcta, decidir si un número es positivo o negativo, etc.

4.2 Diagramas de flujo

Un *diagrama de flujo* es una representación gráfica que utiliza símbolos y flechas para mostrar la secuencia de pasos y decisiones en un proceso o algoritmo. En programación, los diagramas de flujo ayudan a visualizar cómo se ejecutan las instrucciones y, especialmente, cómo se toman decisiones (bifurcaciones) en un programa.

Supongamos que en un programa queremos decidir si un número es positivo. El siguiente podría ser un diagrama de flujo para dicho programa:

```
                        -> SÍ -> ["Es positivo"] -
[INICIO]->[Leer número]->[¿ > 0?] |                         | -> FIN
                        -> NO -> ["Es negativo"] -
```

Este diagrama de flujo muestra claramente el punto en el que el programa evalúa una condición y cómo, según el resultado, sigue uno de dos caminos diferentes. Así, los diagramas de flujo permiten planificar y comprender visualmente la lógica de las bifurcaciones antes de escribir el código en C.

Normalmente, para hacer los diagramas de flujo de los programas, se utilizan una serie de símbolos estandarizados. Los símbolos que se utilizan actualmente son los de la norma ISO 5807[1].

En los siguientes apartados del capítulo se utilizarán diagramas de flujo para explicar el funcionamiento de las bifurcaciones y también para mostrar el esquema general de un programa. Los símbolos que se usarán son los que aparecen en la parte izquierda de la Figura 4.1.

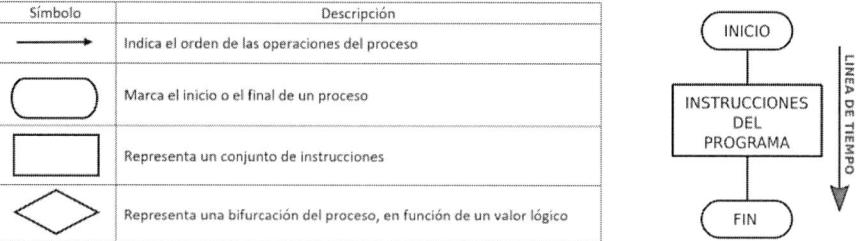

Figura 4.1: Izquierda: símbolos para diagramas de flujo usados en esta obra. Derecha: esquema general de un programa, con indicación de la línea de tiempo

Los símbolos que se muestran en la parte izquierda de la Figura 4.1, son los que marca el estándar ISO, aunque en programación es frecuente seguir ciertas pautas características. Por ejemplo, en vez de indicar con flechas las relaciones entre unos componentes y otros del diagrama, se suelen usar simplemente líneas y suponer que el diagrama se debe recorrer siguiendo la *línea de tiempo*, que discurre desde arriba hacia abajo, como se ha esquematizado en la parte derecha de la Figura 4.1.

Se utiliza un rectángulo para representar un conjunto de instrucciones y, cuando el programa llega a un punto donde debe tomar una decisión, el diagrama de flujo utiliza un *rombo* (llamado *símbolo de decisión*) para representar la condición a evaluar. Desde el rombo salen dos líneas: una indica el camino a seguir si la condición se cumple (generalmente marcada como "Sí", "Verdadero" o "true") y la otra, si no se cumple ("No", "Falso" o "False").

La Figura 4.2 muestra el diagrama de flujo de una bifurcación. Sería como un cruce en una carretera: cuando el programa llega a la bifurcación, puede seguir por la izquierda o por la derecha, en función del resultado de la condición que regula la bifurcación.

---

[1]ISO es el acrónimo de *International Organization for Standardization*. Se trata de una organización in-

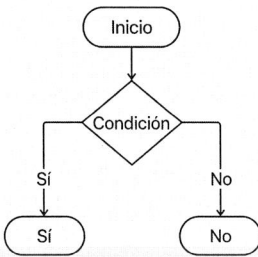

Figura 4.2: Diagrama de flujo de una bifurcación

A cada uno de los caminos alternativos que puede seguir el flujo del programa se le suele llamar *rama*. Como se verá en los próximos apartados, la combinación de varias condiciones puede generar bifurcaciones más complejas, con distintas ramas posibles para el flujo del programa.

4.3 Instrucciones de bloque

Un *bloque de instrucciones* es un conjunto de una o más instrucciones encerradas entre dos llaves: la llave de apertura del bloque, {, y la llave de cierre, }.

```
// Bloque de código
{
    // Instrucción 1
    // ...
    // Instrucción n
}
```

Una norma que es muy conveniente seguir es aplicar sangría[2] a las instrucciones dentro del bloque. Esto quiere decir que, todas las instrucciones dentro del bloque, se deben escribir alineadas tres o cuatro espacios hacia la derecha. Esto favorece mucho la legibilidad del código.

Cada rama de una bifurcación es un bloque de instrucciones. Hay otras instrucciones que también dan lugar a bloques de código, como los bucles o las funciones.

En el caso particular de que el bloque de instrucciones esté compuesto por una única instrucción, la sintaxis del lenguaje permite que no se escriban las llaves. Aunque es una práctica extendida entre muchos programadores, en este libro optamos por hacer

---

ternacional que desarrolla y promueve la estandarización en numerosas áreas de las ciencias y las técnicas.

[2]En muchos textos se utiliza el término *indentar*, que es un anglicismo derivado de la palabra en inglés *indent*. En este libro hemos preferido utilizar el término *sangrar*, que está reconocido por el Diccionario de la Lengua Española.

siempre utilización de las llaves, incluso en los casos en los que haya una única instrucción dentro del bloque. En opinión del autor, hacerlo así favorece la legibilidad del código.

También hay normas de estilo en cuanto a la posición de las llaves delimitadoras de los bloques. Para la llave de apertura, hay dos maneras habituales de escribirla:

1. Al final de la instrucción que da lugar al bloque.

```
Instrucción que da lugar al bloque {
    instrucciones del bloque (con sangría)
}
```

2. En una línea independiente, sin sangría.

```
Instrucción que da lugar al bloque
{
    instrucciones del bloque (con sangría)
}
```

Las dos formas se consideran correctas y, hacerlo de una u otra manera, es una elección del programador. En este libro preferimos usar la primera opción, situando la llave de apertura en la misma línea de código que origina el bloque. Cada programador debe elegir su estilo para escribir los bloques. Eso sí, como en toda cuestión de estilo, hay que ser consistente a lo largo del código de los programas: una vez que se elige una manera de hacerlo, conviene mantenerla a lo largo de todo el programa.

La llave de cierre de los bloques de código se suele situar siempre en una línea independiente, alineada con el principio de la instrucción que origina el bloque, como se ha hecho en los ejemplos.

Indicar también que, detrás de la llave de cierre de los bloques de instrucciones, no se escribe *punto y coma*[3].

En general, si una variable se declara dentro de un bloque de código, solo será visible dentro de dicho bloque. Las llaves de apertura y cierre definen lo que se denomina un *ámbito* y las variables solo son visibles dentro del ámbito en el que se declaran.

4.4 Valores booleanos

Como se sabe, un *valor booleano* puede tomar dos valores: verdadero o falso.

Inicialmente, el lenguaje C no dispone de ningún tipo de datos especial para los valores booleanos. Se utiliza el 0 para indicar un valor falso y el 1 para indicar un valor verdadero.

---

[3]En capítulos posteriores veremos cómo utilizar parejas de llaves para inicializar arrays o para definir tipos de datos *struct*. En esos casos, sí que hay que escribir *punto y coma* detrás de la llave de cierre.

En el estándar C99 [8], se introdujo el tipo de dato _Bool. Su valor puede ser 0 (falso) o 1 (verdadero). Si se le asigna cualquier valor distinto de cero, se almacena como 1.

La biblioteca *stdbool.h* define los siguientes elementos:

- El alias bool como sinónimo de _Bool, facilitando su uso.

- Las constantes simbólicas true y false, que corresponden a los valores 1 y 0, respectivamente.

La Tabla 4.1 resume estos conceptos.

Tabla 4.1: Tipos de datos lógicos en C

Elemento	Descripción
_Bool	Tipo lógico básico en C (almacena 0 o 1)
bool	Alias de _Bool, definido en <stdbool.h>
true	Constante simbólica que representa el valor 1
false	Constante simbólica que representa el valor 0

En los programas, es buena práctica incluir la biblioteca *stdbool.h* y utilizar bool, true y false, ya que mejora la legibilidad del código. En los ejemplos que veremos a lo largo del libro, se hará uso frecuente de la biblioteca *stdbool.h,*

4.5 La instrucción *if ... else*

La bifurcación por excelencia es la que proporciona la instrucción if ... else. La sintaxis básica de la instrucción es la siguiente:

```
if(condicion) {
    // Bloque de instrucciones SI se cumple la condición
} else {
    // Bloque de instrucciones SI NO se cumple la condición
}
```

Hay que entender bien el funcionamiento del programa al llegar a la bifurcación: según el resultado de la condición, el programa ejecutará un bloque de instrucciones u otro, pero no los dos. En ambos casos, tras ejecutar el bloque de instrucciones de la rama correspondiente, el programa seguirá en las instrucciones posteriores al bloque completo de la bifurcación.

En cuanto a la condición, debe ser una expresión que devuelva un resultado lógico: 0 (*false*) o 1 (*true*). Los operadores de comparación del Apartado 3.6.4 y los operadores lógicos del Apartado 3.6.5 son los que dan lugar a resultados *lógicos*.

Por ejemplo, en el caso de querer bifurcar en función de si un número es positivo, se podría usar como condición: numero > 0, que devolverá 1 *(true)* o 0 *(false)*, según el valor que tenga la variable *numero*.

El diagrama de flujo podría ser el de la Figura 4.3. En el diagrama de flujo, no es obligatorio que la rama *true* salga hacia abajo y la rama *false* hacia un lado, se puede organizar a conveniencia. Eso sí, conviene etiquetar las ramas como se ha hecho en la figura, con un *0* y un *1* o con *true* y *false*.

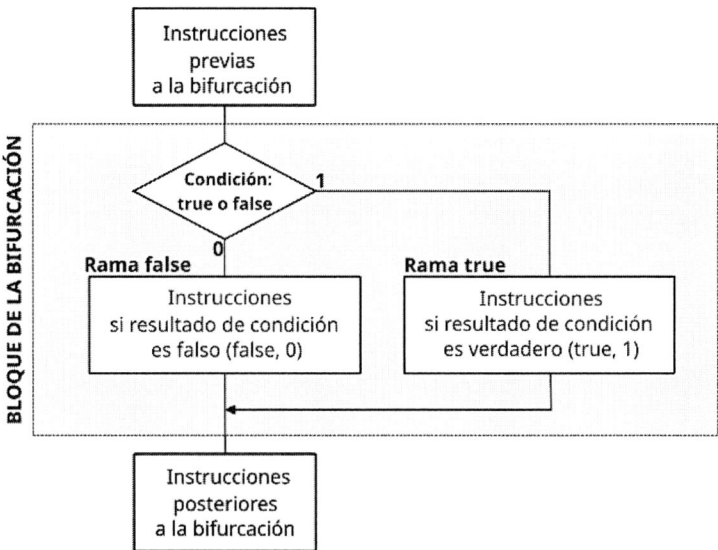

Figura 4.3: Diagrama de flujo de una bifurcación del tipo *if...else*. Es importante etiquetar las dos ramas a su salida del rombo, con *0* y *1*, como se ha hecho aquí, o con *true* y *false*

Observa el código del Ejemplo 4.1:

Ejemplo 4.1   Ejemplo de bifurcación del tipo *if...else*

```c
#include <stdio.h>

int main() {
    int x;
    puts("Teclea un número entero:");
    scanf("%d", &x);

    if (x>0) {
        puts("Es mayor que cero");
    } else {
        puts("No es mayor que cero");
    }
    puts("FIN");

    return 0;
}
```

El código muestra un programa que serviría para pedir un número al usuario y escribir en pantalla si se trata de un número positivo o no.

Puedes hacer varias pruebas tecleando números positivos o negativos. Observa que, en cada caso, el programa seguirá una u otra rama de la bifurcación. Tras ejecutar el bloque de código de la rama correspondiente, el programa sigue en las instrucciones que hay tras la bifurcación que, en este caso, imprimirán la palabra *FIN*.

Observa que, cada rama de la bifurcación, es un bloque de instrucciones encerrado entre sus correspondientes llaves de apertura y cierre {}.

4.6 Bifurcaciones *if* sin rama *else*

Un caso particular de bifurcación es cuando no hay rama *else*. El diagrama de flujo podría ser el de la Figura 4.4.

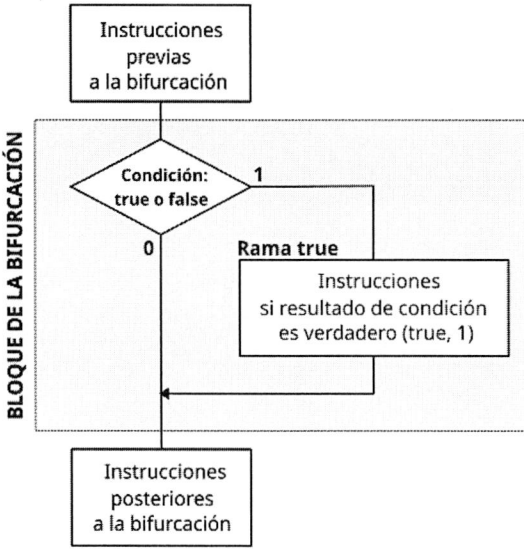

Figura 4.4: Diagrama de flujo de una bifurcación *if* sin rama *else*. Si se cumple la condición, se ejecutará un bloque de instrucciones. Si no se cumple, el programa seguirá en las instrucciones que haya después de la bifurcación

La sintaxis para este tipo de bifurcaciones es la siguiente:

```
if(condicion) {
    // Bloque de instrucciones SI se cumple la condición
}
```

En este caso, si la condición se cumple, se ejecutan ciertas instrucciones y, si no se cumple, el programa sigue en las instrucciones posteriores a la bifurcación.

El programa del Ejemplo 4.2 solicita un número entero al usuario. Si el número es negativo, lo convierte en positivo multiplicándolo por -1. Si el número es positivo, no lo modifica. Al final, se muestra el número resultante en pantalla.

Ejemplo 4.2   Ejemplo de bifurcación *if* sin rama *else*

```c
#include <stdio.h>

int main() {
    int x;
    puts("Teclea un número entero:");
    scanf("%d", &x);

    if (x<0) {
        x = -x;
    }
    printf("%d\n", x);
    return 0;
}
```

4.7 *if* anidados

En programación, se dice que dos instrucciones están *anidadas* cuando una de ellas está dentro de la otra. En el caso de las bifurcaciones, es frecuente el anidamiento, esto es, que la lógica del programa lleve a tener que tomar una nueva decisión en alguna de las ramas de una bifurcación. Este tipo de estructura es útil cuando las decisiones dependen de condiciones que deben cumplirse en un orden lógico o jerárquico.

Por ejemplo, imagina que queremos implementar un sistema que evalúe si un estudiante es elegible para una beca según las siguientes condiciones:

- El estudiante debe tener una media de notas igual o superior a 8.5.

- Además, debe pertenecer a una familia con ingresos menores a 20000 € anuales.

Si cumple ambas condiciones, se le concede la beca. El código del Ejemplo 4.3 muestra una posible implementación del programa.

Ejemplo 4.3   Ejemplo de if anidados

```c
#include <stdio.h>

int main() {
    double notaMedia;
    double ingresosFamiliares;

    printf("Introduce la nota media del estudiante: ");
    scanf("%lf", &notaMedia);
```

```
    printf("Introduce los ingresos anuales de la familia: ");
    scanf("%lf", &ingresosFamiliares);

    if (notaMedia >= 8.5) {
        if (ingresosFamiliares < 20000) {
            printf("Felicidades, has obtenido la beca.\n");
        } else {
            printf("Nota suficiente, pero ingresos demasiado altos.\n");
        }
    } else {
        printf("Nota media insuficiente.\n");
    }

    return 0;
}
```

La Figura 4.5 muestra el diagrama de flujo del programa anterior.

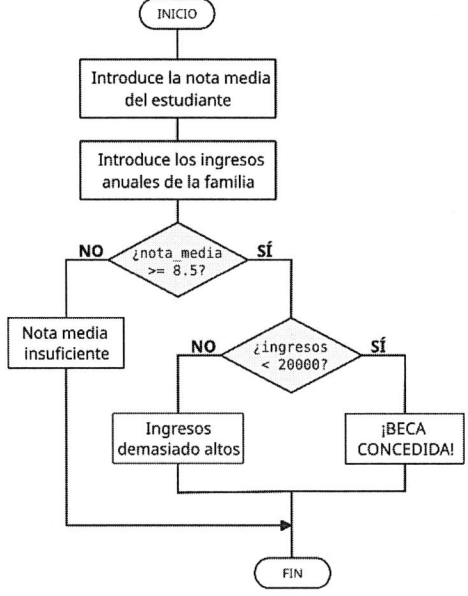

Figura 4.5: Diagrama de flujo del programa del Ejemplo 4.3

Cuando se anidan varias instrucciones *if*, el código se hace confuso y difícil de leer. No hay que abusar del anidamiento de bifurcaciones *if*.

4.8 La instrucción *if...else if...else*

Hay veces en las que el programa tiene que tomar una decisión entre más de dos opciones posibles y la estructura *if...else* no es suficiente.

El lenguaje C ofrece una alternativa en forma de secuencia de condiciones encadenadas mediante *if...else if...else*. La sintaxis general de la instrucción es la siguiente:

```
if(condicion_1) {
    // Bloque de instrucciones SI se cumple condicion_1
} else if(condicion_2) {
    // Bloque de instrucciones SI se cumple condicion_2
} else if(condicion_3) \{
    // Bloque de instrucciones SI se cumple condicion_3
} else {
    // Bloque de instrucciones si no se cumple ninguna condición
}
```

El programa evalúa las condiciones de arriba hacia abajo. Puede haber tantas ramas *else if* como sean necesarias. En cuanto una condición sea verdadera, se ejecuta su
bloque de código y se ignoran las demás. El bloque *else* es opcional y se ejecuta solo si
ninguna condición anterior se cumple.

Veamos un ejemplo de aplicación de este tipo de bifurcación. Supongamos que queremos clasificar una nota numérica en su equivalente textual. El código podría ser el del
Ejemplo 4.4.

Ejemplo 4.4 Ejemplo de bifurcación `if...else if`

```c
#include <stdio.h>

int main() {
    int nota;

    printf("Introduce tu nota (0 a 10): ");
    scanf("%d", &nota);

    if (nota >= 9) {
        printf("Sobresaliente\n");
    } else if (nota >= 7) {
        printf("Notable\n");
    } else if (nota >= 5) {
        printf("Aprobado\n");
    } else {
        printf("Suspenso\n");
    }
    return 0;
}
```

En el programa anterior, si el usuario teclea un 9 o un 10, se cumple `nota >= 9` y se
imprime "*Sobresaliente*"; si el usuario teclea un 7 o un 8, no cumple la primera condición

pero sí la segunda, `nota >= 7`, así que se imprime "*Notable*". El resto funciona igual, y si ninguna condición se cumple, llegamos al else y se imprime "*Suspenso*".

El diagrama de flujo de una instrucción *if ... else if* con dos ramas *else if* podría ser el de la Figura 4.6.

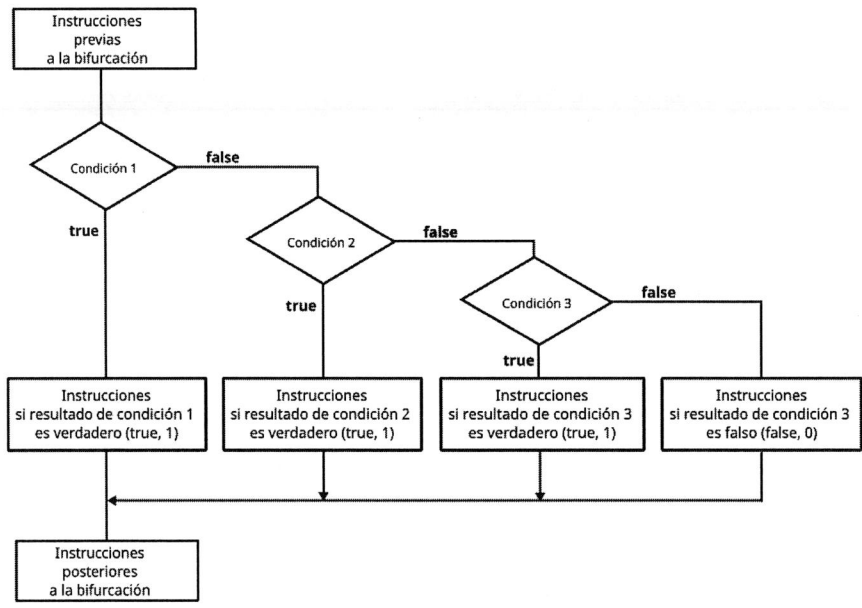

Figura 4.6: Diagrama de flujo de la instrucción `if...else if`

El siguiente código muestra la solución del Ejemplo 4.4, pero utilizando *if* anidados, en lugar de la construcción *if...else if*.

```c
if (nota >= 9) {
    printf("Sobresaliente\n");
} else {
    if (nota >= 7) {
        printf("Notable\n");
    } else {
        if (nota >= 5) {
            printf("Aprobado\n");
        } else {
            printf("Suspenso\n");
        }
    }
}
```

El código es más confuso y difícil de leer. Ambos programas hacen lo mismo, pero el segundo es más difícil de leer y mantener. Este es uno de los beneficios de *if...else if*: reduce la complejidad estructural y mejora la legibilidad del código.

4.9 Elección de alternativas con *switch*

En ocasiones, un programa necesita elegir entre múltiples caminos en función del valor de una expresión. Para estos casos, C proporciona la bifurcación *switch*, que permite seleccionar entre varias alternativas de manera clara y ordenada. La forma general de la instrucción *switch* es la siguiente:

```
switch (expresión) {
    case constante1:
        // Sentencias si expresión == constante1
        break;
    case constante2:
        // Sentencias si expresión == constante2
        break;
    // ...
        default:
        // Sentencias si ninguna constante coincide
}
```

El funcionamiento es el siguiente:

- La *expresión* se evalúa una única vez. Debe ser de tipo entero, carácter o enumeración. Se le llama *expresión de control*.

- El valor resultante se compara secuencialmente con las constantes indicadas en las etiquetas *case*.

- Si se encuentra una coincidencia, la ejecución continúa desde la primera sentencia del *case* correspondiente.

- La instrucción *break* interrumpe la ejecución del *switch*, haciendo que el programa continúe con la siguiente sentencia fuera del bloque.

- Si ninguna constante coincide y existe la etiqueta *default*, se ejecutan las sentencias asociadas a esta etiqueta.

4.9.1 Consideraciones

- Las constantes de las etiquetas *case* deben ser valores literales o expresiones constantes. No se permiten variables.

- La estructura *switch* es especialmente eficiente cuando se compara un mismo valor contra muchas constantes, ya que algunos compiladores optimizan su ejecución.

- En C no se permite el uso de cadenas de texto como etiquetas *case*, solo están permitidos los valores enteros, caracteres o enumeraciones.

4.9.2 fall-through (caída)

Si se omite la instrucción *break* en un *case*, el flujo de ejecución continuará hacia el siguiente *case*, aunque la constante no coincida. A este comportamiento se le conoce como *fall-through (caída)*. Aunque puede ser útil en ciertos casos, generalmente es fuente de errores si se omite por descuido.

Supón que quieres programar un sistema con tres tipos de usuarios: *Administrador* (nivel 3), *Usuario Avanzado* (nivel 2) y *Usuario Básico* (nivel 1).

Cada nivel hereda los permisos de los niveles inferiores. Es decir:

- El *Administrador* puede realizar todas las acciones.
- El *Usuario avanzado* puede realizar acciones de usuario avanzado y básicas.
- El *Usuario básico* solo puede realizar acciones básicas.

Este es un caso típico donde el *fall-through* es útil, ya que permite modelar de forma natural la herencia de permisos. Observa el código del Ejemplo 4.5:

Ejemplo 4.5   Ejemplo de utilización del *fall-through*

```c
#include <stdio.h>

int main() {
    int nivel;
    printf("Nivel del usuario (1: Básico, 2: Avanzado, 3: Administrador): ");
    scanf("%d", &nivel);

    printf("Permisos concedidos:\n");
    switch (nivel) {
        case 3:
            printf("- Acceso a configuración avanzada\n");
            // Fall-through intencionado
        case 2:
            printf("- Acceso a informes y estadísticas\n");
            // Fall-through intencionado
        case 1:
            printf("- Acceso a funciones básicas\n");
            break;
        default:
            printf("Nivel no válido\n");
    }
    return 0;
}
```

En el código del Ejemplo 4.5, si el usuario introduce el nivel 3 (*Administrador*), se ejecutan todas las acciones, ya que no hay *break* entre los casos; si introduce nivel 2 (*Avanzado*), el flujo "cae" a las acciones de nivel 1; si introduce nivel 1 (*Básico*), solo ejecuta las funciones básicas.

El *fall-through* es completamente intencionado, ya que refleja cómo los permisos superiores heredan a los inferiores.

4.9.3 Errores comunes al utilizar *switch*

El uso de la bifurcación *switch* en C es sencillo, pero existen ciertos errores frecuentes que pueden provocar comportamientos inesperados o incluso impedir la compilación del programa. Se describen a continuación los más habituales.

1. Duplicar etiquetas *case*

Dentro de un mismo *switch*, las etiquetas *case* deben ser únicas. No es posible tener dos etiquetas con el mismo valor, ya que el compilador lo detectará como un error.

2. Olvidar el *break* al final de un *case*

Este es, sin duda, el error más común. Cuando se omite la instrucción *break*, el flujo de ejecución continúa con el siguiente *case*, aunque su valor no coincida. Veamos un ejemplo:

```
int opcion = 2;

switch (opcion) {
    case 1:
        printf("Opción 1\n");

    case 2:
        printf("Opción 2\n");

    case 3:
        printf("Opción 3\n");

}
```

Aquí, se podría pensar que la salida va a ser Opción 2, pero en realidad la salida será la siguiente:

```
Opción 2
Opción 3
```

Al no haber un *break* tras el *case* 2, el flujo de ejecución "cae" al siguiente bloque (*case* 3). Si este comportamiento no es intencionado, el resultado será incorrecto.

3. Usar variables como constantes de *case*

Las etiquetas *case* deben estar asociadas a valores constantes conocidos en tiempo de compilación. No es posible utilizar variables o expresiones cuyo valor se conozca solo en tiempo de ejecución.

```
int valor = 5;

switch (opcion) {
    case valor: // Error: 'valor' no es una constante
        printf("Opción 5\n");
        break;
}
```

Este código es incorrecto porque *valor* es una variable y el compilador no puede usar su valor como una constante en la etiqueta *case*.

4. Olvidar la etiqueta *default*

Aunque no es obligatorio incluir una etiqueta *default* en todos los *switch*, es recomendable hacerlo siempre que se quiera manejar correctamente casos imprevistos o valores no contemplados.

```
switch (comando) {
    case 1:
        ejecutarArranque();
        break;
    case 2:
        ejecutarApagado();
        break;
    // ¿Y si comando tiene otro valor?
}
```

En este ejemplo, si *comando* toma un valor distinto de 1 o 2, el programa no hará nada. Añadir un *default* permitiría manejar este tipo de situaciones de forma controlada.

5. Expresiones de tipo no válido en el *switch*

El tipo de la expresión de control en la instrucción *switch* debe ser entero, carácter o enumeración. No es válido usar tipos como *float* o *double*.

```
double temperatura = 37.5;

switch (temperatura) { // Error: 'double' no es válido
    case 36:
        printf("Temperatura normal\n");
        break;
    case 38:
        printf("Fiebre\n");
        break;
}
```

En este caso, el compilador generará un error porque el tipo *double* no es válido como expresión de control en un *switch*.

> **¡Atención!**
>
> En las etiquetas *case*, no puede haber variables, sino solo constantes. La *expresión de control* sí que puede tener variables o expresiones que devuelvan algún valor. De hecho, es lo habitual.

4.9.4 Buenas prácticas al utilizar *switch*

Aunque la estructura *switch* es sencilla de utilizar, existen ciertas recomendaciones que ayudan a escribir código más legible, robusto y fácil de mantener. A continuación, destacamos las buenas prácticas más importantes:

1. Utilizar *break* en todos los *case*, salvo que el *fall-through* sea intencionado

La mayoría de los errores en el uso de *switch* provienen de olvidarse del *break*. Por ello, es recomendable:

- Incluir siempre un *break* al final de cada bloque *case*.

- Cuando el *fall-through* sea intencionado (es decir, que queramos que varios *case* ejecuten el mismo bloque de instrucciones), es buena práctica añadir un comentario que lo indique explícitamente:

```
switch (nota) {
    case 9:
        // fall-through intencionado
    case 10:
        printf("Sobresaliente\n");
        break;
    case 7:
        // fall-through intencionado
    case 8:
        printf("Notable\n");
        break;
    case 5:
        // fall-through intencionado
    case 6:
        printf("Aprobado\n");
        break;
    default:
        printf("Suspenso\n");
}
```

En este ejemplo, el *fall-through* es intencionado, ya que varias notas comparten la misma calificación. Es recomendable indicarlo con un comentario.

2. Ordenar las etiquetas *case* de forma lógica

Disponer las etiquetas *case* en un orden lógico o natural facilita la comprensión del código. Por ejemplo:

- Ordenar de menor a mayor si se trata de valores numéricos.

- Mantener el orden cronológico si se representan días, meses, etc.

- Agrupar los *case* relacionados en bloques visuales.

Esto hace que el código sea más intuitivo para quien lo lee, y más fácil de mantener.

3. Incluir siempre un *default*

Aunque el compilador no obliga a escribir un *default*, es altamente recomendable hacerlo en todos los *switch*, como mecanismo de protección frente a valores imprevistos.

El bloque *default* debe utilizarse para:

- Indicar un error si el valor recibido no es válido.

- Proporcionar un comportamiento por defecto si no es necesario lanzar un error.

4. Utilizar enumeraciones (*enum*) cuando sea posible

Aunque las enumeraciones las explicaremos en el Apartado 10.2, merece mencionar aquí que, si las alternativas posibles tienen nombres significativos, es recomendable declarar una enumeración (*enum*) en lugar de utilizar números o caracteres arbitrarios. Es uno de los casos de uso habituales de las enumeraciones. Esto mejora la legibilidad y facilita el mantenimiento del código.

Por ejemplo:

```c
enum Estado { APAGADO, ENCENDIDO, EN_ESPERA };

enum Estado estado = ENCENDIDO;

switch (estado) {
    case APAGADO:
        printf("El dispositivo está apagado\n");
        break;
    case ENCENDIDO:
        printf("El dispositivo está encendido\n");
        break;
    case EN_ESPERA:
        printf("El dispositivo está en espera\n");
        break;
}
```

5. Evitar expresiones complejas en el *switch*

La expresión de control del *switch* debe ser simple y de fácil comprensión. Si se necesita realizar cálculos o manipulaciones sobre el valor a comparar, es preferible hacerlo en una línea anterior al *switch* para mantener la claridad del código. Por ejemplo:

```c
// Mala práctica
switch ((x % 5) + y - z) {
    // ...
}
```

```
// Mejor práctica
int valor = (x % 5) + y - z;
switch (valor) {
    // ...
}
```

4.9.5 Uso de *else if* frente a *switch* (cuándo elegir uno u otro)

El lenguaje C ofrece dos estructuras distintas para tomar decisiones múltiples: la secuencia de bifurcaciones encadenadas con *else if* y la bifurcación múltiple con *switch*. Ambas permiten elegir entre varios caminos de ejecución, pero cada una es más adecuada en contextos distintos.

La estructura *else if*: consiste en encadenar varias bifurcaciones condicionales, de manera que las condiciones se evalúan una tras otra, en orden, hasta encontrar la primera que se cumple. Su sintaxis permite que cada condición sea una expresión lógica arbitrariamente compleja, incluyendo comparaciones múltiples o expresiones combinadas con operadores lógicos.

¿Cuándo utilizar *else if*?:

- Cuando las condiciones dependen de expresiones complejas.

- Si es necesario combinar múltiples variables en las decisiones.

- Cuando las comparaciones no son simplemente de igualdad (por ejemplo, comprobar si un número está en un intervalo: x >= 0 && x <= 100).

La estructura *switch*: está diseñada para comparar el resultado de una expresión (de tipo entero, carácter o enumeración contra un conjunto de constantes. No permite evaluar expresiones lógicas complejas en cada alternativa, sino únicamente comparar igualdad con valores fijos.

¿Cuándo utilizar *switch*?:

- Cuando se desea comparar el valor de una única expresión contra varias constantes conocidas.

- Cuando las alternativas son muchas y todas son casos de igualdad simples.

- Cuando se busca mayor claridad en la selección entre múltiples casos sencillos.

- Además, algunos compiladores optimizan la ejecución de los *switch*, por lo que puede ser más eficiente si el número de alternativas es grande.

Por ejemplo, imaginemos que se quiere mostrar el nombre de un día de la semana a partir de su número (1 al 7). Como solo hay que comparar una variable contra constantes, es preferible un *switch*.

Sin embargo, si queremos clasificar una nota en función de intervalos de valores (por ejemplo, *nota >= 9, nota >= 7*, etc.), es necesario utilizar *else if*, pues las condiciones son rangos de valores, no constantes.

Resumen:

- **_else if_**: para decisiones complejas, rangos de valores o condiciones arbitrarias.
- **_switch_**: para comparaciones sencillas de igualdad contra constantes.

4.10 El operador ternario

Además de las estructuras condicionales como *if* y *else*, el lenguaje C ofrece una forma más compacta de tomar decisiones: el *operador ternario*. Este operador permite seleccionar entre dos expresiones según se cumpla o no una condición. Su sintaxis es la siguiente:

```
condición ? expresión_si_verdadero : expresión_si_falso
```

Este operador se llama *"ternario"* porque utiliza tres operandos:

1. Una condición que se evalúa como verdadera o falsa.
2. Una expresión que se ejecuta si la condición es verdadera.
3. Otra expresión que se ejecuta si la condición es falsa.

El operador evalúa primero la *condición*. Si esta es verdadera (distinta de cero), se evalúa y devuelve el valor de la expresión situada antes de los dos puntos (:); si la condición es falsa (igual a cero), se evalúa y devuelve la expresión situada después de los dos puntos.

Por ejemplo:

```
int a = 5, b = 10;
int max = (a > b) ? a : b;
```

En este ejemplo, *max* tomará el valor mayor entre *a* y *b*. Es equivalente a escribir:

```
int a = 5, b = 10;
int max;
if (a > b) {
    max = a;
} else {
    max = b;
}
```

Otro ejemplo podría ser la impresión de un mensaje condicional:

```
int edad = 17;
printf("%s \n", (edad >= 18) ? "Mayor de edad" : "Menor de edad");
```

Este código imprimirá *"Menor de edad"*, si *edad* es menor que 18, o *"Mayor de edad"* en caso contrario.

Como puedes observar, el resultado de la utilización del operador ternario es un código más compacto y, si se utiliza bien, bastante expresivo. Es útil para simplificar condiciones simples en una sola línea, especialmente cuando se desea asignar un valor o decidir qué imprimir. Sin embargo:

- No debe usarse para reemplazar estructuras *if* complejas.

- La legibilidad es fundamental. Si la expresión ternaria es demasiado larga o anidada, es preferible emplear una estructura *if...else* (mejor cohesión).

4.11 La instrucción *goto*

El lenguaje C incluye la instrucción *goto*, que permite alterar el flujo de ejecución del programa trasladando el control directamente a una etiqueta definida en otro punto del código. Aunque esta instrucción está disponible, su uso está ampliamente desaconsejado en la mayoría de los estilos modernos de programación estructurada.

La sintaxis básica de *goto* es la siguiente:

```
goto etiqueta;
// ...
etiqueta:
// instrucciones
```

La etiqueta debe ser un identificador seguido de dos puntos y debe encontrarse dentro de la misma función en la que se emplea *goto*.

El Ejemplo 4.6 muestra un posible caso de uso de la instrucción *goto*.

Ejemplo 4.6   Ejemplo de uso de la instrucción *goto*

```c
#include <stdio.h>

int main(void) {
    int x;
    printf("Introduce un número positivo: ");
    scanf("%d", &x);
    if (x < 0) {
        goto error;
    }
    printf("Has introducido: %d\n", x);
    return 0;

    error:
        printf("Error: el número introducido no es positivo.\n");
        return 1;
}
```

En este ejemplo, se utiliza *goto* para saltar a una etiqueta de error si se detecta una condición inválida. Aunque el código es funcional, puede escribirse de forma más clara y estructurada utilizando una condición *if ... else*.

4.11.1 Consideraciones sobre el uso de *goto*

Históricamente, el uso de *goto* fue común en los primeros lenguajes de programación. Sin embargo, a partir del desarrollo de la programación estructurada, su uso ha sido criticado por varias razones:

- Dificulta la lectura y comprensión del flujo del programa.
- Complica el mantenimiento y la depuración del código.
- Favorece la aparición del llamado *código espagueti*, caracterizado por saltos desordenados e ilegibles.

La mayoría de los casos de uso de *goto* pueden reemplazarse por estructuras de control más claras y seguras, como *if*, *while*, *for*, e incluso funciones auxiliares.

Aunque su uso general está desaconsejado, existen algunas situaciones muy específicas en las que *goto* puede ser aceptable:

- En funciones complejas con múltiples puntos de salida, para realizar limpieza de recursos en un único bloque al final de la función (por ejemplo, liberación de memoria o cierre de ficheros).
- En programas de bajo nivel, especialmente en controladores o sistemas embebidos, donde el control del flujo puede depender de condiciones externas poco estructuradas.

Incluso en estos casos, se recomienda documentar claramente el motivo de su uso y asegurarse de que el salto no compromete la legibilidad del código.

4.11.2 Conclusión

La instrucción *goto* forma parte del lenguaje C por motivos históricos y de compatibilidad, pero su uso debe evitarse en la programación moderna. En la práctica docente, conviene conocer su existencia para poder comprender código legado, pero se recomienda no utilizarla salvo en casos excepcionales y justificados.

Ejercicios propuestos

(Las soluciones de estos ejercicios se pueden consultar en [2])

Ejercicio 4.1. Par o impar.
Escribe un programa que solicite al usuario un número entero y determine si el número tecleado por el usuario es par o impar, escribiendo en pantalla el resultado. El programa terminará escribiendo la palabra *FIN* en pantalla.

Ejercicio 4.2. Positivo o negativo.
Escribe un programa que solicite al usuario un número entero y muestre en pantalla si el número es positivo, negativo o cero. Utiliza una estructura *if...else if...else*.

Ejercicio 4.3. Par o impar (sin else).
Escribe un programa que solicite al usuario un número entero y muestre en pantalla "Es par" si el número es par. Si no lo es, el programa no debe mostrar nada. Utiliza un *if* sin rama *else*.

Ejercicio 4.4. Dibujo de diagrama de flujo.
Dibuja el diagrama de flujo que represente la lógica de un programa que solicite una edad y muestre "Eres mayor de edad" si la edad es mayor o igual a 18, y "Eres menor de edad" en caso contrario.

Ejercicio 4.5. Corrección de errores típicos.
El siguiente código tiene dos errores graves. Indica cuáles son y corrígelos.

```
int numero;
scanf("%d", &numero);

if (numero = 10) {
    printf("El número es diez");
} else {
    printf("El número no es diez");
}
```

Ejercicio 4.6. Uso básico de *switch*.
Escribe un programa que solicite un número entre 1 y 5 y muestre el nombre del día de la semana correspondiente (1 → Lunes, 2 → Martes, etc.). Si el número no está en el rango, mostrará un mensaje de error. Utiliza la estructura *switch*.

Ejercicio 4.7. Clasificación de notas.
Escribe un programa que lea una nota numérica (0 a 10) y muestre su calificación textual: "Sobresaliente", "Notable", "Aprobado" o "Suspenso". Utiliza una estructura *if...else if...else*.

Ejercicio 4.8. Menú de opciones con switch.
Crea un programa que muestre un menú de opciones:

```
1. Alta de usuario
2. Baja de usuario
3. Modificar datos
4. Salir
```

El usuario debe introducir un número y el programa mostrará el mensaje correspondiente. Si introduce un valor no válido, debe mostrar un mensaje de error.

Ejercicio 4.9. Selección múltiple con rango (*switch* o *else if*).
Diseña un programa que reciba un número del 1 al 12 (mes del año) y muestre la estación correspondiente. Elige si prefieres resolverlo con *switch* o con *else if*, justificando tu elección.

Ejercicio 4.10. Permisos de usuario (fall-through intencionado).
Escribe un programa que solicite al usuario un nivel de acceso (1: Básico, 2: Avanzado, 3: Administrador) y muestre los permisos que tiene dicho nivel. Los niveles superiores heredan los permisos de los inferiores. Utiliza un *switch* con *fall-through* intencionado.

Ejercicio 4.11. Operador ternario.
Escribe un programa que pida la edad de una persona y utilice el operador ternario para mostrar si es "Mayor de edad" o "Menor de edad". A continuación, reescribe el mismo programa utilizando una estructura *if...else*.

Ejercicio 4.12. Clasificación de clientes (integrador).

Diseña un programa que solicite:

- Antigüedad en años (entero).
- Importe total gastado (decimal).
- Código de país (1: España, 2: UE, 3: Resto).

Clasifica al cliente como:

- "VIP", más de 5 años de antigüedad y ha gastado más de 5000€.
- "Regular", entre 1 y 5 años de antigüedad o gastado más de 1000€.
- "Nuevo" en cualquier otro caso

Luego, muestra un mensaje adicional según el país. Usa combinaciones de *if...else if...else* y *switch*.

Ejercicio 4.13. Reescritura para mejorar legibilidad.

El siguiente fragmento de código funciona correctamente, pero es poco legible debido al anidamiento de *if*. Reescríbelo utilizando *else if* para mejorar su claridad:

```
if (x > 0) {
    if (x < 10) {
        printf("Número en (0, 10)");
    } else {
        printf("Número >= 10");
    }
} else {
    printf("Número <= 0");
}
```

Ejercicio 4.14. Operador ternario (anidado).

Escribe un programa en C que lea un número entero introducido por el usuario e imprima uno de los siguientes mensajes:

- *"Positivo"*, si es mayor que cero.
- *"Negativo"*, si es menor que cero.
- *"Cero"*, si el número es igual a cero.

Debe mostrar el mensaje adecuado utilizando una sola instrucción *printf()* con el operador ternario.

Ejercicio 4.15. Hola mundo sin punto y coma.

Escribe un programa *Hola mundo* que no contenga ningún punto y coma en el código.

Bucles

Contenido

Hay problemas de computación que exigen poder repetir un conjunto de instrucciones un cierto número de veces. Genéricamente, a estas instrucciones se les llama bucles.

En teoría, solo es necesario disponer de un tipo de bucles para que el lenguaje sea completo en el sentido Turing. No obstante, los lenguajes de programación suelen ofrecer varios tipos distintos de instrucciones para bucles, lo que facilita su adaptación a diferentes problemas de computación habituales.

En el caso concreto del lenguaje C, existen las instrucciones for, while y do...while, que ofrecen tres maneras diferentes de plantear los bucles y que permiten abordar de forma sencilla diferentes situaciones que se dan en distintos algoritmos.

Hay otras instrucciones del lenguaje que están directamente relacionadas con los bucles y que permiten alterar el flujo normal del programa dentro del mismo, provocando un salto hacia otra parte del código. En este capítulo se explicará el uso de las instrucciones return, break y continue.

Hablaremos también de los bucles infinitos y explicaremos algunos algoritmos clásicos que se resuelven con bucles, como el de la multiplicación por sumas sucesivas, la potencia de un número, el cálculo iterativo del factorial y el cálculo del número de cifras de un entero.

5.1 Introducción

Imagina que necesitas imprimir en pantalla los números comprendidos entre 1 y 5. Podrías operar de la siguiente manera:

```
printf("1");
printf("2");
printf("3");
printf("4");
printf("5");
```

En este caso, el código anterior podría ser una solución. Pero, ¿y si tuvieras que imprimir los valores entre 1 y 1000? Alguno podrá argumentar, bueno, repitiendo la instrucción 1000 veces conseguiríamos nuestro propósito. No le falta razón, aunque deberá reconocer lo tedioso que resultaría hacerlo de esa manera.

Hay otras situaciones habituales de programación en las que el procedimiento anterior no resolvería el problema. Imagina que no conocemos el primer y el último número en el momento de hacer el programa, sino que se los preguntaremos al usuario. No podríamos repetir la instrucción *printf()*, pues no sabríamos los valores que tenemos que escribir hasta que el programa se esté ejecutando.

La necesidad de repetir instrucciones se da en todo tipo de problemas de computación. Imagina que tienes una lista de usuarios de una aplicación a los que quieres mandar un correo con el mismo texto, pero cambiando la persona a la que va dirigido el correo. Pudiera ser que el contenido de dicha lista no se conoce en el momento de hacer el programa, sino que será conocido en el momento de ejecución (por ejemplo, porque en ese momento se obtiene la lista de la base de datos).

La posibilidad de repetir un conjunto de instrucciones es una de las herramientas indispensables que debe ofrecer un lenguaje de programación para poder resolver problemas habituales de computación. A las estructuras de programación que permiten llevar a cabo esta tarea se les suele denominar *bucles*.

Generalmente hay dos tipos de situaciones en las que se necesitan bucles:

- Repetir mientras se cumpla cierta condición.
- Repetir un número de veces determinado.

Aunque teóricamente un solo tipo de bucles permitiría resolver los dos tipo de repeticiones, todos los lenguajes suelen ofrecer instrucciones específicas para cada una de ellas. En este capítulo vamos a aprender a utilizar las instrucciones que ofrece el lenguaje C para resolver bucles: *while, do...while* y *for*.

5.2 Bucles while

Quizás, el bucle más básico que se puede plantear en un lenguaje es el bucle *while*. Consiste en repetir un conjunto de instrucciones *mientras* se cumpla determinada condición de tipo lógico. La Figura 5.1 muestra el diagrama de flujo de un bucle *while*.

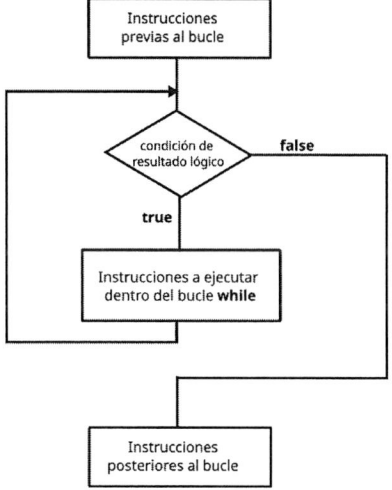

Figura 5.1: Diagrama de flujo de un bucle *while*

En la Figura 5.1 puedes observar que se plantea una bifurcación en base a una condición lógica (el rombo de la figura). La condición es una expresión cuyo resultado puede ser *verdadero (true, 1)* o *falso (false, 0)*. Si la condición se cumple, se ejecutará el bloque de instrucciones que hay dentro del bucle. Una vez que se han ejecutado, se vuelve al principio del bucle y se vuelve a evaluar la condición lógica. *Mientras* la condición devuelva *verdadero*, se ejecutarán las instrucciones dentro del bucle y vuelta a empezar, hasta que una vez, la condición devuelva *falso*. Entonces, el programa continuará en la instrucción que haya después del bucle.

Puede suceder que la condición devuelva siempre *verdadero*. En ese caso, el bucle se repetirá de manera indefinida, dando lugar a lo que se conoce como *bucle infinito*. Ese tipo de bucles también tienen utilidad en programación y se hablará de ellos en el Apartado 5.6.

También puede suceder que, la primera vez que se evalúa la condición, el resultado sea *falso*. En ese caso, las instrucciones que hay dentro del bucle no se ejecutarán ninguna vez y el programa continuará su ejecución en la instrucción posterior al bucle.

En C, la sintaxis para codificar un bucle *while* consiste en la palabra clave *while*, seguida de una condición de resultado lógico entre paréntesis y un bloque de código encerrado entre llaves:

```
while(condicion) {
    instrucciones del bucle
}
```

El Ejemplo 5.1 utiliza un bucle *while* para mostrar en pantalla los números del 1 al 5.

Ejemplo 5.1   Ejemplo de bucle *while*

```
#include <stdio.h>

int main() {
    int n = 1;
    while(n<=5) {
        printf("%d\n", n);
        n = n+1;
    }
    printf("FIN\n");

    return 0;
}
```

```
$> ./prueba
1
2
3
4
5
FIN

$>
```

Es importante entender perfectamente el código anterior. Observa que la condición que se impone en la instrucción *while* es que el valor de la variable n sea menor o igual a 5. Efectivamente, se trata de una condición lógica que, en función del valor de n en cada momento, devolverá 0 o 1.

Para poder utilizar la variable n en la condición de la instrucción *while*, es necesario declarar y asignar valor a n antes del bucle. Así se ha hecho, antes del bucle se declara e inicializa la variable n con el valor 1. Dentro del bucle, tras imprimir el valor de n en pantalla, se incrementa el valor en una unidad. De esta manera, en cada iteración, el valor de *n* se va incrementando.

Cuando el programa llega a la llave de cierre del bloque de código, el flujo vuelve a la instrucción *while* y vuelve a evaluar la condición. Una de las veces, la variable *n* valdrá 6, la condición devolverá 0 y el programa seguirá en la instrucción posterior al bucle, que imprimirá la palabra "FIN" y terminará el programa.

5.3 El bucle *for*

El bucle *for* es una de las estructuras de control más utilizadas en el lenguaje C, especialmente cuando se conoce de antemano el número de iteraciones que deben realizarse. Su sintaxis compacta permite expresar en una sola línea la *inicialización*, la *condición de continuación* y la actualización de la *variable de control*. La forma general de un bucle *for* es la siguiente:

```
for (inicialización; condición; incremento) {
    // instrucciones del cuerpo del bucle
}
```

Los tres elementos que aparecen entre paréntesis son opcionales, aunque deben mantenerse los dos puntos y comas para separar sus posiciones. En la práctica habitual, se utilizan de la siguiente manera:

- *Inicialización*: se ejecuta una sola vez, al comienzo del bucle. Suele emplearse para declarar e inicializar la variable de control.
- *Condición*: se evalúa antes de cada iteración. Si es verdadera, se ejecuta el cuerpo del bucle; si es falsa, el bucle termina.
- *Incremento*: se ejecuta al final de cada iteración, normalmente para actualizar la variable de control.

El siguiente ejemplo utiliza un bucle *for* para imprimir los números del 1 al 10:

```
for (int i = 1; i <= 10; i++) {
    printf("%d ", i);
}
```

En este caso:

- La inicialización es: *int i = 1;*
- La condición es: *i <= 10*;
- El incremento es: *i++*, que equivale a *i = i + 1*.

La Figura 5.2 muestra el diagrama de flujo del bucle del ejemplo anterior.

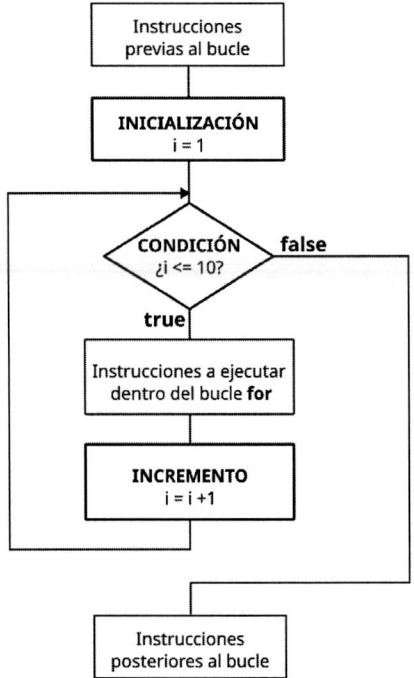

Figura 5.2: Diagrama de flujo de un bucle *for*

5.3.1 Variaciones del bucle *for*

C permite escribir bucles *for* de forma muy flexible. Por ejemplo:

- Se pueden omitir la inicialización o el incremento si no son necesarios:

```c
int i = 0;
for (; i < 5;) {
    printf("%d ", i);
    i++;
}
```

- También se pueden utilizar varias variables de control:

```c
for (int i = 0, j = 10; i < j; i++, j--) {
    printf("i = %d, j = %d\n", i, j);
}
```

- Incluso se puede construir un bucle infinito con la siguiente sintaxis:

```c
for (;;) {
    // bucle infinito
}
```

5.3.2 Bucles anidados

Se dice que dos bucles están anidados cuando uno de ellos está dentro del otro. Aunque esta situación se puede dar con cualquiera de los bucles que estudiamos, es más frecuente en los bucles *for*.

En el Apartado 6.5, cuando estudiemos los arrays multidimensionales, veremos algún ejemplo de cómo recorrer todos los elementos de una matriz utilizando una pareja de bucles *for* anidados.

```
for (int i=0; i<filas; i++) {
    for(int j=0; j<columnas; j++) {
        ...
    }
}
```

5.3.3 Relación con otros bucles

Todo bucle *for* puede reescribirse como un bucle *while* equivalente. Por ejemplo:

```
// Bucle for
for (int i = 0; i < 5; i++) {
    printf("%d ", i);
}

// Bucle while equivalente
int i = 0;
while (i < 5) {
    printf("%d ", i);
    i++;
}
```

Ambos fragmentos producen el mismo resultado. La elección entre uno u otro depende del estilo del programa y de la claridad que se desee mantener.

5.3.4 Cuándo utilizar un bucle *for*

El bucle *for* es especialmente recomendable cuando:

- Se conoce el número exacto de iteraciones que deben realizarse.
- La variable de control se inicializa, se compara y se actualiza de forma regular.
- Se quiere mantener el control del bucle en una única línea, facilitando la lectura.

En comparación con los bucles *while*, el bucle *for* permite una expresión más compacta y clara cuando el número de repeticiones está determinado desde el inicio.

5.4 Bucles *do... while*

En los bucles del tipo *while* que hemos visto en el Apartado 5.2 podría pasar que, si la primera vez que se evalúa la condición, el resultado es *falso*, las instrucciones dentro del bucle no se llegarán a ejecutar ninguna vez.

Hay situaciones en las que estamos interesados en que las instrucciones del bucle se ejecuten al menos una vez. Estas situaciones se pueden resolver utilizando la construcción *do ... while*, que tiene la siguiente sintaxis:

```
do {
    // Instrucciones del cuerpo del bucle
} while (condición);
```

La condición termina con un punto y coma, algo obligatorio en este tipo de bucles.

A diferencia de los bucles *while* y *for*, la condición de continuación se evalúa al final de cada iteración, no al principio, lo que garantiza que el cuerpo del bucle se ejecuta al menos una vez. Si el resultado de la condición es verdadero (1), las instrucciones dentro del bucle se volverán a ejecutar y, si el resultado es falso (0), el programa proseguirá en la instrucción que haya después del bucle.

5.4.1 Lectura con validación

Un uso muy común de este tipo de bucle es en situaciones en las que se desea que el usuario introduzca un valor válido, repitiendo la solicitud hasta que se cumpla una condición:

```
int numero;

do {
    printf("Introduce un número positivo: ");
    scanf("%d", &numero);
} while (numero <= 0);
```

En este ejemplo, se solicita al usuario que introduzca un número positivo. La instrucción *do ... while* asegura que el mensaje se muestre al menos una vez y que la lectura se repita hasta que se introduzca un valor correcto.

5.4.2 Comparación con el bucle *while*

El bucle *do ... while* es especialmente útil cuando se necesita que el cuerpo del bucle se ejecute al menos una vez, independientemente de la condición inicial. En cambio, el bucle *while* puede no ejecutarse en absoluto si la condición es falsa desde el principio.

El código siguiente esquematiza un bucle *while* y uno *do ... while*.

```
// Bucle while: puede no ejecutarse nunca
while (x > 0) {
    // instrucciones
}

// Bucle do ... while: se ejecuta al menos una vez
do {
    // instrucciones
} while (x > 0);
```

La Figura 5.3 muestra una comparación entre el diagrama de flujo de ambos bucles.

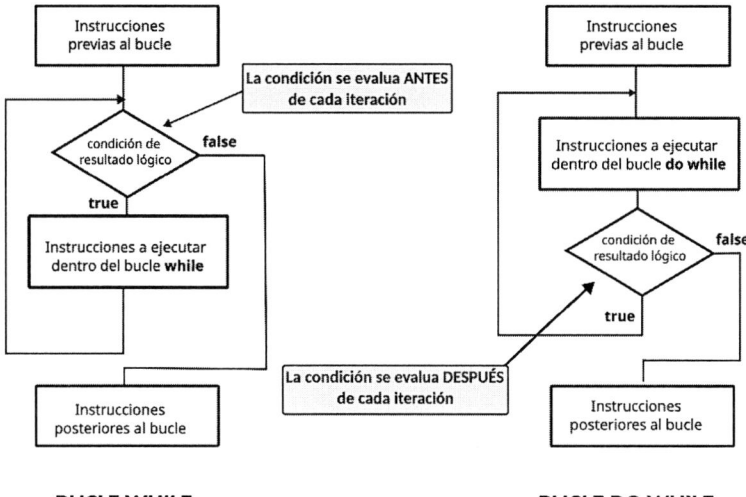

BUCLE WHILE   **BUCLE DO WHILE**

Figura 5.3: Izquierda: diagrama de flujo de un bucle *while*. Derecha: diagrama de flujo de un bucle *do ... while*

5.4.3 Cuándo utilizar *do ... while*

Este tipo de bucle es apropiado cuando:

- Se desea ejecutar el cuerpo del bucle al menos una vez.
- La condición de parada depende de una acción que se realiza dentro del propio bucle (por ejemplo, una entrada por teclado).
- No se quiere duplicar código antes del bucle para inicializar variables o estructuras.

No obstante, dado que es menos habitual que los bucles *for* y *while*, conviene usarlo con moderación y siempre que su semántica encaje claramente con el problema que se desea resolver.

5.5 Modificación de flujo en bucles: *break, continue* y *return*

En ocasiones, resulta útil alterar el comportamiento natural de un bucle desde el interior de su cuerpo. Para ello, el lenguaje C proporciona tres instrucciones especiales que permiten modificar el flujo de ejecución de forma inmediata: *break, continue* y *return*. A continuación se describe el funcionamiento de cada una de ellas y se muestran ejemplos representativos.

5.5.1 La instrucción *break*

La instrucción *break* permite salir inmediatamente del bucle en el que se encuentra, independientemente de que la condición del bucle se haya cumplido o no. Esta instrucción finaliza únicamente el bucle más interno en el que aparece, y la ejecución continúa con la instrucción siguiente al final del bucle.

Este comportamiento resulta útil, por ejemplo, al buscar un elemento dentro de un array: en cuanto se encuentra el valor deseado, se puede terminar el bucle sin recorrer el resto de elementos.

```c
int valores[] = {3, 7, 12, 19, 25};
int clave = 12;
int encontrado = 0;

for (int i = 0; i < 5; i++) {
    if (valores[i] == clave) {
        encontrado = 1;
        break;
    }
}
```

En este ejemplo, el bucle se interrumpe en cuanto se localiza el valor buscado, sin necesidad de continuar la iteración hasta el final del array.

5.5.2 La instrucción *continue*

La instrucción *continue* permite omitir el resto del cuerpo del bucle en la iteración actual y pasar directamente a la siguiente. En el caso de un bucle *for*, se evalúa de nuevo la expresión de incremento y la condición; en los bucles *while* y *do-while*, se vuelve a evaluar la condición del bucle.

Esta instrucción es útil cuando se desea ignorar ciertos casos dentro del bucle, sin necesidad de anidar condiciones.

```c
for (int i = 0; i < 10; i++) {
    if (i % 2 == 0) {
        continue;
    }
    printf("%d ", i);
}
```

Este programa imprime solo los números impares entre 0 y 9. Cuando el valor de i es par, la instrucción *continue* hace que se omita la llamada a *printf()* y se pase directamente a la siguiente iteración.

5.5.3 Comparación de *break* y *continue*

La Figura 5.4 esquematiza el funcionamiento de las instrucciones *break* y *continue*, dentro de un bucle *for*, aunque el funcionamiento es el mismo cuando se trata de bucles *while* o *do ... while*.

```
for(int i=0; i<5; i++) {
    printf("%d \n", i);
    break;
}
printf("FIN \n");
```

```
for(int i=0; i<5; i++){
    printf("%d \n", i);
    continue;
    printf("Esta línea no se ejecuta nunca\n");
}
```

Figura 5.4: Izquierda: *break*. En este bucle solo se imprimirá el número 0 y terminará el bucle. Derecha: *continue*. En este bucle, la segunda instrucción *printf()* no se ejecutará nunca

5.5.4 La instrucción *return* dentro de un bucle

La instrucción *return* permite terminar la ejecución de una función y devolver un valor (en funciones no *void*). Si se utiliza dentro de un bucle, se interrumpe no solo el bucle, sino toda la función que lo contiene. Por tanto, debe usarse con precaución, ya que su efecto es más drástico que el de *break*.

```
for (int i = 2; i < n; i++) {
    if (n % i == 0) {
        return 0;
    }
}
```

En el código anterior, si el número *n* no es primo, terminará la ejecución de la función en la que esté definido el bucle.

5.5.5 Consideraciones de estilo y buenas prácticas

Aunque las instrucciones *break*, *continue* y *return* resultan útiles en determinadas situaciones, su uso ha generado cierta controversia en el ámbito del diseño estructurado de programas. Algunos autores defienden que este tipo de instrucciones interrumpen el flujo secuencial y natural del código, lo que puede dificultar su comprensión, depuración y mantenimiento. Argumentan que su uso rompe con la modularidad y la claridad lógica del programa, haciendo más difícil razonar sobre su comportamiento.

En efecto, el uso indiscriminado de instrucciones de control abrupto puede conducir a estructuras desordenadas, similares a las que provocaban las críticas al uso del *goto* en la programación no estructurada. Por tanto, es recomendable evitarlas cuando existan alternativas más claras y estructuradas, como condiciones bien diseñadas o funciones auxiliares.

Sin embargo, en muchas ocasiones estas instrucciones permiten escribir código más conciso y legible, especialmente cuando ayudan a evitar anidaciones excesivas o casos especiales innecesarios. Un uso controlado y consciente puede mejorar la expresividad del código y facilitar su lectura.

A continuación se muestra un ejemplo en el que el uso de *continue* permite evitar una doble negación y reduce el nivel de anidación:

```c
for (int i = 0; i < n; i++) {
    if (array[i] == 0) {
        continue;
    }
    // Procesar solo los elementos no nulos
    procesar(array[i]);
}
```

Este fragmento es más legible que su equivalente sin *continue*, que obligaría a introducir una condición negativa o a anidar innecesariamente el cuerpo principal del bucle:

```c
for (int i = 0; i < n; i++) {
    if (array[i] != 0) {
        // Procesar solo los elementos no nulos
        procesar(array[i]);
    }
}
```

Ambas versiones son correctas desde el punto de vista funcional, pero la primera expresa de manera más directa la intención del programador: omitir los elementos nulos y centrarse únicamente en los relevantes.

También puede ocurrir que el uso de *break* mejore la claridad del código, sobre todo en bucles en los que se busca un valor y no es necesario continuar iterando una vez que se ha encontrado.

El siguiente ejemplo muestra un bucle que busca un valor determinado, designado por *clave*, dentro de un array de enteros de tamaño *n*:

```
int encontrado = 0;
for (int i = 0; i < n; i++) {
    if (array[i] == clave) {
        encontrado = 1;
        break;
    }
}
if (encontrado) {
    printf("Clave encontrada.\n");
}
```

Una alternativa sin *break* puede requerir el uso de una condición de control adicional en la cabecera del bucle, lo que puede dificultar su lectura:

```
int encontrado = 0;
for (int i = 0; i < n && !encontrado; i++) {
    if (array[i] == clave) {
        encontrado = 1;
    }
}
if (encontrado) {
    printf("Clave encontrada.\n");
}
```

En este segundo caso, la lógica de búsqueda está repartida entre la condición del bucle y su cuerpo, lo que puede resultar menos intuitivo, sobre todo para programadores principiantes. En cambio, la versión con *break* expresa de manera más directa la intención: buscar hasta encontrar y detenerse en ese momento.

En resumen, el uso de estas instrucciones debe estar motivado por razones de claridad y simplicidad y no emplearse por comodidad o hábito. Un código bien estructurado, con un uso juicioso de *break*, *continue* y *return*, puede resultar incluso más fácil de entender y mantener que su equivalente sin ellas.

5.6 Bucles infinitos

Un bucle infinito es un bucle que no contiene una condición de terminación que pueda cumplirse, de modo que su ejecución continúa indefinidamente, salvo que se interrumpa desde dentro mediante una instrucción como *break* o *return*, o bien si el programa se finaliza desde fuera (por ejemplo, por el usuario o el sistema operativo).

Aunque en principio puedan sorprender, los bucles infinitos son muy útiles en situaciones donde el programa debe esperar o actuar de manera continua hasta que se cumpla alguna condición externa. Algunos ejemplos típicos de su uso incluyen:

- Sistemas empotrados o de tiempo real, donde el programa debe permanecer activo de forma continua (por ejemplo, leyendo sensores o esperando una señal).

- Servidores que atienden peticiones continuamente mientras están en ejecución.

- Menús interactivos en consola, donde se espera que el usuario realice alguna acción hasta que decida salir.

En C, los bucles infinitos se pueden escribir de varias formas. Las más comunes son:

```c
// Forma típica con while
while (1) {
    // cuerpo del bucle
}


// Forma equivalente con for
for (;;) {
    // cuerpo del bucle
}
```

Ambas expresiones son válidas y equivalentes: el bucle no depende de ninguna condición que pueda cambiar, por lo que se ejecuta indefinidamente.

A continuación se muestra un ejemplo sencillo de un menú interactivo que utiliza un bucle infinito controlado mediante la instrucción *break*:

```c
int opcion;

while (1) {
    printf("1. Saludar\n");
    printf("2. Salir\n");
    printf("Seleccione una opción: ");
    scanf("%d", &opcion);

    if (opcion == 1) {
        printf("Hola!\n");
    } else if (opcion == 2) {
        printf("Hasta luego.\n");
        break;
    } else {
        printf("Opción no válida.\n");
    }
}
```

En este ejemplo, el bucle continúa presentando el menú hasta que el usuario elige la opción 2, momento en el cual se ejecuta la instrucción *break* y se termina el bucle.

Un bucle infinito mal controlado puede hacer que el programa quede bloqueado, consuma excesivos recursos o se vuelva inestable. Por ello, es fundamental asegurarse de que existe algún mecanismo claro y verificable para terminar el bucle cuando sea necesario. En general, se recomienda documentar adecuadamente su uso y emplear instrucciones de control como *break* o *return* para gestionarlos de forma segura.

Programación estructurada

La *programación estructurada* es un paradigma de programación que se basa en la utilización de estructuras de control bien definidas (secuencias, bifurcaciones y bucles) para organizar el flujo de ejecución de un programa de forma clara, ordenada y predecible.

Este enfoque evita el uso indiscriminado de saltos incondicionales (como las instrucciones *break*, *continue* o *goto*) y promueve que cada algoritmo se exprese como una combinación jerárquica de bloques de código anidados. De este modo, **cada bloque tiene un único punto de entrada y un único punto de salida**, lo que facilita la comprensión, depuración y mantenimiento de los programas.

El concepto de programación estructurada fue popularizado en la década de 1970 como una respuesta a los problemas de complejidad y desorden que presentaban los programas escritos sin ninguna metodología, y se considera la base de otros paradigmas como la programación modular y la programación orientada a objetos.

5.7 Algoritmos clásicos basados en bucles

Presentamos a continuación varios algoritmos clásicos que se resuelven mediante la aplicación directa de un bucle.

5.7.1 Potencia entera de un número

Este algoritmo calcula la potencia de un número a, elevado a un exponente entero n. El Ejemplo 5.2 muestra cómo aplicar el algoritmo:

Ejemplo 5.2   Potencia entera de un número

```c
#include <stdio.h>

int main(void) {
    int base, exponente;
    int resultado = 1;
    printf("Introduce la base: ");
    scanf("%d", &base);
```

```
printf("Introduce el exponente (entero no negativo): ");
scanf("%d", &exponente);

for (int i = 0; i < exponente; ++i) {
    resultado *= base;
}
printf("%d elevado a %d es %d\n", base, exponente, resultado);
return 0;
}
```

Observa algunos detalles del algoritmo que se ha utilizado:

- El bucle *for* repite la multiplicación *exponente* veces.
- Se inicializa *resultado* a 1 porque es el elemento neutro de la multiplicación.
- Este algoritmo asume que el exponente es un número entero no negativo.

5.7.2 Multiplicación por sumas sucesivas

La multiplicación de dos números enteros positivos puede entenderse, desde un punto de vista algorítmico, como una suma repetida. En efecto, multiplicar un número a por otro número b equivale a sumar a un total de b veces:

$$a \times b = \underbrace{a + a + \dots + a}_{b \text{ sumandos}}$$

El algoritmo consiste en inicializar una variable acumuladora a cero, e ir añadiendo el valor de a a dicha variable en cada iteración, repitiendo este proceso b veces.

El código del Ejemplo 5.3 multiplica 7 por 4 utilizando sumas sucesivas. La variable *resultado* acumula el valor total a lo largo del bucle, que se ejecuta 4 veces (el valor de b).

Ejemplo 5.3 Multiplicación de enteros mediante sumas sucesivas

```
#include <stdio.h>

int main(void) {
    int a = 7;
    int b = 4;

    int resultado = 0;
    for (int i = 0; i < b; i++) {
        resultado += a;
    }
    printf("%d x %d = %d\n", a, b, resultado);
    return 0;
}
```

Este enfoque resulta útil para construir una primera versión del algoritmo de multiplicación utilizando únicamente operaciones básicas, como la suma y la iteración. También es útil para comprender el significado de la multiplicación y para introducir el uso de bucles en programación.

Sin embargo, desde el punto de vista de la eficiencia, no es adecuado para valores grandes de b, ya que su complejidad es lineal con respecto a dicho valor.

En ejercicios didácticos, también puede plantearse la versión en la que uno de los factores es negativo, extendiendo el algoritmo a multiplicaciones con signo. Otra posible extensión consiste en intercambiar los valores de a y b si uno es mucho mayor que el otro, con el fin de reducir el número de iteraciones necesarias.

5.7.3 Factorial de un número, n!

El factorial de un número natural n se define como el producto de todos los enteros positivos desde 1 hasta n. El núcleo del algoritmo podría ser el siguiente:

```c
int factorial = 1;
for (int i = 2; i <= n; ++i) {
    factorial *= i;
}
```

El Ejemplo 5.4 muestra el código completo de un programa que pide al usuario un número entero y calcula su factorial.

Ejemplo 5.4   Cálculo del factorial de un número

```c
#include <stdio.h>

int main(void) {
    int n;
    int factorial = 1;

    printf("Introduce un número entero no negativo: ");
    scanf("%d", &n);
    if (n < 0) {
        printf("El factorial no está definido para números negativos.\n");
        return 1;
    }

    for (int i = 2; i <= n; ++i) {
        factorial *= i;
    }

    printf("El factorial de %d es %d\n", n, factorial);
    return 0;
}
```

La salida del programa es:

```
7 x 4 = 28
```

En el código anterior, observa lo siguiente:

- El producto empieza en 1 (factorial de 0 es 1).

- El bucle comienza en 2 para evitar multiplicar por 1 innecesariamente.

- El algoritmo verifica que el número sea no negativo antes de proceder.

Hay otra forma clásica de calcular el factorial de un número, utilizando una función recursiva, que veremos en el Apartado 7.6.

En realidad, el algoritmo de la multiplicación por sumas sucesivas constituye una aplicación práctica del *algoritmo de la suma* y el algoritmo iterativo del factorial es una aplicación del *algoritmo del producto*. Estos algoritmos más generales los explicaremos en el Capítulo 6, cuando aprendamos a usar arrays.

5.7.4 Número de cifras de un entero

Este algoritmo determina cuántas cifras tiene un número entero positivo (por ejemplo, 12345 tiene 5 cifras). Se puede hacer dividiendo entre 10 hasta que el número se agote:

```
int n = 12345;
int cifras = 0;
while (n != 0) {
    n /= 10;
    ++cifras;
}
```

Es importante comprender bien cómo funciona la división entera. Cada división entera entre 10 elimina la última cifra del número. El número de veces que podemos dividir hasta llegar a 0 nos da el número de cifras. Este algoritmo no funciona con el número 0 tal como está, pero podría adaptarse si se desea incluir ese caso.

Ejercicios propuestos

(Las soluciones de estos ejercicios se pueden consultar en [2])

Ejercicio 5.1. Contador ascendente.
Escribe un programa que imprima los números 1 al 100 usando un bucle *for*.

Ejercicio 5.2. Suma de números naturales.
Pide al usuario un número entero positivo y muestra por pantalla la suma de todos los números naturales desde 1 hasta ese número (inclusive), utilizando un bucle *while*.

Ejercicio 5.3. Validación entrada con *do ... while*.
Escribe un programa que pida al usuario un número entero mayor que cero. El programa debe repetir la solicitud hasta que se introduzca un valor válido, utilizando un bucle *do ... while*.

Ejercicio 5.4. Tabla de multiplicar.
Pide al usuario un número del 1 al 10 y muestra su tabla de multiplicar, desde el 1 hasta el 10, usando un bucle *for*.

Ejercicio 5.5. Números impares con *continue*.
Utiliza un bucle *for* para imprimir los números del 1 al 20, pero omitiendo los pares mediante el uso de la instrucción *continue*.

Ejercicio 5.6. Búsqueda con *break*.
Escribe un programa que pida al usuario un número y luego recorra un array predefinido de 10 enteros. El programa debe indicar si el número se encuentra en el array, utilizando un bucle y la instrucción *break* para terminar la búsqueda al encontrar el número.

Ejercicio 5.7. Números primos en un intervalo.
Pide al usuario dos números enteros positivos que representen los extremos de un intervalo, y muestra todos los números primos que se encuentran en él. Usa funciones auxiliares y bucles anidados si lo necesitas.

Ejercicio 5.8. Menú interactivo con bucle infinito.
Crea un programa que muestre un menú con varias opciones (sumar, restar, salir). Utiliza un bucle infinito y permite que el usuario seleccione repetidamente opciones hasta que elija la de salir.

Ejercicio 5.9. Inversión de un número.
Pide al usuario un número entero positivo y muestra sus cifras en orden inverso. Por ejemplo, si se introduce 1234, el programa debe imprimir 4321. Utiliza un bucle *while*.

Ejercicio 5.10. Dibujo de triángulo de asteriscos.
Escribe un programa que pida al usuario un número entero positivo n y dibuje en pantalla un triángulo rectángulo de altura n, usando bucles anidados. Ejemplo para n=4:

```
*
**
***
****
```

Ejercicio 5.11. Conversión de decimal a binario.
Desarrolla un programa que solicite al usuario un número entero decimal y realice la conversión a binario, utilizando el procedimiento de las divisiones sucesivas que se explicó en el Apartado 1.1.2.

Ejercicio 5.12. Conversión de binario a decimal.
Desarrolla un programa que solicite al usuario un número entero binario y realice la conversión a decimal, desarrollando su expresión polinómica, que se explicó en el Apartado 1.1.2.

Ejercicio 5.13. Cuenta descendente.
Desarrolla un programa que solicite al usuario un número entero n y escriba en pantalla los números en progresión descendente, desde n hasta 0. Resuelve el problema de tres maneras: usando un bucle *for*, un bucle *while* y un bucle *do while*.

Ejercicio 5.14. Sustituir el *break*.
El siguiente programa pide un número entero n al usuario y encuentra el primer múltiplo de 5 que haya mayor que n:

```
#include <stdio.h>

int main() {
    int n;
    printf("n= ");
    scanf("%d", &n);

    while(1) {
        n=n+1;
        if(n%5 == 0) {
            break;
        }
    }
    printf("%d\n", n);
    return 0;
}
```

Modifica el código anterior, de forma que no sea necesario usar la instrucción *break*.

Ejercicio 5.15. Sustituir el *continue*.

El siguiente programa solicita un número entero *n* al usuario e imprime los números impares entre 1 y *n*.

```
#include <stdio.h>

int main() {
    int n;
    printf("n= ");
    scanf("%d", &n);

    printf("%d\n", 1);
    for(int i=2; i<=n; i++) {
        if(i%2 == 0) {
            continue;
        }
        printf("%d\n", i);
    }
    return 0;
}
```

Modifica el programa de forma que no sea necesario utilizar instrucciones *break* ni *continue*.

Ejercicio 5.16. Evitar *return* dentro del bucle.

El siguiente programa solicita números enteros al usuario y los va sumando, hasta que el usuario teclea el 0, momento en el cuál imprime la suma y termina el programa.

```
#include <stdio.h>

int main() {
    int n;
    int suma=0;

    while(1) {
        printf("n= ");
        scanf("%d", &n);
        suma += n;
        if(n==0) {
            printf("s= %d", suma);
            return 0;
        }
    }
}
```

Modifica el programa de forma que no se usen cláusulas *break* ni *continue* y el *return* no aparezca dentro del bucle, sino al final de la función *main()*.

Capítulo 6

Arrays

Contenido

En muchos problemas de programación no basta con manejar datos aislados, sino que es necesario trabajar con colecciones de datos relacionados, como listas de temperaturas, calificaciones de alumnos o coordenadas de puntos. Los arrays son estructuras de datos fundamentales en C que permiten almacenar múltiples valores del mismo tipo bajo un único nombre, facilitando la manipulación y el procesamiento de grandes volúmenes de información.

En este capítulo aprenderás a declarar, inicializar y utilizar arrays unidimensionales, así como a acceder a sus elementos mediante índices. Verás cómo se comportan los arrays en memoria, su tamaño fijo y las distintas formas de inicialización, incluyendo arrays constantes. Se introduce también el concepto de arrays multidimensionales, que permiten representar matrices y tablas de datos, explicando su almacenamiento en memoria y recorrido.

Se estudia el uso de alias para arrays mediante typedef, lo que facilita la definición de tipos personalizados. Además, se presentan algoritmos básicos asociados a arrays, como la suma, el producto, la búsqueda de máximos y mínimos, el conteo de elementos según condiciones y la búsqueda secuencial.

Aunque este capítulo se centra en arrays de tamaño fijo, también se introduce el concepto de arrays dinámicos, que se tratarán en profundidad en capítulos posteriores.

Comprender el manejo de arrays es esencial para desarrollar programas eficientes y resolver problemas complejos de forma estructurada y ordenada.

6.1 Definición de array en C

Un *array unidimensional* es una colección ordenada de valores del mismo tipo, agrupados bajo un único nombre de variable y accesibles individualmente mediante un índice numérico.

A cada uno de los valores almacenados se le denomina *elemento* o *componente* del array. Al número total de elementos se le denomina *tamaño* o *dimensión* del array.

Todos los elementos de un array ocupan posiciones consecutivas en memoria. El acceso a cada elemento se realiza a través de su índice, que comienza en 0. El índice del último elemento es una unidad menor que el tamaño del array. Por ejemplo, si un array tiene 10 elementos, el primero será *x[0]* y el último, *x[9]*.

Las características principales de un array son:

- **Elementos homogéneos:** todos los elementos del array deben ser del mismo tipo (por ejemplo, todos *int* o todos *char*).

- **Tamaño fijo:** el tamaño del array se establece en el momento de la declaración y no puede modificarse durante la ejecución del programa.

- **Acceso por índice:** cada elemento se identifica por su posición dentro del array, utilizando el nombre de la variable seguido de un índice entre corchetes. Por ejemplo, el tercer elemento de un array que se llamara *x*, se identificaría por *x[2]*.

- **Almacenamiento contiguo:** los elementos se almacenan en ubicaciones consecutivas de memoria, lo que permite un acceso rápido y eficiente.

Terminología

A lo largo de este capítulo se utiliza el término array para referirse a las estructuras de datos indexadas que permite manejar el lenguaje C. Aunque se trata de un extranjerismo, su uso está ampliamente aceptado en la literatura técnica en español, especialmente en el ámbito universitario y no tiene un equivalente directo que resulte más claro o preciso.

Por este motivo, se ha optado por emplearlo sin resalte tipográfico (sin cursiva ni comillas) y como parte del vocabulario habitual del libro. Esta decisión busca favorecer la fluidez del texto sin perder el rigor conceptual.

6.2 Creación de variables de tipo array

La creación de una variable del tipo array, como sucede con otras variables en C, puede constar de varios pasos: la *declaración* del array, la *definición* (que implica la reserva de memoria) y la posible *inicialización* de sus componentes.

La *declaración* de un array consiste en indicar al compilador que existirá una variable de tipo array, especificando el tipo de sus elementos y el número total de componentes.

La *definición* del array es el momento en el que el compilador reserva memoria para almacenar sus elementos. En la mayoría de los casos, en C, la declaración y la definición de un array se realizan simultáneamente[1].

La *inicialización* de un array consiste en asignar valores a sus componentes en el mismo momento de su definición. Si se asignan los valores más adelante, individualmente o desde otra fuente, se habla simplemente de *asignación de valores* a los elementos del array.

Una vez declarado un array, el tamaño y el tipo de datos de sus elementos quedan fijados: no se puede modificar ni el número de componentes ni el tipo de los valores que almacenará.

Para declarar una variable del tipo array, hay que indicarle tres cosas al compilador: el tipo de datos de los elementos individuales del array, el nombre de la variable y el tamaño del array. La sintaxis general es la siguiente:

```
tipo_de_datos   nombre_de_variable[tamaño];
```

---

[1]En programas sencillos, declaración y definición de un array suelen ir juntas. No obstante, en programas con varios ficheros fuente, puede declararse un array con *extern* en un fichero y definirlo en otro. En ese caso, la declaración no implica definición ni reserva de memoria.

El tipo de datos de los elementos puede ser un tipo primitivo de C, como números enteros, reales o caracteres, pero también pueden ser estructuras u otros tipos válidos definidos por el programador. En el Capítulo 9 se estudiará, por ejemplo, el caso de los arrays de estructuras.

Observa que el tamaño del array se especifica entre corchetes, a continuación del nombre de la variable. El siguiente ejemplo muestra la declaración de una variable del tipo *array de números enteros*, de nombre x y tamaño 3:

```c
int x[3];
```

Una vez que se ha declarado un array, el compilador reserva memoria suficiente para almacenar todos sus elementos. Por ejemplo, en el caso del array x, el compilador reservará 4 bytes para cada elemento del tipo *int*[2], lo que supone una reserva total de 12 bytes (4×3). La Figura 6.1 muestra el esquema de la reserva de memoria que realizaría el compilador al compilar esta instrucción.

Array de datos enteros x

x[0]				x[1]				x[2]			

Figura 6.1: Un array x de números enteros se almacena en bytes consecutivos de memoria. Cada elemento utiliza 4 bytes. Se accede a cada elemento del array utilizando un índice que empieza en cero. Así, el tercer elemento del array, *x[2]*, ocupa los bytes 9, 10, 11 y 12

Observa la salida que da el siguiente ejemplo:

Ejemplo 6.1 | Contenido basura inicial de la memoria en un array

```c
#include <stdio.h>

int main() {
    int x[3];

    for(int i=0; i<3; i++) {
        printf(" %d ", x[i]);
    }
    printf("\n");
    return 0;
}
```

```
>gcc prueba.c -o prueba

>prueba
153576936 48388 8

>
```

Inicialmente, las posiciones de memoria reservadas para el array contendrán lo que se denomina *basura*: valores residuales que ya se encontraban en esa zona de memoria antes de la reserva. Si lo reproduces en tu computador, los valores no tienen por qué ser los mismos.

---

[2]Se supone aquí que se está trabajando en una plataforma en la que el tipo *int* utiliza 4 bytes.

Para utilizar el array, hay que asignar valores a sus elementos. Los arrays se pueden inicializar de varias maneras:

- **Con basura:** si solo se declara el array, sin asignar valores a sus elementos, se reserva memoria, pero los valores almacenados serán los que hubiera previamente en esas posiciones, lo que se conoce como *basura*. Es obligado indicar la dimensión del array en la declaración.

  Por ejemplo:

  ```c
  int numeros[3]; // Se inicializa el array con basura
  ```

- **Con ceros:** si al declarar el array se le asignan unas llaves vacías o unas llaves con un cero, el array se inicializa con valores cero de sus elementos. Es obligado indicar la dimensión del array en la declaración. El tipo de elementos del array puede ser cualquiera, no solo tipos primitivos como *int* o *double*, sino que podrían ser otros arrays o estructuras.

  Ejemplos:

  ```c
  int numeros[3] = {};  // Se inicializa el array con ceros
  double x[3] = {0};    // Se inicializa el array con ceros
  ```

- **Con valores concretos:** en la misma línea de la declaración, se pueden asignar valores concretos entre llaves. En este caso, no es necesario indicar la dimensión del array; se pueden dejar los corchetes vacíos.

  Ejemplo:

  ```c
  int numeros[] = {1, 2, 3}; // Se inicializa con valores
  ```

  Esta forma de inicialización solo resulta útil cuando los valores que se desean asignar son conocidos en tiempo de compilación.

En C, un array puede quedar sin inicializar (con valores basura) o bien inicializarse explícitamente en el momento de su declaración, pero solo puede ser inicializado en el momento de su definición. No se permite realizar una nueva inicialización posteriormente. Por ejemplo, el siguiente código daría error:

```c
int numeros[3];         // Se inicializa el array con basura
numeros = {1, 2, 3};    // ERROR, doble inicialización!
```

Una vez que se ha inicializado un array, si se quiere asignar valores a los elementos, hay que hacerlo accediendo individualmente a los mismos. El ejemplo siguiente sí que sería correcto:

```c
int numeros[2]; // Se inicializa el array
numeros[0] = 1; // Se asigna valor al primer elemento
numeros[1] = 2; // Se asigna valor al segundo elemento
numeros[2] = 3; // Se asigna valor al tercer elemento
```

Esta forma de proceder permite que la asignación de valor a los elementos del array se haga de manera dinámica, esto es, en tiempo de ejecución del programa[3].

Es habitual que el tamaño de los arrays utilizados en un programa se establezca mediante constantes definidas con la directiva de preprocesador #define, al comienzo del código. El siguiente ejemplo ilustra este uso:

```
#define DIM 10

double vector[DIM];
```

En este caso, se define una constante simbólica llamada DIM, con valor 10; más adelante, se declara un array llamado *vector*, de 10 elementos de tipo *double*.

A todos los efectos, el uso de DIM en la declaración del array equivale a haber escrito directamente el valor literal 10. Durante el preprocesamiento —etapa previa a la compilación—, el compilador sustituye automáticamente todas las apariciones de DIM por su valor 10.

Constantes simbólicas con #define y con const

En C, existen dos formas habituales de definir valores constantes que no deben cambiar durante la ejecución del programa: mediante la directiva de preprocesador #define o utilizando la palabra clave const.

- **#define** crea una constante simbólica en tiempo de preprocesado. No ocupa memoria y simplemente sustituye texto: el preprocesador reemplaza todas las apariciones del nombre por su valor.

- **const** crea una variable constante de un tipo específico. El compilador sí tiene en cuenta su tipo, puede comprobar errores de tipo y puede ocupar memoria.

Ambas formas se pueden usar para definir la dimensión de un array, pero en arrays con ámbito global o en cabeceras compartidas, el uso de #define sigue siendo habitual. En cambio, const aporta más seguridad y es preferible cuando se quiere que el compilador verifique los tipos y el contexto de uso. Los siguienes ejemplo, son equivalentes:

```
#define DIM 10      // constante simbólica
const int DIM = 10; // constante de tipo int
```

6.2.1 Arrays de caracteres

Se pueden crear arrays cuyos elementos sean caracteres individuales, como se hace en el siguiente código:

```
char letras[] = {'a', 'b', 'c'};
```

---

[3]Existen técnicas para poder hacer las reservas de memoria de los arrays de manera dinámica (en tiempo de ejecución), como se explicará en el Capítulo 16.

Se trata de un array de tres elementos de tipo *char*. Se puede acceder a cada carácter de la misma manera que en los arrays numéricos. Por ejemplo, el segundo elemento del array anterior se obtiene mediante:

```c
char letra = letras[1]; // letra = 'b'
```

En C, no existe un tipo específico para representar *cadenas de caracteres*. Las cadenas se implementan utilizando arrays de tipo *char*, en los que el último carácter debe ser el terminador nulo \0, que indica el final de la cadena. Por ejemplo:

```c
char cadena[] = {'a', 'b', 'c', '\0'};
```

Sin este carácter final, el array no se considera una cadena de caracteres válida, sino simplemente una secuencia de caracteres individuales. Muchas funciones de la biblioteca estándar, como *printf()*, *strlen()* o *strcpy()*, requieren que las cadenas estén correctamente terminadas con \0.

El tratamiento de las cadenas de caracteres en C se abordará en el Capítulo 8.

6.2.2 Arrays constantes

Un array se puede declarar como *constante* utilizando la palabra clave *const*. Esto indica que sus elementos no podrán modificarse una vez definidos.

En los arrays declarados como constantes, es obligatorio asignar un valor a todas las componentes en el momento de la declaración. Dichos valores quedarán fijados y no podrán cambiarse durante la ejecución del programa.

Por ejemplo, el siguiente código declara un array constante llamado *a*, con 4 componentes de tipo *int*:

```c
const int a[] = {10, 12, 21, 32};
```

Cualquier intento posterior de modificar el valor de alguna componente de este array provocará un error en tiempo de compilación:

```c
// a[2] = 99; // Error: intento de modificar un array constante
```

6.2.3 Arrays dinámicos

Como se ha comentado, una vez declarado un array, tanto su tamaño como el tipo de datos de sus elementos quedan fijados y no se pueden modificar.

Sin embargo, hay situaciones en las que se necesita un array cuyo tamaño pueda ajustarse en tiempo de ejecución, bien para ampliar su capacidad y añadir nuevos elementos, o para reducirla eliminando parte de la información almacenada.

Para crear este tipo de arrays flexibles, cuyo tamaño se puede modificar durante la ejecución del programa, es necesario utilizar técnicas de *asignación dinámica de memoria*. Estas técnicas permiten reservar y liberar memoria de forma controlada mientras el programa se está ejecutando, y se estudiarán en detalle en el Capítulo 16.

6.3 Acceso a las componentes de un array

Para acceder al valor almacenado en una de las componentes de un array, se utiliza el nombre del array seguido, entre corchetes, del índice correspondiente al elemento:

nombre_array[indice]

El índice del primer elemento de un array es 0 y el del último, es igual al tamaño del array menos una unidad. Cada componente del array se comporta como si fuera una variable individual de ese tipo de datos: se puede consultar su valor, modificarlo o utilizarlo en operaciones.

Por ejemplo, en el siguiente código se declara un array llamado *v* con 5 elementos enteros, al que se le asignan valores iniciales. A continuación, se modifica el valor de la segunda componente y, por último, se declara una variable *x* cuyo valor se calcula a partir de la última componente del array:

```
// Se declara e inicializa el array v
   int v[] = { 1, -3, 5, 0, 6 };
// Se modifica el valor de la 2ª componente de v
   v[1] = 2500;
// Se crea una variable x y se le asigna
// el triple del valor de la 5ª componente de v
   int x = 3 * v[4]; // x vale 18
```

Para recorrer uno a uno todos los elementos de un array unidimensional se puede utilizar un bucle *for*. El Ejemplo 6.2 muestra cómo recorrer el array *v* e imprimir su contenido en la pantalla:

Ejemplo 6.2   Recorrido de un array utilizando un bucle *for*

```
#include <stdio.h>
#define DIM 5

int main(void) {
   double v[DIM] = {1.0, -3.14, 6.78, -2.4, 3.6};
```

```
    printf("v = {");
    for(int i = 0; i < DIM; i++) {
        printf("%.2f, ", v[i]);
    }
    printf("\b\b}\n");
    return 0;
}
```

En el ejemplo anterior, primero se imprime una llave de apertura. Luego, en cada iteración del bucle, se muestra el valor de una componente seguido de una coma y un espacio. Al finalizar el recorrido, se utilizan dos veces el carácter especial \b (retroceso) para eliminar la última coma antes de imprimir la llave de cierre.

La salida del programa es:

```
v = { 1.00,  -3.14,  6.78,  -2.40,  3.60}
```

¡Atención!

Al contrario de lo que ocurre en otros lenguajes de alto nivel, el compilador de C no comprueba si el índice con el que se accede a un elemento de un array está dentro de los límites válidos. Por ejemplo, se puede declarar un array llamado x de tamaño 3 e intentar acceder a x[3], x[4] o cualquier otra posición fuera del rango permitido.

Este acceso fuera de rango da lugar a lo que se denomina *comportamiento indefinido*. Podría ocurrir que la dirección de memoria accedida esté:

- dentro del espacio asignado al programa (por ejemplo, otra variable),
- o fuera del programa, lo que provocaría un error en tiempo de ejecución del tipo *segmentation fault*.

Si se realiza una operación de lectura, el valor obtenido será impredecible. Pero si se intenta escribir en esa posición, se corre el riesgo de corromper datos de otras variables, sobrescribir instrucciones del programa o provocar fallos más graves.

Por ello, es fundamental tomar precauciones y asegurarse siempre de que los índices utilizados están dentro de los límites declarados del array.

6.4 El tamaño del array

El *tamaño* de un array, una vez que ha sido creado, no se puede modificar: no es posible añadir o suprimir elementos una vez que el tamaño del array ha sido fijado.

En C, no existe una función integrada directa para obtener la longitud de un array. Sin embargo, se puede determinar la cantidad de elementos de un array declarado explícitamente usando el operador `sizeof`. El método más habitual es dividir el tamaño total en bytes del array entre el tamaño en bytes de un elemento del mismo, como se hace en el siguiente ejemplo:

```
int numeros[] = {1, 2, 3, 4, 5};
int longitud = sizeof(numeros) / sizeof(numeros[0]);
```

Esto solo funciona si el array es visible directamente en el ámbito actual y no es un puntero. Por ejemplo, si se pasa el array como argumento a una función, dentro de la función se recibe un puntero al primer elemento del array y este método ya no funcionará.

6.5 Arrays bidimensionales

En C es posible utilizar arrays de dos o más dimensiones. En el caso de los arrays *bidimensionales*, es habitual interpretarlos como matrices. En este apartado se explica cómo declarar, inicializar y recorrer arrays de dos dimensiones.

Para declarar un array bidimensional, se utiliza un doble juego de corchetes, indicando el tamaño de cada dimensión. Por ejemplo, la siguiente línea de código declara un array de números *double* llamado *x*, con 3 filas y 4 columnas:

```
double x[3][4];
```

Por analogía con las matrices matemáticas, la primera dimensión suele interpretarse como el número de filas y la segunda como el número de columnas. Así, en el ejemplo anterior, se trataría de una matriz de 3 filas con 4 elementos en cada una (es decir, 4 columnas).

No obstante, los elementos de un array bidimensional se almacenan en memoria como una secuencia lineal. En este caso, se guardarían primero los 4 elementos de la primera fila, luego los 4 de la segunda y, por último, los 4 de la tercera, como se muestra en la Figura 6.2.

6.5.1 Inicialización de arrays de dos dimensiones

Un array bidimensional se puede inicializar en una sola instrucción utilizando llaves anidadas, una para cada fila. Por ejemplo, el siguiente array de números enteros *x*, con 2 filas y 3 columnas, se puede inicializar así:

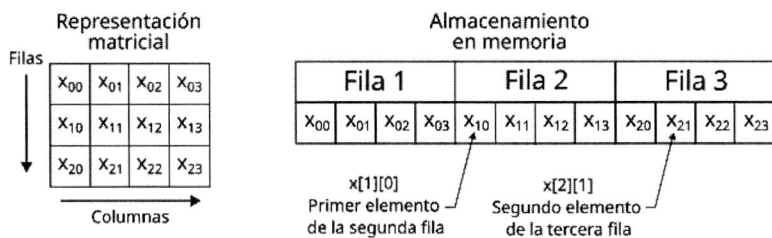

Figura 6.2: Esquema del almacenamiento en memoria de un array de 3 filas y 4 columnas

```
int x[][3] = {
    {1, 2, 3},
    {4, 5, 6}
};
```

En este caso, se ha omitido el tamaño de la primera dimensión (el número de filas). Esto es válido porque el compilador puede deducir automáticamente el número de filas a partir del número de grupos de llaves interiores.

Como en toda asignación, la sentencia debe terminar con punto y coma.

Para acceder a un elemento individual del array, se utiliza el nombre de la variable seguido de los dos índices entre corchetes: el primero para la fila y el segundo para la columna. Por ejemplo, el primer elemento de la segunda fila del array anterior sería:

```
x[1][0]
```

6.5.2 Recorrido de un array de dos dimensiones

Para recorrer un array bidimensional, se utilizan habitualmente dos bucles *for* anidados: el exterior recorre las filas y el interior, las columnas.

En el Ejemplo 6.3, se utiliza el array anterior y se imprimen sus elementos en pantalla de forma ordenada. Observa que, al finalizar cada fila (es decir, en cada iteración del bucle exterior), se imprime un cambio de línea.

Ejemplo 6.3 Ejemplo de recorrido ordenado de una matriz

```
#include <stdio.h>

int main() {
    int x[][3] = {
        {1, 2, 3},
        {4, 5, 6}
    };
```

```
    for(int i=0; i<2; i++) {
        for(int j=0; j<3; j++) {
            printf("%d ", x[i][j]);
        }
        printf("\n");
    }

    return 0;
}
```

La salida del programa es:

```
1 2 3
4 5 6
```

Es muy importante comprender el orden en que se recorren los elementos del array como resultado de la ejecución de estos dos bucles anidados. Para cada valor *i* del bucle exterior, se recorren todos los valores *j* del bucle interior:

```
i=0 j=0  ⟹  x[0][0]  ⟹  1
i=0 j=1  ⟹  x[0][1]  ⟹  2
i=0 j=2  ⟹  x[0][2]  ⟹  3
Se imprime cambio de línea
i=1 j=0  ⟹  x[1][0]  ⟹  4
i=1 j=1  ⟹  x[1][1]  ⟹  5
i=1 j=2  ⟹  x[1][2]  ⟹  6
Se imprime cambio de línea
```

6.6 Tipos de arrays personalizados con *typedef*

En el Apartado 3.8 se explicó cómo definir tipos personalizados utilizando la palabra clave *typedef*. Es habitual utilizar esta técnica para crear *alias* que representen arrays de forma más legible y significativa dentro de un programa.

Por ejemplo, si se desea trabajar con arrays de dos elementos de tipo *double* que representen coordenadas de puntos en el plano, se puede definir un alias llamado *Punto*.

La sintaxis para crear el alias es la siguiente: se escribe *typedef*, seguido del tipo de los elementos del array y, a continuación, el nombre del alias, con el tamaño del array indicado entre corchetes:

```
typedef double Punto[2];
```

Una vez definido el alias, se pueden declarar variables del tipo *Punto* del mismo modo que se haría con cualquier otro tipo:

```
Punto p1 = {3.5, -8.0};
```

El Ejemplo 6.4 utiliza este alias en un pequeño programa:

Ejemplo 6.4   Declaración de un alias para un tipo de array

```c
#include <stdio.h>

typedef double Punto[2];

int main() {

    Punto p1 = {3.5, -8.0};
    printf("%.2f %.2f\n", p1[0], p1[1]);

    return 0;
}
```

Podríamos usar también esta técnica para definir arrays de dos dimensiones. Por ejemplo, podríamos crear el tipo *Matriz3x3* para guardar matrices de 3 filas y 3 columnas de enteros. Luego, podríamos utilizar variables del nuevo tipo:

```c
typedef int Matriz3x3[3][3];

Matriz3x3 A = {
    {1, 2, 3},
    {4, 5, 6},
    {7, 8, 9}
};
```

Esto mejora la legibilidad del código, especialmente cuando se trabaja con arrays de estructura repetitiva o que representan un concepto específico (como coordenadas, vectores o colores).

6.7 Algoritmos básicos que utilizan arrays

Existen algunos algoritmos elementales de uso muy frecuente en programación que están estrechamente relacionados con los arrays. Entre ellos se encuentran los algoritmos de suma, producto, máximo, mínimo y conteo.

Aunque en este apartado los aplicaremos a secuencias de números almacenadas en arrays, estos algoritmos se pueden generalizar a otras fuentes de datos, como valores introducidos por el usuario o leídos desde un fichero. La lógica de recorrido y comparación es similar en todos los casos.

Tampoco son algoritmos exclusivos para números: pueden aplicarse a cualquier tipo de elementos que permitan operaciones como la suma o la comparación, como ocurre con vectores, estructuras o elementos definidos por el programador.

6.7.1 Algoritmo de la suma

El *algoritmo de la suma* se utiliza para calcular la suma de una colección de elementos. El siguiente fragmento de código serviría para calcular la suma de los elementos de un array de números enteros:

```c
int nums[] = {1, 2, 3, 4, 5, 6};

int suma = 0;
for(int i=0; i<6; i++) {
    suma = suma + nums[i];
}

printf("suma= %d \n", suma); // Muestra 21
```

Observa el código anterior. Se declara una variable llamada *suma*, que actúa como acumulador y se inicializa a 0. A continuación, se recorre el array sumando, uno a uno, todos sus elementos a dicha variable. Al finalizar el bucle, *suma* contiene el valor total acumulado.

6.7.2 Algoritmo de la suma en arrays de dos dimensiones

Se procede de manera similar al caso del array unidimensional, pero utilizando dos bucles *for* anidados que permitan recorrer de manera ordenada todos los elementos de la matriz. Así se ha hecho en el Ejemplo 6.5:

Ejemplo 6.5   Algoritmo de la suma en matrices

```c
#include <stdio.h>

int main() {
    double A[][3] = {{1.0, 0.0, 3.14}, {6.28, -3.4, 10.0}};

    double suma = 0.0;
    for(int i=0; i<2; i++) {
        for(int j=0; j<3; j++) {
            suma += A[i][j];
        }
    }

    printf("Suma= %.2f\n", suma);

    return 0;
}
```

6.7.3 Algoritmo del producto

El *algoritmo del producto* trata de calcular el producto de los elementos de una colección. El algoritmo es muy similar al de la suma, con la salvedad de que el valor inicial de la variable acumuladora tiene que ser 1 y que la operación a realizar es un producto, en lugar de una suma.

El siguiente fragmento de código serviría para calcular el producto de los elementos de un array de números enteros:

```c
int nums[] = {1, 2, 3, 4, 5, 6};

int producto = 1;
for(int i=0; i<6; i++) {
    producto = producto * nums[i];
}

printf("producto= %d \n", producto); // Muestra 720
```

El caso de dos dimensiones, se opera de manera muy similar a como se ha explicado para la suma.

6.7.4 Algoritmos del máximo y del mínimo

El *algoritmo del máximo* permite determinar el valor máximo entre los elementos de una colección.

El Ejemplo 6.6 muestra cómo hacerlo en el caso de un array unidimensional. Se declara una variable llamada *maximo*, a la que se asigna inicialmente el primer valor del array. Luego se recorre el resto de los elementos, comparando cada uno con el valor almacenado. Si se encuentra un elemento mayor, se actualiza la variable *maximo*. Al finalizar el bucle, *maximo* contiene el valor más alto del array.

Ejemplo 6.6   Algoritmo del máximo para un array unidimensional

```c
#include <stdio.h>

int main() {
    double A[6] = {1.0, 0.0, 3.14, 6.28, -3.4, 10.0};

    double maximo = A[0];
    for(int i=1; i<6; i++) {
        if( A[i] > maximo) {
            maximo = A[i];
        }
    }

    printf("Máximo= %.2f\n", maximo);

    return 0;
}
```

¡Detalle!

THE DEVIL IS IN
THE DETAILS

Observa que el bucle comienza su recorrido en el segundo elemento de la colección, pues el primero ya se ha guardado en la variable *maximo*.

¡Precaución!

En el algoritmo del máximo no conviene utilizar el nombre *max* como identificador de variable, ya que puede coincidir con nombres de funciones definidas en bibliotecas estándares o de terceros. Por motivos similares, tampoco es recomendable utilizar *min* para el mínimo. Es preferible utilizar nombres más específicos como *maximo*, *minimo*, *valor_max*, etc.

El *algoritmo del mínimo* es en todo semejante al del máximo, pero la comparación que hay que hacer dentro del *if* utiliza el operador < (*menor que*):

```
if( A[i] < minimo) {
    minimo = A[i];
}
```

6.7.5 Máximo o mínimo y posición que ocupa

Un caso particular consiste en querer determinar, no solo el valor máximo o mínimo, sino también la posición que ocupa en el array. En este caso, es necesario utilizar una nueva variable auxiliar que permita ir guardando el índice del elemento máximo o mínimo e ir actualizándola cuando corresponda.

Así se ha hecho en el Ejemplo 6.7, para el caso de dos dimensiones:

Ejemplo 6.7   Mínimo y posición que ocupa

```
#include <stdio.h>

int main() {
    double A[][3] = {
        {1.0, 0.0, 3.14},
        {6.28, -3.4, 10.0}
    };
```

```
   double minimo = A[0][0];
   int fila = 0;
   int columna = 0;
   for(int i=0; i<2; i++) {
      for(int j=0; j<3; j++) {
         if(A[i][j]<minimo) {
            minimo = A[i][j];
            fila = i; columna = j;
         }
      }
   }

   printf("Mínimo= %.2f\n", minimo);
   printf("Fila= %d; Columna= %d\n", fila, columna);
   return 0;
}
```

6.8 Algoritmos de conteo y búsqueda secuencial

En algunas situaciones se desea contar cuántos elementos de un array cumplen cierta condición. Para ello se suele utilizar una variable auxiliar, que actúa como contador, y que se incrementa cada vez que se detecta un elemento que cumple el criterio deseado.

El Ejemplo 6.8 cuenta cuántos elementos negativos hay en una matriz:

Ejemplo 6.8   Contador de elementos negativos de una matriz

```
#include <stdio.h>

int main() {
   double A[][3] = {
      {1.0, 0.0, 3.14},
      {6.28, -3.4, 10.0}
   };

   int contador = 0;
   for(int i=0; i<2; i++) {
      for(int j=0; j<3; j++) {
         if(A[i][j]<0) {
            contador++;
         }
      }
   }

   printf("Contador= %d\n", contador);
   return 0;
}
```

En otras ocasiones, lo que se quiere es modificar los elementos de una colección que cumplen determinada condición. El Ejemplo 6.9, sustituye todos los elementos negativos de un array unidimensional por su cuadrado:

Ejemplo 6.9   Elevar a cuadrado elementos negativos

```c
#include <stdio.h>

int main() {
    int nums[] = {3, -2, 4, -1, -6};

    // Elevar al cuadrado elementos negativos
    for(int i=0; i<5; i++) {
        if( nums[i] < 0) {
            nums[i] = nums[i]*nums[i];
        }
    }

    // Mostrar resultado
    for(int i=0; i<5; i++) {
        printf("%d ", nums[i]);
    }
    printf("\n");

    return 0;
}
```

La salida del programa es:

```
3 4 4 1 36
```

6.8.1 Combinación de recorridos y condiciones

Los algoritmos que hemos visto en este capítulo —suma, producto, máximo, mínimo, conteo y búsqueda— comparten una estructura común: recorrer un array y aplicar una operación o condición sobre cada uno de sus elementos.

Esta idea es muy poderosa, porque permite combinar y adaptar fácilmente estos patrones según las necesidades del programa. Por ejemplo, se puede contar cuántos elementos son negativos y, al mismo tiempo, calcular su suma; o se puede buscar el máximo de un array, entre los elementos que cumplan cierta condición.

A continuación se muestra un ejemplo en el que se combinan dos recorridos: se calcula la suma de los números pares en cada fila de una matriz, y luego se determina cuál es la mayor de esas sumas:

Ejemplo 6.10   Ejemplo de combinación de condiciones

```c
#include <stdio.h>

int main() {
    int A[][4] = {{2, 3, 6, 1},{5, 8, 4, 7},{0, 1, 1, 1}};

    int max_suma = 0;
    for(int i=0; i<3; i++) {
        int suma_fila = 0;
        for(int j=0; j<4; j++) {
            if(A[i][j] % 2 == 0) {
                suma_fila += A[i][j];
            }
        }
        if(i == 0 || suma_fila > max_suma) {
            max_suma = suma_fila;
        }
    }

    printf("Máxima suma de pares por fila: %d\n", max_suma);
    return 0;
}
```

Este tipo de combinaciones es muy habitual en programación y aprender a construirlas es clave para resolver problemas más complejos de forma eficiente.

Ejercicios propuestos

(Las soluciones de estos ejercicios se pueden consultar en [2])

Ejercicio 6.1. Inicialización y recorrido.
Declara un array de 5 números enteros, inicialízalo con los valores {2, 4, 6, 8, 10} y escribe un programa que imprima cada uno de sus elementos.

Ejercicio 6.2. Asignación individual a los elementos de un array.
Declara un array de 4 números reales (tipo *double*) y asigna un valor a cada uno de sus elementos de forma individual (sin utilizar llaves en la declaración). Muestra en pantalla el contenido completo del array.

Ejercicio 6.3. Array constante.
Declara un array constante de 3 caracteres con los valores 'A', 'B' y 'C'. Escribe un programa que intente modificar el segundo elemento del array y observa qué error produce el compilador.

Ejercicio 6.4. Cálculo de la suma de los elementos de un array.
Declara un array de 6 números enteros, inicialízalo con valores a tu elección y escribe un programa que calcule la suma de todos sus elementos utilizando un bucle *for*.

Ejercicio 6.5. Producto de los elementos.
Escribe un programa que calcule el producto de los elementos de un array de 5 números enteros. Inicializa el array con los valores {1, 3, 5, 7, 9} y muestra el resultado en pantalla.

Ejercicio 6.6. Máximo y mínimo de un array.
Declara un array de 7 números reales y escribe un programa que determine el valor máximo y el valor mínimo, mostrando ambos por pantalla.

Ejercicio 6.7. Conteo de elementos negativos.
Declara un array de 8 números reales, algunos positivos y otros negativos. Escribe un programa que cuente cuántos elementos negativos contiene el array.

Ejercicio 6.8. Modificación condicional.
Declara un array de 6 números enteros. Escribe un programa que recorra el array y sustituya cada número par por el valor 0, dejando los impares sin modificar. Muestra el array resultante.

Ejercicio 6.9. Recorrido de una matriz (array bidimensional).
Declara una matriz de números enteros de 3 filas y 4 columnas. Inicialízala con valores a tu elección. Escribe un programa que recorra la matriz e imprima su contenido en formato de tabla.

Ejercicio 6.10. Producto de todos los elementos de una matriz.
Declara una matriz de números reales de tamaño 2 × 3. Escribe un programa que calcule y muestre el producto de todos sus elementos.

Ejercicio 6.11. Búsqueda de un valor en un array.
Declara un array de 10 números enteros. Escribe un programa que pida al usuario un número y busque si dicho número se encuentra dentro del array. El programa debe indicar si el número ha sido encontrado o no.

Ejercicio 6.12. Máximo de una matriz y posición que ocupa.
Declara una matriz de números reales de tamaño 3 × 3. Escribe un programa que determine cuál es el elemento de mayor valor y que muestre en pantalla la fila y la columna donde se encuentra.

Ejercicio 6.13. Cálculo de la media de los elementos de un array.
Desarrolla un programa que declare un array de 7 elementos del tipo *double* y le asigne valores a tu elección. A continuación, el programa debe calcular y mostrar en pantalla la media de los elementos del array. Te recordamos que, si el array es a y tiene n elementos, la expresión de la media μ es:

$$\mu = \frac{1}{n} \sum_{0}^{n-1} a[i]$$

Ejercicio 6.14. Producto escalar.
Desarrolla un programa que declare los siguientes arrays:

```
U = {2, 4, 6, 8}
W = {-1, 3, 7, -5}
```

El programa debe calcular el producto escalar de dichos arrays. Te recordamos que la expresión del producto escalar es:

$$p = \sum_0^3 U[i] \times W[i]$$

Ejercicio 6.15. Módulo de un vector.
Desarrolla un programa que declare el siguiente vector:

```
x = {-2, 3, 5}
```

El programa debe calcular el módulo del vector, cuya expresión es:

$$|x| = \sqrt{\sum_0^3 (x[i])^2}$$

Nota: La biblioteca *math.h* ofrece la función *sqrt()*, que permite calcular la raíz cuadrada de un *double*.

Ejercicio 6.16. Comparación de vectores.
Desarrolla un programa que declare los siguientes vectores:

```
U = {-2, 3, 5, 8, 6}
W = {-1, 3, 7, 8, -1}
```

El programa debe crear un tercer vector, llamado Q, cuyas componentes se obtengan utilizando la siguiente expresión:

$$Q[i] = (U[i] == W[i])$$

Ejercicio 6.17. Traspuesta de una matriz.
Desarrolla un programa que declare la siguiente matriz:

$$A = \begin{pmatrix} 1.0 & 3.0 & -1.5 \\ 2.3 & 3.2 & 0.0 \end{pmatrix}$$

El programa debe calcular y mostrar por pantalla, en formato tabla, la traspuesta de la matriz A. Se recuerda que, si llamamos A^T a la matriz traspuesta de A, la expresión del elemento genérico es:

$$A^T(i, j) = A(j, i)$$

Ejercicio 6.18. Mínimo entre los positivos.
Dado un array de números reales, escribir un programa que determine cuál es el menor valor positivo del array (es decir, el mínimo entre los valores estrictamente mayores que cero). Si no hay ningún valor positivo, el programa debe imprimir un mensaje indicándolo.

Capítulo 7

Funciones

Contenido

A medida que tus programas se hacen más largos y complejos, te darás cuenta de que no es buena idea escribirlo todo seguido en una única secuencia de instrucciones. En este capítulo vas a aprender una herramienta fundamental para organizar tu código: las funciones.

Una función es un bloque de código con un nombre propio, que realiza una tarea concreta. Te permite dividir el programa en partes más pequeñas y reutilizables, evitando repeticiones y mejorando la claridad. Puedes enviarle datos de entrada (parámetros), recibir un resultado de salida (valor de retorno) o simplemente ejecutar una acción sin devolver nada.

Aquí aprenderás cómo se definen, cómo se usan, cómo se declaran para poder utilizarlas desde distintos lugares y cómo organizarlas en archivos diferentes. Verás también cómo afectan a las variables el paso por valor, qué ocurre con su ámbito y duración, y cómo utilizar funciones recursivas para resolver ciertos problemas.

Además, descubrirás algunas buenas prácticas de programación que te ayudarán a escribir funciones más claras, fáciles de mantener y reutilizar. Aprenderás también a separar la lógica de cálculo de la entrada y salida, a evitar duplicaciones y a mejorar poco a poco el diseño de tu código.

Después de este capítulo, podrás empezar a pensar en tus programas como un conjunto de pequeñas piezas que colaboran entre sí. Y eso —créeme— marca un antes y un después en la forma de programar.

7.1 Motivación: ¿por qué utilizar funciones?

A medida que los programas crecen en tamaño y complejidad, se hace imprescindible dividir el código en bloques más pequeños que sean fáciles de entender, desarrollar y mantener. Esta división se consigue mediante las *funciones*.

Una *función* en C es un bloque de código independiente y reutilizable que realiza una tarea específica. Las funciones permiten descomponer un problema complejo en bloques más pequeños y manejables.

Cada función puede recibir datos de entrada, ejecutar una serie de instrucciones y devolver un resultado. Los valores que recibe la función como entrada se denominan *argumentos*; el valor que devuelve la función se denomina *valor devuelto o de retorno*.

Es posible definir funciones que no precisen ningún argumento de entrada o que no devuelvan ningún valor. Más adelante, veremos cómo hacerlo.

La acción de ordenar la ejecución de una función, desde cualquier parte de un programa, se denomina *llamar a la función*. También se puede decir *invocar* o *ejecutar*.

En cierto sentido, las funciones son como un proceso de *caja negra*, que recibe unos valores como entrada y devuelve un resultado como salida. No necesitamos conocer cómo hace su trabajo la función, solo qué tipo de valores tenemos que proporcionarle y qué tipo de resultado nos va a proporcionar.

La Figura 7.1 muestra esquemáticamente una función que recibe una serie de argumentos como entrada y devuelve un valor como resultado.

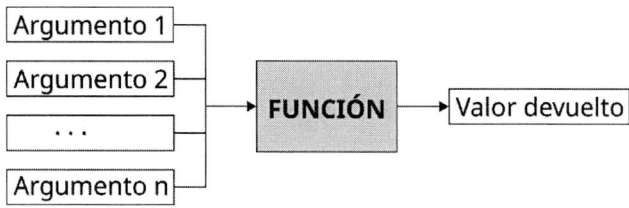

Figura 7.1: Esquema de función: recibe argumentos de entrada y devuelve un resultado

7.1.1 Ventajas de la utilización de funciones

La utilización de funciones en los programas proporciona las siguientes ventajas:

- **Estructuración**: el programa se divide en piezas independientes, cada una responsable de una parte concreta del trabajo.

- **Reutilización**: una vez escrita, una función puede reutilizarse en diferentes partes del programa, o incluso en programas distintos.

- **Legibilidad**: dividir el código en funciones facilita la lectura y comprensión, tanto por parte del autor original como de otros programadores.

- **Mantenimiento**: si es necesario modificar cómo se realiza una tarea, basta con cambiar el código de la función correspondiente.

7.1.2 Utilización de funciones

En muchos de los ejemplos que se han utilizado en los capítulos anteriores se han utilizado funciones, como *printf()*, *scanf()* y otras. Esas funciones están disponibles en la *biblioteca estándar* de C. No necesitamos conocer su código, solo los argumentos que tenemos que proporcionarles y el resultado que vamos a obtener.

Las llamadas a las funciones se hacen escribiendo el nombre de la función y, entre paréntesis, la lista de argumentos con los que se hace la llamada. Por ejemplo, la siguiente línea de código podría servir para llamar a una función de nombre *sumar* a la que se le pasan como argumentos los números enteros 3 y 4:

```
sumar(3, 4)
```

Las funciones pueden devolver un valor como resultado de sus cálculos, que se puede utilizar en el punto del programa desde el que se hizo la llamada. Por ejemplo, la siguiente línea de código llama a una función de nombre *sumar*, pasándole los valores 3 y 4 como argumentos y asignando el valor devuelto a una variable llamada *s*:

```
int s = sumar(3, 4);
```

7.1.3 Estructura básica de un programa en C

Todo programa escrito en C está formado por una o más funciones. Es obligatorio que una de ellas llame *main*.

Cuando se ejecuta un programa, el sistema operativo llama automáticamente a la función *main()*. Es la primera función que se ejecuta, el punto de entrada al programa. También se suele llamar *programa principal*. Desde *main()* se controla el flujo de ejecución, incluyendo las llamadas a otras funciones que se hayan definido en el programa. Si no existe la función *main()*, el programa no podrá ejecutarse.

La Figura 7.2, muestra el esquema de funcionamiento de un programa. La ejecución comienza en la función *main()* (programa principal), desde la que se hacen llamadas a otras funciones que realizan tareas concretas.

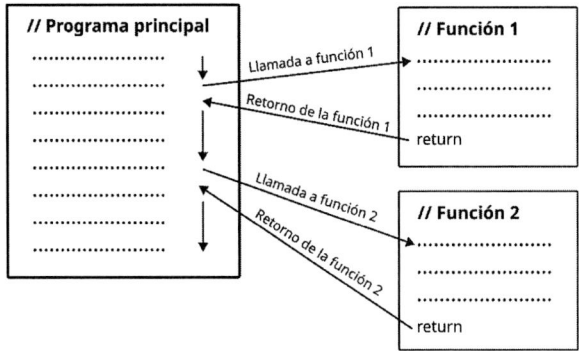

Figura 7.2: Esquema del funcionamiento de un programa dividido en varios módulos mediante la utilización de funciones

Cuando se llama a una función, el flujo del programa pasa a la función. Cuando se termina la ejecución de la función, el flujo vuelve al punto desde el que se hizo la llamada.

En este capítulo vamos a aprender a desarrollar nuestras propias funciones, que nos permitirán estructurar el código de nuestros programas y hacerlos más reutilizables, legibles y sencillos de mantener.

7.2 Definición de funciones

Una *función* en C es un bloque de código con un nombre propio que realiza una tarea específica. El esquema general de la *definición* de una función es el siguiente:

```
linea de cabecera {
    // bloque de instrucciones (cuerpo de la función)
}
```

La *línea de cabecera*, también llamada *línea de definición* o *signatura de la función*, tiene la siguiente sintaxis:

> *tipo_devuelto   nombre_funcion(lista_parametros)*

Donde:

- **tipo_devuelto**: es el tipo de datos del valor que devuelve la función. Por ejemplo, *int*, *double*, *char*, etc. Si la función no devuelve ningún valor, se utiliza el tipo *void*.

- **nombre_funcion**: es el identificador que se usará para llamar a la función.

- **lista_parámetros:** a continuación del nombre, entre paréntesis, se escribe la lista de los *parámetros de entrada*, si los hay. También se llaman los *parámetros formales de la función*. Cada parámetro define una variable, mediante su tipo de datos y un nombre simbólico.

   Dentro del cuerpo de la función se podrá utilizar esta variable. Si no se necesitan parámetros, entre los paréntesis se escribe *void* o simplemente se dejan vacíos.

Por ejemplo, la siguiente línea de código podría servir para definir una función llamada *sumar*, que necesita recibir como argumentos dos números enteros y devuelve como resultado otro número entero:

```
int sumar(int n1, int n2)
```

En esta definición, el tipo de datos del valor devuelto es *int*; el nombre de la función es *sumar*; *n1* y *n2*, ambos de tipo entero, son los *parámetros formales* de la función.

Para completar la definición de la función, a continuación de la línea de cabecera hay que poner el bloque de código con las instrucciones que se ejecutarán cada vez que se llame a la función. A este bloque de código también se le llama el *cuerpo de la función*.

El siguiente código podría ser la definición completa de la función *sumar()*:

```
int sumar(int n1, int n2) {
    int resultado = n1 + n2;
    return resultado;
}
```

7.2.1 Diferencia entre parámetros y argumentos

En la función *sumar()*, *n1* y *n2* son los denominados *parámetros formales* de la función. Son variables de tipo *int* que se crean automáticamente cada vez que se ejecuta la función y almacenan una copia de los *argumentos* con los que se hace la llamada.

Por ejemplo, en algún lugar del programa se podría invocar la función *sumar()* con la siguiente expresión:

```
sumar(3, 4)
```

En este caso, 3 y 4 son los argumentos utilizados en la llamada: valores concretos que se pasan a la función.

Cuando comienza la ejecución de la función, se crean las variables *n1* y *n2* con esos valores. A efectos ilustrativos, es como si se ejecutaran las siguientes instrucciones dentro de la función:

```c
int n1 = 3;
int n2 = 4;
int resultado = n1 + n2;
return resultado;
```

La diferencia entre *parámetros* y *argumentos* es similar a la que existe entre una *variable* y el *valor* que contiene. Aunque en algunos contextos se usen ambos términos como sinónimos, conviene entender la distinción.

La Figura 7.3 esquematiza estos conceptos. En la parte izquierda se muestra el parámetro, que es una variable que se define con la función. Es como una caja preparada para recibir y guardar algún valor. En la parte derecha, el argumento. Es un valor que se genera en la llamada a la función.

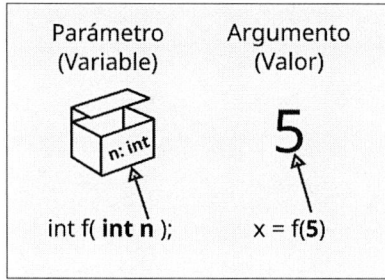

Figura 7.3: Esquema para explicar la diferencia entre los conceptos *parámetro* y *argumento*

7.2.2 Paso de argumentos por valor

En el ejemplo anterior, los argumentos utilizados eran valores literales, pero también se pueden usar variables como argumentos:

```c
int p = 10;
int q = 25;

sumar(p, q); // Los argumentos son 10 y 25
```

Al hacer la llamada, las expresiones utilizadas como argumentos se evalúan, y los valores resultantes se copian en los parámetros formales de la función. En este caso, los valores 10 y 25 se asignan a *n1* y *n2*, respectivamente. A efectos didácticos, es como si la función ejecutara internamente el siguiente código:

```
int n1 = 10;
int n2 = 25;
int resultado = n1 + n2;
return resultado;
```

La función no tiene conocimiento de que los argumentos proceden de unas variables llamadas *p* y *q*; simplemente trabaja con los valores recibidos. Por eso se dice que en C las funciones emplean el *paso de argumentos por valor*.

También se pueden utilizar expresiones más complejas como argumentos:

```
sumar(p + 1, q * 2); // Los argumentos son 11 y 50
```

En cualquier caso, lo que se copia en los parámetros formales son los valores evaluados de dichas expresiones. Los parámetros siempre reciben valores concretos.

7.2.3 Valor devuelto por la función

Una función puede devolver un valor; en ese caso, en la línea de cabecera se especifica el tipo de datos que devuelve. Por ejemplo, en la función *sumar()*, se indica que el valor devuelto es de tipo *int*.

Dentro del cuerpo de la función se realizan los cálculos necesarios y, para devolver el valor al punto del programa desde el que se hizo la llamada, se utiliza la instrucción *return*. En el ejemplo de *sumar()*, la instrucción final es:

```
return resultado;
```

Aunque se podría escribir el valor entre paréntesis, como *return(resultado)*, no es necesario. Por convención, se prefiere escribir la instrucción sin paréntesis.

El valor devuelto puede ser cualquier expresión que produzca un resultado del tipo adecuado. En el ejemplo anterior, se devuelve el contenido de la variable *resultado*.

Las funciones devuelven valores, no variables. Es decir, al devolver el resultado, se pierde la referencia a la variable original dentro de la función.

Después de ejecutar *return*, el flujo del programa vuelve al punto donde se realizó la llamada y allí, el valor devuelto puede utilizarse como se necesite. Por ejemplo, el siguiente código asigna a la variable *s* el valor devuelto por la función *sumar()*:

```
int s = sumar(10, 12);
```

> **¡Muy importante!**
>
> - En principio, las funciones solo pueden devolver un valor.
> - Los arrays no se pueden utilizar como valor devuelto.
> - Las estructuras sí se pueden utilizar como valor devuelto, como veremos en el Capítulo 9. Este podría ser un mecanismo para devolver varios valores.
> - Los punteros sí se pueden usar como valor devuelto.

7.2.4 ¿Qué valor devuelve una función si no se pone *return*?

En C, si una función está definida con un tipo de retorno distinto de *void*, es obligatorio que devuelva un valor mediante la instrucción *return*. No hacerlo puede provocar errores difíciles de detectar.

El comportamiento en este caso depende del compilador, pero en general:

- Si no se pone *return* y el tipo de retorno declarado es distinto de *void*, se devuelve un valor indefinido.

- Los compiladores modernos suelen emitir un *warning* o incluso un *error* si detecta que falta el valor de retorno.

El programa del Ejemplo 7.1 compila, pero el valor devuelto por la función *misteriosa()* es impredecible:

Ejemplo 7.1   Función que no incluye la instrucción *return*

```c
#include <stdio.h>

int misteriosa() {
    int x = 42;
    // No hay return
}
int main() {
    int valor = misteriosa();
    printf("Resultado: %d\n", valor); // ¿Qué se imprime?
    return 0;
}
```

En este caso, *misteriosa()* no tiene ninguna instrucción *return*, aunque fue definida como una función que devuelve un *int*. El programa puede imprimir un valor aparentemente aleatorio o basura. El comportamiento es indefinido.

Nota: en mi computador, por ejemplo, *misteriosa()* siempre devuelve cero. Pero, según el estándar de C, el comportamiento es indefinido: puede devolver cualquier valor, fallar en tiempo de ejecución u otras circunstancias. Podría pasar que, si se compilara el programa con otro compilador o para otra plataforma, el resultado fuera diferente del que se obtiene en mi computador.

En C moderno (C99 en adelante), si *main()* es de tipo *int* y no hay *return*, el compilador asume automáticamente *return 0*, aunque algunos entornos pueden advertirlo.

7.2.5 Funciones sin parámetros

Una función se puede definir sin parámetros. En ese caso, los paréntesis en la definición de la función se puede poner la palabra *void*[1] o, simplemente, dejarlos vacíos.

Por ejemplo, el siguiente código define una función llamada *pi()*, que devuelve un valor aproximado de π, que puede utilizarse en los cálculos del programa:

```
double pi() {
    return 3.141592;
}
```

En el programa se podría utilizar el valor devuelto por *pi()* para hacer cálculos:

```
double radio = 10.0;
double area = pi() * radio * radio;
```

Observa cómo se utiliza directamente la llamada a la función en una expresión. El programa sustituirá la llamada a la función por el resultado que devuelve, evaluará el resto de operaciones de la expresión y, finalmente, asignará el resultado a *area*.

7.2.6 Funciones sin valor devuelto

También es posible definir funciones que no devuelven ningún valor. En esos casos, el tipo del valor devuelto se especifica como *void*.

El siguiente código define una función llamada *saludo()*, que imprime un mensaje en pantalla. La función no tiene parámetros ni valor devuelto:

```
void saludo() {
    printf("Hola, mundo!\n");
}
```

En las funciones cuyo tipo de retorno es *void*, no es necesario incluir la instrucción *return*. Cuando se alcanza el final del cuerpo de la función, el control vuelve automáticamente al punto en el que se realizó la llamada.

No obstante, puede incluirse de forma explícita si se desea. En ese caso, la instrucción no debe llevar ningún valor:

```
return;
```

---

[1]El tipo *void* se utiliza para indicar la ausencia de un valor.

7.2.7 Programa completo que usa una función

El código del Ejemplo 7.2 muestra un programa que calcula el área de círculos. Para realizar este cálculo, utiliza una función llamada *area_circulo()*, que recibe como argumento un número de tipo *double* correspondiente al radio del círculo y devuelve un número *double* con el valor del área calculada.

El programa solicita al usuario radios de forma repetida, calcula el área correspondiente e imprime el resultado. Cuando el usuario introduce el valor 0, el programa finaliza. La salida del programa se muestra en la figura situada junto al código.

Ejemplo 7.2   Calculadora de áreas de círculos

```c
#include <stdio.h>
#define PI 3.1492

double area_circulo(double radio) {
    double s = PI * radio * radio;
    return s;
}

int main() {
    double r = 10;

    while(r > 0) {
        printf("R (0 termina): ");
        scanf("%lf", &r);
        double s = area_circulo(r);
        printf("S= %.2f\n", s);
    }
    return 0;
}
```

```
Símbolo del sistema                       –   □  ×

>gcc prueba.c -o prueba

>prueba
R (0 termina): 10
S= 314.16
R (0 termina): 4
S= 50.27
R (0 termina): 0
S= 0.00

>|
```

Es importante que te fijes en varios detalles del programa.

- En primer lugar, observa que se ha definido una macro *PI*, mediante la directiva #define, con un valor aproximado de π. En todos los lugares del programa en los que se utilice *PI*, se sustituirá por dicho valor. Si más adelante se desea aumentar la precisión (por ejemplo, a 3.141592), bastará con modificar la macro, y el nuevo valor se aplicará automáticamente en todos los cálculos del programa.

- En segundo lugar, observa que la definición de la función *area_circulo()* aparece antes que la función *main()*. Si se hubiese colocado después, se habría producido un error, ya que el compilador no reconoce funciones que aún no han sido definidas o declaradas.

- Finalmente, conviene recordar que el especificador de formato que utiliza *scanf()* para leer datos de tipo *double* es %lf (*long float*). En cambio, en la salida utilizando *printf()*, no es obligatorio usar la letra 'l' en el especificador de formato. En este programa se ha usado %.2f, que indica un número con dos cifras decimales. También se podría haber escrito %.2lf.

Este ejemplo muestra cómo una función bien definida puede hacer que el programa sea más modular, legible y fácil de mantener.

En el próximo apartado aprenderemos a organizar el código de forma que las funciones puedan definirse después de *main()*.

7.3 Declaración (prototipo) de funciones

Antes de poder llamar a una función, el compilador debe conocer su existencia. Hay dos maneras de conseguirlo:

1. Poniendo el código de la función antes de que sea utilizada en otras partes del programa, como se ha hecho con el ejemplo del apartado anterior.

2. Declarando la función antes de usarla, es decir, escribiendo el *prototipo* (o *declaración*) de la función al principio del programa.

Si la definición de la función aparece antes de su llamada en el código, no es necesario declarar su *prototipo*. Sin embargo, si la función se define después, o si está en otro archivo, es obligatorio escribir su *declaración* (*prototipo*).

La sintaxis de la declaración de una función es la siguiente:

```
tipo_de_retorno   nombre_de_funcion(tipo_par1, tipo_par2, ...);
```

El *prototipo* de la función es igual que su línea de definición pero, en vez de ir seguida del bloque de código entre llaves, se termina la instrucción en punto y coma. Esto permite que la definición completa de la función se ubique en cualquier otra parte del código, incluso después de *main()*.

Al declarar una función, se indica al compilador el nombre de la función, qué tipo de parámetros utiliza y el tipo del valor que devuelve. Con esos datos, el compilador puede actuar en todos los sitios del programa donde se hagan llamadas a la función.

7.3.1 Programa completo con prototipo, definición y llamada

El Ejemplo 7.3 muestra un caso sencillo en el que se utiliza una función llamada *sumar()*. La función se declara escribiendo su prototipo al principio del código y su definición después de *main()*. En el código, hay que observar lo siguiente:

- Se declara la función *sumar()* antes de la función *main()*, utilizando su prototipo.

- Dentro de *main()* se llama a *sumar()* y se asigna el resultado a una variable.

- La definición completa de la función *sumar()* se encuentra después de *main()*.

Ejemplo 7.3   Declaración, definición y uso de una función

```c
#include <stdio.h>

// Prototipo de la función sumar()
int sumar(int a, int b);

// Función main()
int main() {
    int x = 5, y = 7;
    int resultado = sumar(x, y);
    printf("La suma es: %d\n", resultado);
    return 0;
}

// Definición de la función sumar()
int sumar(int a, int b) {
    return a + b;
}
```

7.3.2 Aplicación: raíz cuadrada mediante el algoritmo babilónico

Vamos ver un ejemplo un poco más complejo, en el que se utilizan dos funciones, además de *main()*. Se trata de calcular la aproximación de la raíz cuadrada de un número utilizando el *algoritmo babilónico*.

Hay diferentes versiones del algoritmo babilónico para calcular la raíz cuadrada de un número x. En este caso, vamos a utilizar la siguiente:

```
1.- Elegir el nivel de aproximación TOL.
2.- Elegir dos números b y h, tales que x = b * h.
3.- Si |(b - h)| < TOL, ir al paso 7.
4.- Hacer b = (h + b)/2.
5.- Hacer h = x/b.
6.- Ir al paso 3.
7.- b es la aproximación de √x.
```

El código del Ejemplo 7.4 resuelve el problema utilizando dos funciones: una para calcular el valor absoluto y la otra para calcular la raíz cuadrada. Observa los siguientes detalles del código:

- El nivel de aproximación de la solución se ha fijado en una macro llamada *TOLE-RANCIA*, utilizando una cláusula #define.

- Al principio del programa, antes del código de *main()*, se han puesto los prototipos de las funciones *valor_absoluto()* y *raiz_cuadrada()*. Observa que cada prototipo coincide con la cabecera de la función correspondiente, pero termina en punto y coma y no va seguido del bloque de instrucciones.

- El código de las funciones se pone después de *main()*, lo que facilita su legibilidad.

Ejemplo 7.4 Algoritmo babilónico para calcular la raíz cuadrada

```c
#include <stdio.h>
#define TOLERANCIA 1e-6

// Prototipos de funciones
double valor_absoluto(double x);
double raiz_cuadrada(double x);

// Función main
int main() {
    double x = 10.0;
    while(x>0) {
        printf("X (0 termina)= ");
        scanf("%lf", &x);

        double raiz = raiz_cuadrada(x);
        printf("Raíz de x= %.2f\n", raiz);
    }
    return 0;
}
// Definiciones de funciones
double valor_absoluto(double x) {
    double resultado = x;
    if(x < 0) {
        resultado = -resultado;
    }
    return resultado;
}
double raiz_cuadrada(double x) {
    double b = x/2.0;
    double h = x/b;
    while( valor_absoluto(b - h)>TOLERANCIA) {
        b = (h+b)/2.0;
        h = x/b;
    }
    return b;
}
```

La salida del programa podría ser la siguiente:

```
X (0 termina)= 3
Raíz de x= 1.73
X (0 termina)= 100
Raíz de x= 10.00
X (0 termina)= 0
Raíz de x= 0.00
```

7.3.3 Nombre de los parámetros en los prototipos

En realidad, en los prototipos no hace falta poner el nombre de los parámetros, basta con indicar el tipo de datos. En el Ejemplo 7.4, se podrían haber puesto perfectamente de la siguiente manera:

```
double valor_absoluto(double);
double raiz_cuadrada(double);
```

Si se pone nombre a los parámetros en los prototipos, no es necesario que el nombre coincida con el que se usa en la definición completa de la función. Eso sí, los tipos de datos tienen que coincidir en el prototipo y en la definición de la función.

Dentro del código de la función, el nombre de los parámetros formales es el que se haya utilizado en su definición, el nombre que se haya podido utilizar en el prototipo no se tiene en cuenta de ninguna manera.

¿Qué pasa si no se declara el prototipo?

En los ejemplos que hemos visto hasta ahora, siempre que una función se utiliza antes de su definición, se declara previamente su prototipo. Esto es obligatorio en el lenguaje C moderno.

Si se llama a una función antes de que el compilador conozca su existencia (antes de que se haya definido o declarado su prototipo), el compilador mostrará un error:

```
error: implicit declaration of function "nombre"
```

Este mensaje indica que el compilador no sabe cómo es la función (ni qué tipo de valor devuelve, ni qué parámetros recibe) y no puede compilar el programa con garantías.

En versiones antiguas del lenguaje C (anteriores a C99), el compilador podía aceptar funciones no declaradas, asumiendo que devolvían un *int*. Este comportamiento ya no está permitido y es considerado un error grave en las versiones actuales del estándar.

Es obligatorio declarar el prototipo de una función, si se va a usar antes de definirla.

Una buena práctica es declarar todos los prototipos al principio del archivo fuente, justo después de las directivas del preprocesador, o bien colocarlos en un archivo de cabecera que se incluya con #include.

Para saber más

La declaración de funciones también se ve afectada por el lugar del programa en el que se sitúe el prototipo.

En los ejemplos anteriores, hemos colocado los prototipos al principio del programa, fuera de cualquier función. De este modo, las funciones declaradas quedan disponibles para cualquier otra parte del código.

Sin embargo, también es posible declarar el prototipo de una función *dentro del bloque de otra función*. En ese caso, la función declarada será accesible desde dentro de ese mismo bloque. Observa el siguiente ejemplo:

```c
#include stdio.h>

int main() {
    // Declaración de imprimir_cuadrado()
    void imprimir_cuadrado(double);

    double y = 100.0;
    imprimir_cuadrado(y);
    return 0;
}
void imprimir_cuadrado(double x) {
    // Declaración de cuadrado()
    double cuadrado(double);

    printf("%.2f\n", cuadrado(x));
}
double cuadrado(double x) {
    return x * x;
}
```

En este ejemplo, la función *main()* puede llamar a *imprimir_cuadrado()*, ya que su prototipo está declarado dentro de *main()*. Sin embargo, *main()* no sabe que existe la función *cuadrado()*.

La función *imprimir_cuadrado()* sí puede utilizar *cuadrado()*, ya que su prototipo se encuentra dentro de su ámbito.

Este mecanismo permite controlar con precisión qué funciones están disponibles en cada parte del programa. No obstante, en la práctica, lo más habitual es declarar todos los prototipos al comienzo del archivo, o bien en archivos de cabecera separados.

7.4 Ámbito y duración de las variables

Cuando se utilizan funciones en un programa, es importante entender dos conceptos fundamentales relacionados con las variables: el *ámbito* (también llamado *alcance*) y la *duración* de las variables.

7.4.1 Ámbito de una variable

El *ámbito* de una variable indica desde qué lugares del código se puede acceder a ella. Cuando, desde un punto de un programa se puede acceder a una variable, se dice que la variable *es visible* desde ese punto.

En C, el ámbito de una variable depende del lugar en el que se declara.

- Una variable declarada dentro de un bloque de código, tiene ámbito *local* a ese bloque y solo puede usarse dentro de ese bloque. Cuando hay dos bloques anidados, las variables del bloque exterior (*padre*) son visibles desde el bloque interior (*hijo*), pero no al contrario.

- Una variable declarada dentro de una función tiene *ámbito local* a esa función y solo puede usarse dentro de esa función.

- Una variable declarada fuera de todas las funciones tiene *ámbito global*: puede utilizarse desde cualquier función del mismo archivo. En el Capítulo 18, cuando expliquemos los programas que constan de varios ficheros fuente, veremos las reglas de ámbito que se aplican en esos casos.

7.4.2 Variables globales

Cuando una variable se declara fuera de todas las funciones, el ámbito es global. Eso quiere decir que la variable se puede utilizar (es visible) dentro de cualquiera de las funciones que haya en el fichero.

Ejemplo 7.5   Utilización de variable global

```c
#include <stdio.h>

int n = 20;

void imprime() {
    printf("%d\n", n);
}

int main() {
    printf("%d\n", n);

    return 0;
}
```

En el ejemplo anterior, la variable *d* es global y se puede usar dentro de cualquiera de las funciones del programa.

Buenas prácticas

En general, no se considera una buena práctica utilizar variables globales, salvo que se declaren constantes.

7.4.3 Variables locales a una función

Cuando una variable se declara dentro de una función, su ámbito es local a esa función. La variable no será visible desde otras funciones.

Ejemplo 7.6   Variables locales a una función

```c
#include <stdio.h>

void imprimir() {
    int x = 5; // variable local a imprimir()
    printf("x = %d, g = %d\n", x, g);
}

int main() {
    int y = 7; // variable local a main()
    imprimir();
    // printf("x = %d\n", x); // ¡Error! x no es visible aquí
    return 0;
}
```

En este ejemplo:

- *x* es una variable local a la función *imprimir()* y no es accesible desde *main()*.
- *y* es una variable local a *main()* y no puede usarse fuera de ella.

7.4.4 Variables de bloque

Las llaves, {}, delimitan un bloque de código. Pues bien, las variables que se declaran dentro de un bloque de código, solo son visibles dentro del bloque en el que se declaran.

Cuando un bloque está declarado dentro de otro, el interior (*bloque hijo*), puede acceder a las variables del exterior (*el bloque padre*), pero no al contrario.

El *cuerpo* de una función es un bloque de código encerrado entre las llaves de apertura y cierre de la misma. Dentro de una función, pueden existir otros bloques de código, como se muestra en el siguiente ejemplo:

Ejemplo 7.7   Utilización de bloques anidados

```c
#include <stdio.h>

int main() {
    int x = 10;
    {
        int y = 20;
        printf("x= %d\n", x); // x es acessible desde el bloque hijo
        printf("y= %d\n", y);
    }
    printf("x= %d\n", x);
    printf("y= %d\n", y); // Error: y no existe en este ámbito

    return 0;
}
```

Un caso habitual de bloques de código dentro del cuerpo de una función son los bucles y las bifurcaciones. El siguiente ejemplo muestra que dichos bloques también delimitan su propio ámbito, para las variables que se declaren dentro de los mismos:

Ejemplo 7.8   Ámbito de bloque en bucles y bifurcaciones

```c
#include <stdio.h>

int main() {
    // Las variables declaradas en un bucle solo son visibles dentro del bucle
    for(int i=0; i<5; i++) {
        printf("i= %d\n", i);
    }
    printf("i= %d\n", i); // Error: i no existe fuera del bucle

    // Las bifurcaciones también delimitan un ámbito de bloque
    if(x>0) {
        int z = 30;
        printf("z= %d\n", z);
    }
    printf("z= %d\n", z); // Error: z no existe fuera del if

    return 0;
}
```

Truco

Si estás usando VSCode como editor, una buena forma de ver las variables que son visibles en cada momento es utilizar su depurador. Si ejecutas los ejemplos anteriores paso a paso, en la sección de variables locales verás cuáles son visibles en cada momento de la ejecución del programa.

7.4.5 Duración de una variable

La *duración* de una variable indica cuánto tiempo permanece en memoria (es decir, cuándo se crea y cuándo se destruye).

- Las variables locales, por defecto, tienen *duración automática*: se crean al entrar en la función y se destruyen al salir de ella.

- Las variables globales tienen *duración estática*: se crean al comenzar la ejecución del programa y se destruyen cuando finaliza.

- Las variables declaradas con la palabra clave static también tienen duración estática, aunque se usen dentro de una función.

7.4.6 Variables locales estáticas

Cuando se declara una variable local como static, su valor se conserva entre distintas llamadas a la función, aunque su ámbito siga siendo local.

En la función *contador()* del Ejemplo 7.9, si no se usara el modificador static, la variable *c* se inicializaría a cero cada vez que se ejecuta la función y el resultado del programa sería siempre c = 1. Como la variable *c* se ha declarado static, se inicializa solo una vez y su valor se conserva entre llamadas.

Ejemplo 7.9 Variable local estática

```c
#include <stdio.h>

void contador() {
    static int c = 0; // duración estática, ámbito local
    c++;
    printf("c = %d\n", c);
}

int main() {
    contador(); // c = 1
    contador(); // c = 2
    contador(); // c = 3

    return 0;
}
```

La salida del programa anterior es:

```
c = 1
c = 2
c = 3
```

Resumen

- El **ámbito** determina desde dónde se puede acceder a una variable.

- La **duración** determina cuánto tiempo vive la variable en memoria.

- Las variables locales son automáticas por defecto, pero pueden hacerse estáticas.

- Las variables globales tienen duración estática y ámbito global.

En programas bien estructurados, se recomienda minimizar el uso de variables globales y preferir variables locales siempre que sea posible. Las variables static permiten conservar información entre llamadas sin exponerla al resto del programa.

7.5 Funciones en programas con varios archivos

Los programas grandes, es habitual dividirlos en varios archivos, para organizar mejor el código y facilitar su reutilización.

Las funciones, se suelen agrupar en archivos fuente con extensión .c y sus prototipos en archivos de cabecera con extensión .h. Así, otros archivos pueden incluir el fichero .h, usando la directiva #include y utilizar las funciones sin necesidad de conocer su implementación. Esto permite que el compilador conozca la existencia de las funciones antes de que se usen.

Por ejemplo, si tenemos una función *area_triangulo()* definida en un archivo *geometria.c*, podríamos escribir su prototipo en un archivo llamado *geometria.h*:

```
// geometria.h
double area_triangulo(double base, double altura);
```

El archivo *geometria.c* quedaría así[2]:

```
// geometria.c
#include "geometria.h"

double area_triangulo(double base, double altura) {
    return (base * altura) / 2.0;
}
```

Para usar la función *area_triangulo()* en el programa principal, solo tendríamos que incluir el archivo de cabecera *geometria.h* utilizando la cláusula *#include*:

---

[2]En realidad, en este caso concreto no sería necesario incluir el archivo de cabecera *geometria.h* dentro del fichero *geometria.c*.

```
// programa.c
#include <stdio.h>
#include "geometria.h"

int main() {
    double a = area_triangulo(10.0, 5.0);
    printf("Área = %.2f\n", a);
    return 0;
}
```

Para crear el ejecutable, habrá que compilar todos los ficheros .c de los que conste:

```
gcc programa.c geometria.c -o programa
```

Esta forma de organización modular del código se explicará con más detalle en el Capítulo 18. Por ahora, es suficiente con entender que los archivos de cabecera permiten compartir la declaración de funciones entre varios archivos fuente.

7.6 Funciones recursivas

Una función es *recursiva* cuando se llama a sí misma como parte de su definición. Este mecanismo permite resolver ciertos problemas de forma natural y elegante, dividiendo un problema en subproblemas más pequeños del mismo tipo.

Para que una función recursiva funcione correctamente y no entre en un bucle infinito, debe cumplir dos condiciones fundamentales:

- Debe existir al menos un *caso base*, que no requiera llamada recursiva.
- Cada llamada recursiva debe acercarse al caso base, reduciendo progresivamente el problema.

7.6.1 Aplicación: cálculo del factorial

En el Apartado 5.7, resolvimos el factorial de un número, calculado de manera iterativa, utilizando un bucle. Aquí vamos a resolverlo utilizando una función recursiva.

El *factorial* de un número natural n, denotado por $n!$, se define como:

$$n! = \begin{cases} 1 & \text{si } n = 0 \\ n \cdot (n-1)! & \text{si } n > 0 \end{cases}$$

A partir de esta definición matemática, se puede construir directamente una función recursiva. En el Ejemplo 7.10, la función *factorial()* se llama a sí misma con el valor $n - 1$, y se detiene cuando $n = 0$.

Ejemplo 7.10   Cálculo recursivo del factorial

```c
#include <stdio.h>

int factorial(int n) {
    if (n == 0) {
        return 1; // Caso base
    } else {
        return n * factorial(n - 1); // Paso recursivo
    }
}
int main() {
    int num = 5;
    printf("El factorial de %d es %d\n", num, factorial(num));
    return 0;
}
```

La salida del programa sería:

```
El factorial de 5 es 120
```

7.6.2 Aplicación: término *n*-ésimo de la serie de Fibonacci

La serie de Fibonacci se define de la siguiente manera:

$$F(n) = \begin{cases} 0 & \text{si } n = 0 \\ 1 & \text{si } n = 1 \\ F(n-1) + F(n-2) & \text{si } n > 1 \end{cases}$$

La siguiente función calcula de forma recursiva el término *n*-simo de esta serie:

Ejemplo 7.11   Cálculo recursivo de la serie de Fibonacci

```c
#include <stdio.h>

int fibonacci(int n) {
    if (n == 0) {
        return 0; // Caso base
    } else if (n == 1) {
        return 1; // Caso base
    } else {
        return fibonacci(n - 1) + fibonacci(n - 2); // Paso recursivo
    }
}
int main() {
    int n = 8;
    printf("El término %d de la serie de Fibonacci es %d\n", n,
        fibonacci(n));
    return 0;
}
```

Aunque esta versión recursiva de la función *fibonacci()* es clara y refleja la definición matemática, su rendimiento es bajo para valores grandes de *n*.

El Ejemplo 7.12 muestra la versión iterativa de la función *fibonacci()*.

Ejemplo 7.12   Cálculo iterativo de la serie de Fibonacci

```c
#include <stdio.h>

int fibonacci(int n) {
    if (n == 0) {
        return 0;
    }
    if (n == 1) {
        return 1;
    }

    int a = 0, b = 1;
    int temp;
    for (int i = 2; i <= n; i++) {
        temp = a + b;
        a = b;
        b = temp;
    }
    return b;
}
int main() {
    int n = 8;
    printf("El término %d de la serie de Fibonacci es %d\n", n,
        fibonacci(n));
    return 0;
}
```

La versión iterativa de *fibonacci()* es más eficiente que la recursiva, ya que cada término se calcula exactamente una vez. En la versión recursiva, en cambio, se realizan llamadas redundantes, lo que produce un crecimiento exponencial en el número de llamadas a medida que aumenta *n*. Más adelante, explicaremos la técnica de *memoización*, que permite hacer más eficientes las funciones recursivas.

7.6.3 Cuándo usar recursividad

La recursividad es adecuada en los siguientes casos:

- Para resolver problemas que se pueden definir en términos de sí mismos (por ejemplo, definiciones recursivas).

- La recursividad puede ser una herramienta poderosa, especialmente en estructuras de datos como árboles o en algoritmos de búsqueda o exploración de caminos.

- La recursión es útil para expresar soluciones de forma clara y directa cuando el problema tiene una estructura recursiva natural.

- Hay problemas que son difíciles de resolver de forma iterativa, sin complicar demasiado el código.

Siempre que se use recursión, es importante asegurarse de que existe un caso base y que el problema converge hacia él.

La recursión es una herramienta poderosa, pero debe utilizarse con precaución. Cada llamada recursiva que se realiza ocupa espacio en una estructura especial de memoria llamada *pila de ejecución* (*stack*). Si una función recursiva realiza demasiadas llamadas sin alcanzar el caso base, se puede producir un *desbordamiento de pila* (*stack overflow*), lo que provoca la interrupción del programa.

Este problema es común en funciones mal diseñadas, con condiciones de parada incorrectas, o al intentar calcular valores muy grandes sin optimizar el número de llamadas. Hay que asegurarse de que toda función recursiva está bien definida y que los casos base se alcanzan en un número razonable de pasos.

Salvo que se utilicen técnicas especiales, como la *memoización* que se explica en el próximo apartado, la iteración suele ser más eficiente que la recursión, en tiempo y memoria, especialmente en problemas que implican muchos cálculos repetidos.

7.6.4 La técnica de la memoización

En programación, *memoización* (*memoization*) es una técnica de optimización que almacena los resultados de llamadas a funciones (habitualmente recursivas) de forma que, si se vuelve a invocar la función con los mismos argumentos, se puede devolver el resultado directamente desde una tabla o caché, sin volver a calcularlo.

El Ejemplo 7.13 ofrece una función que calcula de manera recursiva el término n-simo de la sucesión de Fibonacci, aplicando la técnica de la memoización. Este programa mejora considerablemente el rendimiento de la función recursiva original.

Ejemplo 7.13   Cálculo de la sucesión de Fibonacci mediante memoización

```c
#include <stdio.h>

#define MAX 1000
int memo[MAX];

// Inicializa el array con valores imposibles
void inicializar_memo() {
    for (int i = 0; i < MAX; i++) {
        memo[i] = -1;
    }
}
```

```
// Función recursiva con memoización
int fibonacci(int n) {
    if (memo[n] != -1) {
        return memo[n]; // Devuelve el valor ya calculado
    }
    if (n == 0) {
        memo[0] = 0;
    } else if (n == 1) {
        memo[1] = 1;
    } else {
        memo[n] = fibonacci(n - 1) + fibonacci(n - 2);
    }
    return memo[n];
}

int main() {
    inicializar_memo();
    int n=0;
    do {
        printf("Introduce un número entero n: ");
        scanf(" %d", &n);

        if (n < 0 || n >= MAX) {
            printf("Error: valor fuera de rango (0 <= n < %d)\n", MAX);
            return 1;
        }

        int f = fibonacci(n);
        printf("Fibonacci( %d) = %d\n", n, f);
    } while(n>0);

    return 0;
}
```

Se almacenan los resultados ya calculados en un array global llamado *memo* y, antes de volver a calcular el término n-simo, la función consulta si ya se ha calculado antes. Si es así, simplemente lo devuelve.

Este enfoque reduce drásticamente el número de llamadas recursivas necesarias, aumentando la eficiencia y reduciendo el riesgo de *stack overflow*. Mientras que la versión original tiene una complejidad exponencial $\mathcal{O}(2^n)$, esta versión tiene una complejidad lineal $\mathcal{O}(n)$, porque cada valor se calcula solo una vez.

Observa que, la primera vez que se calcula el término correspondiente a n, se quedan guardados los resultados de todos los valores menores que n. En el siguiente cálculo que se haga de un valor $m > n$, solo habrá que calcular el resultado de los números comprendidos entre n y m, que volverán a quedar guardados.

Acerca de la ``*memoización*''

El término *memoización* (en inglés, *memoization*) fue acuñado por el investigador británico Donald Michie en 1968. Apareció por primera vez en su artículo titulado "'Memo' Functions and Machine Learning", publicado en la revista Nature. La palabra combina la idea de "*memo*" (*memorandum*) con la capacidad de "*recordar*" resultados ya computados.

Michie introdujo el concepto de "*memo functions*" como una herramienta para que los programas pudieran "recordar" resultados previamente calculados y así hacer el aprendizaje de la máquina más eficiente.

Su uso moderno en programación juega con esa idea de "*recordar*" lo que ya se ha hecho para evitar repetir cálculos.

Se trata de un procedimiento habitual cuando se trabaja con funciones recursivas, para aumentar su rendimiento y reducir el riesgo *desbordamiento de pila*. Esta técnica reduce drásticamente el número de llamadas recursivas necesarias.

La *memoización* no se limita a acelerar funciones recursivas simples. Es una técnica muy útil en muchos contextos de la programación, especialmente cuando se repiten cálculos con los mismos datos de entrada. Estos son algunos casos habituales:

- **Problemas clásicos de programación dinámica**, como el cálculo de combinaciones, la subsecuencia común más larga (LCS), o el problema de la mochila.

- **Árboles de decisión en juegos** o inteligencia artificial, donde se exploran muchas configuraciones similares. En estos casos, se almacenan evaluaciones anteriores para no repetirlas.

- **Análisis sintáctico** en intérpretes o compiladores, donde se examinan fragmentos del código de forma repetida.

- **Grafos dirigidos acíclicos (DAG)**, en los que se pueden visitar los nodos por distintos caminos. La memoización evita recalcular valores ya obtenidos.

- **Evaluación de funciones costosas** desde el punto de vista computacional, especialmente si involucran cálculos pesados o acceso a recursos externos.

- **Optimización de algoritmos de búsqueda exhaustiva (backtracking)**, para evitar explorar caminos equivalentes más de una vez.

Siempre que un problema presente subproblemas repetidos y las soluciones ya calculadas puedan reutilizarse, la memoización es una técnica que puede mejorar notablemente la eficiencia.

7.7 Arrays como parámetros de funciones

En C, además de pasar variables de tipos primitivos como argumentos a una función, también es posible pasar arrays. Cuando se pasa un array a una función, no se copia todo su contenido. En su lugar, lo que se transmite es la *posición de memoria* donde comienza el array. Esto permite que la función acceda directamente a los elementos del array original e incluso pueda modificarlos.

Cuando el argumento que se pasa a una función es una dirección de memoria, en lugar del valor que contiene la variable, se dice que el argumento se pasa *por referencia*. Este es precisamente el caso de los arrays: al pasarlos como argumento, se transfiere su dirección de inicio, no una copia de todos sus elementos. Como consecuencia, cualquier modificación que se realice sobre los elementos del array dentro de la función quedará reflejada en el array original, incluso después de haber terminado la ejecución de la función.

Paso de argumentos *por referencia*

Hemos visto antes que, cuando el argumento que se pasa a la función es de un tipo primitivo (*char, int, double,...*), se pasa *por valor*. Esto quiere decir que lo que llega a la función es una copia del valor del argumento.

Las variables de tipos primitivos también se pueden pasar *por referencia* a la función, como veremos en el Capítulo 11, cuando expliquemos los *punteros*.

7.7.1 Sintaxis de función con parámetro de tipo array

Para declarar una función, con parámetros de tipo array, se pueden utilizar varias formas sintácticas, que son equivalentes desde el punto de vista del compilador:

```
// Declaraciones equivalentes
void mostrar(int v[], int n);    // Forma habitual con corchetes vacíos
void mostrar(int v[10], int n);// El tamaño entre corchetes es ignorado
void mostrar(int* v, int n);    // Sintaxis de punteros
```

En todas estas versiones, el primer parámetro se interpreta como un array de enteros y el segundo parámetro, *n*, indica cuántos elementos tiene el array. Esto es fundamental, ya que en el lenguaje C no se puede conocer dentro de la función el tamaño real del array: debe pasarse como argumento adicional.

Aunque la primera forma utiliza corchetes vacíos (*v[]*) y la tercera incluye un tamaño aparente (*v[10]*), ambas indican lo mismo: que *v* es un array de enteros. En la declaración del parámetro, el tamaño escrito entre corchetes no tiene ningún efecto: el compilador lo ignora y no realiza ninguna comprobación en tiempo de ejecución.

La tercera forma utiliza una notación diferente, con un asterisco: *int* v*. Esta sintaxis indica que *v* es una dirección de memoria que apunta a un entero, lo cual es, en el fondo, lo que ocurre al pasar un array. Aunque aún no hemos estudiado los punteros formalmente, esta notación se considera equivalente por el compilador. Abordaremos su significado en detalle en el Capítulo 11, donde se explicarán los punteros.

7.7.2 Aplicación: mostrar los elementos de un array

En el Ejemplo 7.14, la función *mostrar()* recibe un array de enteros y su tamaño n. La función, recorre los elementos del array y los imprime en pantalla. En el programa principal, se crea un array llamado *datos* y se le pasa a la función *mostrar()*.

Lo que llega a la función no es una copia de los elementos del array *datos*, sino la dirección de memoria del primero de ellos, *datos[0]*. Con esta información, la función *mostrar()* puede acceder a los elementos del array original.

| Ejemplo 7.14 | Visualizar los elementos de un array desde una función |

```c
#include <stdio.h>

void mostrar(int v[], int n) {
    for (int i = 0; i < n; i++) {
        printf("%d ", v[i]);
    }
    printf("\n");
}

int main() {
    int datos[] = {3, 5, 7, 9, 11};
    int tam = 5;

    mostrar(datos, tam);

    return 0;
}
```

La salida del programa sería:

```
3 5 7 9 11
```

7.7.3 Aplicación: modificar los elementos de un array dentro de una función

Como las funciones acceden al array original, es posible modificar sus elementos desde dentro de la función. En el Ejemplo 7.15, la función *doblar()* multiplica por 2 todos los elementos del array que recibe como argumento. En la función principal *main()* se crea el array *valores* y se le pasa a *doblar()*. A la vuelta de la función, se imprime el array *valores*. Se comprueba que los elementos del array han quedado modificados.

> **Ejemplo 7.15** Modificar los valores de un array desde una función

```c
#include <stdio.h>

void doblar(int v[], int n) {
    for (int i = 0; i < n; i++) {
        v[i] *= 2;
    }
}

int main() {
    int valores[] = {1, 2, 3, 4};
    int tam = 4;

    doblar(valores, tam);

    // Verificamos los cambios
    for (int i = 0; i < tam; i++) {
        printf("%d ", valores[i]);
    }

    return 0;
}
```

La salida del código anterior:

```
2 4 6 8
```

Como puede verse, los cambios realizados dentro de la función *doblar()* afectan directamente al array original *valores*.

7.8 Buenas prácticas en la definición de funciones

Las funciones permiten dividir el programa en bloques de código más pequeños, reutilizables y más fáciles de entender. Para aprovechar al máximo su potencial, conviene seguir una serie de buenas prácticas que ayudan a escribir programas más claros, legibles y fáciles de mantener[3].

- **Una función, una tarea:** cada función debe realizar una única tarea bien definida. Si una función crece demasiado o hace varias cosas, probablemente deba dividirse en varias funciones más pequeñas. (*Single Responsability Principle, SRP*)

- **Nombres descriptivos:** el nombre de la función debe indicar de forma clara qué hace. Por ejemplo, *calcular_media()* es más claro que *f1()* o *procesar()*. Utilizar verbos en los nombres de funciones ayuda a indicar que realizan una acción.

---

[3]La mayoría de estas recomendaciones las estableció Robert Martin en su libro "*Clean Code: A Handbook of Agile Software Craftsmanship*", un libro clásico que desde aquí te recomendamos leer [9].

- **Evitar efectos secundarios innecesarios:** una función debe operar principalmente sobre sus parámetros y devolver un valor como resultado. Es preferible evitar que modifique variables globales, a menos que sea estrictamente necesario (*funciones puras*).

- **Evitar duplicar código:** si un bloque de instrucciones se repite en varios lugares del programa, puede ser buena idea agruparlo en una función. Esto facilita la lectura del código y simplifica su mantenimiento. (Principio *DRY: Don't Repeat Yourself*).

- **Utilizar comentarios cuando sea necesario:** aunque una función esté bien escrita, incluir un breve comentario al principio de su definición ayuda a entender su propósito, especialmente si su comportamiento no es evidente.

- **Funciones breves:** siempre que sea posible, una función debe caber en pocas líneas. Las funciones muy largas suelen ser difíciles de leer y más propensas a errores. Robert Martin, en su libro *"Clean Code"*, decía:

  "La primera regla fundamental al escribir una función es que sea corta. La segunda regla fundamental es que sea más corta todavía."

  Los seguidores de la metodología *eXtreme programming* decían que una función tiene que caber en una pantalla, sin hacer desplazamientos. Si no es así, es señal de que hay que dividirla al menos en dos funciones. ¡Y esto lo decían en los 90, cuando las pantallas tenían 24 líneas de alto!

- **Evitar nombres ambiguos para los parámetros:** al igual que con los nombres de las funciones, conviene que los nombres de los parámetros sean significativos, especialmente si se usan en operaciones complejas.

Estas recomendaciones no son reglas estrictas, pero seguirlas facilita la comprensión del código, tanto para quien lo escribe como para quien tenga que leerlo. Recuerda la cita de Abelson que figura al principio del libro: *Los programas deben escribirse para que las personas los lean y, solo de forma incidental, para que las máquinas los ejecuten* [1].

En la Tabla 7.1 se resumen algunos principios de diseño y buenas prácticas de programación, conocidos por sus acrónimos.

Tabla 7.1: Principios de diseño y buenas prácticas

Acrónimo	Significado	Idea clave
KISS	Keep It Simple, Stupid	Mantén el código lo más simple posible; evita complejidad innecesaria.
DRY	Don't Repeat Yourself	Evita duplicar código; encapsula la lógica repetida en funciones o módulos reutilizables.
YAGNI	You Aren't Gonna Need It	No implementes funcionalidades hasta que realmente sean necesarias.

Tabla 7.2: Principios de diseño y buenas prácticas (Continuación)

Acrónimo	Significado	Idea clave
SoC	Separation of Concerns	Separa responsabilidades: cada módulo o función debe ocuparse de un aspecto bien definido.
LoD	Law of Demeter	Principio del mínimo conocimiento: un módulo debe depender lo menos posible de los detalles internos de otros módulos.
SLAP	Single Level of Abstraction Principle	En una función, todas las instrucciones deben operar al mismo nivel de abstracción.
POLA	Principle of Least Astonishment	El código debe comportarse de forma que no sorprenda al usuario ni a otros programadores.

La aplicación constante de estos principios mejora la calidad del software, reduce errores y facilita su evolución con el tiempo.

7.8.1 Funciones puras

En programación, una *función pura* es aquella que, para un mismo conjunto de argumentos, devuelve siempre el mismo resultado y no produce *efectos secundarios* observables fuera de ella.

Esto significa que la función no modifica variables globales, no escribe en la pantalla, no accede a dispositivos externos ni altera datos fuera de su ámbito local. Su única "*acción*" es calcular y devolver un valor.

Las funciones puras son predecibles, fáciles de probar y de razonar sobre ellas. Además, facilitan la depuración y pueden ser optimizadas por el compilador mediante técnicas como la *memoización* o la *evaluación perezosa*, ya que su resultado depende exclusivamente de sus parámetros.

En C, muchas funciones matemáticas de la biblioteca *math.h* son ejemplos de funciones puras: *sqrt()*, *sin()*, *pow()*, etc.

Por el contrario, funciones como *printf()* no son puras, ya que generan una salida en pantalla (efecto secundario) además de devolver un valor.

La función *cuadrado()* que se muestra a continuación es pura: no lee ni modifica variables externas y devuelve siempre el mismo resultado para el mismo valor de *x*.

```c
// Función pura: devuelve el cuadrado de un número
// sin efectos secundarios
int cuadrado(int x) {
    return x * x;
}
```

El Ejemplo 7.16 hace dos llamadas a la función *cuadrado()* con el mismo argumento, 5, obteniendo en ambos casos el mismo resultado:

Ejemplo 7.16   Utilización de función pura

```c
#include <stdio.h>

// Función pura
int cuadrado(int x) {
    return x * x;
}

int main(void) {
    printf("%d\n", cuadrado(5));   // Siempre mostrará 25
    printf("%d\n", cuadrado(5));   // Siempre mostrará 25
    return 0;
}
```

En cambio, en el Ejemplo 7.17, la función *incrementar()* es impura por dos motivos:

1. Modifica una variable global (*contador*).

2. Produce una salida por pantalla.

Como consecuencia, invocarla dos veces con el mismo argumento devuelve resultados diferentes y altera el estado del programa fuera de su ámbito local.

Ejemplo 7.17   Utilización de función impura

```c
#include <stdio.h>

int contador = 0;   // variable global

// Función impura: modifica una variable global y muestra por pantalla
int incrementar(int x) {
    contador += x;   // efecto secundario
    printf("Contador: %d\n", contador);   // efecto secundario
    return contador;
}

int main(void) {
    incrementar(5); // Imprime 5
    incrementar(5); // Imprime 10
    return 0;
}
```

Trata siempre de utilizar funciones puras, donde sea posible.

A veces, una función impura puede separarse en dos: una función pura que realice el cálculo y otra que gestione la entrada/salida u otros efectos secundarios. Esta técnica mejora la legibilidad, facilita las pruebas y permite reutilizar la parte pura sin necesidad de ejecutar la parte impura. En el próximo apartado damos un ejemplo de la aplicación de esta técnica.

7.8 Refactorización de funciones

La *refactorización* consiste en modificar la *estructura interna* de un programa sin cambiar su comportamiento externo observable, con el objetivo de mejorar su legibilidad, reducir la complejidad, facilitar el mantenimiento o aumentar su reutilización. No se trata de añadir nuevas funcionalidades ni de corregir errores, sino de mejorar el diseño del código ya existente.

En este apartado veremos algunas de las técnicas de refactorización más sencillas y útiles, aplicadas a funciones.

Cuando se está refactorizando, conviene hacer un cambio cada vez, no tratar de hacer varias modificaciones distintas de golpe. Si solo hacemos una modificación y el programa falla, ya sabemos de dónde viene el fallo.

7.8.2 Cambiar el nombre de una función

Un *nombre* claro y descriptivo ayuda a que el código se entienda sin necesidad de comentarios adicionales.

A veces, un nombre elegido al principio deja de ser adecuado conforme evoluciona el programa y conviene cambiarlo para reflejar mejor lo que hace la función.

El código siguiente muestra una función cuyo nombre no da ninguna pista de lo que hace. Hay que leer el código para tratar de comprender el sentido de la función.

```
void f1(double r) {
    printf("Área: %.2f\n", 3.1416 * r * r);
}
```

Si se cambia el nombre a la función, el programa no ha cambiado su funcionalidad; un usuario no notaría ningún cambio, pero el código ha pasado a ser más legible y fácil de mantener.

```
void mostrar_area_circulo(double radio) {
    printf("Área: %.2f\n", 3.1416 * radio * radio);
}
```

7.8.3 Extraer una función

Si una función contiene un bloque de código que realiza una tarea independiente, conviene *extraerlo* en una nueva función con un nombre descriptivo. Esto facilita su reutilización y simplifica la función original.

En el siguiente ejemplo, la función *procesar_datos()* hace más de una cosa:

```
void procesar_datos(int a, int b) {
    int s = a + b;
    double media = (a + b) / 2.0;
    printf("Suma: %d\n", s);
    printf("Media: %.2f\n", media);
}
```

Vamos a extraer a funciones independientes el cálculo de la suma y el de la media:

```
int suma(int x, int y) {
    return x + y;
}
double media(int x, int y) {
    return (x + y) / 2.0;
}
void procesar_datos(int a, int b) {
    printf("Suma: %d\n", suma(a, b));
    printf("Media: %.2f\n", media(a, b));
}
```

El código es más legible y fácil de mantener, sin cambiar su funcionalidad.

Nota: ahora, la función *procesar_datos()* está pidiendo una refactorización más de *cambio de nombre*. La función no *procesa los datos*, sino que muestra en pantalla el resultado del procesamiento. Quizás sería más apropiado un nombre como *mostrar_suma_media()* o algo parecido.

7.8.4 Eliminar código duplicado

El código repetido en varios lugares es difícil de mantener y propenso a errores. Agruparlo en una función común reduce duplicaciones y facilita las modificaciones.

En el ejemplo siguiente, se usa una instrucción para imprimir un cálculo complicado. Aunque en el ejemplo las dos instrucciones estén juntas, en un programa real podrían estar en diferentes lugares, dentro de distintas funciones.

```
printf("Área: %.2f\n", 3.1416 * r1 * r1);
printf("Área: %.2f\n", 3.1416 * r2 * r2);
```

Si hubiera que cambiar la fórmula de cálculo, habría que buscar todos los sitiios del programa donde aparece y cambiarlo en cada uno. Ese proceso es tedioso y, sobre todo, propenso a errores. Lo correcto es extraer el cálculo a una función independiente:

```
void mostrar_area(double radio) {
    printf("Área: %.2f\n", 3.1416 * radio * radio);
}

mostrar_area(r1);
mostrar_area(r2);
```

Ahora, si quisiéramos modificar la fórmula de cálculo, con hacerlo en el código de la función, quedaría aplicado a todos los lugares del programa donde se utilice.

7.8.5 Extraer números mágicos a constantes

Se denominan *números mágicos* a los valores numéricos expresados en el programa como literales. Suele ser conveniente extraerlos a una constante, una macro o una función que proporcione su valor.

Además, hay que documentar la constante o similar, para que quien lea el programa entienda el significado del número.

Observa el código de las funciones *area_circulo()* y *longitud_circunferencia()*:

```
double area_circulo(double radio) {
    return 3.14 * radio * radio;
}
double longitud_circunferencia(double radio) {
    return 2 * 3.14 * radio;
}
```

El valor del número π se introduce como un literal. Si decidiéramos ampliar su precisión y utilizar, por ejemplo, 3.1416 en todos los cálculos en los que intervenga π, habría que recorrer el programa y, en todos los sitios en los que se use, cambiar su valor. Una vez más, es un proceso tedioso y propenso a errores.

Lo correcto es usar una constante. Hay distintos procedimientos para hacerlo:

1. Con una macro al principio del programa:

   ```
   #define PI 3.1416
   ```

2. Con una constante global al principio del programa:

   ```
   const double PI = 3.1416;
   ```

3. Con una función que devuelva el valor de PI:

   ```
   double pi() {
       return 3.1416;
   }
   ```

En las funciones de nuestro programa en que necesitáramos usar el valor de π, usaríamos la constante en vez del número mágico. Si hubiera que cambiar el valor, con hacer el cambio en un lugar se actualizaría en todo el programa.

7.8.6 Separar lógica pura de la parte impura

Es recomendable aislar la lógica de cálculo (funciones puras) de la entrada/salida u otros efectos secundarios (funciones impuras), lo que facilita las pruebas y la reutilización.

La función *area_circulo()* del ejemplo siguiente tiene una parte *pura* (calcular el área) y una parte *impura* (mostrarlo en pantalla):

```c
void area_circulo(double radio) {
    double area = 3.1416 * radio * radio;
    printf("Área: %.2f\n", area);
}
```

Imagina que, en vez del cálculo del área de un círculo, se tratara de otro cálculo más complicado. Imagina también que, en vez de imprimir en pantalla, lo que hace la parte con efectos secundarios es añadir el resultado a una base de datos. Cada vez que quisiéramos hacer una prueba de la parte del cálculo, tendríamos que habilitar la base de datos: abrirla, conectarse por internet o lo que sea. Sin duda es un trastorno.

Lo correcto es extraer el cálculo puro a una función independiente y dejar la parte impura en otra función:

```c
double calcular_area_circulo(double radio) {
    return 3.1416 * radio * radio;
}
void mostrar_area_circulo(double radio) {
    printf("Área: %.2f\n", calcular_area_circulo(radio));
}
```

Ahora, en la versión refactorizada:

- *calcular_area_circulo()* es una función *pura*, fácil de probar y reutilizar. Las pruebas se pueden hacer sin necesidad de usar la parte impura.

- *mostrar_area_circulo()* es una función *impura* con efectos secundarios, pero aislada. Ya no nos dificulta la realización de pruebas en los cálculos.

Regla del Boy Scout

La **regla del Boy Scout** aplicada al desarrollo de software consiste en que, cada vez que modifiquemos una parte del código, debemos intentar dejarla un poco mejor de lo que estaba antes, incluso aunque no sea necesario para resolver el problema inmediato.

Esto puede significar mejorar nombres de variables, simplificar estructuras de control, eliminar duplicaciones o añadir comentarios aclaratorios.

Aplicar esta regla de forma constante conduce a un código más limpio, fácil de entender y de mantener, sin necesidad de realizar grandes refactorizaciones de golpe.

Como en todo proceso de refactorización, hay que hacerlos de uno en uno y comprobar los resultados, no tratar de hacer varios cambios de golpe.

Por ejemplo, se tiene la siguiente función, impura y poco clara:

```c
void proc(int a, int b) {
    int s = a + b;                  // cálculo
    if (s % 2 == 0) printf("PAR "); // E/S mezclada
    printf("s=%d\n", s);            // E/S mezclada
}
```

La siguiente refactorización, sin duda, deja el código mejor que estaba:

```c
#include <stdio.h>
#include <stdbool.h>

// Función pura: solo calcula la suma
int suma(int a, int b) {
    return a + b;
}

// Función pura: decide si un entero es par
bool es_par(int x) {
    return (x % 2) == 0;
}

// Función impura: presenta el resultado
void mostrar_resultado(int a, int b) {
    int s = suma(a, b);             // usa lógica pura
    if (es_par(s)) {
        printf("PAR ");
    }
    printf("s=%d\n", s);
}
```

7.9 Parámetros en la función *main()*

Hasta ahora hemos utilizado la función principal *main()* con la forma más simple:

```c
int main() {
    // instrucciones
}
```

Sin embargo, el lenguaje C permite declarar la función *main()* con dos parámetros que permiten recibir información desde la línea de comandos. Esta forma es especialmente útil cuando queremos que el programa reciba argumentos externos al iniciarse. La forma general es la siguiente:

```
int main(int argc, char* argv[]) {
    // instrucciones
}
```

7.9.1 Significado de los parámetros

- **argc** (argument count): es un entero que indica cuántos argumentos se han pasado al programa. Siempre será al menos 1, ya que el primer argumento es el nombre del propio programa.

- **argv** (argument vector): es un array de cadenas de caracteres (strings), donde cada elemento contiene uno de los argumentos. En particular:
  - *argv[0]* contiene el nombre con el que se ejecutó el programa.
  - *argv[1]*, *argv[2]*, ..., contienen los argumentos escritos tras el nombre del programa.

  La descripción del parámetro utiliza la sintaxis de punteros que estudiaremos en el Capítulo 11, dedicado a punteros.

7.9.2 Aplicación: mostrar los argumentos de la línea de comandos

El siguiente programa muestra todos los argumentos que se han pasado al ejecutarlo desde consola. El programa estaba escrito en el fichero *programa.c* y el ejecutable se llamaba *programa.exe*, en Windows, o simplemente *programa* en Mac o Linux.

Ejemplo 7.18   Impresión de argumentos desde *main()*

```
#include <stdio.h>

int main(int argc, char* argv[]) {
    printf("Número de argumentos: %d\n", argc);
    for (int i = 0; i < argc; i++) {
        printf("Argumento %d: %s\n", i, argv[i]);
    }
    return 0;
}
```

Si compilas este programa con la siguiente instrucción:

```
gcc programa.c -o programa
```

y lo ejecutas tecleando la siguiente orden en el terminal:

```
programa hola mundo 123
```

la salida será:

```
Número de argumentos: 4
Argumento 0: programa
Argumento 1: hola
Argumento 2: mundo
Argumento 3: 123
```

7.9.3 Observaciones importantes

- En C, la función *main()* puede declararse de dos formas válidas:
  - *int main()* — sin argumentos.
  - *int main(int argc, char* argv[])* — con argumentos desde línea de comandos.

    Ambas son correctas. La segunda permite que el programa reciba parámetros externos cuando se ejecuta desde la terminal.

- Los argumentos se reciben como cadenas de caracteres (array de tipo *char*), incluso aunque representen números. Si queremos utilizarlos como enteros o reales, será necesario convertirlos usando funciones específicas (como *atoi()*, *atof()*, etc.).

- El uso de parámetros en *main()* no es obligatorio, pero es muy común en programas que necesitan flexibilidad o automatización, como utilidades de consola.

- Aunque en muchos ejemplos didácticos se utiliza simplemente *int main()*, es útil conocer esta forma general, ya que es la que se emplea habitualmente en entornos reales.

7.9.4 Aplicación: analizando argumentos numéricos

El Ejemplo 7.19 es el código de un programa que suma los dos números que recibe como argumentos en la llamada.

Ejemplo 7.19   Título del cuadro

```c
#include <stdio.h>
#include <stdlib.h>

int main(int argc, char* argv[]) {
    if(argc != 3) {
        printf("Suma de numeros.\nUso: sumar n1 n2\n");
        return 1;
    }
    double x = atof(argv[1]);
    double y = atof(argv[2]);

    printf("%.2f + %.2f = %.2f\n", x, y, x+y);
    return 0:
}
```

En nuestro caso, el fichero fuente del programa se llamaba *sumar.c* y, tras compilar, se generó el fichero *sumar.exe*, en Windows o, simplemente, *sumar* en Linux o Mac.

Si se ejecuta con un número incorrecto de parámetros, por ejemplo, tecleando solo el nombre del programa, se muestran las instrucciones y termina. Si se ejecuta con dos argumentos numéricos, se muestra la suma. La Figura 7.4 muestra el resultado de varias ejecuciones del programa en un computador Windows.

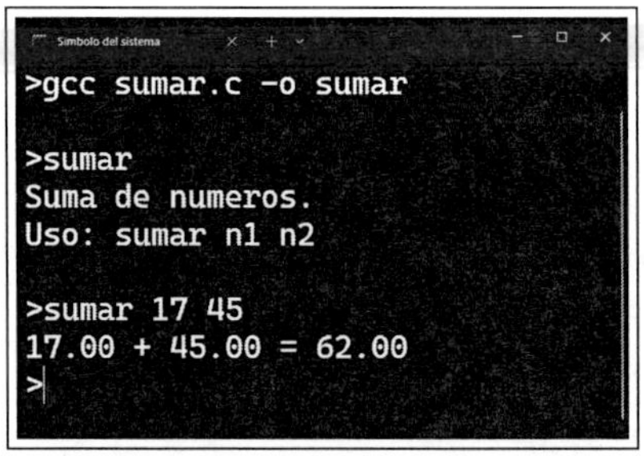

Figura 7.4: Salida de pantalla del Ejemplo 7.19

Observa que se ha utilizado la función *atof()* (*ascii to float*) de la biblioteca *stdlib.h*. Esta función convierte una cadena de caracteres en un número *double*. Hay otra función similar para convertir a *int* que se llama *atoi()* (*ascii to integer*). En el Apartado 14.6, cuando se explica la entrada y salida utilizando cadenas de caracteres, se amplía información sobre el uso de estas funciones y otras similares.

7.10 Organización modular del código fuente

A medida que los programas crecen en tamaño y complejidad, se hace necesario organizarlos en partes más pequeñas y manejables. En C, una forma habitual de lograrlo es mediante la división del código en varios archivos:

- **Archivos fuente (.c):** contienen el código de implementación de las funciones.
- **Archivos de cabecera (.h):** contienen las declaraciones (prototipos) de funciones, definiciones de constantes, estructuras de datos y otras declaraciones que se quieran compartir entre varios archivos fuente.

Cada archivo fuente puede incluir los archivos de cabecera que necesite utilizando la directiva #include. De este modo, se pueden reutilizar funciones definidas en otros archivos y compilar el programa en partes.

La organización modular presenta las ventajas siguientes:

- Permite dividir el trabajo entre varios programadores.
- Facilita la reutilización del código en diferentes programas.

- Reduce el tamaño de cada archivo, lo que mejora la legibilidad.

- Simplifica el mantenimiento y la depuración.

7.10.1 Aplicación de una estructura modular

Supongamos que estamos desarrollando un programa que utiliza varias funciones aritméticas. Podemos organizar el código en tres archivos:

- `programa.c` – contiene la función *main()*.

- `operaciones.c` – contiene las definiciones de las funciones matemáticas.

- `operaciones.h` – contiene los prototipos de las funciones de `operaciones.c`.

En *programa.c* se incluirá el fichero de cabecera *operaciones.h*, para poder usar las funciones definidas en *operaciones.c*. Cada archivo se podrá compilar por separado y luego se enlazarán. El esqueleto de la aplicación podría ser el siguiente:

```
[operaciones.h]
    #ifndef OPERACIONES_H
    #define OPERACIONES_H

    int suma(int a, int b);

    #endif


[operaciones.c]
    #include "operaciones.h"

    int suma(int a, int b) {
        return a + b;
    }


[main.c]
    #include <stdio.h>
    #include "operaciones.h"

    int main(void) {
        int x = 5;
        int y = 7;
        int resultado = suma(x, y);
        printf("La suma de %d y %d es %d\n", x, y, resultado);
        return 0;
    }
```

Es importante indicar que, aunque un programa conste de varios ficheros fuente, solo puede haber una función *main()*, que será el punto de entrada al programa.

Esta forma de organizar el código se explicará con más profundidad en el Capítulo 18, dedicado a la programación modular en C.

Ejercicios propuestos

(Las soluciones de estos ejercicios se pueden consultar en [2])

Ejercicio 7.1. Suma de dos enteros.
Escribe una función llamada *suma()* que reciba dos números enteros y devuelva su suma. Utiliza esa función desde *main()* para sumar los números 12 y 8 y mostrar el resultado por pantalla.

Ejercicio 7.2. Mínimo de dos números.
Define una función llamada *minimo()* que reciba dos números de tipo *double* y devuelva el menor de ellos. Haz un programa que lea dos números del usuario, use la función y muestre el mínimo.

Ejercicio 7.3. Celsius a Fahrenheit.
Escribe una función que reciba una temperatura en grados Celsius y devuelva su equivalente en Fahrenheit. La fórmula es:

$$F = \frac{9}{5} \cdot C + 32.$$

Ejercicio 7.4. Saludo personalizado.
Define una función sin parámetros ni valor de retorno, llamada *saludo()*, que imprima un mensaje de bienvenida en pantalla. Llama a la función desde *main()*.

Ejercicio 7.5. Valor absoluto.
Escribe una función llamada *valor_absoluto()* que reciba un número entero y devuelva su valor absoluto. No uses la función `abs()` de la biblioteca estándar.

Ejercicio 7.6. Área de un triángulo con estructura modular.
Escribe un programa modular que calcule el área de un triángulo, utilizando una función *area_triangulo()* que reciba la base y la altura, y devuelva el área. Usa archivos separados: `main.c`, `geometria.c` y `geometria.h`.

Ejercicio 7.7. Contador con variable estática.
Escribe una función *contador()* que no reciba parámetros ni devuelva ningún valor, pero que imprima en pantalla un número que aumenta en cada llamada. Utiliza una variable local `static` para conservar el valor entre llamadas.

Ejercicio 7.8. Media de los elementos de un array.
Define una función que reciba un array de *double* y su tamaño, y devuelva la media aritmética de sus elementos. Escribe un programa que use esta función para calcular la media de una serie de notas.

Ejercicio 7.9. Función recursiva.
Define una función recursiva que reciba un número entero positivo y devuelva cuántas cifras tiene. Por ejemplo, para el número 3578 debe devolver 4.

Ejercicio 7.10. Suma recursiva.
Escribe una función recursiva que calcule la suma de todos los elementos de un array de enteros. La función debe recibir el array y el número de elementos a sumar.

Ejercicio 7.11. Algoritmo de Euclides.
Implementa una función recursiva basada en el algoritmo de Euclides para calcular el MCD (máximo común divisor) de dos números enteros positivos. Úsala para resolver el problema de calcular el MCM (mínimo común múltiplo).

Ejercicio 7.12. Refactorización.
Refactoriza el siguiente código extrayendo el cálculo y la impresión a funciones separadas, siguiendo las buenas prácticas explicadas en el capítulo:

```
double precio = 100;
double precio_final =
    precio + (precio * 0.21);
printf("Precio final: %.2f\n",
    precio_final);
```

Cadenas de caracteres

Contenido

> *En este capítulo vamos a estudiar las cadenas de caracteres, una herramienta fundamental para trabajar con texto en el lenguaje C. El lenguaje C no dispone de un tipo específico para cadenas, se representan mediante arrays de tipo* char *terminados por un carácter especial: el carácter nulo ('\0'). Aprovechando lo aprendido en capítulos anteriores sobre arrays, veremos cómo se representan internamente las cadenas y qué particularidades tienen.*
>
> *Comenzaremos explicando cómo se declaran e inicializan las cadenas, tanto de forma implícita como explícita.*
>
> *A continuación haremos una introducción básica de cómo imprimir cadenas en pantalla utilizando la función* printf() *y cómo leer cadenas desde la entrada estándar utilizando la función* scanf().
>
> *En los apartados siguientes aprenderemos a recorrer y modificar cadenas carácter a carácter, y veremos cómo implementar funciones básicas, como contar letras o transformar texto.*
>
> *Al final del capítulo se proponen ejercicios de dificultad progresiva que permiten afianzar los conceptos y desarrollar habilidades prácticas en la manipulación de cadenas de texto.*

8.1 Declaración e inicialización de cadenas

Una de las necesidades más habituales en programación es la de trabajar con texto: leer nombres de personas, mostrar mensajes por pantalla, procesar frases o incluso analizar archivos de texto. En C, el tipo de dato que se utiliza para representar texto se conoce como *cadena de caracteres* o, simplemente, *cadena* (en inglés, *string*).

A diferencia de otros lenguajes de programación, C no dispone de un tipo específico para las cadenas. En su lugar, una cadena se representa como un array de caracteres (*char*) que termina con un carácter especial llamado *carácter nulo*, representado por '\0'. Este carácter no corresponde a ninguna letra ni símbolo visible; su función es indicar el final de la cadena.

Por ejemplo, la palabra "*hola*" se almacena internamente como un array de cinco caracteres: 'h', 'o', 'l', 'a' y '\0'. Gracias a este carácter final, las funciones de la biblioteca estándar pueden saber dónde termina la cadena, sin necesidad de almacenar su longitud por separado.

8.1.1 Declaración de cadenas

Una cadena se declara como un array de tipo *char* con un tamaño determinado:

```
char nombre_variable[n];
```

La declaración anterior serviría para declarar una cadena que tuviera como máximo *n-1* caracteres. La última posición hay que reservarla para el carácter '\0'.

Por ejemplo:

```
char saludo[5];
```

Este array puede almacenar una cadena de hasta 4 caracteres más el carácter nulo. Serviría para guardar la palabra "Hola", por ejemplo.

En los programas, es habitual utilizar alguna constante para el tamaño de los arrays que van a guardar cadenas. Por ejemplo:

```
#define MAX_CARACTERES 80

char cadena[MAX_CARACTERES+1];
```

El código anterior define una constante para el tamaño de las cadenas que se van a usar en el programa, utilizando la cláusula #define. Estas constantes se ponen al principio del programa. Luego, en el código, podemos usarla para establecer el tamaño de los arrays que vamos a usar para las cadenas. En el ejemplo se ha usado MAX_CARACTERES + 1, para tener en cuenta el '\0' final.

8.1.2 Inicialización de cadenas

Hay distintas formas de inicializar una cadena. Las más frecuentes son:

1. **Con ceros:** todo el array se rellena con ceros. La cadena tendrá longitud cero, independientemente del tamaño del array. Hay que indicar el tamaño del array.

   ```
   char cadena[10] = {0};
   ```

2. **Carácter a carácter:** se ponen entre llaves los caracteres individuales. Hay que escribir cada carácter entre comillas simples. El último carácter tiene que ser el '\0'. No es obligatorio poner el tamaño de array.

   ```
   char saludo[] = { 'H', 'o', 'l', 'a', '\0' };
   ```

3. **Literal entrecomillado:** se asigna a la cadena un literal entre comillas dobles. Es la forma más cómoda y habitual. El compilador añade automáticamente el carácter '\0' al final de la cadena. No es obligatorio indicar el tamaño del array.

   ```
   char saludo[] = "Hola";
   ```

Cuando en la declaración no se indica el tamaño del array, el compilador calcula el necesario para dar cabida a los caracteres y el '\0'.

Si en la declaración se indica un tamaño del array menor al necesario, el compilador mostrará un error o la cadena se truncará. Por ejemplo:

```
char mensaje[4] = "Hola"; // ERROR, falta espacio para '\0'
```

En cambio, si se declara un array de tamaño mayor que el de la cadena que se asigna, el espacio sobrante quedará en reserva y no se pierde.

```
char saludo[10] = "Hola";
```

En el código anterior, la cadena ocupa 5 de los caracteres del array. Los otros 5 caracteres que sobran quedan en reserva. La Figura 8.1 muestra cómo quedaría en memoria el array *saludo*.

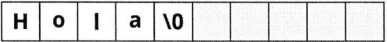

Figura 8.1: Estado en memoria de la variable *saludo* tras inicializarla con char saludo[10]="Hola";. El array tiene capacidad para 10 caracteres, pero la cadena solo ocupa 5 bytes, dejando espacio para otros 5 más

Más adelante se podría modificar el valor de la cadena *saludo* y guardar otra palabra que podría tener hasta 9 caracteres más el '\0'.

No es posible hacer la declaración en una instrucción y asignar el valor utilizando alguna de estas formas en otra instrucción posterior. Por ejemplo, el siguiente código sería incorrecto:

```c
char saludo[5];
saludo = "Hola"; // ERROR, No se puede asignar
saludo = { 'H', 'o', 'l', 'a', '\0' }; // ERROR, No se puede asignar
```

Es una de las consecuencias de que las cadenas sean arrays: no se puede usar el operador de asignación (=) para copiar el contenido de una variable en otra.

Si se quiere asignar valor a una cadena después de su declaración, hay que hacerlo carácter a carácter o utilizar alguna de las funciones de la biblioteca <*string.h*>, como se verá en el Capítulo 12.

Las funciones que operan con una cadena utilizan el carácter nulo para saber dónde acaba. Por ejemplo, la función *printf()* utiliza el especificador de formato %s para imprimir cadenas de caracteres. Si imprimimos una variable de cadena, se imprimirán sus caracteres válidos, sin el '\0' e independientemente del tamaño del array que guarda la cadena:

```c
char saludo[10] = "Hola";
printf("%s\n", saludo); // Imprime Hola
```

La instrucción anterior imprimirá la cadena "*Hola*" más el cambio de línea, sea cual sea el tamaño del array que utiliza la variable *saludo*.

8.1.3 Diferencia entre *cadena de caracteres* y *array de caracteres*

No es lo mismo un array cuyos elementos son del tipo *char* que una cadena de caracteres. Una cadena de caracteres es un array cuyos elementos son del tipo *char* y su último carácter es '\0'. Si el carácter nulo no está presente, el array no se considera una cadena válida y muchas funciones de la biblioteca estándar no funcionarán correctamente. Por ejemplo:

```
char letras[4] = { 'H', 'o', 'l', 'a' }; // No es una cadena válida
```

La instrucción anterior define un array cuyos elementos son del tipo *char*, pero no es una cadena de caracteres válida, pues no tiene el carácter '\0'.

Al reservar espacio para una cadena, siempre hay que contar un carácter extra para el '\0'. Por ejemplo, para almacenar un nombre de hasta 20 letras, necesitaremos un array de tamaño 21:

```
char nombre[21]; // 20 letras + 1 para '\0'}
```

8.1.4 Número de caracteres de la cadena: la función *strlen()*

La función *strlen()* (*String Length*) de la biblioteca *string.h* devuelve el número de caracteres de una cadena, sin contar el '\0'. Por ejemplo:

```
#include <string.h>

char saludo[10] = "Hola";
int n = strlen(saludo); // n valdrá 4
```

En el ejemplo anterior, la longitud de la cadena es 4 caracteres. El array, en cambio, sigue teniendo capacidad para 10 caracteres.

> **Observación**
>
> En realidad, la función *strlen()* devuelve el número de bytes que hay en el array de la cadena, hasta encontrar el carácter \0.
>
> Si los caracteres son ASCII, cada uno utiliza un byte para el almacenamiento y el número de bytes coincide con el número de caracteres.
>
> Como veremos más adelante, cuando se trabaja con caracteres UTF-8, algunos pueden utilizar más de un byte. Si en una cadena hay algún carácter que utilice más de un byte, la función devolverá un número mayor que el de los caracteres presentes en la cadena.

8.1.5 Acceso a los caracteres individuales de la cadena

Se puede acceder a los caracteres individuales de una cadena de la misma forma que en cualquier array, poniendo el nombre de la variable y un índice entre corchetes. El índice del primer carácter es el 0 (cero) y el del último *strlen()-1*.

El acceso se puede hacer para obtener el valor del carácter o para modificarlo:

```
char saludo[10] = "Hola";

char ch = saludo[0]; // ch es 'H'

saludo[0] = 'M'; // Ahora, la cadena es "Mola"
saludo[3] = 'o'; // Ahora la cadena es "Molo"
```

Acerca de la codificación de caracteres

Como se explicó en el Apartado 3.4.3, el tipo *char* es un tipo de 1 byte que utiliza caracteres ASCII. Por tanto, no incluye la letra ñ, ni las letras acentuadas ni algunos signos de puntuación propios del español.

Por ese motivo, las cadenas de caracteres, que son arrays de *char*, tampoco pueden incluir esos caracteres.

Por el momento, nos vamos a limitar a utilizar caracteres ASCII, esto es, caracteres del alfabeto inglés, en mayúsculas o minúsculas. Podemos utilizar también números y algunos caracteres correspondientes a operaciones, signos de puntuación y otros.

La utilización de caracteres españoles o de otros idiomas se tratará en el Capítulo 19, dedicado a explicar la gestión de cadenas Unicode.

8.2 Entrada y salida de cadenas

Una vez que sabemos cómo declarar e inicializar cadenas, es fundamental aprender a leer texto desde el teclado y mostrarlo por pantalla. En este apartado haremos una introducción básica a dos de las funciones que proporciona el lenguaje C para este propósito: *printf()* y *scanf()*.

Esta introducción al uso de estas funciones permitirá que las podamos ir utilizando en los ejemplos de los siguientes capítulos. Más adelante, en el Capítulo 14 volveremos sobre el tema con mayor profundidad.

8.2.1 Mostrar cadenas por pantalla: printf()

Una forma sencilla de imprimir una cadena en C es utilizando la función *printf()* con el especificador de formato '%s':

```
char saludo[] = "Hola mundo";
printf("\ %s\n", saludo); // Imprime: Hola mundo
```

El especificador '%s' indica que queremos imprimir una cadena de caracteres. La función *printf()* recorrerá el array desde el primer carácter hasta encontrar el '\0'.

Se puede combinar el especificador %s con otros especificadores:

```c
char nombre[] = "Juan";
int edad = 20;
printf("Nombre: %s, Edad: %d\n", nombre, edad);
```

8.2.2 Leer cadenas desde el teclado: scanf()

La función *scanf()* permite leer una cadena introducida por el usuario:

```c
char nombre[20];
scanf("\ %s", nombre);
```

El código anterior, leerá la cadena tecleada por el usuario y la guardará en la variable *nombre*, añadiendo el carácter '\0' al final de la cadena.

La función *scanf()* detiene la lectura cuando encuentra un espacio, un '\n', un tabulador y algún carácter especial más. Por tanto, si la cadena que teclea el usuario está formada por más de una palabra, solo captura la primera.

En el ejemplo anterior, si el usuario teclea como nombre "Juan Manuel", el contenido de la variable *nombre* sería solo "Juan".

Otro problema asociado al uso de la función *scanf* es que no comprueba si la cadena cabe en el array, lo que puede provocar errores si el usuario introduce más caracteres de los esperados (*desbordamiento de buffer*).

Se puede especificar el número máximo de caracteres leídos usando un *modificador*:

```c
scanf("%19s", nombre); // Lee como máximo 19 caracteres
```

La instrucción anterior asignará a la variable *nombre* un máximo de 19 caracteres. Además, añadirá el carácter '\0'.

Esto ayuda a evitar errores, pero sigue sin permitir leer frases con espacios. En el Capítulo 14 se explicarán otras funciones que permiten adecuar las lecturas desde el teclado a las necesidades concretas del programa.

8.3 Recorrido y manipulación de cadenas

Una de las ventajas de que las cadenas sean arrays de caracteres es que podemos recorrerlas carácter a carácter, igual que hacemos con cualquier array. Esta técnica nos permite contar letras, modificar contenidos, buscar ciertos caracteres o transformar el texto a mayúsculas, por ejemplo.

Dominar el *recorrido* y la *manipulación directa* de cadenas te dará una comprensión profunda de cómo funcionan internamente. En este apartado veremos cómo manipular cadenas sin usar funciones de la biblioteca estándar, lo cual nos ayudará a comprender su estructura interna.

En el Capítulo 11 estudiaremos los punteros, cuyo conocimiento es necesario para poder profundizar en la manipulación de las cadenas y de otros tipos de datos. Tras aprender a usar los punteros, en el Capítulo 12 estudiaremos las funciones de la biblioteca *<string.h>* que permiten realizar todo tipo de manipulaciones con cadenas de forma más cómoda y eficiente.

8.3.1 Recorrer una cadena carácter a carácter

Podemos usar un bucle *for* para recorrer una cadena desde la posición 0 hasta encontrar el carácter nulo '\0', que marca el final de la cadena. Así se hace en el Ejemplo 8.1:

Ejemplo 8.1   Recorrer una cadena carácter a carácter

```c
#include <stdio.h>

int main() {
    char cad[] = "Hola";

    for (int i = 0; cad[i] != '\0'; i++) {
        printf("Carácter %d: %c\n",
        i, cad[i]);
    }
    return 0;
}
```

En el código anterior, el bucle recorre el array *cad* e imprime cada carácter por separado. Es importante recordar que no se debe acceder más allá del carácter nulo, ya que estaríamos saliendo del contenido válido de la cadena.

Se puede imprimir el valor numérico de los bytes de los caracteres de la cadena. Lo que hay en memoria son bytes. Si se usa el especificador %c, se interpretará como carácter; si se usa el especificador %d, se imprimirá su valor numérico. El Ejemplo 8.2 imprime en pantalla el valor numérico de los bytes de una cadena.

Ejemplo 8.2   Imprimir el valor numérico de los bytes de la cadena

```c
#include <stdio.h>

int main() {
    char cad[] = "ABCD abcd \n";

    for (int i = 0; cad[i] != '\0'; i++) {
        printf("%d ", i, cad[i]);
    }
    printf("\n");
    return 0;
}
```

La salida por pantalla será:

```
65 66 67 68 32 97 98 99 100 32 10
```

El código ASCII 65 corresponde a la letra *A* mayúscula; siguen el 66, 67 y 68, correspondientes a la *B*, *C* y *D*. A continuación viene el 32, que corresponde al espacio. Este carácter se repite más adelante. El 97 es el código ASCII de la letra *a* minúscula. El último código es el 10, que corresponde al carácter \n.

8.3.2 Contar los caracteres de una cadena

Para contar los caracteres de una cadena, basta con recorrerla carácter a carácter, actualizando un contador, hasta encontrar el '\0'. El Ejemplo 8.3 es una función que devuelve el número de caracteres de la cadena que recibe como argumento.

Ejemplo 8.3 Contar los caracteres de una cadena

```c
int contarCaracteres(char cadena[]) {
    int contador = 0;

    while (cadena[contador] != '\0') {
        contador++;
    }
    return contador;
}
```

Fíjate en la sintaxis que hemos usado para indicar que el parámetro es un array de caracteres. Hay que señalar que los corchetes se ponen vacíos. Si se pone un número entre los corchetes, no se genera error al compilar, pero no tiene ningún efecto en el comportamiento de la función.

Se podría haber usado también la sintaxis de punteros:

```c
int contarCaracteres(char* cadena) {
    ...
}
```

En el Capítulo 11 explicaremos cómo utilizar la sintaxis de punteros para referirse a cadenas. Es una sintaxis equivalente y muy habitual.

8.3.3 Modificar una cadena

Como las cadenas son arrays modificables (si no se han declarado como constantes), se pueden cambiar sus caracteres.

El Ejemplo 8.4 es una función que convierte a mayúsculas todos los caracteres de la cadena que recibe como argumento.

Ejemplo 8.4   Función para convertir a mayúsculas una cadena

```c
void convierte_mayusculas(char cadena[]) {
    for(int i = 0; cadena[i] != '\0'; i++) {
        if (cadena[i] >= 'a' && cadena[i] <= 'z') {
            cadena[i] = cadena[i] - ('a' - 'A');
        }
    }
}
```

El bucle recorre los caracteres hasta encontrar el \0. Para cada carácter, primero se comprueba si es minúscula utilizando la expresión:

```c
cadena[i] >= 'a' && cadena[i] <= 'z'
```

Recuerda que los caracteres son códigos ASCII. La letra *a* minúscula es el código 97 y la letra *z* es el 122. La expresión anterior sería equivalente a poner:

```c
cadena[i] >= 97 && cadena[i] <= 122
```

Pero es más fácil usar los caracteres para no tener que acordarse de los valores numéricos de los códigos.

Una vez que comprueba que un carácter es una letra minúscula, para convertirla a mayúscula se suman 32. Es la diferencia que hay entre el código de cada letra mayúscula y su correspondiente letra minúscula.

Una cadena es un array y, como se explicó en el Capítulo 7, las modificaciones que hace la función en la cadena se mantendrán cuando la función haya terminado.

8.3.4 Copiar una cadena manualmente

Supongamos que queremos copiar el contenido de una cadena en otra sin usar la función *strcpy()* de la biblioteca *<string.h>*.

El Ejemplo 8.5 es el código de una función que copia el contenido de la cadena que recibe como segundo argumento en la cadena del primer argumento, carácter a carácter.

Ejemplo 8.5   Copia de cadenas carácter a carácter

```c
void copiar(char destino[], char origen[]) {
    int i = 0;
    while (origen[i] != '\0') {
        destino[i] = origen[i];
        i++;
    }
    destino[i] = '\0'; // No olvidar el carácter nulo
}
```

Es imprescindible que la cadena destino tenga espacio suficiente para albergar todos los caracteres de la cadena original, incluyendo el '\0'.

8.4 Tipos de datos personalizados para cadenas

Es habitual declarar tipos de datos personalizados para cadenas de caracteres de determinado tamaño. El tamaño se suele declarar como una constante con la cláusula *#define* y el tipo de datos con *typedef*. Por ejemplo:

```
#define MAX_TXT 40

typedef char Texto[MAX_TXT];
```

Primero se declara una constante de nombre *MAX_TXT*, de valor 40. Luego se define un tipo de datos llamado *Texto* para las cadenas de caracteres de tamaño 40: 39 caracteres efectivos más el '\0'.

A todos los efectos, el nuevo tipo de datos es una cadena de caracteres de tamaño 40. Se puede pasar como parámetro de funciones que esperen recibir una cadena de caracteres o se puede utilizar para definir el tipo de datos que debe recibir una función. El nombre del nuevo tipo de datos es simplemente un *alias* o un *seudónimo* para referirse a las cadenas de caracteres de tamaño 40.

El código del Ejemplo 8.6 utiliza el mismo tipo de datos del ejemplo anterior. Además, define una función que utiliza ese tipo de datos.

Ejemplo 8.6 Uso de alias de cadenas en funciones

```c
#include <stdio.h>

#define MAX_TXT 40

typedef char Texto[MAX_TXT];

void convierte_mayusculas(Texto cadena) {
    for(int i = 0; cadena[i] != '\0'; i++) {
        if (cadena[i] >= 'a' && cadena[i] <= 'z') {
            cadena[i] = cadena[i] - ('a' - 'A');
        }
    }
}
int main() {
    Texto cadena_1 = "Prueba de cadena";
    convierte_mayusculas(cadena_1);
    printf("%s\n", cadena_1); // Imprime PRUEBA DE CADENA
    return 0;
}
```

Ejercicios propuestos

(Las soluciones de estos ejercicios se pueden consultar en [2])

Ejercicio 8.1. Longitud manual.

Escribe un programa que pida al usuario una palabra y calcule su longitud sin usar *strlen*. El resultado se debe mostrar en pantalla.

Ejercicio 8.2. Contar vocales.

Escribe una función que reciba una cadena y devuelva cuántas vocales (a, e, i, o, u) contiene, sin importar si están en mayúsculas o minúsculas. Haz un programa que pruebe la función contando las vocales que hay en una palabra que teclee el usuario.

Ejercicio 8.3. Invertir cadena.

Escribe un programa que pida una cadena al usuario, cree otra nueva que contenga los caracteres de la primera en orden inverso y la muestre en pantalla. Por ejemplo, si el usuario teclea "hola", el programa escribirá "aloh". No utilices funciones de *<string.h>*.

Ejercicio 8.4. Comparación alfabética.

Escribe un programa que solicite dos cadenas al usuario y muestre cuál de ellas es alfabéticamente anterior, comparando la primera letra de cada una. Las mayúsculas se consideran anteriores a las minúsculas. Si las dos palabras comienzan por la misma letra, el programa lo indicará. No se pueden usar funciones de *string.h*.

Ejercicio 8.5. Concatenar nombres.

Escribe un programa que lea un nombre y un apellido y construya una cadena que contenga el nombre completo separado por un espacio, sin usar funciones de *string.h*, salvo *strlen()*.

Ejercicio 8.6. Contar mayúsculas.

Escribe una función que cuente cuántas letras mayúsculas hay en una cadena de caracteres. Escribe un programa que le pida una palabra al usuario e imprima en pantalla cuántas mayúsculas tiene. No se pueden usar funciones de *string.h*.

Ejercicio 8.7. Convertir a minúsculas.

Escribe una función que convierta todos los caracteres de una cadena a minúsculas, sin usar funciones estándar. Haz un programa que pida una palabra al usuario y la imprima en pantalla en minúsculas.

Ejercicio 8.8. Buscar carácter.

Escribe un programa que lea una cadena y un carácter y que diga en qué posición aparece por primera vez ese carácter en la cadena o indique que no está. No uses funciones de *string.h*.

Ejercicio 8.9. Detectar palíndromos

Un palíndromo es una palabra que se lee igual de izquierda a derecha que de derecha a izquierda (por ejemplo, "reconocer", "oso"). Escribe un programa que determine si una cadena introducida por el usuario es un palíndromo.

Ejercicio 8.10. Comparar longitudes.

Escribe un programa que solicite dos palabras al usuario y diga cuál tiene más caracteres, sin usar ninguna función de *string.h*.

Ejercicio 8.11. Última aparición de letra.

Escribe un programa que solicite al usuario una palabra y una letra y determine si la palabra contiene la letra. En caso afirmativo, muestra un mensaje indicando la posición de su última aparición en la cadena.

Ejercicio 8.12. Reemplazar caracteres

Escribe una función que reemplace todas las apariciones de un carácter por otro en una cadena. Por ejemplo: "panama" → "ponomo", si se reemplaza 'a' por 'o'. Escribe un programa que pida al usuario la palabra y las dos letras y que pruebe la función. No usar funciones de *string.h*.

Capítulo 9

Estructuras

Contenido

> *En la programación en C, los tipos de datos básicos como* int, float *o* char *son útiles para representar información simple, pero resultan insuficientes cuando necesitamos manejar entidades más complejas, como un estudiante, una fecha o un punto en el espacio.*
>
> *Para resolver este tipo de situaciones, el lenguaje C nos ofrece las estructuras o* struct, *que permiten agrupar diferentes variables bajo un mismo nombre, incluso si son de tipos distintos.*
>
> *Las* struct *permiten modelar datos reales de manera más natural y organizada, facilitando la gestión y manipulación de la información en nuestros programas. Además, el uso de estructuras es fundamental para desarrollar aplicaciones más grandes y robustas, ya que fomenta la modularidad y la claridad del código.*
>
> *En este capítulo aprenderás a declarar, inicializar y utilizar estructuras, así como las mejores prácticas para aprovechar su potencial en la resolución de problemas de programación.*

9.1 El concepto de la lógica de negocio

En programación te encontrarás a menudo con el concepto de la *lógica de negocio*, que es como se suele traducir el término inglés *business logic*.

Se denomina *business logic*, o *lógica de negocio*, al conjunto de reglas, procesos y algoritmos que determinan cómo se gestiona, transforma y utiliza la información en una aplicación, siguiendo las necesidades y reglas propias de una organización o dominio concreto.

Imagina que estás tratando de proyectar una aplicación para una entidad financiera. Los financieros manejan conceptos como cliente, cuenta corriente, saldo, factura u otros similares. Esa es la *lógica de negocio* correspondiente a esa aplicación.

Es posible que el concepto *cliente* de la lógica de negocio en nuestro programa incluya unas cuantas cadenas de texto para el nombre, los apellidos, el DNI y el teléfono, unos valores *double* que indican el importe de las compras que ha efectuado o el descuento que se le aplica sobre el precio de compra, unas fechas y otros datos. Es más fácil razonar en términos de *cliente* que en términos de cada uno de esos tipos de datos primitivos.

El equipo de programadores que diseña la aplicación tiene que interactuar con el equipo de financieros que definen los requerimientos de la aplicación. Si las únicas variables que usáramos en nuestro programa fueran valores de tipos primitivos, como *char*, *int* o *double*, se haría muy complicado el diseño en sí mismo y la interacción entre los programadores y los financieros. Es más fácil si, tanto los programadores como los financieros, utilizamos el concepto abstracto *cliente* para explicar aspectos relativos a la aplicación.

En C, los tipos *struct* son esenciales para implementar la lógica de negocio, ya que permiten modelar entidades del mundo real como productos, clientes, empleados o pedidos, agrupando en una sola estructura todos los datos relevantes de cada entidad. Así, la lógica de negocio puede operar sobre estos datos de manera organizada y coherente, facilitando tareas como búsquedas, actualizaciones o validaciones.

9.2 Definición de estructuras

En el Capítulo 6 vimos que los arrays permiten agrupar una serie de datos del mismo tipo bajo un mismo nombre de variable. Las estructuras son un tipo de datos compuesto que permite agrupar en una sola variable, varios valores que no tienen por qué ser del mismo tipo.

Para definir un tipo de estructura, la sintaxis es la siguiente:

```
struct nombre_tipo {
    tipo_1 nombre_1;
    ...
    tipo_n nombre_n;
};
```

En esta expresión:

- *nombre_tipo*: es el nombre que queremos dar al nuevo tipo de datos. Es un identificador y sigue las mismas reglas que hemos visto antes para los nombres de otros identificadores, como los de variables, arrays o funciones.

- *tipo_1,..., tipo_n*: son tipos de datos, por ejemplo, *int, char, double,...*

- *nombre_1,..., nombre_n*: son los nombres que asignamos a cada variable individual que compone la estructura.

La instrucción de declaración termina en punto y coma.

Cada una de las variables que forman parte de una estructura se llama *campo* o *miembro* de la estructura. De esta forma, podríamos volver a escribir la sintaxis de la declaración de un nuevo tipo de estructura de la siguiente forma:

```
struct nombre_tipo {
    // Lista de campos
};
```

Por ejemplo, si nuestra aplicación utiliza puntos en el plano que constan de una letra identificativa y dos coordenadas del tipo *int*, podríamos definir un tipo de datos llamado *Punto* con la siguiente instrucción:

```
struct Punto {
    char id;
    int x;
    int y;
};
```

El código anterior define un tipo de estructura llamado *Punto*, que consta de una variable del tipo *char* llamada *id* y dos variables del tipo *int* llamadas *x* e *y*.

Diremos que la *struct Punto* tiene tres *campos*: uno del tipo *char* llamado *id* y dos del tipo *int* llamados *x* e *y*. También podríamos decir que la estructura *Punto* tiene tres miembros: *id*, *x* e *y*.

Observa la sintaxis que hemos utilizado para definir el tipo de datos *struct Punto*:

- La definición del nuevo tipo comienza con la palabra clave *struct*, seguida del nombre que queremos dar al nuevo tipo: *Punto*. El tipo creado es *struct Punto*. La palabra *struct* va indisolublemente unida al nombre *Punto*. Las variables del nuevo tipo de datos serán del tipo *struct Punto*.

- Le sigue un bloque entre llaves donde se declaran las variables que forman parte de la estructura, sus campos. Cada campo se declara de la forma que corresponda a su tipo de datos y terminando cada declaración en punto y coma.

- Tras la llave de cierre del bloque que contiene la lista de campos, la instrucción acaba en punto y coma.

La declaración de un nuevo tipo de estructuras no provoca que el compilador haga alguna reserva de memoria. Simplemente sirve para decir al compilador que, a partir de ese momento, se pueden declarar variables del nuevo tipo. Es ahí, al crear las variables, cuando se producirá la reserva de memoria correspondiente.

9.2.1 Declaración de variables de un tipo de estructura

Una vez que se ha definido un tipo de estructuras, podremos crear variables del nuevo tipo de datos. La sintaxis es:

```
struct nombre_tipo nombre_variable;
```

En esta expresión:

- *struct nombre_tipo*: como en cualquier declaración de variables, se comienza escribiendo el tipo de datos de la variable que vamos a crear. En este caso, el tipo de datos es *struct nombre_tipo*, esto es, incluye la palabra clave *struct*.

- *nombre_variable*: es el nombre de la nueva variable que estamos creando.

Por ejemplo, para crear una variable *p1* del tipo *struct Punto*, habría que escribir la siguiente instrucción:

```
struct Punto p1;
```

Esta instrucción provocará que el compilador reserve memoria para la nueva variable. En base a los campos de los que consta la nueva variable, el compilador reservará un mínimo de 9 bytes $(1 + 4 + 4)$. En realidad, las reglas de alineamiento y relleno (*padding*) hacen que el compilador reserve más memoria de la estrictamente necesaria.

Como no se han asignado valores a los campos de la variable recién creada, inicialmente contendrán *basura*.

Podemos comprobar el tamaño que ocupan en memoria las variables del tipo *struct Punto* que se ha utilizado en los ejemplos:

```
printf("%zu\n", sizeof(struct Punto));
```

En mi computador (procesador de 64 bits, Linux, compilador GCC), el resultado es 12 bytes, frente a los 9 $(1 + 4 + 4)$ que serían estrictamente necesarios.

El motivo es que los compiladores utilizan la técnica de *alineamiento y relleno (padding)* para optimizar el acceso a la memoria. Consiste en guardar las variables en direcciones que sean múltiplos exactos de 4 u 8 bytes, según la arquitectura del sistema.

El campo *id* ocupa un byte. El campo *x* debe estar alineado en una dirección múltiplo de 4 (en la mayoría de sistemas y compiladores actuales), por lo que el compilador inserta 3 bytes de *relleno* después del *char*, para que el *int* comience en una dirección alineada a 4 bytes.

La siguiente tabla explica los 12 bytes utilizados en el almacenamiento de las variables del tipo *struct Punto*:

Tabla 9.1: Título

Campo	Tamaño	Offset	Motivo del relleno
id	1	0	
Padding	3	1-3	Para alinear x e y
x	4	4-7	
y	4	8-11	

El total es: 1 byte (char) + 3 bytes (relleno) + 4 bytes (int) + 4 bytes (int) = 12 bytes.

El alineamiento y el relleno permiten que los campos *int* sean accedidos de forma eficiente por la CPU, evitando penalizaciones por desalineación.

9.2.2 Acceso a los campos de una estructura

Para acceder al valor de los campos de una variable del tipo estructura se utiliza el *operador punto*, con la siguiente sintaxis:

```
nombre_variable.nombre_Campo
```

Por ejemplo, si quisiéramos obtener el valor del campo *x* de la variable *p1* del tipo *struct Punto* usada en el apartado anterior, operaríamos así

```
p1.x
```

A todos los efectos, el valor del campo *x* del *Punto p1* es una variable de tipo *int*. Podemos utilizarlo en otras operaciones o asignarlo a otras variables, como se hace en el siguiente código:

```
int v = p1.x + 10;
```

Utilizando el operador punto, también podemos asignar valor a los campos de manera dinámica. Podríamos modificar el valor de los campos de *p1* con las siguientes instrucciones:

```
p1.id = 'Z';
p1.x = 10;
p1.y = 20;
```

Esta es la forma habitual de inicializar o modificar los valores de los campos de una variable de un tipo de estructura con posterioridad a su declaración.

9.2.3 Inicializar variables de estructuras

En el apartado anterior hemos visto cómo asignar valores a los campos de una estructura después de haberla declarado. En este apartado vamos a ver varias maneras de inicializar una variable de un tipo de estructura en la misma instrucción de declaración.

Se puede dar valor a los campos de la estructura poniendo la lista de valores entre llaves, de manera similar a los que hacíamos con los arrays. Habrá que poner los valores en el mismo orden en el que se han declarado en la instrucción de definición de la estructura. Por ejemplo, la siguiente instrucción serviría para crear una variable *p1* del tipo *struct Punto*:

```
struct Punto p1 = {'A', 10, -2};
```

Si se dejan las llaves vacías o se pone un cero entre las llaves, los campos se inicializan con ceros:

```
struct Punto p1 = {0};
```

Es posible dar valor solo a una parte de los elementos, pero tendrán que ser los primeros. En el siguiente ejemplo, se da valor a los campos *p1.id* y *p1.x*, dejando el campo *p1.y* sin asignar:

```
struct Punto p1 = {'C',3};
```

Una forma más flexible de asignar valores a los campos es utilizar *etiquetas* para los nombres. Cada campo se identificará por una etiqueta en la forma:

```
.nombre_campo = valor
```

Por ejemplo:

```
struct Punto p1 = {.id='C',.x=3, .y=10};
```

La ventaja de este procedimiento es que se pueden inicializar solo determinados campos y en el orden que se quiera. La siguiente línea de código sería una forma válida de inicializar los campos *p1.id* y *p1.y*, cambiando el orden y dejando sin asignar el campo *p1.x*:

```
struct Punto p1 = {.y=10, .id='C'};
```

No se puede utilizar ninguno de estos procedimientos para asignar valores a la variable, después de que ya ha sido declarada. En cambio, se puede utilizar el casting de tipos junto con los denominados *literales compuestos*. Las siguientes instrucciones serían formas válidas de asignar valores a la variable *p1*:

```
struct Punto p1;

p1 = (struct Punto){'C', 10, 5};

p1 = (struct Punto){.y=10, .id='C'};

int n=25, m=13;
p1 = (struct Punto){.y=n, .id='C', .x=m};
```

9.2.4 Organización del código

Para poder utilizar variables de estructuras hay que completar dos fases:

- Definir (*Declarar*) el nuevo tipo de estructura.
- Declarar y usar variables del nuevo tipo.

Lo habitual es poner la definición de los nuevos tipos de datos al principio del programa, fuera de las funciones. De esta forma, los tipos creados tendrán alcance global y serán accesibles desde cualquier función del programa.

Las variables concretas del nuevo tipo se declararán y usarán dentro de las funciones, a medida que vayan haciendo falta. El esquema sería el siguiente:

```
# include ...

// Declaraciones de nuevos tipos

int  main() {
    // Declaración y uso de variables de los nuevos tipos
}
```

9.2.5 Aplicación: estructura con campo cadena de caracteres

El Ejemplo 9.1 define un tipo de estructura llamado *Autor* que tiene dos campos: uno de tipo *int* llamado *id* y otro de tipo cadena de caracteres llamado *nombre*.

El tipo de datos *struct Autor* se define al principio del código del programa, fuera de cualquier función. Haciéndolo de esta forma, el tipo de datos estará disponible para cualquier función del programa.

En la función *main()*, se declara una variable del tipo *struct Autor* llamada *autor1*. Posteriormente, se asigna valor a los campos y se muestra el resultado por pantalla.

Ejemplo 9.1   Inicializar los campos de una estructura con basura

```
#include <stdio.h>
#include <string.h>

struct Autor {
    int id;
    char nombre[40];
};
int main() {
    struct Autor autor1;
    autor1.id = 1;
    strcpy(autor1.nombre, "Federico");
    printf("ID: %d NOMBRE: %s\n\n", autor1.id, autor1.nombre);

    return 0;
}
```

La salida del programa será la siguiente:

```
ID: 1 NOMBRE: Federico
```

En el código anterior, para copiar el valor del campo *nombre*, se utiliza la función *strcpy()*, por lo que hay que incluir la cabecera de la biblioteca *string.h* al principio del programa. Las funciones de *string.h* se explicarán en el Capítulo 12.

Utilizando los métodos de asignación basados en *literales compuestos*, podemos evitar el uso de la función *strcpy()* y tampoco sería necesario incluir la cabecera de la biblioteca *string.h*. El código del Ejemplo 9.2 modifica el programa del Ejemplo 9.1:

| Ejemplo 9.2 | Inicializar campos con literales compuestos |

```
#include <stdio.h>

struct Autor {int id; char nombre[40];};

int main() {
    struct Autor autor1;
    autor1 = (struct Autor){10, "Federico"};
    printf("ID: %d NOMBRE: %s\n\n", autor1.id, autor1.nombre);

    return 0;
}
```

9.3 Estructuras complejas

Vamos a considerar tres tipos de lo que hemos querido denominar *estructuras complejas*:

- **Estructuras anidadas:** se trata de estructuras en las que alguno de los campos es a su vez una estructura.

- **Estructuras con campos arrays:** en este caso, se trata de estructuras en las que alguno de los campos es un array.

- **Arrays de estructuras**: se trata de arrays en los que los elementos son valores de algún tipo de estructura.

9.3.1 Estructuras anidadas

En programación se habla de *objetos anidados* cuando dentro de un objeto hay otro objeto del mismo tipo. Recuerda los *if* anidados que se comentaron en el Apartado 4.7 o los bucles *for* anidados que se usan para recorrer los elementos de una matriz.

En el caso de las estructuras, podemos definir una estructura en la que uno o más campos sea a su vez una estructura. Por ejemplo:

```
struct Punto{
    double x;
    double y;
};
struct Linea {
    struct Punto inicio;
    struct Punto fin;
};
```

El código anterior define dos estructuras. La primera se llama *Punto* y tiene dos campos de tipo *double*, llamados *x* e *y*. A continuación, define una estructura llamada *Linea*, que tiene dos campos del tipo *struct Punto*.

El Ejemplo 9.3 utiliza estas dos estructuras. En el programa principal, se crean dos variables del tipo *Punto*: *p1* y *p2*. Estos puntos son los que se utilizan para crear una variable del tipo *Linea*, poniendo el nombre de las variables *p1* y *p2* entre las llaves de la inicialización de la línea.

Ejemplo 9.3   Ejemplo de estructura anidada

```c
#include <stdio.h>

struct Punto{
    double x;
    double y;
};

struct Linea {
    struct Punto inicio;
    struct Punto fin;
};

int main() {

    struct Punto p1 = {1.0, 1.0};
    struct Punto p2 = {2.0, 1.0};
    struct Linea lin = {p1, p2};

    printf("Inicio: (%.2f, %.2f)\n", lin.inicio.x, lin.inicio.y);
    printf("Fin   : (%.2f, %.2f)\n", lin.fin.x, lin.fin.y);

    return 0;
}
```

Observa cómo se accede a las coordenadas de los puntos *inicio* y *fin* de la línea *lin* en las instrucciones *printf()*: hay que utilizar el operador punto por partida doble. Por ejemplo, para acceder a la coordenada *x* del punto *inicio* de la línea *lin*:

```c
lin.inicio.x
```

Podemos descomponer la línea de código anterior en dos pasos para clarificar su funcionamiento. Hay que comprender que lin.inicio es un *struct Punto* y su coordenada *x* es un *double*:

```c
struct Punto punto_1 = lin.inicio;
double coordenada_x = punto_1.x;
```

Una vez que se comprende cómo funciona el operador punto, se suele usar en una sola expresión, como se ha hecho en el Ejemplo 9.3. No obstante, conviene tener in mente que el doble operador punto implica dos operaciones.

9.3.2 Estructuras con campos de tipo array

Otro tipo de estructuras que presenta alguna peculiaridad es cuando alguno de los campos es un array.

Observa el código del Ejemplo 9.4.

Ejemplo 9.4   Ejemplo de estructura con un campo de tipo array

```c
#include <stdio.h>

struct Punto3D {
    double coordenadas[3];
};

int main(void) {
    struct Punto3D p = { {1.0, -1.0, 0.5} };

    printf("(%.2f, %.2f, %.2f)\n", p.coordenadas[0], p.coordenadas[1],
        p.coordenadas[2]);

    p.coordenadas[0] = 10.7;
    p.coordenadas[1] = -17.7;
    p.coordenadas[2] = 12.3;

    printf("(%.2f, %.2f, %.2f)\n", p.coordenadas[0], p.coordenadas[1],
        p.coordenadas[2]);

    return 0;
}
```

Se define una estructura llamada *Punto3D* con un único campo llamado *coordenadas*, que consiste en un array de tres elementos de tipo *double*. En el programa principal se crea una estructura *Punto3D* y se asigna valor al campo coordenadas en la misma línea de declaración. La variable recién creada se muestra en pantalla y luego, tras modificar alguna de las coordenadas, se vuelve a mostrar.

Observa cómo se ha asignado valor al campo *coordenadas*: entre las llaves, se pone un segundo juego de llaves para definir un array. Dentro de las llaves del array, se ponen las coordenadas separadas por comas.

```c
struct Punto3D p = { {1.0, -1.0, 0.5} };
```

Observa también cómo se accede a cada coordenada individual, usando el nombre de la variable, un punto, el nombre del campo *coordenadas* y, entre corchetes, el índice de la coordenada concreta a la que se quiere acceder. Por ejemplo:

```c
p.coordenadas[0] = 10.7;
```

En el Capítulo 13 estudiaremos los denominados *arrays compactados*, que utilizan una estructura con un campo del tipo array para gestionar una base de datos.

9.3.3 Arrays de estructuras

Como se explicó en el Capítulo 6, dedicado a los arrays, los elementos de los arrays pueden ser de cualquier tipo de dato válido de C. Un caso concreto sería el de los arrays cuyos elementos son valores de algún tipo de estructura.

El Ejemplo 9.5 utiliza una estructura *PoliLinea* con dos campos: un array de elementos del tipo *Punto*, con capacidad máxima para 100 puntos y un campo de tipo *int* que mantiene el número de puntos que hay en la *PoliLinea*.

Ejemplo 9.5   Ejemplo de array de estructuras

```c
#include <stdio.h>
#define MAX_PUNTOS 100

typedef struct {
    double x, y;
} Punto;

typedef struct {
    int num_puntos;
    Punto puntos[MAX_PUNTOS];
} PoliLinea;

PoliLinea anadir_punto(PoliLinea linea, Punto p) {
    int resultado = 0;
    int n = linea.num_puntos;
    if (n < MAX_PUNTOS) {
        linea.puntos[n] = p;
        linea.num_puntos++;
        resultado = 1;
    }
    return linea;
}

int main() {

    PoliLinea linea = {0};
    Punto p1 = {1.0, -3.0};
    linea = anadir_punto(linea, p1);

    Punto p2 = {0.0, 5.0};
    linea = anadir_punto(linea, p2);

    printf("Puntos: %d\n", linea.num_puntos);
```

```
    for (int i = 0; i < linea.num_puntos; i++) {
        printf("(%.2f, %.2f)\n", linea.puntos[i].x, linea.puntos[i].y);
    }

    return 0;
}
```

El programa dispone de una función llamada *anadir_punto()*, que permite añadir un punto a la *PoliLinea* a continuación del último punto existente. Esta función recibe como argumentos una *Linea* y un *Punto*. Dentro de la función, se añade el punto a la *Linea*. La función comprueba que la *PoliLinea* no esté completa, antes de añadir el nuevo *Punto*. Si hay sitio, la función devuelve la *Linea* modificada.

Como sabemos, las modificaciones que pueda hacer la función *anadir_punto* el la *Linea* que recibe como argumento no se reflejan fuera de la función. Por ello, en el programa principal, cada vez que se llama a la función *anadir_punto()*, se copia el valor devuelto en la *Linea* objeto de modificaciones. Esta técnica se llama *Copy On Write, COW*, y es de uso común en la *programación funcional*.

Los arrays de estructuras son muy útiles en numerosas situaciones. En el Capítulo 13 se explican varias técnicas de uso común de este tipo de organización de los datos, en particular la técnica de los *arrays estáticos* y la de los *arrays con huecos*.

9.4 Utilización del operador de asignación con estructuras

A diferencia de lo que sucede con los arrays, que no se pueden copiar utilizando el operador de asignación, en el caso de las variables de tipo estructura sí que se pueden hacer copias con este procedimiento.

En relación con el operador de asignación, las variables del tipo estructura se comportan como los tipos primitivos: al copiar una variable en otra, se copian los valores de los campos. El resultado son dos variables independientes, cada una con su zona propia de memoria en la que guardan los valores.

El Ejemplo 9.6 crea el punto *p_2*, como copia de *p_1* y modifica sus coordenadas. Al mostrar en pantalla los dos puntos, cada uno tiene su propio juego de coordenadas.

Ejemplo 9.6   Copia de estructuras utilizando el operador de asignación

```
#include <stdio.h>

struct Punto {
    double x;
    double y;
};
```

```
int main(void) {
    struct Punto p_1 = {1.0, -1.0};
    printf("p_1(%.2f, %.2f)\n", p_1.x, p_1.y);

    struct Punto p_2 = p_1;
    printf("p_2(%.2f, %.2f)\n\n", p_2.x, p_2.y);

    p_2.x = 200.0; p_2.y = 100.0;
    printf("p_1(%.2f, %.2f)\n", p_1.x, p_1.y);
    printf("p_2(%.2f, %.2f)\n", p_2.x, p_2.y);

    return 0;
}
```

La salida del programa es la de la Figura 9.1.

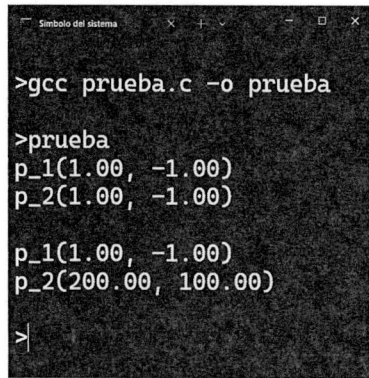

Figura 9.1: Salida por pantalla de la ejecución del Ejemplo 9.6

Este mecanismo de copia funciona con cualquier estructura, incluso las que tienen campos *struct* o array. Recuerda que las variables del tipo array no se pueden copiar utilizando el operador de asignación. Pero, si el array forma parte de una estructura, al copiar la estructura se obtiene también una copia del array. Esto puede proporcionar herramientas para realizar copias de arrays, sin más que incluirlos en campos de estructuras.

El Ejemplo 9.7 muestra cómo funciona la copia de estructuras cuando uno de los campos es un array. La estructura *Punto3D* tiene un único campo que es un array de 3 números *double*, El programa crea una variable llamada *p_1* y asigna valores a las componentes del array *coordenadas*. A continuación, crea una variable *p_2* como copia de *p_1* e imprime sus coordenadas, Se puede comprobar que las coordenadas de *p_1* se han copiado correctamente en *p_2*.

Ejemplo 9.7   Copia de estructura con campo array

```c
#include <stdio.h>

struct Punto3D{
    double coordenadas[3];
};

int main() {
    struct Punto3D p_1 = {{1.0, 2.0, 3.0}};
    struct Punto3D p_2 = p_1;

    for(int i=0; i<3; i++) {
        printf("%.2f ", p_2.coordenadas[i]);
    }
    printf("\n");
    return 0;
}
```

La salida del programa es:

```
1.00 2.00 3.00
```

El Ejemplo 9.8 permite comprobar el funcionamiento del operador de asignación cuando alguno de los campos de una estructura es también del tipo estructura (*estructuras anidadas*). El programa utiliza las mismas estructuras que se utilizaron en el Ejemplo 9.3 (*Punto* y *Linea*), crea una nueva *Linea*, como copia de una existente y muestra los campos de la nueva variable. Fíjate cómo se inicializa las variables *lin_1*:

```c
struct Linea lin_1 = {{1.0, 1.0}, {2.0, 1.0}};
```

Para asignar valor a los campos *inicio* y *fin* de la variable *lin_1*, se usan dos juegos de llaves: las llaves exteriores para la estructura *Linea* y un juego de llaves interiores para cada campo del tipo *Punto*. Compara esta forma de inicializar la estructura *Linea* con la que se utilizó en el código del Ejemplo 9.3 o con la forma en la que se inicializaría un array de dos dimensiones.

De hecho, C permite omitir las llaves interiores. Se podría haber hecho la inicialización de *lin_1* utilizando la siguiente instrucción:

```c
struct Linea lin_1 = {1.0, 1.0, 2.0, 1.0};
```

No obstante, es conveniente mantener los dos juegos de llaves, pues aporta mayor legibilidad al código. El código completo del Ejemplo 9.8 es el siguiente:

Ejemplo 9.8   Copia de estructuras anidadas

```c
#include <stdio.h>

struct Punto{
    double x;
    double y;
};
struct Linea {
    struct Punto inicio;
    struct Punto fin;
};

int main() {
    struct Linea lin_1 = {{1.0, 1.0}, {2.0, 1.0}};
    struct Linea lin_2 = lin_1;

    printf("Inicio: (%.2f, %.2f)\n", lin_2.inicio.x, lin_2.inicio.y);
    printf("Fin   : (%.2f, %.2f)\n", lin_2.fin.x, lin_2.fin.y);
    return 0;
}
```

La salida de pantalla es:

```
Inicio: (1.00, 1.00)
Fin   : (2.00, 1.00)
```

9.4.1 Inicialización de estructuras por copia: el patrón de diseño *Prototype*

Aprovechando la posibilidad de copiar unas variables de estructura en otra, se puede habilitar en los programas una forma de inicializar las variables como copias de una que hace las veces de prototipo.

El Ejemplo 9.9 utiliza una estructura llamada *Autor*, uno de cuyos campos es una cadena de caracteres. El programa crea una variable del tipo *Autor* de nombre *plantilla* que se utiliza para inicializar otras variables del mismo tipo mediante copia. Al crear una segunda variable utilizando el operador de asignación, no se necesita utilizar funciones de la biblioteca *string.h*. La cadena de caracteres *nombre* se copia desde *autor1* a *autor2* sin necesidad de utilizar la función *strcpy()*.

Ejemplo 9.9   Inicializar una estructura como copia de otra

```c
#include <stdio.h>

struct Autor{
    int id;
    char nombre[40];
};
```

```
int main() {
    struct Autor plantilla = {-1, "No asignado"};
    struct Autor autor2 = autor1;

    printf("ID: %d NOMBRE: %s\n\n", autor2.id, autor2.nombre);

    return 0;
}
```

La salida del programa sería:

```
ID: -1 NOMBRE: No asignado
```

Esta forma de crear estructuras permite la utilización del patrón de diseño *Prototype*. Se trata de uno de los patrones de diseño para la creación de objetos que describieron Erich Gamma, Richard Helm, Ralph Johnson y John Vlissides, *la Banda de los Cuatro (GoF)*, en su libro *Design Patterns: Elements of Reusable Object-Oriented Software* [10], publicado en 1994.

9.5 El operador *typedef* con estructuras

En el Apartado 3.8 se explicó cómo se pueden definir tipos personalizados utilizando el operador *typedef*. Luego, en el Apartado 6.6 se explicó cómo utilizar el operador *typedef* cuando se trabaja con arrays.

En el caso de las estructuras es muy habitual utilizar el operador *typedef*, pues simplifica mucho la codificación. La sintaxis es muy sencilla. Para definir una estructura utilizando el operador *typedef* hay que proceder de la siguiente forma:

```
typedef struct {
    // Lista de campos
} nombre_tipo;
```

Por ejemplo, se podría hacer:

```
typedef struct {
    double x;
    double y;
} Punto;
```

A partir de la definición de un tipo con *typedef*, cuando declaremos una variable de ese tipo, no será necesario poner la palabra *struct*, sino solo el nombre del tipo.

Así se ha hecho en el Ejemplo 9.10, que es una nueva versión del Ejemplo 9.8, pero aprovechando la definición de tipos personalizados con *typedef*.

Ejemplo 9.10   Ejemplo del uso de *typedef* en estructuras

```c
#include <stdio.h>

typedef struct {
    double x;
    double y;
} Punto;

typedef struct {
    Punto inicio;
    Punto fin;
} Linea;

int main() {

    Punto p1 = {1.0, 1.0};
    Punto p2 = {2.0, 1.0};

    Linea lin_1 = {p1, p2};
    Linea lin_2 = lin_1;

    printf("Inicio: (%.2f, %.2f)\n", lin_2.inicio.x, lin_2.inicio.y);
    printf("Fin    : (%.2f, %.2f)\n", lin_2.fin.x, lin_2.fin.y);

    return 0;
}
```

La salida del programa sería:

```
Inicio: (1.00, 1.00)
Fin    : (2.00, 1.00)
```

Observa que se simplifica la escritura del código y aumenta la legibilidad del mismo. La Tabla 9.2 resume las diferencias entre usar *typedef* y no utilizarlo.

Tabla 9.2: Diferencias entre usar o no usar *typedef*

Instrucción	Sin typedef	Con typedef
Declaración de variable	struct Punto p;	Punto p;
Como parámetro	void f(struct Punto p);	void f(Punto p);
Como valor devuelto	struct Punto f();	Punto f();

Acerca de los nombres de los tipos de estructuras

En lo que llevamos explicado, siempre que se ha dado nombre a un tipo de estructura, se han utilizado sustantivos en mayúsculas. El autor piensa que es un buen criterio para nombrar las estructuras.

No obstante, hay otros autores que prefieren utilizar la denominada *notación húngara*, que consiste en anteponer al nombre de las variables o de los tipos una letra minúscula que indique el tipo de datos que contiene. En el caso de las estructuras, se suele utilizar la letra *t*, para indicar que se trata de un tipo personalizado. Siguiendo ese criterio, algunas de las estructuras que se han usado en el capítulo se deberían haber llamado *tPunto*, *tLinea*, *tAutor*, etc.

Hay otros autores que lo que hacen es utilizar minúsculas para el nombre y añadir el sufijo *_t*, con el mismo objetivo: *punto_t*, *linea_t*, *autor_t*, etc.

En opinión del autor, ambas formas de nombrar las estructuras no aportan nada y *emborronan* los nombres. Creo que es más claro y moderno limitarse a poner en mayúsculas los nombre de los nuevos tipos que se crean. Aporta suficiente claridad y no creo que nadie que vea que se declara una variable del tipo *Autor* o *Punto* tenga ninguna duda de que se trata de un tipo personalizado pues, ¿qué podría ser si no?

9.6 Uso de estructuras en funciones

Las funciones pueden utilizar variables de tipo estructura como parámetros o como valor devuelto. En ambos casos, la variable correspondiente se pasa por valor.

9.6.1 Estructuras como parámetros de funciones

Cuando un parámetro de una función es una variable de un tipo de estructura, lo que le llega a la función es una copia del valor original que se utilizó como argumento. Si se modifica el valor de los campos dentro de la función, los campos de la variable original que se utilizó como argumento no se verán afectados.

Este comportamiento difiere del de los arrays. Recuerda que, cuando el parámetro de una función es un array, lo que llega a la función es un puntero al primer elemento del array y, si se modifica el valor de las componentes dentro de la función, las modificaciones persistirán una vez que se vuelva de la función.

El Ejemplo 9.11 muestra el uso de una estructura como parámetro de una función.

Ejemplo 9.11 Estructura como parámetro de una función

```c
#include <stdio.h>
#include <ctype.h>

typedef struct {
    char titulo[81];
    char autor[81];
} Libro;

void mayusculas(Libro libro) {
    int i = 0;
    while (libro.titulo[i] != '\0') {
        libro.titulo[i] = toupper((unsigned char)libro.titulo[i]);
        i++;
    }
    printf("Título en la funcion: %s\n", libro.titulo);
}

int main() {
    Libro libro = {"La caminata", "Juana Merindes"};
    printf("Título en main: %s\n", libro.titulo);
    mayusculas(libro);
    printf("Título en main: %s\n", libro.titulo);
    return 0;
}
```

El programa define una función *mayusculas()*, que recibe una variable del tipo *Libro* como argumento y pone el campo *titulo* en mayúsculas. Dentro de la función, se imprime el resultado. En *main()*, tras volver de la función, se vuelve a escribir el título del libro. Se puede comprobar que el título del libro en *main()* no se ha modificado.

En algunas ocasiones se prefiere que la función pueda hacer cambios permanentes en la estructura. Para conseguirlo, hay que definir el parámetro como un puntero a la estructura. Explicaremos cómo hacerlo en el Capítulo 11, dedicado a explicar el funcionamiento de los punteros. Otra forma de proceder para conseguir el mismo objetivo es la técnica llamada *Copy On Write (COW)*, que se utilizó en el Ejemplo 9.5.

9.6.2 Estructuras como valor devuelto por funciones

Las variables de tipo estructura se pueden utilizar como valor devuelto por una función. Una vez más, este comportamiento es diferente de lo que sucede con los arrays, que no se pueden usar como valor devuelto por las funciones.

El valor que se devuelve es una copia por valor de la variable local que se haya utilizado dentro de la función. Lo que llega al programa que llama a la función es una copia.

El código del Ejemplo 9.12 utiliza una estructura llamada *Punto3D*, con un campo llamado *coords*, que es un array de tres *double*. Además, dispone de una función *crear_punto()*, que recibe como argumentos tres números *double* y devuelve un *Punto3d*.

| Ejemplo 9.12 | Estructura como valor devuelto por función |

```c
#include <stdio.h>

typedef struct {
    double coords[3];
} Punto3D;

Punto3D crear_punto(double x, double y, double z) {
    Punto3D p = {x, y, z};
    return p;
}
int main() {
    Punto3D P = crear_punto(1.0, 0.0, 3.0);

    printf("(%.2f, %.2f, %.2f)\n", P.coords[0], P.coords[1], P.coords[2]);

    return 0;
}
```

9.7 Formas singulares de declaración de estructuras

9.7.1 Declaración del tipo y las variables en la misma instrucción

Al declarar un tipo de estructura es posible declarar variables de dicho tipo en la misma instrucción. El siguiente código muestra cómo hacerlo:

```c
struct Fecha {
    int anho, mes, dia;
} fecha1, fecha2;
```

También es posible inicializar la variable en la misma instrucción.

```c
struct Punto {
    int x, y
} p1={10, -5};
```

El Ejemplo 9.13 muestra algunas variaciones de este tipo de declaraciones.

Ejemplo 9.13   Declaración de tipo y variables en la misma instrucción

```c
#include <stdio.h>

int main() {
    struct Fecha {
        int anho, mes, dia;
    } f1={2006, 7, 22}, f2;
    printf("%2d/%02d/%4d\n", f1.dia, f1.mes, f1.anho);

    f2 = (struct Fecha){2006, 5, 2};
    printf("%2d/%02d/%4d\n", f2.dia, f2.mes, f2.anho);

    struct Fecha f = {2022, 6, 17};
    printf("%2d/%02d/%4d\n", f.dia, f.mes, f.anho);
    return 0;
}
```

La salida de este programa sería:

```
22/07/2006
 2/05/2006
17/06/2022
```

Como todo bloque de código, escribirlo en varias líneas es opcional. Se podría haber definido la estructura, utilizando una sola línea, de la siguiente forma:

```c
struct Fecha {int anho, mes, dia;} f1={2006, 7, 22}, f2;
```

9.7.2 Estructuras anónimas

Otra forma peculiar de declarar estructuras es hacerlo sin dar nombre al tipo de datos:

```c
struct {
    int R, G, B;
} color1, color2;
```

Habrá que declarar las variables que vayan a usar el tipo en la misma instrucción y no se podrán declarar más variables a posteriori, salvo que se vuelva a declarar la estructura. El Ejemplo 9.14 muestra unos ejemplos.

Ejemplo 9.14   Declaración de estructuras anónimas

```c
#include <stdio.h>

int main() {
    struct {
        int R, G, B;
    } color1={200, 100, 234}, color2={0};
```

```
    printf("%d %d %d\n", color1.R, color1.G, color1.B);

    color2.R = 200;
    color2.G = 120;
    printf("%d %d %d\n", color2.R, color2.G, color2.B);
    return 0;
}
```

La salida del programa sería:

```
200 100 234
200 120 0
```

9.8 Campos de bits en estructuras

En lenguaje C, es posible declarar estructuras que utilicen **campos de bits** (*bit-fields*) para representar datos que ocupan solo algunos bits en lugar de un número entero completo de bytes. Esto permite un uso más eficiente de la memoria cuando se necesitan almacenar valores pequeños o banderas binarias.

Los campos de bits se declaran dentro de una estructura utilizando una sintaxis especial: tras el nombre del campo, se escriben dos puntos seguidos del número de bits que ocupará dicho campo.

Hay que respetar las siguientes reglas:

- Los campos de bits deben estar definidos dentro de una struct, no pueden existir fuera de ella.

- No es posible obtener la dirección de un campo de bits con el operador &, ya que pueden no estar alineados a una dirección de memoria completa.

- El compilador puede aplicar reglas de alineación o relleno (*padding*) según la arquitectura del sistema. Por tanto, el tamaño total de la estructura no siempre es igual a la suma exacta de los bits declarados.

- Se debe utilizar un tipo entero como base: normalmente unsigned int.

9.8.1 Aplicación básica

El siguiente ejemplo define una estructura que representa el estado de varios interruptores activados o desactivados:

```
struct Estado {
    unsigned int interruptor1 : 1;
    unsigned int interruptor2 : 1;
    unsigned int interruptor3 : 1;
    unsigned int reservado    : 5;
};
```

En este caso:

- Cada campo ocupa exactamente 1 bit (puede almacenar 0 o 1).

- El campo *reservado* ocupa 5 bits, para completar un total de 8 bits (1 byte).

- Todos los campos son de tipo unsigned int, aunque también podrían ser int o incluso signed char.

El Ejemplo 9.15 muestra la utilización de la estructura anterior en un programa:

Ejemplo 9.15 Uso de estructura con campos de bits

```c
#include <stdio.h>

struct Estado {
    unsigned int interruptor1 : 1;
    unsigned int interruptor2 : 1;
    unsigned int interruptor3 : 1;
    unsigned int reservado    : 5;
};

int main(void) {
    struct Estado e = {1, 0, 1, 0};
    printf("Interruptor 1: %d\n", e.interruptor1);
    printf("Interruptor 2: %d\n", e.interruptor2);
    printf("Interruptor 3: %d\n", e.interruptor3);
    return 0;
}
```

¿Cuándo usar los campos de bits?

Los campos de bits son útiles cuando se necesita representar estados booleanos o valores pequeños y se desea ahorrar memoria, como por ejemplo:

- Representar banderas de configuración (on/off).

- Empaquetar múltiples valores en estructuras compactas.

- Simular registros de hardware en programación de bajo nivel.

Si quieres ampliar la información sobre los campos de bits, puedes consultar las referencias [11, 12]

9.9 Notación UML

El Lenguaje Unificado de Modelado, UML (*Unified Modelling Language*), es el lenguaje de modelado de sistemas de software más conocido y utilizado en la actualidad. Aunque su utilización está más extendida entre los lenguajes de la programación orientada a objetos, se puede usar también en C para describir las estructuras y sus relaciones.

Para describir una estructura se utiliza un rectángulo divido en dos secciones. En la parte superior se pone el nombre del tipo y en la parte inferior, la lista de campos de los que consta. Cada campo se describe poniendo el nombre, dos puntos y el tipo de datos:

$$\texttt{nombre\_campo : tipo\_dato}$$

Por ejemplo, en la parte izquierda de la Figura 9.2 se describe el tipo *Punto* que hemos usado en algunos ejemplos de este capítulo.

También se pueden representar las relaciones entre unos tipos de estructuras y otros. Por ejemplo, la parte derecha de la Figura 9.2 muestra la relación de *agregación* que existe entre las estructuras *Linea* y *Punto*: cada variable del tipo *Linea* tiene dos variables del tipo *Punto*.

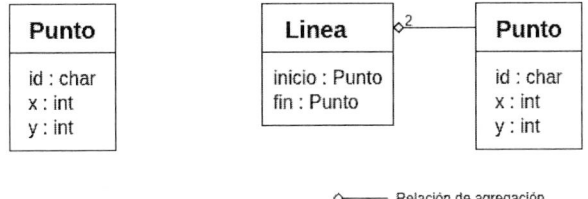

Figura 9.2: Izquierda: Descripción UML del tipo de estructura Punto. Derecha: Descripción UML de la relación entre los tipos *Linea* y *Punto*

La notación UML también se puede usar para representar la arquitectura de un programa, describiendo los módulos de los que consta y las relaciones funcionales entre ellos. En la Figura 9.3 se muestra la relación entre un programa llamado *programa.c* con la biblioteca *stdio.h*.

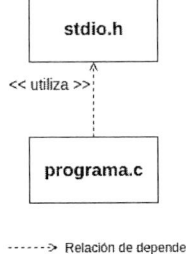

Figura 9.3: Descripción UML de la relación entre módulos de un programa

Ejercicios propuestos

(Las soluciones de estos ejercicios se pueden consultar en [2])

Ejercicio 9.1. Definición e impresión simple.
Define una estructura llamada *Punto2D* con dos campos de tipo *double*: *x* e *y*. En la función *main()*, declara una variable de este tipo, asígnale valores y muestra sus coordenadas por pantalla.

Ejercicio 9.2. Inicialización de campos tras la declaración.
Define una estructura llamada *Empleado* con los campos: *id* (entero), *nombre* (array de 30 caracteres) y *sueldo* (double). Declara una variable de tipo *Empleado*, inicializa sus campos usando asignaciones y muestra la información.

Ejercicio 9.3. Copiar estructuras.
Define una estructura llamada *Fecha* con los campos *dia*, *mes* y *anio*, de tipo *int*. Declara dos variables del tipo *Fecha*, copia una en la otra usando el operador de asignación e imprime ambas para verificar que contienen la misma información.

Ejercicio 9.4. Inicialización estática con llaves.
Define una estructura llamada *ColorRGB* con tres campos enteros (*r*, *g*, *b*). Declara una variable de este tipo inicializándola con llaves (255, 200, 100) y muéstrala por pantalla.

Ejercicio 9.5. Uso de typedef con estructuras.
Redefine el ejercicio 1 usando el operador *typedef* para que el tipo *Punto2D* no necesite anteponer la palabra clave *struct* al declarar nuevas variables. Declara dos puntos y muestra sus coordenadas.

Ejercicio 9.6. Estructuras anidadas.
Define una estructura *Rectangulo* que tenga dos campos del tipo *Punto2D* que se definió en el Ejercicio 1: *esquina_sup_izq* y *esquina_inf_der*. Declara un rectángulo, inicializa sus esquinas y calcula su base y altura.

Ejercicio 9.7. Utilización de estructuras como parámetros de funciones.
Define una estructura *Producto* con campos: *id* (int), *nombre* (array de 50 caracteres) y *precio* (double). Escribe una función *imprimir_producto()* que reciba un argumento de tipo *Producto* y lo muestre por pan-

talla. Comprueba que la modificación dentro de la función no afecta a la variable original.

Ejercicio 9.8. Estructura devuelta por función.
Crea una función llamada *crear_color()* que reciba tres enteros y devuelva una estructura del tipo *ColorRGB* que se definió en el Ejercicio 4. Utiliza esta función desde el *main()* para crear colores e imprimir sus componentes.

Ejercicio 9.9. Array de estructuras.
Define una estructura *Alumno* con los campos *nombre* (array de 40 caracteres) y *nota* (float). Declara un array con capacidad para 5 alumnos. Inicializa los datos manualmente y muestra los nombres de los que han aprobado (nota mayor o igual a 5.0).

Ejercicio 9.10. Copia de array dentro de estructura.
Define una estructura *Cadena* que contenga un array de 100 caracteres. Escribe una función que reciba dos variables de tipo *Cadena*, copie el contenido de una en la otra usando el operador de asignación, y verifica que se ha copiado correctamente. ¿Se ha utilizado *strcpy()*? ¿Por qué no hace falta?

Ejercicio 9.11. Campos de bits.
Define una estructura llamada *Permisos* que utilice campos de 1 bit para representar los permisos de lectura, escritura y ejecución. Escribe un programa que lea valores desde el teclado y muestre si cada permiso está activado.

Ejercicio 9.12. Dibujo UML a código C.
A partir del siguiente esquema UML, escribe el código en C que define el tipo correspondiente con *typedef*, y un programa que cree una variable, inicialice sus campos y los muestre por pantalla:

Libro
titulo : char[100] autor : char[60] paginas : int

Uniones y enumeraciones

Contenido

En muchos programas necesitamos representar un conjunto fijo de opciones o almacenar datos que pueden adoptar distintas formas. Por ejemplo, un semáforo solo puede estar en verde, ámbar o rojo, y un sensor puede devolver una temperatura, una presión o un código de estado. En C, estas situaciones se resuelven de forma elegante con dos herramientas potentes: las enumeraciones (enum) y las uniones (union).

Una enumeración nos permite asignar nombres simbólicos a un conjunto de valores enteros, haciendo que el código sea más claro y fácil de mantener. En lugar de trabajar con números "mágicos" que nadie entiende, podremos usar identificadores significativos como LUNES, ENCENDIDO o ERROR_LECTURA.

Las uniones, en cambio, permiten almacenar diferentes tipos de datos en la misma posición de memoria, aunque solo uno de ellos sea válido en un instante dado. Esto resulta ideal para optimizar recursos, sobre todo en sistemas con memoria limitada o cuando se manejan estructuras de datos variables.

Combinando ambas, obtenemos la llamada unión etiquetada, que añade a la union un campo enum para saber en todo momento qué tipo de valor contiene. Este patrón es muy común en el manejo de ficheros binarios, protocolos de comunicación y programación de sistemas.

En este capítulo aprenderás a declarar y a utilizar enum y union, conocerás sus aplicaciones más habituales y verás buenas prácticas para integrarlas en tus programas de forma segura y eficaz.

10.1 Introducción

En el lenguaje de programación C, además de las estructuras y los punteros, existen otros dos tipos de elementos que permiten modelar datos de forma flexible y eficiente: las *enumeraciones* y las *uniones*.

Las *enumeraciones*, definidas mediante la palabra clave *enum*, permiten asociar nombres simbólicos a un conjunto de valores enteros. De esta manera, el código resulta más legible y menos propenso a errores que si se emplearan directamente *literales* numéricos. Por ejemplo, una enumeración puede emplearse para representar los días de la semana, los estados de un dispositivo o un conjunto de códigos de error.

Las *uniones*, definidas mediante la palabra clave *union*, son similares a las estructuras en cuanto a que agrupan varios campos bajo un mismo identificador. Sin embargo, la diferencia fundamental es que todos los miembros de una *union* comparten la misma zona de memoria. Esto significa que, en un instante dado, solo uno de los campos puede contener un valor válido. Este comportamiento hace que las uniones sean útiles cuando un dato puede representarse de diferentes formas, pero solo se necesita almacenar una de ellas al mismo tiempo.

El objetivo de este capítulo es explicar el uso de las *enumeraciones* y las *uniones*, así como mostrar ejemplos prácticos y buenas prácticas para integrarlas en los programas.

10.2 Enumeraciones (*enum*)

Una *enumeración* es un tipo de datos definido por el programador que consiste en una lista de identificadores simbólicos, cada uno de los cuales se asocia internamente a un valor entero.

Para definir un tipo de enumeración se utiliza la palabra clave *enum*, seguida de un nombre de tipo opcional[1] y de una lista de constantes encerradas entre llaves.

Por ejemplo, para definir un tipo de enumeración llamado *Color* con tres posibles valores se podría hacer así:

```
enum Color {
    RED,
    GREEN,
    BLUE
};
```

En este ejemplo, *RED* se asocia automáticamente al valor entero *0*, *GREEN* al valor *1* y *BLUE* al valor *2*.

Cada uno de los identificadores simbólicos se denomina *elemento* o también *variante* del tipo *enum*.

Es una buena práctica nombrar a las *variantes* utilizando mayúsculas. Observa que, tras cada nombre de variable simbólica, se pone una coma.

El uso de *enum* frente a la definición de constantes con *#define* ofrece ventajas importantes:

- Agrupa las constantes relacionadas bajo un mismo tipo, mejorando la claridad del código.
- Facilita la depuración, ya que el depurador puede mostrar el nombre simbólico en lugar del valor numérico.
- Reduce el riesgo de colisiones de nombres, especialmente si se usan junto con buenas prácticas de nomenclatura.

10.2.1 Asignación automática y manual de valores

Si no se especifican valores, el compilador asigna *0* al primer elemento y aumenta en una unidad el valor de cada elemento sucesivo. No obstante, es posible asignar valores concretos a uno o más elementos de la enumeración:

---

[1]El nombre del nuevo tipo es opcional. Es posible definir enumeraciones anónimas, de manera similar a lo que se explicó en el Apartado 9.7.1 en relación con las estructuras anónimas.

```
enum Color {
    RED = 0,
    GREEN = 1,
    BLUE = 4
};
```

En este caso, *RED* vale *0*, *GREEN* vale *1* y *BLUE* vale *4*.

Las constantes simbólicas definidas en una enumeración pueden utilizarse allí donde se espere un valor de tipo *int*. Esto significa que, aunque conceptualmente sean valores simbólicos, internamente el compilador los trata como enteros.

10.2.2 Utilización de variables de tipo *enum*

Para declarar variables de un tipo *enum* previamente definido, la sintaxis es:

```
enum nombre_tipo nombre_variable
```

Por ejemplo, para declarar una variable llamada *color_1* del tipo *enum Color* podríamos hacerlo así:

```
enum Color color_1;
```

La asignación de valor se hace utilizando el nombre de la variante, por ejemplo:

```
enum Color color_1 = RED;
```

10.2.3 Utilización de *typedef*

Como en el caso de las estructuras, el tipo de una enumeración lleva siempre asociada la palabra *enum*. Para declarar una variable del tipo usado en los apartados anteriores hay que poner *enum Color*:

```
enum Color color_1 = RED;
```

Esta escritura se puede simplificar utilizando un alias definido con *typedef*. En este caso, en la definición del tipo podríamos hacer:

```
typedef enum {
    RED = 0,
    GREEN = 1,
    BLUE = 4
} Color;
```

A partir de ese momento podríamos declarar variables del tipo *enum Color* simplemente poniendo la palabra *Color*:

```
Color color_1 = RED;
```

10.2.4 Aplicación: utilización de enumeraciones

El Ejemplo 10.1 utiliza la enumeración *enum Color* para declarar dos variables, *c1* y *c2* y las imprime en pantalla. En la última instrucción suma las dos variables e imprime el resultado, para demostrar que los valores de las enumeraciones se pueden usar como enteros.

Ejemplo 10.1 Título del cuadro

```c
#include <stdio.h>

enum Color {
    RED = 0,
    GREEN = 1,
    BLUE = 4
};

int main(void) {

    // Declaramos dos variables del tipo enum Color
    enum Color c1 = GREEN;
    enum Color c2 = BLUE;

    // Mostramos los valores asignados
    printf("c1 = GREEN (valor entero: %d)\n", c1);
    printf("c2 = BLUE  (valor entero: %d)\n", c2);
    printf("c1+c2 = %d\n", c1+c2);

    return 0;
}
```

La salida del programa sería:

```
c1 = GREEN (valor entero: 1)
c2 = BLUE  (valor entero: 4)
c1+c2 = 5
```

Observa que, cuando se imprime una variable de un tipo *enum*, lo que se imprime es el valor entero que tenga asociado.

10.2.5 Enumeraciones y menús

Un uso habitual de las enumeraciones es para mostrar un menú de opciones en pantalla, como se hace en el Ejemplo 10.2.

En este ejemplo se ha hecho uso de *typedef*. Observa cómo se indican las opciones en las cláusulas *case* de la bifurcación *break* y cómo se leen en *scanf()*, como si fueran un número entero.

| Ejemplo 10.2 | Uso de enumeraciones en menús |

```c
#include <stdio.h>

// Definición de la enumeración para las opciones del menú
typedef enum {
    OPCION_1 = 1,
    OPCION_2 = 2,
    SALIR    = 3
} Opcion;

int main(void) {

    int seleccion;

    do {
        printf("\n=== MENÚ ===\n");
        printf("1. Opción 1\n");
        printf("2. Opción 2\n");
        printf("3. Salir\n");
        printf("Seleccione una opción: ");

        if (scanf("%d", &seleccion) != 1) {
            printf("Entrada inválida.\n");
            while (getchar() != '\n'); // Limpiar buffer
            continue;
        }
        // Usamos switch para decidir la acción
        switch (seleccion) {
            case OPCION_1:
                printf("Has elegido la Opción 1.\n");
                break;
            case OPCION_2:
                printf("Has elegido la Opción 2.\n");
                break;
            case SALIR:
                printf("Saliendo del programa...\n");
                break;
            default:
                printf("Opción no válida.\n");
                break;
        }
    } while(seleccion != 3);

    return 0;
}
```

10.3 Uniones (*union*)

Una *union* es un tipo de datos definido por el programador que, al igual que una *struct*, agrupa varios campos bajo un mismo identificador. La diferencia fundamental es que todos los miembros de una *union* comparten la misma posición de memoria, de modo que solo uno de ellos puede contener un valor válido en un instante dado.

Esto permite optimizar el uso de memoria en situaciones en las que un dato puede representarse de varias maneras pero únicamente se necesita almacenar una de ellas a la vez.

10.3.1 Sintaxis y declaración

La sintaxis de una *union* es similar a la de una *struct*:

```
union Dato {
    int entero;
    float real;
    char caracter;
};
```

En este ejemplo, *entero*, *real* y *caracter* comparten la misma dirección de inicio en memoria.

El tamaño total de la *union* será igual al tamaño del miembro más grande, ajustado según las reglas de alineación de la plataforma[2].

10.3.2 Acceso a los miembros

Para acceder a los miembros de una *union* se utiliza el operador . (punto), si es una variable directa, o el operador -> si es un puntero:

```
union Dato d;

d.entero = 42;
printf("Entero: %d\n", d.entero);

d.real = 3.14f;
printf("Real: %.2f\n", d.real);
```

En el código anterior, asignar un valor a *real* sobrescribe el valor anterior de *entero*, ya que ambos ocupan la misma memoria.

---

[2]La alineación es la manera en la que el computador coloca los datos en memoria para que puedan leerse y escribirse más rápido. Normalmente, cada dato empieza en una dirección de memoria que es múltiplo de su tamaño (o de un valor fijado por el procesador). Esto puede hacer que entre dos datos haya espacios vacíos llamados *relleno* o *padding*.

10.3.3 Precauciones

Es importante recordar:

- No es seguro leer de un miembro distinto al último que se escribió, salvo en casos muy concretos como reinterpretación controlada de datos binarios.

- El tamaño de la *union* depende del miembro de mayor tamaño y de las reglas de alineación.

10.3.4 Uso de typedef

En las uniones también es posible crear alias utilizando *typedef*.

10.4 Combinación de *enum* y *union*: uniones etiquetadas

En muchos programas, es útil combinar una *union* con una *enumeración* para crear lo que se conoce como una *unión etiquetada* (*tagged union*).

Este patrón permite almacenar diferentes tipos de datos en el mismo espacio de memoria, manteniendo a la vez un indicador que especifica qué tipo de dato está actualmente almacenado.

10.4.1 Estructura básica

Una *unión etiquetada* suele definirse mediante una *struct* que contiene:

- Un campo de tipo *enum* que actúa como etiqueta o identificador del tipo de dato almacenado.

- Una *union* que almacena el valor, pudiendo adoptar distintas representaciones.

El siguiente fragmento de código muestra como crear una unión etiquetada:

```
enum TipoDato {
    TIPO_ENTERO,
    TIPO_REAL,
    TIPO_CARACTER
};

struct Valor {
    enum TipoDato tipo;
    union {
        int entero;
        float real;
        char caracter;
    } dato;
};
```

10.4.2 Uso de la unión etiquetada

Cuando se utiliza una *unión etiquetada*, el campo de tipo *enum* indica qué miembro de la *union* es válido. Esto permite que el código pueda acceder de forma segura al dato correcto:

```c
struct Valor v;

v.tipo = TIPO_ENTERO;
v.dato.entero = 42;

if (v.tipo == TIPO_ENTERO) {
    printf("Valor entero: %d\n", v.dato.entero);
}
```

El uso de uniones etiquetadas proporciona algunas ventajas:

- Permite almacenar diferentes tipos de datos en una sola variable, optimizando el uso de la memoria.
- Facilita el manejo de datos heterogéneos de forma estructurada.
- Proporciona mayor seguridad al controlar el acceso mediante la etiqueta.

10.5 Aplicaciones prácticas

Tanto las *enumeraciones* como las *uniones* tienen aplicaciones reales muy diversas, especialmente en programación de sistemas, desarrollo de controladores, manejo de protocolos de comunicación y lectura/escritura de datos binarios.

10.5.1 Lectura e interpretación de ficheros binarios

En formatos de fichero donde diferentes campos pueden tener tipos de datos variables, es habitual usar una *union* para almacenar temporalmente un valor y un *enum* para indicar su tipo. Esto permite leer bytes desde el fichero, interpretarlos correctamente y ahorrar memoria:

```c
enum TipoCampo {
    CAMPO_ENTERO,
    CAMPO_REAL
};

struct Campo {
    enum TipoCampo tipo;
    union {
        int entero;
        float real;
    } valor;
};
```

10.5.2 Protocolos de comunicación

En muchos protocolos de comunicación, los mensajes pueden contener distintos tipos de datos dependiendo de un código de operación o un campo de tipo.

Un *enum* puede representar dicho código, y una *union* almacenar el contenido del mensaje, adaptándose al tipo de operación solicitada.

10.5.3 Representación compacta de datos

En dispositivos con recursos limitados, como sistemas empotrados o microcontroladores, las *uniones* se utilizan para optimizar el consumo de memoria.

Esto es especialmente útil cuando varios campos posibles comparten el mismo espacio de almacenamiento, pero solo uno de ellos es necesario en cada momento.

10.5.4 Interpretación de datos en bajo nivel

En programación de bajo nivel, una *union* permite acceder a la misma zona de memoria como si fuera de tipos diferentes.

Esto se emplea para descomponer un número en bytes individuales, reinterpretar datos en distintos formatos o mapear estructuras de hardware.

10.5.5 Ventajas y consideraciones finales

El uso conjunto de *enum* y *union* ofrece:

- Flexibilidad en la representación de datos.
- Ahorro de memoria.
- Claridad en la interpretación de los valores almacenados.

Sin embargo, es fundamental llevar un control estricto de qué miembro de la *union* es válido en cada momento, ya que un acceso incorrecto puede producir resultados indeterminados.

10.6 Buenas prácticas y estilo

El uso de *enum* y *union* puede mejorar la claridad y eficiencia de un programa, siempre que se empleen con cuidado. A continuación se resumen algunas recomendaciones para su uso correcto y fácil de mantener.

1. **Nomenclatura clara y consistente**
   - Utilizar nombres descriptivos y en mayúsculas para las constantes de una *enumeración*, por ejemplo: *ESTADO_ACTIVO*, *ESTADO_INACTIVO*.
   - Cuando sea posible, añadir un prefijo común a las constantes de la misma *enum* para evitar colisiones de nombres.

- Nombrar las *uniones* y sus miembros de manera que el propósito sea evidente.

2. **Documentar el propósito de cada miembro**

En una *union*, incluir comentarios que expliquen el uso previsto de cada campo. Esto es especialmente importante cuando varios miembros representan el mismo dato en formatos distintos.

3. **Control estricto del miembro válido**

Siempre que se utilice una *union*, mantener un campo adicional (generalmente un *enum*) que indique qué miembro está activo. Esto evita accesos incorrectos y facilita el mantenimiento del código.

4. **Evitar ambigüedades en el acceso**

No leer un miembro distinto del último que se escribió, salvo en casos de reinterpretación deliberada y controlada de datos. En tales casos, documentar claramente el comportamiento esperado.

5. **Agrupar *enum* y *union* en *struct***

Cuando sea necesario que varios datos relacionados viajen juntos (por ejemplo, una etiqueta y su valor), encapsular el *enum* y la *union* dentro de una *struct*. Este patrón facilita el paso de datos entre funciones y reduce la probabilidad de errores.

6. **Compatibilidad y portabilidad**

Recuerda:

- El tamaño de una *enum* y de una *union* puede variar según el compilador y la arquitectura.

- Las reglas de alineación pueden añadir relleno (*padding*) en las *uniones*.

- Al intercambiar datos entre sistemas distintos, puede ser necesario normalizar el tamaño y la representación de los datos.

Ejercicios propuestos

(Las soluciones de estos ejercicios se pueden consultar en [2])

Ejercicio 10.1. Uso de *enum*.

Define una *enum* llamada *DiaSemana* con los valores *LUNES, MARTES, MIERCOLES, JUEVES, VIERNES, SABADO* y *DOMINGO*.

Escribe un programa que muestre el valor entero asociado a cada constante.

Ejercicio 10.2. Uso de *enum*.

Declara una *enum* para representar los estados *APAGADO* y *ENCENDIDO*.

Implementa un programa que almacene el estado en una variable y lo muestre por pantalla.

Ejercicio 10.3. Uso de *union*.

Crea una *union* llamada *Numero* con dos miembros: *int entero* y *float real*.

Escribe un programa que asigne un valor entero, lo muestre y luego asigne un valor real y lo muestre.

Ejercicio 10.4. Uso de *union*.

Define una *union* llamada *Dato* con los miembros: *char caracter, int entero* y *float real*.

Escribe un programa que pida al usuario qué tipo de dato quiere introducir y que luego lo almacene en la *union*.

Ejercicio 10.5. Uso de *enum*.

Utiliza una *enum* para representar el tipo de combustible de un vehículo (*GASOLINA, DIESEL, ELECTRICO*).

Escribe un programa que muestre el nombre del combustible a partir del valor de la *enum*.

Ejercicio 10.6. Uso de *union*.

Implementa una *union* que permita acceder a un mismo número de tipo *unsigned int* como si fuera un array de 4 *unsigned char*.

Muestra en pantalla el valor de cada byte.

Ejercicio 10.7. Uniones etiquetadas.

Implementa una *struct* que combine un *enum* y una *union* para almacenar datos de tipo entero, real o carácter.

El programa debe permitir introducir varios datos de distintos tipos y mostrarlos correctamente según su tipo.

Ejercicio 10.8. Uniones etiquetadas.

Diseña un programa que lea un fichero binario que contenga una secuencia de valores, cada uno precedido por un código de tipo (entero o real).

Utiliza una *union* para almacenar el valor y una *enum* para identificar el tipo.

Ejercicio 10.9. Uniones etiquetadas.

Simula el funcionamiento de un sensor multifunción que puede devolver un valor de temperatura (*float*), presión (*int*) o estado (*enum* con valores *OK, FALLO*).

Implementa el programa usando una unión etiquetada.

Capítulo 11

Punteros

Contenido

> Los punteros son una de las características más potentes y, al mismo tiempo, más delicadas del lenguaje C. Un puntero no guarda directamente un dato, sino la dirección de memoria donde ese dato está almacenado. Gracias a ellos, es posible manipular datos de forma indirecta, acceder a estructuras complejas de manera eficiente y construir funciones que modifiquen variables definidas fuera de su ámbito.
>
> Aprenderemos qué significa que un puntero "apunte" a un dato y cómo se declaran, inicializan y utilizan los punteros. Veremos cómo obtener direcciones de memoria con el operador & y cómo acceder al contenido apuntado mediante el operador de indirección *.
>
> Explicaremos la relación inseparable entre el tipo de un puntero y el tipo de dato al que apunta, así como las convenciones de estilo más utilizadas.
>
> También abordaremos las buenas prácticas para evitar errores comunes, como el uso de punteros no inicializados o que apunten a direcciones inválidas. Con ejemplos claros y progresivos, mostraremos cómo usar punteros con distintos tipos de datos, cómo combinarlos con funciones y cómo realizar operaciones básicas de aritmética de punteros.
>
> Al final del capítulo, el lector comprenderá, no solo cómo funcionan los punteros, sino también por qué son una herramienta esencial en C, capaz de ofrecer un control preciso sobre la memoria y de abrir la puerta a técnicas de programación más avanzadas.

11.1 Introducción: ¿Por qué se necesitan punteros?

Hasta ahora hemos trabajado con variables que almacenan directamente un valor: un número, un carácter, un elemento de un array o una estructura. Cuando necesitamos acceder a esos valores, lo hacemos a través del *nombre* de la variable, que actúa como una etiqueta que identifica la zona de memoria donde se encuentra el valor.

Un *puntero* es un tipo especial de variable que guarda una dirección de memoria. Esa dirección indica la ubicación de algún valor, que puede ser de cualquier tipo: un *int*, un *char*, un array, una estructura, e incluso una función.

La posibilidad de manejar direcciones de memoria abre muchas posibilidades:

- **Acceso indirecto a datos:** podemos modificar una variable desde cualquier parte del programa si conocemos su dirección.

- **Eficiencia:** en lugar de copiar grandes cantidades de datos (por ejemplo, un array completo), podemos pasar a una función solo su dirección.

- **Estructuras dinámicas:** los punteros son la base para trabajar con memoria asignada en tiempo de ejecución, como veremos en el Capítulo 16.

- **Construcción de estructuras complejas:** listas enlazadas, árboles, grafos y otros tipos de datos avanzados dependen de punteros para conectar elementos.

Los punteros amplían nuestra capacidad de interacción con la memoria. Al principio, pueden parecer un concepto abstracto, pero veremos que se integran de forma natural con ideas ya conocidas, como los arrays y el paso de parámetros a funciones.

11.2 Direcciones de memoria y el operador &

Podemos imaginar la memoria como una larga secuencia de celdas numeradas. Cada celda, llamada *posición de memoria*, puede almacenar un byte. Cada posición de memoria se identifica mediante un número entero, al que llamamos su *dirección de memoria*.

Cada variable tiene un valor de un determinado tipo de datos. Decimos que la variable *guarda* ese valor, aunque en realidad lo que sucede es que el valor se almacena en una zona concreta de la memoria. Esta zona ocupa tantas celdas consecutivas como requiera su tipo: por ejemplo, normalmente 1 byte para los *char*, 4 bytes para los *int* y 8 bytes para los *double*. Estos tamaños pueden variar según la arquitectura y el compilador.

Para obtener la dirección de memoria donde una variable almacena su valor se utiliza el operador &, llamado *operador de dirección*. Si *x* es una variable, la expresión &*x* devuelve la dirección de memoria en la que está almacenado su contenido.

> &x ≡ Dirección de memoria del valor asociado con la variable *x*

Por simplificar el lenguaje, diremos *la dirección de memoria de la variable x* para referirnos a *la dirección de memoria donde está almacenado su valor*. Esta forma abreviada se usará en todo el libro.

> &x ≡ Dirección de memoria de la variable *x*

Importante

El operador & no tiene nada que ver aquí con el operador lógico && ni con el operador bit a bit &. En este contexto, & significa *"la dirección de"*.

Podemos comprobarlo con un ejemplo sencillo:

Ejemplo 11.1   Obtener la dirección de una variable

```c
#include <stdio.h>

int main(void) {
    int n = 40;
    printf("Valor de n: %d\n", n);
    printf("Direccion de n: %p\n", (void*)&n);
    return 0;
}
```

La salida del programa sería:

```
Valor de n: 40
Direccion de n: 0x7ffefa669634
```

En la mayoría de los sistemas, las direcciones de memoria se muestran en *hexadecimal*, precedidas por *0x*. Por ejemplo, la salida del programa anterior podría ser:

El valor concreto de la dirección depende de cómo asigne memoria el sistema operativo a nuestro programa en el momento de ejecutarlo, por lo que puede variar cada vez que lo ejecutemos o de un computador a otro.

En este programa:

- *n* es una variable de tipo *int* que almacena el valor 40.
- La expresión &*n* obtiene la dirección de memoria asociada a esa variable, donde se almacena su valor.
- La especificación de formato %*p* en *printf()* está pensada para mostrar direcciones de memoria.
- Para imprimir una dirección de memoria con el especificador %*p* conviene convertirla al tipo *void*∗.

Representación hexadecimal

El sistema hexadecimal (base 16) es muy utilizado para representar direcciones de memoria porque es más compacto que el sistema decimal y se corresponde de forma directa con el sistema binario: cada dígito hexadecimal representa exactamente 4 bits.

En el Capítulo 1 dimos una explicación y ejemplos acerca del sistema de numeración hexadecimal.

Direcciones de memoria con %*p*

El especificador de formato %*p* en la función *printf()* está definido por el estándar de C únicamente para punteros de tipo *void*∗.

Por ello, cuando se quiere imprimir la dirección de memoria de una variable (por ejemplo, con &*x*), es importante convertirla al tipo *void*∗ antes de pasarla como argumento:

```
printf("Direccion de x: %p\n", (void*)&x);
```

En la práctica, muchos compiladores aceptan directamente punteros de otros tipos, pero no está garantizado por el estándar y el comportamiento sería indefinido. Para escribir programas portátiles y correctos, **siempre convierta la dirección a *(void*∗)**.

El motivo de que se use *void*∗ es que este tipo de puntero representa una dirección genérica en memoria, capaz de apuntar a cualquier tipo de dato. De hecho, en muchos contextos de la biblioteca estándar (por ejemplo, en funciones como *malloc()*), se devuelve precisamente un *void*∗ porque no se sabe de antemano el tipo de dato al que apuntará. Por eso, *printf()* requiere que las direcciones se conviertan a este tipo: garantiza una representación uniforme y portable para todos los punteros.

11.3 Declaración e inicialización de punteros

Un puntero es una variable especial cuyo valor es una dirección de memoria donde se encuentra almacenado un valor de algún tipo. Decimos que el puntero *apunta* a ese valor.

Al *declarar* un puntero, debemos indicar el tipo de dato al que apunta, para que el compilador sepa cómo interpretar correctamente el contenido de esa posición de memoria. El tipo de un puntero va siempre asociado al tipo de dato al que apunta. Así, diremos que se trata de un *puntero a int*, un *puntero a double*, etc.

La sintaxis básica para declarar un puntero es:

$$tipo* \quad nombre$$

En esta expresión:

- tipo: es el tipo de datos al que apuntará el puntero.
- *: a continuación del tipo de datos, se pone un asterisco. Sirve para indicar que se está declarando un puntero a ese tipo de datos.
- nombre: es el nombre de la variable puntero. Sigue las reglas habituales que hemos visto en el libro para otros identificadores.

Por ejemplo:

```
int* p;     // p es un puntero a int
char* c;    // c es un puntero a char
double* d;  // d es un puntero a double
```

El asterisco se puede escribir como lo hemos hecho, pegado al tipo de datos, o pegado al nombre de la variable; incluso se puede poner en medio, separado del tipo y del nombre. A efectos del compilador, las tres formas de hacerlo son equivalentes. Es una decisión de estilo:

```
int* p;  // Asterisco pegado al tipo. Es el convenio usado en el libro
int * p; // Asterisco en medio. Poco usado.
int *p;  // Asterisco pegado al nombre. También se usa mucho
```

En este libro adoptaremos la convención de escribir el asterisco pegado al tipo y no al nombre de la variable. Esta forma resalta que lo que se declara es un *"puntero a tipo"* y no simplemente una variable del tipo base.

11.4 Inicialización de punteros

Al declarar un puntero, si no se le asigna inmediatamente una dirección válida, su valor es indeterminado. Usar un puntero no inicializado para acceder a memoria es una de las causas más frecuentes de errores graves en C (fallos de segmentación, corrupción de datos). Por ello, es recomendable respetar las siguientes buenas prácticas:

- Inicializar siempre los punteros al declararlos, ya sea con una dirección válida o con la constante *NULL* (definida en la biblioteca *stdlib.h*).

- No utilizar un puntero para acceder a memoria hasta que tenga asignada una dirección válida.

- Si un puntero deja de apuntar a un dato válido, asígnarle de nuevo *NULL* para evitar errores posteriores.

Un ejemplo de inicialización correcta sería:

```
int* p = NULL;    // Inicializado puntero a nulo
int x = 10;
p = &x;           // Ahora, p apunta a x
```

La Figura 11.1 muestra tres situaciones que se pueden dar al inicializar un puntero.

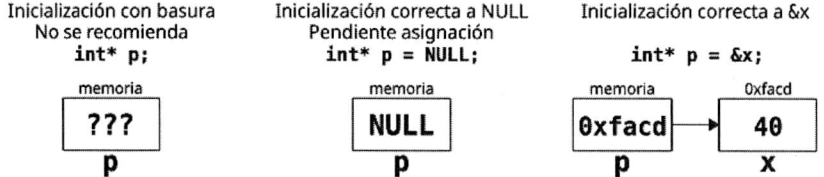

Figura 11.1: Izquierda: puntero no inicializado (contiene un valor basura). Su uso provoca un comportamiento indefinido. Centro: puntero inicializado con la constante *NULL*; esta situación es segura mientras no se disponga de una dirección válida. Derecha: puntero apuntando a una dirección válida de memoria; situación correcta y deseable

11.5 El operador de indirección *

El *operador de indirección* *, también llamado *operador de desreferenciación*, permite *acceder al dato* que hay guardado en la dirección de memoria a la que apunta un puntero.

Por ejemplo, si *p* es un puntero que almacena la dirección de una variable de tipo *int*, entonces *p (contenido de p) es una *expresión de tipo int* que hace referencia al *valor* almacenado en esa dirección. En otras palabras, *p* apunta y *p es el valor al que apunta.

El operador de desreferenciación permite hacer operaciones de lectura o escritura del valor al que apunta el puntero:

- **Lectura:**

```
// lee el valor al que apunta p y se lo asigna a v
v = *p;
```

- **Escritura:**

```
// guarda el valor 10 en la dirección a la que apunta p
*p = 10;
```

Vamos a verlo en un ejemplo básico:

```
int x = 5;
int* p = &x;    // p apunta a x
int y = *p;     // y <- 5 (lectura a través del puntero)
*p = 12;        // x <- 12 (escritura a través del puntero)
```

Al desreferenciar, el compilador utiliza el *tipo al que apunta* el puntero para interpretar correctamente los bytes en memoria. Por eso es esencial que el tipo del puntero sea el adecuado (por ejemplo, *int** para direcciones de enteros).

Sintaxis endiablada

Por algún motivo que solo conocen los creadores del lenguaje C, se utiliza el mismo símbolo para declarar un puntero que para desreferenciarlo: el asterisco.

Siempre he pensado que es uno de los motivos que hacen que los punteros sean difíciles de entender y utilizar por los programadores nóveles.

Cuando uno consigue dominar los punteros, esa sintaxis adquiere sentido. Pero, entre tanto, hay que admitir que la sintaxis es endiablada.

11.5.1 La propiedad de los valores

Cuando una variable guarda un valor, de alguna forma, es la *propietaria* del mismo. El valor estará almacenado en alguna zona de la memoria. A través de la variable es posible modificar el valor:

Si creamos otra variable y le asignamos el valor de la primera, se hace una copia del valor. La situación final será que hay dos variables y dos valores en memoria. Cada variable dispone de su propio valor, y están almacenados en diferentes zonas de memoria. Podemos modificar cualquiera de ellos sin afectar al otro.

```
int n = 10; // Creamos n y le asignamos un valor
n = 40;     // La variable n puede cambiar su valor en memoria
int m = n;  // Creamos m y le asignamos una copia del valor de n
m = -15;    // El valor de m cambia, pero el de n, no.
```

A efectos didácticos, podemos imaginar que cada función mantiene una tabla con la información de sus variables locales: nombre, tipo de dato y dirección de memoria. En la realidad, el compilador y el sistema gestionan estas variables de una forma distinta y más compleja, pero esta analogía resulta útil para comprender el concepto.

La Figura 11.2 muestra la situación final tras ejecutar el código anterior: hay dos variables en memoria, cada una con su valor.

Tabla de variables

nombre	tipo	direccción
m	int	5100
n	int	5000

Memoria

5100 → -15

5000 → 40

Figura 11.2: Esquema de dos variables en memoria: hay dos variables y dos valores. Cada variable tiene la propiedad de su valor y lo puede modificar

Cuando creamos un puntero que apunta a una variable, es como si estuviéramos compartiendo la propiedad del valor. Solo hay un valor en memoria, pero hay dos variables que lo pueden modificar: la variable y el puntero.

Observa el siguiente código:

```
int n = 10;    // Creamos n y le asignamos un valor
int* p = &n;   // Creamos un puntero que apunta a n
n = 40;        // Cambiamos el valor usando la variable
*p = 352;      // Cambiamos el valor usando el puntero
```

La situación se muestra en la Figura 11.3: ahora hay un solo valor en memoria, pero hay dos variables que pueden acceder a él y modificarlo. De esta forma, al crear un puntero que apunta a una variable, estamos *compartiendo la propiedad* del valor.

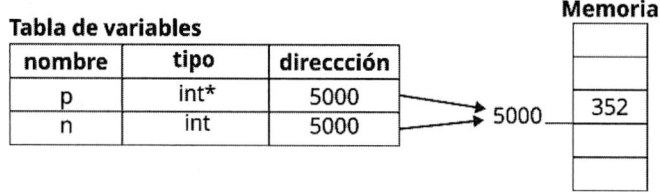

Tabla de variables

nombre	tipo	direccción
p	int*	5000
n	int	5000

Memoria

5000 → 352

Figura 11.3: Esquema de una variable y un puntero en memoria: hay un solo valor, pero hay dos variables que pueden modificarlo. La propiedad del valor está compartida entre la variable y el puntero

Como sucede en la vida real, compartir la propiedad de algo es una situación que puede dar lugar a malentendidos. En los programas, cuando se comparte la propiedad de los valores, hay que tomar medidas para que no de lugar a errores.

11.6 Punteros y arrays. Aritmética de punteros

En expresiones, el nombre de un array se convierte en un puntero constante a su primer elemento. Para cualquier array v, cuando el nombre del array interviene en una expresión:

$$v \equiv \&v[0]$$

Por ejemplo, la siguiente instrucción declara un array v con cinco elementos *int*:

```
int v[] = {10, 20, 30, 40, 50};
```

El identificador v puede utilizarse como un puntero de tipo *int** que apunta al primer elemento del array, *v[0]*:

```
int* p = v; // p apunta a v[0]
```

La instrucción anterior es equivalente a hacer:

```
int* p = &v[0]; // p apunta a v[0]
```

El puntero p, igual que sucede con el nombre del array v, puede utilizarse para acceder a los elementos del array utilizando corchetes. Por ejemplo, el siguiente programa recorre los elementos del array y los va imprimiendo, utilizando el puntero para acceder al valor de los mismos:

Ejemplo 11.2   Usar un puntero para acceder a los elementos de un array

```
int main(void) {
    int v[] = {10, 20, 30, 40, 50};
    int* p = v;

    for(int i=0; i<5; i++) {
        printf("%d ", p[i]);
    }
    printf("\n");
    return 0;
}
```

La salida del programa anterior es:

```
10 20 30 40 50
```

También podemos utilizar el operador de desreferenciación para acceder a los elementos. Podemos desreferenciar el puntero p o la variable del array, v:

```
printf("%d %d\n", *v, *p); // Imprime 10 10
```

11.6.1 Aritmética de punteros

Cuando sumamos o restamos un número entero a un puntero, el resultado es otro puntero desplazado *tantos elementos* (no bytes) como indica ese número. Por ejemplo, si *p* es de tipo *int** y en nuestra máquina un *int* ocupa 4 bytes, entonces:

- *p* + *1* apunta a la dirección situada 4 bytes después de *p*.
- *p* + *2* apunta 8 bytes después, y así sucesivamente.
- *p* - *1* apunta 4 bytes antes.

Podemos combinar la aritmética de punteros con el operador de desreferenciación para acceder a los elementos de un array:

Ejemplo 11.3   Desreferenciación combinada con aritmética de punteros

```
#include <stdio.h>

int main(void) {
    int v[5] = {10, 20, 30, 40, 50};
    int* p = v; // p apunta a v[0]

    printf("Elemento apuntado por p: %d\n", *p);
    printf("Elemento apuntado por p+1: %d\n", *(p+1));
    printf("Elemento apuntado por p+2: %d\n", *(p+2));
    return 0;
}
```

La salida de este programa es:

```
Elemento apuntado por p: 10
Elemento apuntado por p+1: 20
Elemento apuntado por p+2: 30
```

En este ejemplo, no hemos modificado el puntero *p*: al final del programa, *p* sigue apuntando al primer elemento del array *v*. En cambio, en el siguiente ejemplo, vamos modificando la dirección a la que apunta *p*, *moviendo* el puntero adelante y atrás:

Ejemplo 11.4   Mover el puntero adelante y atrás

```
#include <stdio.h>

int main(void) {
    int v[5] = {10, 20, 30, 40, 50};
    int* p = v; // p apunta a v[0]

    p = p + 3; // avanzar 3 posiciones
    printf("Ahora p apunta a: %d\n", *p);
```

```
    p = p - 2; // retroceder 2 posiciones
    printf("Ahora p apunta a: %d\n", *p);
    return 0;
}
```

En este caso, la salida del programa es:

```
Ahora p apunta a: 40
Ahora p apunta a: 20
```

La *aritmética de punteros* permite movernos por la memoria en función del tipo de dato al que apunta el puntero.

11.6.2 Comparación de punteros

Además de sumas y restas, en C podemos *comparar punteros* que apuntan a elementos de un mismo array. Esto es útil, por ejemplo, para recorrer un array con un puntero como condición de bucle:

Observa el siguiente ejemplo:

Ejemplo 11.5   Comparación de punteros

```
#include <stdio.h>

int main(void) {
    int numeros[5] = {10, 20, 30, 40, 50};
    int* inicio = numeros;
    int* fin = numeros + 5; // inmediatamente después del último elemento

    for (int* p = inicio; p < fin; p++) {
        printf("%d ", *p);
    }
    printf("\n");

    return 0;
}
```

En este ejemplo, el puntero *fin* no apunta a un elemento válido del array, sino a la dirección que hay justo después. Pero no hemos intentado acceder al contenido de dicha dirección de memoria, eso provocaría un *comportamiento indefinido*, solo la hemos utilizado a efectos de comparación. Es una técnica útil para marcar el final de un recorrido.

Además, observa que vamos usando el operador incremento, ++, para ir avanzando una posición el puntero *p*.

La Figura 11.4 resume las distintas formas de acceder a los elementos de un array utilizando un puntero o el nombre del array.

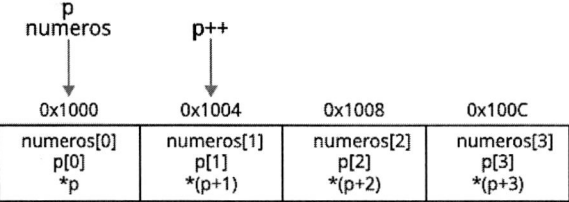

Figura 11.4: Diferentes formas de acceder a los elementos de un array, utilizando el nombre del array, *numeros*, o un puntero *p* al primer elemento

Equivalencia clave

Para cualquier array a y cualquier entero i:

$$a[i] \equiv *(a + i) \equiv *(i + a) \equiv i[a]$$

Observa que se cumple la conmutatividad. Como detalle curioso, observa que se cumple, incluso pudiendo usar $i[a]$. En realidad, los corchetes son aritmética de punteros.

El valor de $a+i$ se obtiene desplazando el puntero a i posiciones adelante, teniendo en cuenta el tamaño de cada elemento. Si a es de tipo $int*$, un incremento de 1 en el puntero avanza tantos bytes como ocupa un int en la máquina.

Importante

Aunque el nombre de un array se puede usar como un puntero a su primer elemento, no es una variable puntero real, es una dirección fija en memoria.

11.7 Punteros y funciones

En C, los argumentos de una función se pasan *por valor*. La función recibe una copia de cada argumento y cualquier modificación sobre esa copia no afecta a la variable original.

Sin embargo, si lo que pasamos a la función es una *dirección de memoria* (un puntero), entonces la función puede acceder y modificar directamente el dato original. Por ejemplo:

Ejemplo 11.6   Modificar una variable desde una función

```
#include <stdio.h>

void incrementar(int* p) {
    if (p != NULL) {
        (*p)++; // incrementa el valor apuntado
    }
}
```

```
int main(void) {
    int x = 10;
    printf("Antes: x = %d\n", x);

    incrementar(&x); // pasamos la dirección de x
    printf("Despues: x = %d\n", x);
    return 0;
}
```

En el Ejemplo 11.6, hay que observar lo siguiente:

- *incrementar()* recibe un parámetro *p* de tipo *int*∗, puntero a *int*.
- En la llamada, usamos &*x* para pasar la dirección de *x*.
- Dentro de la función, *∗p* (*contenido de p*) es el valor original en memoria de la variable *x*, no una copia.

La salida el programa es:

```
Antes: x = 10
Despues: x = 11
```

Puedes ver que la variable *x* ha cambiado de valor. El cambio se ha hecho dentro de la función *incrementar()*, pero la modificación se ha mantenido después de volver de la función. Siguiendo con la analogía que hemos usado antes, estamos compartiendo la propiedad del valor que almacena *x* con la función. El valor se puede modificar usando la variable *x* o, dentro de la función, accediendo a él a través de su dirección.

11.7.1 Paso de arrays a funciones

Ya hemos visto que el nombre de un array se comporta como un puntero a su primer elemento. Cuando *pasamos un array a una función*, en realidad estamos pasando una dirección. Esto permite que la función lea o modifique directamente sus elementos.

En el Ejemplo 11.7, la función *duplicar()* multipica por dos el valor de los elementos de un array de números enteros.

Ejemplo 11.7 Modificar elementos de un array

```
#include <stdio.h>

void duplicar(int* a, int n) {
    for (int i = 0; i < n; i++) {
        a[i] *= 2; // modifica directamente el array original
    }
}
```

```
int main(void) {
    int datos[5] = {1, 2, 3, 4, 5};

    duplicar(datos, 5); // 'datos' se pasa como int*

    for (int i = 0; i < 5; i++) {
        printf("%d ", datos[i]);
    }
    printf("\n");
    return 0;
}
```

Observa cómo hemos indicado en la función que el parámetro es un array. En este caso, el parámetro *a* en *duplicar()* es un puntero *int**, que apunta al primer elemento del array que recibe como argumento. Eso sí, la función necesita saber cuántos elementos tiene el array, lo que se consigue con el segundo parámetro de la función. Las modificaciones que hace *duplicar()*, se reflejan en el array original.

Observa también cómo se pasa el array *datos* a la función: poniendo el nombre del array *datos*, estamos pasando un puntero al primer elemento.

Recomendaciones

- Al pasar un puntero a una función, verifica que no sea *NULL* antes de usarlo.
- En la definición de la función, documenta claramente si el puntero se usará para modificar datos.
- Si la función no debe modificar los datos, declara el parámetro como *const* (por ejemplo, *const int** *a*).

Para saber más

En C, todos los parámetros de una función se pasan por valor, incluso los punteros.

Cuando pasamos un puntero como argumento, la función recibe una copia de ese puntero. A través de esa copia, la función puede acceder y modificar el contenido apuntado (simulando el paso por referencia).

Sin embargo, si dentro de la función cambiamos el valor del puntero (la dirección a la que apunta), el puntero original no se verá afectado, porque lo que se habrá modificado será únicamente la copia local.

Fíjate en el siguiente ejemplo:

```c
#include <stdio.h>

void cambiar_puntero(int* p) {
    int x = 200;
    p = &x;  // Cambia la dirección, pero solo en la copia local
}

int main(void) {
    int valor = 10;
    int* ptr = &valor;

    cambiar_puntero(ptr);
    printf("Después de cambiar_puntero: valor = %d\n", valor);
    printf("ptr sigue apuntando a valor: %d\n", *ptr);
    return 0;
}
```

La salida:

```
Después de cambiar_puntero: valor = 10
ptr sigue apuntando a valor: 10
```

11.8 Punteros a estructuras

Al igual que podemos tener punteros a tipos simples (*int**, *char**, etc.), también podemos *declarar punteros a estructuras*. En este caso, el puntero almacena la dirección de una variable de tipo *struct*.

Para declarar el puntero hay que poner la palabra clave *struct*, salvo que se haya definido un alias con *typedef*. El siguiente código declara una estructura de tipo *struct Punto*, una variable *origen* de dicho tipo y un puntero *p*, que apunta a *origen*:

```c
struct Punto {
    int x, y;
};

struct Punto origen = {0, 0};

struct Punto* p = &origen; // Aquí declara un puntero que apunta a origen
```

Una vez definido el puntero, podemos usarlo para acceder a los miembros de la estructura. Para ello, hay dos sintaxis equivalentes:

1. **Operador indirección más operador punto:** por ejemplo, para acceder al campo *x* de la variable *origen*, se usaría:

   `(*p).x`

   En esta sintaxis, los paréntesis son obligados; si no se usaran, el operador punto se operaría antes que el operador indirección *.

2. **Operador flecha:** para simplificar la sintaxis anterior, existe el operador *flecha*, que permite acceder directamente a los miembros de la estructura a la que apunta el puntero:

   `p->x`

La forma habitual de acceder a los miembros de una estructura a través de un puntero es el operador flecha. Aporta claridad y legibilidad al código, mostrando de manera explícita que se esta trabajando con un puntero.

Como con cualquier otro puntero, podemos utilizarlo para obtener el valor al que apunta o para modificarlo. Podríamos hacer:

`p->x = 10;`

La instrucción anterior modificaría el valor del campo *x* de la variable *origen*.

El código del Ejemplo 11.8 imprime los campos *x* e *y* de la estructura anterior:

Ejemplo 11.8   Acceso a los campos de una estructura con un puntero

```c
#include <stdio.h>

struct Punto {
    int x, y;
};

int main() {

    struct Punto origen = {0, 0};
    struct Punto* p = &origen;

    printf("(x, y) = (%d, %d)\n", p->x, p->y);

    return 0;
}
```

La salida del programa sería:

`(x, y) = (0, 0)`

11.8.1 Estructuras como argumentos de funciones

Cuando un parámetro de una función es de algún tipo de estructura, el argumento se recibe por valor: lo que llega a la función es una copia de la estructura original. Si dentro de la función se modifican sus campos, dichos cambios no quedarán reflejados en la variable original.

El Ejemplo 11.9 utiliza una función que recibe un *struct Punto* y lo modifica. Al volver de la función, el *Punto* original no ha sido modificado:

| Ejemplo 11.9 | Función que recibe una estructura |

```c
#include <stdio.h>

struct Punto {
    int x, y;
};

void cambia_punto(struct Punto pto) {
    pto.x = 100;
    pto.y = 100;
    printf("Dentro de la función: (%d, %d)\n", pto.x, pto.y);
}

int main() {
    struct Punto origen = {0, 0};

    printf("Antes de la función: (%d, %d)\n", origen.x, origen.y);

    cambia_punto(origen);
    printf("Después de la función: (%d, %d)\n", origen.x, origen.y);

    return 0;
}
```

La salida del programa es:

```
Antes de la función: (0, 0)
Dentro de la función: (100, 100)
Después de la función: (0, 0)
```

Observa que la función ha cambiado los campos *x* e *y*, pero dichos cambios solo afectan a la copia local de la variable y no quedan reflejados en la estructura original.

Si queremos que los cambios que haga la función en los campos de la estructura queden reflejados en la variable original, la función tiene que recibir la dirección de memoria donde está guardada dicha variable, es decir, un puntero a la misma. Así se hace en el Ejemplo 11.10, que es una versión modificada del Ejemplo 11.9:

Ejemplo 11.10   Función que recibe un puntero a una estructura

```c
#include <stdio.h>

struct Punto {
    int x, y;
};

void cambia_punto(struct Punto* pto) {
    pto->x = 100;
    pto->y = 100;
    printf("Dentro de la función: (%d, %d)\n", pto->x, pto->y);
}
int main() {
    struct Punto origen = {0, 0};

    printf("Antes de la función: (%d, %d)\n", origen.x, origen.y);

    cambia_punto(&origen);
    printf("Después de la función: (%d, %d)\n", origen.x, origen.y);

    return 0;
}
```

Ahora la salida es:

```
Antes de la función: (0, 0)
Dentro de la función: (100, 100)
Después de la función: (100, 100)
```

Ha habido que hacer varios cambios en el código:

- El parámetro de la función es un puntero del tipo *struct Punto**.

- Dentro de la función, para acceder a los campos, se utiliza el operador flecha.

- Al llamar a la función en *main()*, se pasa como argumento *&origen*, la dirección de la variable, no una copia de su valor.

11.9 Punteros y cadenas de caracteres

Una *cadena de caracteres* en C se representa como un *array de char*, terminado por el carácter nulo '\0'. Por ello, todo lo que hemos visto en el apartado sobre *punteros y arrays* se aplica también a las cadenas.

Si declaramos una cadena *saludo*, el nombre de la variable se comporta como un puntero constante al primer carácter de la cadena. Podemos declarar un puntero a *char* y hacer que apunte a esa cadena:

```c
char saludo[] = "Hola";
char* p = saludo; // p apunta a 'H'
```

A partir de aquí, podemos recorrer la cadena usando aritmética de punteros:

```
printf("%c\n", *p);     // imprime 'H'
printf("%c\n", *(p+1)); // imprime 'o'
```

Al igual que sucede con cualquier array, existe la equivalencia:

$$saludo[i] \equiv *(saludo + i)$$

Y, si p apunta a $saludo[0]$, también se cumple:

$$p[i] \equiv *(p + i)$$

El Ejemplo 11.11 recorre la cadena $saludo$ utilizando un puntero:

Ejemplo 11.11 Recorrer una cadena con punteros

```
#include <stdio.h>

int main(void) {
    char saludo[] = "Hola";
    char* p = saludo; // apunta al primer carácter

    printf("Recorrido con *(p+i): ");
    for (int i = 0; p[i] != '\0'; i++) {
        printf("%c ", *(p+i));
    }
    printf("\n");

    printf("Recorrido moviendo el puntero: ");
    p = saludo;
    while (*p != '\0') {
        printf("%c ", *p);
        p++;
    }
    printf("\n");

    return 0;
}
```

La salida es:

```
Recorrido con *(p+i): H o l a
Recorrido moviendo el puntero: H o l a
```

Hemos utilizado las dos técnicas que conocemos para recorrer un array con un puntero: sin mover el puntero y moviendo el puntero. En ambos casos se usa la aritmética de punteros.

Por supuesto, un puntero a una cadena de caracteres se puede utilizar para modificar el contenido de la misma. El Ejemplo 11.12 muestra cómo usar punteros para modificar el contenido de una cadena almacenada en un array.

Ejemplo 11.12 Modificar una cadena con punteros

```c
#include <stdio.h>

int main(void) {
    char saludo[10] = "Hola";
    char* p = saludo;

    *p = 'h';       // cambia la 'H' por 'h'
    *(p+4) = '!';   // cambia el carácter nulo por '!'
    *(p+5) = '\0';  // añade terminador nulo

    printf("%s\n", saludo);

    return 0;
}
```

La salida será:

```
hola!
```

11.9.1 Punteros a cadenas en funciones

En una función, al definir un parámetro de tipo cadena de caracteres, se puede utilizar la sintaxis de cadena y corchetes o la sintaxis de punteros.

Las siguientes declaraciones de la función *print_cadena()* son equivalentes:

```c
void print_cadena(char cadena[]);
```

```c
void print_cadena(char* cadena);
```

Cuando se utiliza una cadena de caracteres como argumento de una función, se pasa el nombre de la variable, que equivale a un puntero al primer elemento. A diferencia de los arrays de otro tipo, en el caso de las cadenas no se necesita un segundo parámetro con el número de elementos del array. En las cadenas de caracteres, se dispone del carácter '\0' para saber dónde terminan los caracteres válidos del array.

El siguiente código muestra una función que se puede utilizar para imprimir cadenas de caracteres:

```c
void imprime_cadena(char* cad) {
    for(int i=0; cad[i]!='\0'; i++) {
        printf("%c", cad[i]);
    }
    printf("\n");
}
```

La función define un parámetro de tipo puntero a *char* e imprime los caracteres hasta encontrar el carácter nulo:

¡Atención!

En las cadenas literales, como en *"Hola"*, el compilador crea un array de *char* con todos los caracteres más el carácter nulo final '\0'.

Cuando usamos una cadena literal para inicializar un puntero:

```
char* p = "Hola";
```

el puntero *p* apunta a una zona de memoria de solo lectura. Intentar modificarla produce un comportamiento indefinido.

Para cadenas modificables, hay que usar un array de *char* y, si se necesita un puntero, declararlo a posteriori:

```
char cad[] = "Hola";
char* p = cad;
```

¡Seguridad!

Al modificar cadenas con punteros, hay que asegurarse de no sobrescribir fuera del espacio asignado para el array y de mantener el carácter terminador '\0' para que las funciones de manejo de cadenas funcionen correctamente.

11.10 Punteros y *const*

En C, la palabra clave *const* puede aplicarse a punteros de dos formas diferentes:

1. **Dato apuntado constante:** el valor al que apunta no puede modificarse a través del puntero.

2. **Puntero constante:** el puntero en sí es constante. No puede modificarse la dirección a la que apunta.

También es posible combinar ambas restricciones.

11.10.1 Puntero a datos constantes

En este caso, el puntero puede apuntar a distintas direcciones, pero no puede modificar el dato al que apunta. La cláusula *const* se escribe antes del asterisco:

```
const int* p; // o bien: int const* p;
```

Por ejemplo:

Ejemplo 11.13 Puntero a datos constantes

```c
#include <stdio.h>

int main(void) {
    int x = 10, y = 20;
    const int* p = &x;

    printf("x = %d\n", *p);
    // *p = 15; // ERROR: no se puede modificar el valor apuntado

    p = &y; // permitido: el puntero puede cambiar de objetivo
    printf("y = %d\n", *p);

    return 0;
}
```

11.10.2 Puntero constante

En este caso, el puntero debe inicializarse al declararse y no puede cambiar la dirección que almacena, aunque sí se puede modificar el valor apuntado. En este caso, la cláusula *const* se escribe después del asterisco. .

```
int* const p = &x; // También valdría int *const
```

Por ejemplo:

Ejemplo 11.14 Puntero constante

```c
#include <stdio.h>

int main(void) {
    int x = 10;
    int* const p = &x;

    *p = 15; // permitido: se modifica el valor apuntado
    printf("x = %d\n", x);

    // p = &y; // ERROR: no se puede cambiar la dirección almacenada
    return 0;
}
```

11.10.3 Puntero constante a datos constantes

Este es el caso más restrictivo: ni el dato apuntado ni la dirección almacenada en el puntero pueden modificarse:

```
const int* const p = &x;
```

Por ejemplo:

Ejemplo 11.15 Puntero constante a datos constantes

```
#include <stdio.h>

int main(void) {
    int x = 10;
    const int* const p = &x;

    printf("x = %d\n", *p);
    // *p = 20; // ERROR: dato constante
    // p = &y;  // ERROR: puntero constante
    return 0;
}
```

La Tabla 11.1 resume las distintas situaciones que se pueden dar:

Tabla 11.1: Combinaciones de *const* con punteros.

Declaración	Dato constante	Puntero constante	Truco
const int* p	Sí	No	Asterisco después de *const*
int* const p	No	Sí	Asterisco antes de *const*
const int* const p	Sí	Sí	

Recomendaciones de estilo

Cuando el puntero no debe modificar el dato apuntado (por ejemplo, en funciones que solo leen datos), declara el parámetro como *const*.

Esto ayuda al compilador a detectar errores y documenta la intención del código.

11.11 Punteros nulos y punteros inválidos

Un *puntero nulo* es un puntero que no apunta a ningún dato válido. En C, el valor nulo se representa con la constante *NULL*, definida en la biblioteca *stddef.h*. Un puntero nulo es útil para indicar que el puntero está *vacío* o que no se ha asignado memoria para él.

```
int* p = NULL; // p no apunta a ningún dato válido
```

Antes de usar un puntero en operaciones de desreferenciación, es buena práctica comprobar que no sea *NULL*. La función *mostrar()* del Ejemplo 11.16, así lo hace:

Ejemplo 11.16   Comprobación de puntero nulo

```c
#include <stdio.h>

void mostrar(int* p) {
    if (p != NULL) {
        printf("Valor: %d\n", *p);
    }
}

int main(void) {
    int x = 42;
    int* p1 = &x; int* p2 = NULL;

    mostrar(p1); // válido
    mostrar(p2); // evita acceso inválido

    return 0;
}
```

11.11.1 Punteros inválidos

Un puntero inválido es aquel que apunta a una dirección de memoria que ya no es válida para nuestro programa. Esto puede ocurrir, por ejemplo:

- Si el puntero no fue inicializado y contiene basura.

- Si apuntaba a una variable local que ha dejado de existir (puntero colgante).

- Si apuntaba a memoria dinámica que ya fue liberada.

Ejemplo de puntero colgante:

Ejemplo 11.17   Puntero colgante

```c
#include <stdio.h>

int* obtener_direccion(void) {
    int local = 5;
    return &local; // ¡ERROR! local deja de existir al salir de la función
}

int main(void) {
    int* p = obtener_direccion();
    // *p = 10; // comportamiento indefinido

    return 0;
}
```

11.12 Buenas prácticas y errores comunes

Trabajar con punteros ofrece potencia y flexibilidad, pero también introduce fuentes de error sutiles. A continuación recopilamos un conjunto de pautas y ejemplos para minimizar fallos y facilitar la depuración.

Checklist de seguridad con punteros

- Inicializa siempre los punteros al declararlos: a una dirección válida o a *NULL*.
- Antes de desreferenciar, comprueba que el puntero no sea *NULL*.
- Si un puntero deja de apuntar a memoria válida, asígnale *NULL*.
- No hagas aritmética ni comparaciones entre punteros que no apunten al mismo array (salvo la posición "uno más allá del final").
- Usa paréntesis al combinar **p* con operadores como ++ o −: escribe *(*p)++*.
- Declara *const* los punteros a datos que no deban modificarse en una función.
- Muestra direcciones con *%p* y convierte a *void**: *printf(" %p",(void*)p)*.

11.12.1 Errores típicos y cómo evitarlos

1. **Puntero no inicializado**

```
int* p;        // Valor indeterminado (¡peligroso!)
// *p = 10;    // ERROR: acceso a una dirección basura
```

   Solución:

```
int* p = NULL; // o asignar una dirección válida más tarde
```

2. **Desreferenciar *NULL***

```
int* p = NULL;
// printf("%d\n", *p); // ERROR: comportamiento indefinido
```

   Solución:

```
if (p != NULL) {
    printf("%d\n", *p);
}
```

3. **Devolver la dirección de una variable local (puntero colgante)**

```c
int* mala(void) {
    int x = 5;
    return &x; // x desaparece al salir: puntero colgante
}
```

Alternativa ilustrativa (es segura en cuanto a ámbito): devuelve el *valor*, no su dirección.

```c
int buena(void) {
    int x = 5;
    return x; // devuelve una copia del valor
}
```

4. **Declaraciones confusas con múltiples variables**

```c
int* p, q; // p es int*, pero q es int (¡confuso!)
```

Recomendación: una declaración por línea.

```c
int* p;
int  q;
```

5. **Precedencia y legibilidad con ∗ e incremento**

```c
int x = 7;
int* p = &x;
*p++;       // incrementa p (el puntero), NO x
(*p)++;     // incrementa el contenido: x pasa a 8
```

6. **Aritmética entre punteros de arrays distintos**

```c
int a[3], b[3];
int* p = a;
int* q = b;
// q - p;   // Indefinido: no apuntan al mismo bloque
```

Regla: solo compara o resta punteros dentro del mismo array (o uno más allá).

7. **Mezcla de tipos de puntero incompatible**

```c
int  x = 1;
char* pc = (char*)&x;  // forzar conversión cambia la interpretación
                       // *pc lee/escribe un byte;
                       // *(int*)pc leería/escribiría 4 bytes (según
                       // plataforma)
```

Criterio: mantén la coherencia de tipos; convierte solo con justificación clara y entendiendo las implicaciones de alineación y tamaño.

11.12.2 Patrones recomendados

1. **Comprobación defensiva al entrar en funciones**

```
void actualizar(int* p, int nuevo) {
    if (p == NULL) {
        return;   // o maneja el error
    }
    *p = nuevo;
}
```

2. **Uso de *const* para documentar intención y evitar errores**

```
int suma(const int* a, int n) {
    int total = 0;
    for (int i = 0; i < n; i++) {
        total += a[i]; // no se modifica a[]
    }
    return total;
}
```

3. **Recorridos con puntero y "fin" un elemento más allá**

```
int v[5] = {1,2,3,4,5};
for (int* p = v, *fin = v + 5; p < fin; p++) {
    // usar *p
}
```

Observación sobre portabilidad

El tamaño de los tipos (*sizeof(int)*, *sizeof(double)*, etc.) y de los punteros puede variar entre plataformas. Evita suposiciones de tamaño fijo y confía en *sizeof* y en el sistema de tipos para que la aritmética de punteros avance en *elementos*, no en bytes.

11.12.3 Aplicación integradora

El Ejemplo 11.18 incrementa en una cantidad *delta* los elementos positivos de un array y cuenta cuántos se modifican. Se realizan comprobaciones defensivas.

Ejemplo 11.18 Actualización segura en su sitio con punteros

```
#include <stdio.h>

int actualiza_positivos(int* a, int n, int delta) {
    if (a == NULL || n <= 0) {
        return 0;
    }
    int* p = a;
    int* fin = a + n;
    int cambiados = 0;
```

```
    for (; p < fin; p++) {
        if (*p > 0) {
            (*p) += delta; // modifica el contenido
            cambiados++;
        }
    }
    return cambiados;
}

int main(void) {
    int v[6] = {-3, 0, 5, 7, -1, 2};

    int c = actualiza_positivos(v, 6, 10);

    printf("Cambiados: %d\n", c);
    for (int i = 0; i < 6; i++) {
        printf("%d ", v[i]);
    }
    printf("\n");
    return 0;
}
```

11.13 Tamaño de tipos y memoria: *sizeof* y *size_t*

Cuando trabajamos con punteros es habitual necesitar conocer cuántos bytes ocupa un determinado tipo de datos o un objeto en memoria. Para ello, el lenguaje C proporciona el operador *sizeof*, que devuelve un valor de tipo *size_t*.

11.13.1 El operador *sizeof*

El operador *sizeof* sirve para obtener el tamaño en bytes de un tipo de datos o de un objeto.

Su sintaxis básica es:

```
sizeof(tipo)
sizeof(expresión)
```

Hay que anotar las siguientes reglas:

- Si se aplica a un *tipo*, hay que escribir los paréntesis obligatoriamente: *sizeof(int)*, *sizeof(double)*, etc.

- Si se aplica a una *expresión*, los paréntesis son opcionales, aunque es recomendable ponerlos: *sizeof(x)*, *sizeof *p*.

- Para imprimir valores del tipo *size_t*, se utiliza el especificador de formato %zu.

Se muestran a continuación algunos ejemplos de uso del operador *sizeof*:

```
printf("sizeof(int) = %zu\n", sizeof(int));
printf("sizeof(double) = %zu\n", sizeof(double));

int x;
int* p = &x;
printf("sizeof(x) = %zu\n", sizeof(x));
printf("sizeof(*p) = %zu\n", sizeof(*p)); // tamaño del tipo apuntado
printf("sizeof(p) = %zu\n", sizeof(p));   // tamaño del puntero
```

La salida concreta del código anterior dependerá de la plataforma en la que se ejecute. Te animamos a probarlo en tu computador.

> **Importante**
>
> - El tamaño de un puntero *no* depende del tipo apuntado, sino de la arquitectura de la máquina (por ejemplo, 8 bytes en sistemas de 64 bits).
> - El tamaño del dato apuntado (*sizeof(*p)*) depende del tipo base del puntero.
> - Si el tipo es conocido en tiempo de compilación, *sizeof* se evalúa en ese momento, sin ejecutar código adicional.

11.13.2 El tipo *size_t*

El valor devuelto por *sizeof* es de tipo *size_t*, un tipo entero *sin signo* definido en la cabecera *stddef.h* y disponible también en otras cabeceras estándar como *stdio.h* o *stdlib.h*.

El tipo *size_t* se usa para guardar tamaños y recuentos de elementos en memoria. Siempre puede almacenar los valores devueltos por *sizeof*, sin riesgo de desbordamiento.

Hay muchas funciones que utilizan el tipo *size_t* para sus parámetros o para el valor que devuelven. Por ejemplo, la función *strlen()* de la biblioteca *string.h* devuelve un valor del tipo *size_t*.

El especificador de formato para imprimir valores *size_t* es %zu.

El Ejemplo 11.19 te puede servir para saber el tamaño en bytes de distintos tipos de datos en tu computador:

Ejemplo 11.19 Tamaño de algunos tipos de datos

```
#include <stdio.h>
#include <stdbool.h>

int main() {
    printf("bool  : %zu bytes\n", sizeof(bool));
    printf("char  : %zu bytes\n", sizeof(char));
    printf("short : %zu bytes\n", sizeof(short));
    printf("int   : %zu bytes\n", sizeof(int));
```

```
    printf("long  : %zu bytes\n", sizeof(long));
    printf("float : %zu bytes\n", sizeof(float));
    printf("double: %zu bytes\n", sizeof(double));

    void* p;
    printf("puntero: %zu bytes\n", sizeof(p));

    return 0;
}
```

La salida en mi computador fue:

```
bool  : 1 bytes
char  : 1 bytes
short : 2 bytes
int   : 4 bytes
long  : 8 bytes
float : 4 bytes
double: 8 bytes
puntero: 8 bytes
```

Recomendación

Utiliza *size_t* para variables que almacenen tamaños o conteos de elementos.

Esto asegura portabilidad y evita problemas con valores negativos en contextos donde no tienen sentido.

11.14 Punteros a *void* (punteros genéricos)

Un *puntero void*∗ puede almacenar la dirección de un objeto de cualquier tipo de datos.

Al no estar asociado a un tipo base concreto, el compilador no sabe cuántos bytes debe interpretar al desreferenciarlo, por lo que no se puede usar el operador ∗ directamente sobre él, sin hacer una conversión de tipo.

El siguiente ejemplo muestra un uso básico de un puntero genérico:

Ejemplo 11.20   Ejemplo de uso de un puntero genérico *void*∗

```
#include <stdio.h>

int main(void) {
    int x = 10;
    double y = 3.14;

    void* p;     // puntero genérico
    p = &x;      // ahora apunta a un int
    printf("Valor de x: %d\n", *(int*)p); // conversión a int*
```

```
    p = &y;    // ahora, p apunta a un double
    printf("Valor de y: %.2f\n", *(double*)p); // conversión a double*
    return 0;
}
```

En el Ejemplo 11.21, se usa la función *copiar()*, que recibe como argumentos punteros genéricos a dos variables. La función copia el contenido de una variable en otra:

Ejemplo 11.21 Ejemplo de función genérica

```
#include <stdio.h>
#include <string.h>

void copiar(void* destino, void* origen, size_t bytes) {
    memcpy(destino, origen, bytes);
}

int main(void) {
    int a = 42, b;

    copiar(&b, &a, sizeof(int));
    printf("b = %d\n", b);

    return 0;
}
```

La salida del programa es:

```
b = 42
```

En este ejemplo, la función *copiar()* recibe punteros a *void*, lo que le permite trabajar con datos de cualquier tipo, siempre que se indique el número de bytes a copiar.

Puntos clave

- *void** es útil para manejar direcciones de memoria sin importar el tipo de dato, como en funciones genéricas de la biblioteca estándar.
- Para desreferenciar, hay que convertirlo a un puntero del tipo correcto.
- La aritmética de punteros (*p+1*, etc.) no está permitida directamente con *void**, porque el compilador no sabe el tamaño del tipo apuntado.
- Al imprimir la dirección de un puntero con el especificador de formato %p, hay que moldear el puntero a *void**.

11.15 Punteros a funciones

Además de apuntar a datos, en C también es posible declarar punteros que apunten a funciones. Un puntero a función almacena la dirección de una función y puede usarse para llamarla indirectamente.

En la declaración de un puntero a función hay que indicar:

- El tipo de dato devuelto por la función.
- El tipo y número de parámetros que recibe.

Por ejemplo, un puntero llamado *pf*, a una función que recibe como argumentos dos valores de tipo *int* y devuelve como resultado un valor de tipo *int*:

```
int (*pf)(int, int);
```

Un ejemplo sencillo podría ser:

Ejemplo 11.22   Ejemplo de uso de puntero a función

```
#include <stdio.h>

int sumar(int a, int b) {
   return a + b;
}

int main(void) {
   int (*pf)(int, int); // puntero a función
   pf = sumar;          // asignar la dirección de la función

   int resultado = pf(2, 3);   // llamada a través del puntero
   printf("Resultado: %d\n", resultado);
   return 0;
}
```

La salida del programa anterior sería:

```
Resultado: 5
```

Detalles importantes

- El operador & es opcional al asignar una función a un puntero: *pf = sumar;* y *pf = &sumar;* son equivalentes.
- Para llamar a la función, se puede usar la sintaxis *pf(...)* o *(*pf)(...)*; ambas son equivalentes.
- El tipo del puntero a función debe coincidir exactamente con la signatura de la función.

Un uso típico de los punteros a funciones es pasar la dirección de una función como argumento a otra función, para que esta la llame internamente. Por ejemplo:

Ejemplo 11.23   Puntero a función como parámetro

```c
#include <stdio.h>

int sumar(int a, int b) {
    return a + b;
}
int multiplicar(int a, int b) {
    return a * b;
}
void operar(int x, int y, int (*f)(int, int)) {
    printf("Resultado: %d\n", f(x, y));
}

int main(void) {
    operar(3, 4, sumar);        // usa sumar()
    operar(3, 4, multiplicar); // usa multiplicar()
    return 0;
}
```

Observa que se usa el nombre de las funciones directamente como un puntero.

Los punteros a funciones se pueden utilizar como parámetros de entrada a la función y también como valor devuelto por la misma. Por ejemplo:

```c
int doble(int n) { return 2 * n; }
int triple(int n) { return 3 * n; }

int (*selecciona_funcion(char tipo))(int) {
    if (tipo == 'd') {
        return doble;
    } else {
        return triple;
    }
}

int main() {
    int (*pf)(int) = selecciona_funcion('d');
    printf("%d\n", pf(7)); // Imprime 14 (doble de 7)
    return 0;
}
```

Observa la sintaxis utilizada para definir una función que devuelve un puntero a otra función.

Funciones de orden superior

Cuando una función utiliza como parámetro o como valor devuelto un puntero a otra función, se suele denominar *función de orden superior*.

Ejercicios propuestos

(Las soluciones de estos ejercicios se pueden consultar en [2])

Ejercicio 11.1. Valor y dirección de una variable.
Declara una variable entera *x* e imprime en pantalla su valor y su dirección de memoria utilizando el operador & y el especificador de formato %p.

Ejercicio 11.2. Impresión vía puntero.
Declara un puntero a *int*, inicialízalo con la dirección de una variable y utiliza el operador * para imprimir el valor de la variable a través del puntero.

Ejercicio 11.3. Modificar el valor original a través del puntero.
Modifica el ejercicio anterior para que, usando el puntero, cambies el valor de la variable original.

Ejercicio 11.4. Recorrer un array con p++.
Escribe un programa que recorra un array de 5 enteros usando un puntero y el operador de incremento p++ para pasar de un elemento al siguiente.

Ejercicio 11.5. Recorrer una cadena hasta '\0'.
Dada una cadena de texto, utiliza un puntero *char** para recorrerlo e imprimir sus caracteres uno por uno hasta el carácter nulo '\0'.

Ejercicio 11.6. Función que suma un entero al valor apuntado.
Escribe una función que reciba un puntero a *int* y un entero, y actualice el valor apuntado sumándole el entero recibido. Comprueba su funcionamiento desde *main()*.

Ejercicio 11.7. Duplicar elementos usando aritmética de punteros.
Escribe una función que reciba un puntero a *int* y su tamaño, y multiplique por 2 cada elemento del array usando únicamente aritmética de punteros.

Ejercicio 11.8. Intercambio de dos enteros con punteros.
Implementa una función que intercambie los valores de dos variables enteras usando punteros.

Ejercicio 11.9. *struct Punto* y acceso con ->.
Declara una estructura *struct Punto* con dos campos *x* e *y* de tipo *double*. Crea un puntero a dicha estructura e inicializa sus valores usando el operador ->.

Ejercicio 11.10. Intento de modificar a través de *const int**.
Escribe un programa que reciba un puntero a datos constantes (*const int**) e intente modificar el valor apuntado. Comprueba qué error de compilación se produce.

Ejercicio 11.11. Media aritmética de un array de *double* (sin modificar).
Implementa una función que reciba un puntero a *double* y el tamaño de un array y que calcule la media aritmética de sus elementos. La función no debe modificar el contenido del array.

Ejercicio 11.12. Devolver puntero al máximo y ponerlo a 0 desde *main()*.
Crea una función que busque el valor máximo en un array de enteros y devuelva un puntero al elemento máximo encontrado. Desde *main()*, utiliza ese puntero para modificar el valor máximo a 0.

Ejercicio 11.13. Devolver por puntero cuántos elementos > 100.
Implementa una función que reciba un array de enteros y su tamaño, y devuelva mediante un parámetro por puntero cuántos elementos son mayores que 100.

Ejercicio 11.14. Recorrer array de *struct Persona* y filtrar mayores de edad.
Escribe un programa que declare un array de estructuras *struct Persona* con nombre y edad, y utilice un puntero para recorrer el array e imprimir solo las personas mayores de edad.

Ejercicio 11.15. Longitud de cadena sin *strlen()*.
Crea una función que reciba un puntero a una cadena (*char**) y devuelva la longitud de la cadena sin usar *strlen()*.

Capítulo 12

Funciones para manipular cadenas de caracteres

Contenido

En este capítulo se estudian las funciones de la biblioteca estándar string.h, fundamentales para trabajar con cadenas de caracteres en C. Estas funciones permiten medir longitudes, copiar, concatenar, comparar o buscar dentro de cadenas, entre otras operaciones.

Todas ellas trabajan directamente sobre arrays de char terminados en el carácter nulo '\0', y utilizan punteros para recorrer la memoria. Por tanto, su uso exige comprender bien la representación interna de las cadenas.

Se abordan las funciones más utilizadas: strlen() para medir longitudes, strcmp() y strncmp() para comparar, strcat() y strncat() para concatenar, así como strchr(), strstr() y otras para búsquedas. También se estudian técnicas de inicialización y funciones auxiliares como memset(), junto con casos prácticos que muestran cómo combinarlas.

El capítulo presta especial atención a la seguridad: muchas de estas funciones no comprueban los límites de memoria y pueden causar desbordamientos de búfer si no se usan correctamente. Se presentan alternativas más seguras, como strncat(), strncpy() o, en algunos sistemas, strlcpy() y strlcat().

Finalmente, se ofrecen ejemplos de aplicación, advertencias sobre errores frecuentes y una tabla de referencia rápida. El objetivo es proporcionar al estudiante las herramientas necesarias para manipular texto de forma eficaz y segura en lenguaje C.

12.1 Introducción

El lenguaje C proporciona una colección de funciones definidas en la biblioteca estándar *string.h* que permiten realizar operaciones comunes sobre cadenas de caracteres: medir su longitud, copiarlas, compararlas, concatenarlas o buscar subcadenas, entre otras. Estas funciones están pensadas para facilitar el trabajo con texto y son ampliamente utilizadas tanto en programas sencillos como en sistemas complejos.

Las funciones de *string.h* operan directamente sobre los caracteres de las cadenas, utilizando punteros para acceder y recorrer la memoria. Por esta razón, su estudio se realiza después de haber introducido los conceptos de punteros, ya que muchas de estas funciones reciben o devuelven direcciones de memoria.

Es importante recordar que, en C, una *cadena de caracteres* no es un tipo de datos específico, sino un *array de tipo char* que termina en el carácter especial '\0' (llamado *carácter nulo*). Todas las funciones de *string.h* suponen que las cadenas están correctamente terminadas por este carácter. Si una cadena no está bien formada (por ejemplo, si se ha olvidado el carácter nulo al final), el comportamiento de las funciones puede ser impredecible o peligroso.

A lo largo de este capítulo estudiaremos en detalle las principales funciones disponibles en la biblioteca *string.h*, explicando su funcionamiento, sus parámetros, y mostrando ejemplos de uso. También abordaremos sus limitaciones y los errores más frecuentes, y ofreceremos alternativas más seguras o modernas cuando sea posible.

¡Precaución!

Muchas de las funciones de *string.h* no comprueban si el espacio reservado para una cadena es suficiente. El programador debe garantizar que las operaciones de copia, concatenación o escritura no excedan los límites del array. De lo contrario, se puede producir un desbordamiento de memoria (*buffer overflow*), con consecuencias potencialmente graves.

12.2 Medir la longitud de una cadena

Una de las operaciones más básicas al trabajar con cadenas de caracteres es conocer su longitud. En C, esta operación se realiza mediante la función *strlen()*, definida en la biblioteca estándar *string.h*. Esta función calcula cuántos caracteres contiene una cadena *antes* del carácter nulo '\0', que actúa como delimitador del final. Su sintaxis es:

```
size_t strlen(const char* s);
```

El parámetro que recibe es un puntero a la primera posición de una cadena válida, y devuelve un valor entero de tipo *size_t*[1] que indica el número de caracteres presentes en la cadena, excluyendo el carácter '\0'.

El Ejemplo 12.1 muestra un caso de uso sencillo:

Ejemplo 12.1 Uso básico de *strlen()*

```c
#include <stdio.h>
#include <string.h>

int main() {
    char mensaje[] = "hola";

    size_t longitud = strlen(mensaje);
    printf("La longitud es: %zu\n", longitud);

    return 0;
}
```

---

[1]El tipo *size_t* se explicó en el capítulo de punteros, en el Apartado 11.13.

La salida del programa es:

```
La longitud es: 4
```

En este caso, la cadena *"hola"* contiene 4 caracteres y la función *strlen()* devuelve el valor 4. El carácter nulo, que ocupa la quinta posición en el array, no se cuenta.

¡Precaución!

La función *strlen()* supone que la cadena está correctamente terminada con '\0'.

Si no lo está, la función seguirá leyendo memoria hasta encontrar por casualidad un byte con valor cero, lo que puede provocar resultados erróneos o errores graves de ejecución.

Observa el siguiente ejemplo:

```
char nombre[4] = { 'J', 'u', 'a', 'n' }; // No contiene '\0'
printf("%zu\n", strlen(nombre)); // Resultado indefinido
```

En este ejemplo, el array *nombre* no contiene un carácter nulo, por lo que *strlen()* recorrerá memoria fuera del array. Este tipo de errores es difícil de detectar y puede dar lugar a fallos de seguridad o bloqueos del programa.

Cuando se trabaja con funciones que modifican cadenas (como *fgets()*, *strcpy()*, etc.), es buena práctica asegurarse de que la cadena está bien formada antes de utilizar *strlen()*, especialmente si se ha rellenado manualmente el contenido del array.

12.3 Comparar cadenas

Comparar cadenas de caracteres es una operación frecuente en muchos programas: verificar contraseñas, comprobar si dos nombres son iguales, ordenar alfabéticamente, etc. Para ello, la biblioteca *string.h* ofrece las funciones *strcmp()* y *strncmp()*.

Estas funciones comparan las cadenas carácter a carácter, utilizando el valor numérico de cada carácter según su codificación (habitualmente ASCII o Latin-1). La comparación distingue entre mayúsculas y minúsculas, y se realiza en orden lexicográfico.

12.3.1 *strcmp()*: comparación completa

La función *strcmp()* compara dos cadenas completas, carácter a carácter, hasta encontrar el primer carácter diferente o hasta llegar al final de ambas cadenas.

```
int strcmp(const char* s1, const char* s2);
```

Devuelve un número entero con el siguiente significado:

- **0**: si ambas cadenas son iguales.

- **< 0**: si la primera cadena es menor que la segunda.

- **> 0**: si la primera cadena es mayor que la segunda.

La relación de orden se basa en los valores ASCII. Por tanto, las mayúsculas van antes que las minúsculas y las letras acentuadas pueden tener un comportamiento diferente según la codificación utilizada.

Ejemplo 12.2 Comparación con *strcmp()*

```c
#include <stdio.h>
#include <string.h>

int main() {
    char a[] = "casa";
    char b[] = "casco";

    int resultado = strcmp(a, b);

    if (resultado < 0) {
        printf("La cadena 'casa' va antes que 'casco'\n");
    } else if (resultado > 0) {
        printf("La cadena 'casa' va después que 'casco'\n");
    } else {
        printf("Las cadenas son iguales\n");
    }

    return 0;
}
```

La salida de programa es:

```
La cadena 'casa' va antes que 'casco'
```

Orden lexicográfico

La función *strcmp()* compara los caracteres en orden y devuelve el resultado de la resta entre el primer par de caracteres distintos: $s1[i] - s2[i]$.

Por eso, el resultado puede ser negativo, positivo o cero, según el valor ASCII de los caracteres comparados.

12.3.2 *strncmp()*: comparación parcial

La función *strncmp()* permite comparar solo los primeros *n* caracteres de dos cadenas. Es útil cuando no nos interesa comparar toda la cadena, sino únicamente un prefijo.

```c
int strncmp(const char* s1, const char* s2, size_t n);
```

El valor devuelto tiene el mismo significado que en *strcmp()*, pero solo se tienen en cuenta los primeros *n* caracteres, o menos si alguna cadena termina antes.

Ejemplo 12.3   Comparación parcial con *strncmp()*

```c
#include <stdio.h>
#include <string.h>

int main() {
   char a[] = "computadora";
   char b[] = "composición";

   if (strncmp(a, b, 4) == 0) {
      printf("Las cadenas comienzan igual\n");
   } else {
      printf("Las cadenas son diferentes en los primeros caracteres\n");
   }

   return 0;
}
```

La salida del programa es:

```
Las cadenas comienzan igual
```

En este ejemplo, las primeras cuatro letras de ambas cadenas son iguales (*"comp"*), por lo que la función devuelve cero.

Mayúsculas y acentos

Las funciones *strcmp()* y *strncmp()* distinguen entre mayúsculas y minúsculas.

Además, los caracteres acentuados pueden tener un valor ASCII diferente, por lo que cadenas que parecen iguales visualmente pueden ser distintas en memoria.

Para comparar cadenas ignorando mayúsculas y acentos es necesario aplicar una transformación previa o usar funciones específicas de la localización, como *strcasecmp()*, si está disponible.

12.4 Concatenar

Concatenar consiste en unir dos cadenas de caracteres en una sola. En C, esta operación se realiza con las funciones *strcat()* y *strncat()*, definidas en la biblioteca estándar *string.h*.

Al igual que ocurre con la copia de cadenas, estas funciones no comprueban automáticamente si hay espacio suficiente en el array destino. Es responsabilidad del programador garantizar que el resultado quepa en la memoria disponible.

12.4.1 *strcat()*: concatenación completa

La función *strcat()* añade la cadena *origen* al final de la cadena *destino*. El carácter '\0' de *destino* es sobrescrito, y la nueva cadena resultante termina en un nuevo carácter nulo.

```
char* strcat(char* destino, const char* origen);
```

Requisito importante: el array *destino* debe tener suficiente espacio para almacenar la cadena original más el contenido de *origen* y el carácter '\0' final.

> **Ejemplo 12.4** Concatenación con *strcat()*
>
> ```
> #include <stdio.h>
> #include <string.h>
>
> int main() {
>     char saludo[30] = "Hola, ";
>     char nombre[] = "Manuel";
>
>     strcat(saludo, nombre);
>     printf("Saludo completo: %s\n", saludo);
>     return 0;
> }
> ```

La salida del programa es:

```
Saludo completo: Hola, Manuel
```

En este ejemplo, la cadena *saludo* tiene espacio suficiente para almacenar la frase completa. Si no fuera así, se produciría un error de ejecución por sobrescritura de memoria.

> **¡Precaución!**
>
>
>
> La función *strcat()* no verifica si hay espacio disponible en el array *destino*.
>
> Si el contenido combinado supera el tamaño del array, se sobrescribirá memoria fuera de los límites del array, lo que puede provocar errores de ejecución.

12.4.2 *strncat()*: concatenación con límite

La función *strncat()* permite limitar el número de caracteres añadidos desde *origen*, reduciendo el riesgo de desbordamiento.

```
char* strncat(char* destino, const char* origen, size_t n);
```

Añade como máximo *n* caracteres y asegura que la cadena resultante termina en '\0', siempre que el array destino tenga espacio suficiente. El valor *n* no incluye el carácter nulo final.

| Ejemplo 12.5 | Concatenación segura con *strncat()* |

```
#include <stdio.h>
#include <string.h>

int main() {
    char frase[20] = "Café ";
    char extra[] = "con leche y azúcar";

    strncat(frase, extra, 10);
    printf("Frase: %s\n", frase);
    return 0;
}
```

La salida del programa es:

```
Frase: Café con leche
```

Aquí se copian solo los primeros 10 caracteres de "*con leche y azúcar*" y se añaden a *frase*. El resultado es seguro, siempre que *frase* tenga suficiente espacio.

Elección del tamaño
El valor de *n* debe elegirse cuidadosamente, teniendo en cuenta:

- La longitud actual de la cadena *destino*.
- El tamaño total del array que la contiene.
- El carácter '\0' que debe colocarse al final.

Como guía práctica, se puede calcular un valor adecuado de *n* restando a la capacidad total del array el número de caracteres ya ocupados en *destino*.

12.5 Buscar caracteres y subcadenas

La biblioteca *string.h* proporciona varias funciones para buscar caracteres o subcadenas dentro de una cadena. Estas funciones devuelven un puntero a la posición encontrada o un valor nulo si no se encuentra el elemento buscado.

12.5.1 *strchr()*: buscar la primera aparición de un carácter

La función *strchr()* busca la primera aparición de un carácter en una cadena.

```
char* strchr(const char* s, int c);
```

Devuelve un puntero al primer carácter igual a *c*, o *NULL* si no se encuentra.

Ejemplo 12.6 Uso de *strchr()*

```
#include <stdio.h>
#include <string.h>

int main() {
    char texto[] = "Universidad";
    char* pos = strchr(texto, 'i');

    if (pos != NULL) {
        printf("Primera 'i' en la posición: %ld\n", pos - texto);
    } else {
        printf("No se encontró el carácter.\n");
    }

    return 0;
}
```

La salida del programa es:

```
Primera 'i' en la posición: 2
```

La función devuelve un puntero, no una posición. Si se desea conocer el índice, basta con restar el puntero original al puntero devuelto: *pos - texto*.

Para saber más

En el Ejemplo 12.6, se realiza una diferencia entre dos punteros. Esto es lo que dice la norma ISO C 99:

> Cuando se restan dos punteros que apuntan a elementos del mismo array (o uno más allá del final del array), el resultado es de tipo ptrdiff_t, y representa la distancia entre ellos en número de elementos. (C99 §6.5.6/9)

El especificador de formato utilizado para imprimir esa diferencia ha sido %ld (*long int*). %ld funciona correctamente, siempre que *ptrdiff_t* sea sinónimo de *long int*, que suele ser el caso en sistemas de 64 bits típicos (como Linux o macOS).

Para máxima portabilidad, se recomienda:

- Incluir *stddef.h*.
- Usar %td con un valor de tipo *ptrdiff_t*.

12.5.2 *strrchr()*: buscar la última aparición de un carácter

Es similar a *strchr()*, pero devuelve un puntero a la última aparición del carácter. Su sintaxis:

```
char* strrchr(const char* s, int c);
```

Un ejemplo básico:

Ejemplo 12.7   Uso de *strrchr()*

```c
#include <stdio.h>
#include <string.h>

int main() {
    char texto[] = "programando";
    char* pos = strrchr(texto, 'o');

    if (pos != NULL) {
        printf("Última 'o' en la posición: %ld\n", pos - texto);
    } else {
        printf("No se encontró el carácter.\n");
    }

    return 0;
}
```

La salia del programa es:

```
Última 'o' en la posición: 10
```

12.5.3 *strstr()*: buscar una subcadena

La función *strstr()* permite buscar una subcadena dentro de otra cadena. Devuelve un puntero a la primera aparición de la subcadena *s2* dentro de *s1*, o *NULL* si no se encuentra. Su sintaxis es:

```
char* strstr(const char* s1, const char* s2);
```

Un ejemplo de uso podría ser:

Ejemplo 12.8   Uso de *strstr()*

```c
#include <stdio.h>
#include <string.h>

int main() {
    char frase[] = "El lenguaje C es eficiente";
    char* pos = strstr(frase, "C es");
```

```
    if (pos != NULL) {
        printf("Subcadena encontrada: %s\n", pos);
    } else {
        printf("Subcadena no encontrada.\n");
    }
    return 0;
}
```

La salida del programa es:

```
Subcadena encontrada: C es eficiente
```

12.5.4 *strpbrk()*: buscar cualquiera de varios caracteres

Devuelve un puntero al primer carácter de *s1* que aparece también en *s2*. La sintaxis es:

```
char* strpbrk(const char* s1, const char* s2);
```

El siguiente ejemplo muestra su uso:

Ejemplo 12.9   Uso de *strpbrk()*

```
#include <stdio.h>
#include <string.h>

int main() {
    char texto[] = "telefonía";
    char* vocales = "aeiou";

    char* pos = strpbrk(texto, vocales);
    if (pos != NULL) {
        printf("Primera vocal: %c\n", *pos);
    } else {
        printf("No hay vocales.\n");
    }
    return 0;
}
```

La salida del programa es:

```
Primera vocal: e
```

Observa que se pueden situar en la cadena *s2* todos los caracteres que queramos localizar.

12.5.5 *strspn()* y *strcspn()*: contar prefijos válidos o inválidos

Estas funciones permiten contar cuántos caracteres iniciales de una cadena pertenecen (o no pertenecen) a un conjunto dado. La sintaxis de ambas funciones es:

```
size_t strspn(const char* s1, const char* s2);
size_t strcspn(const char* s1, const char* s2);
```

- **strspn()** cuenta los caracteres iniciales de *s1* que están en *s2*.

- **strcspn()** cuenta los caracteres iniciales de *s1* que **no** están en *s2*.

El siguiente ejemplo muestra cómo usar estas dos funciones:

Ejemplo 12.10   Uso de *strspn()* y *strcspn()*

```
#include <stdio.h>
#include <string.h>

int main() {
    char cadena[] = "123abc";
    size_t n1 = strspn(cadena, "0123456789");
    size_t n2 = strcspn(cadena, "abc");

    printf("Prefijo numérico: %zu\n", n1);
    printf("Primer carácter alfabético en posición: %zu\n", n2);

    return 0;
}
```

La salida de programa es:

```
Prefijo numérico: 3
Primer carácter alfabético en posición: 3
```

En este ejemplo, *strspn()* cuenta los dígitos al principio de la cadena, mientras que *strcspn()* determina la posición del primer carácter perteneciente al conjunto "*abc*".

12.5.6 Lectura segura de cadenas con *fgets()*

La función *fgets()* permite leer una línea de texto desde un flujo de entrada (como el teclado) y almacenarla en una cadena de caracteres. A diferencia de *scanf()*, esta función admite espacios en blanco y permite controlar la cantidad máxima de caracteres leídos, lo que la convierte en una alternativa más segura.

La sintaxis de *fgets()* es:

```
char* fgets(char* destino, int tamaño, FILE* flujo);
```

Aquí:

- *destino*: es el array donde se almacenará la cadena.

- *tamaño*: es el número máximo de caracteres a leer (incluyendo el carácter nulo).

- *flujo* para leer del teclado, se usa *stdin*. Para leer de ficheros, lo veremos en el Capítulo 15.

La función copia a lo sumo *tamaño - 1* caracteres en el array y añade el carácter '\0' al final. Si se encuentra un salto de línea, antes de alcanzar ese límite, se interrumpe la lectura y también se copia el '\n' al final de la cadena leída.

Cuando se trabaja con cadenas de caracteres en C, es habitual leer texto desde el teclado utilizando la función *fgets()* y posteriormente manipular la cadena obtenida mediante las funciones de la biblioteca *string.h*. Esta combinación permite escribir programas más robustos, seguros y legibles.

Por ejemplo, tras leer una línea con *fgets()*, se puede utilizar *strlen()* para obtener su longitud, *strchr()* para buscar caracteres específicos, o *strncpy()* para copiar parte de ella a otro array.

A diferencia de *scanf()*, que puede dejar el búfer de entrada en un estado incierto, *fgets()* permite controlar la entrada de forma más precisa, y evita errores comunes como el desbordamiento de memoria o la lectura incompleta de cadenas con espacios.

El siguiente es un ejemplo sencillo de utilización de *fgets()* para leer una cadena desde el teclado:

Ejemplo 12.11   Lectura con *fgets()*

```c
#include <stdio.h>
#include <string.h>

int main() {
    char frase[50];

    printf("Introduce una frase: ");
    fgets(frase, 50, stdin);
    printf("Has escrito: %s", frase);
    return 0;
}
```

Cuidado con el salto de línea

Cuando el usuario pulsa *Enter*, el carácter '\n' se incluye en la cadena leída si queda espacio en el array. Esto puede afectar a operaciones posteriores, como cálculos de longitud, comparaciones o uso de funciones de *string.h*. Si se desea eliminar el salto de línea, puede hacerse así:

```c
frase[strcspn(frase, "\n")] = '\0';
```

La función *fgets()* es especialmente recomendable cuando se espera leer frases completas o entradas de longitud variable. A diferencia de *scanf()*, evita errores por desbordamiento de búfer y permite un control más preciso del contenido leído.

12.6 Inicialización de cadenas

Al declarar una cadena en C, su contenido no está garantizado si no se ha inicializado explícitamente. El array puede contener valores residuales de memoria que lleven a comportamientos incorrectos si se usan funciones como *strlen()*, *strcpy()* o *printf()*.

Existen varias formas de inicializar una cadena correctamente, dependiendo del caso. A continuación se presentan las principales técnicas.

12.6.1 Inicialización con llaves

Cuando se desea crear una cadena vacía, se puede inicializar el primer carácter como el terminador nulo:

```
char texto[100] = {'\0'}; // Todos los carac. se inicializan a cero
```

También se puede usar:

```
char texto[100] = {0}; // Todos los caracteres se inicializan a cero
```

Esta es una forma segura de garantizar que la cadena esté bien formada, ya que al menos el primer carácter será '\0', lo que indica una cadena vacía.

12.6.2 Uso de *memset()*

La función *memset()*, definida en *string.h*, permite establecer todos los bytes de una región de memoria a un mismo valor.

```
void* memset(void* ptr, int valor, size_t num);
```

Esta función es útil para inicializar todos los caracteres de una cadena a cero (o a otro valor, si se desea).

Ejemplo 12.12   Inicialización con *memset()*

```
#include <stdio.h>
#include <string.h>

int main() {
    char buffer[50];

    memset(buffer, 0, sizeof(buffer));
    printf("Longitud de la cadena vacía: %zu\n", strlen(buffer));

    return 0;
}
```

En este ejemplo, todos los bytes del array *buffer* se inicializan a cero, por lo que la cadena comienza correctamente con '\0'.

> **¡Precaución!**
>
> La función *memset()* trabaja a nivel de bytes, no de caracteres. Aunque es útil para cadenas de tipo *char*, no debe usarse directamente con arrays de estructuras o tipos que requieran alineación, a menos que se conozca bien su representación interna.

12.6.3 Inicialización parcial con *strncpy()*

Una técnica alternativa es copiar una cadena vacía (" ") o una subcadena corta en un array más grande, garantizando así la presencia del carácter nulo inicial.

Ejemplo 12.13 Inicializar como cadena vacía

```c
#include <stdio.h>
#include <string.h>

int main() {
    char texto[30];

    strncpy(texto, "", sizeof(texto));
    printf("Texto vacío: '%s'\n", texto);

    return 0;
}
```

Aunque esta técnica funciona, no es la más eficiente si lo único que se desea es una cadena vacía. Se prefiere el uso de inicialización directa o de *memset()*.

Inicializar correctamente las cadenas evita errores difíciles de detectar y garantiza que las funciones de la biblioteca estándar trabajen con datos válidos. Esta es una práctica recomendable en todo programa que manipule texto.

12.7 Casos prácticos

Las funciones de la biblioteca *string.h* pueden utilizarse de forma combinada para resolver problemas comunes relacionados con la manipulación de texto. En este apartado se presentan algunos ejemplos representativos, que permiten aplicar lo aprendido en los apartados anteriores a situaciones reales.

12.7.1 Búsqueda de una palabra clave en una frase

Supongamos que queremos comprobar si una palabra clave está contenida en una frase introducida por el usuario. Para ello, podemos utilizar la función *strstr()*.

Ejemplo 12.14   Buscar palabra clave con *strstr()*

```c
#include <stdio.h>
#include <string.h>

int main() {
    char frase[100];
    char palabra[] = "error";

    printf("Introduce una frase: ");
    fgets(frase, 100, stdin);

    if (strstr(frase, palabra) != NULL) {
        printf("La palabra clave 'error' aparece en la frase.\n");
    } else {
        printf("No se encontró la palabra clave.\n");
    }
    return 0;
}
```

Este ejemplo puede utilizarse como base para la búsqueda de comandos, detección de palabras prohibidas, o sistemas de filtrado de texto.

12.7.2 Validar que una cadena contiene solo dígitos

Para comprobar si una cadena contiene únicamente caracteres numéricos ('0' a '9'), se puede usar *strspn()*.

Ejemplo 12.15   Validación de dígitos con *strspn()*

```c
#include <stdio.h>
#include <string.h>

int main() {
    char entrada[20];

    printf("Introduce un código numérico: ");
    scanf("%s", entrada);

    if (strspn(entrada, "0123456789") == strlen(entrada)) {
        printf("La entrada es numérica.\n");
    } else {
        printf("La entrada contiene caracteres no numéricos.\n");
    }
    return 0;
}
```

Esta técnica es más eficiente que recorrer la cadena carácter a carácter, y puede adaptarse fácilmente a otros conjuntos de caracteres válidos.

12.7.3 Separar palabras de una frase

La función *strtok()* permite dividir una cadena en partes (tokens) separadas por delimitadores. Es útil para separar palabras en una frase.

> **Ejemplo 12.16**   Dividir una frase en palabras

```c
#include <stdio.h>
#include <string.h>

int main() {
    char frase[100];

    printf("Introduce una frase: ");
    fgets(frase, 100, stdin);

    // Eliminar el salto de línea si está presente
    frase[strcspn(frase, "\n")] = '\0';
    char* palabra = strtok(frase, " ");
    while (palabra != NULL) {
        printf("Palabra: %s\n", palabra);
        palabra = strtok(NULL, " ");
    }
    return 0;
}
```

> **Limitaciones de *strtok()***
>
> La función *strtok()* modifica la cadena original y no es segura en entornos multihilo. Además, no permite analizar dos cadenas simultáneamente. Para aplicaciones complejas, se recomienda usar versiones reentrantes como *strtok_r()* si están disponibles.

Estos casos ilustran cómo combinar distintas funciones para resolver tareas frecuentes en el tratamiento de cadenas. La práctica con estos ejemplos ayuda a comprender mejor las posibilidades y limitaciones de la biblioteca *string.h*.

> **Más funciones para trabajar con cadenas**
>
> Hay otras funciones que se suelen utilizar cuando se está trabajando con cadenas, que sirven para convertir caracteres entre mayúsculas y minúsculas, para identificar si un carácter es una letra o un número y muchas más.
>
> Estas funciones están en la biblioteca *ctype.h* y las veremos en el Capítulo 17, específicamente dedicado a las funciones de la librería estándar. En concreto, en el Apartado 17.7.
>
> También trataremos con más profundidad la entrada y salida por pantalla en el Capítulo 14 y la entrada y salida a ficheros en el Capítulo 15.

12.8 Consideraciones sobre seguridad y portabilidad

Las funciones de la biblioteca *string.h* son poderosas y eficientes, pero también presentan riesgos importantes si se usan sin precaución. En este apartado se abordan los principales problemas relacionados con la seguridad y la portabilidad del código, así como algunas alternativas modernas que pueden mejorar la fiabilidad de los programas.

12.8.1 Desbordamiento de búfer

Muchas funciones de *string.h*, como *strcpy()*, *strcat()* o *gets()* (ya retirada del estándar), no comprueban si hay espacio suficiente en el destino. Si se copian más caracteres de los que caben en el array, se produce un **desbordamiento de memoria**, lo que puede provocar errores, bloqueos del programa o vulnerabilidades de seguridad.

> ### Regla básica
>
> Nunca uses *strcpy()*, *strcat()* ni ninguna función que no permita limitar la cantidad de caracteres copiados, salvo que estés completamente seguro del tamaño del destino. En su lugar, utiliza versiones con límite como *strncpy()* y *strncat()*, o funciones más seguras.

12.8.2 Alternativas más seguras: *strlcpy()* y *strlcat()*

Muchos sistemas (como BSD y algunas distribuciones de Linux) proporcionan versiones seguras de las funciones de copia y concatenación, que siempre terminan la cadena resultante con '\0' y evitan el desbordamiento.

```
size_t strlcpy(char* destino, const char* origen, size_t tam);
size_t strlcat(char* destino, const char* origen, size_t tam);
```

Donde:

- *strlcpy()*: copia hasta *tam - 1* caracteres y añade el carácter nulo.
- *strlcat()*: añade al final de la cadena, sin superar *tam - 1* caracteres en total.

> ### Disponibilidad limitada
>
> Estas funciones no forman parte del estándar ISO C, por lo que no están disponibles en todos los entornos. Si deseas utilizarlas, debes comprobar si tu sistema las ofrece o implementar versiones propias.

12.8.3 Uso del tipo *size_t* y especificadores de formato

Muchas funciones de *string.h* devuelven valores de tipo *size_t*, que es un tipo entero sin signo definido en *stddef.h*. Al imprimir estos valores con *printf()*, debe usarse el especificador adecuado:

- **%zu** para *size_t*.
- **%td** para *ptrdiff_t* (como en la diferencia entre dos punteros).

Usar un especificador incorrecto (como %d o %lu) puede generar errores de interpretación o comportamiento indefinido en algunas plataformas.

12.8.4 Recomendaciones prácticas

- Asegúrate siempre de que las cadenas estén correctamente terminadas con '\0'.
- Prefiere funciones con límite de tamaño: *strncpy()*, *strncat()*, o mejor aún, *strlcpy()* si está disponible.
- Inicializa las cadenas antes de usarlas para evitar basura de memoria.
- No uses funciones obsoletas como *gets()* o peligrosas como *strcpy()* sin garantía de espacio.
- Para entrada del usuario, combina *fgets()* con funciones de análisis y validación.

Ser riguroso en el uso de funciones de *string.h* no solo evita errores, sino que mejora la portabilidad y seguridad del software. Programar *a la defensiva* es una cualidad imprescindible en el lenguaje C.

12.9 Otras funciones de *string.h*

Además de las funciones vistas, la biblioteca *string.h* incluye otras muy utilizadas para trabajar con bloques de memoria, que también pueden aplicarse a cadenas:

- *memcpy()*: copia un bloque de memoria desde un origen a un destino. Su uso es eficiente, pero no está garantizado si las zonas de memoria se solapan.
- *memmove()*: similar a *memcpy()*, pero segura cuando origen y destino se solapan, ya que realiza la copia en un orden adecuado para evitar pérdidas de datos.

Aunque estas funciones no son específicas para cadenas, conviene conocerlas porque a menudo se emplean en contextos donde se manipulan arrays de *char*.

12.10 Resumen y tabla de funciones

En este capítulo hemos estudiado un conjunto fundamental de funciones de la biblioteca estándar *string.h*, que permiten trabajar de forma eficiente con cadenas de caracteres. La Tabla 12.1 presenta las funciones más utilizadas, su propósito y algunas observaciones relevantes.

Esta tabla puede utilizarse como referencia rápida para seleccionar la función adecuada según el contexto. En la práctica, conviene memorizar las más frecuentes y consultar la documentación oficial para casos más específicos.

Tabla 12.1: Funciones más utilizadas de *string.h* para trabajar con cadenas de caracteres

Función	Propósito	Observaciones
strlen()	Obtener la longitud de una cadena	No cuenta el carácter '\0'; la cadena debe estar bien formada.
strcpy()	Copiar una cadena	Peligrosa si el destino no tiene espacio suficiente.
strncpy()	Copiar con límite de caracteres	No garantiza el carácter '\0' si la longitud es igual o mayor que el límite.
strcat()	Concatenar	Requiere espacio suficiente en el destino. No comprueba límites.
strncat()	Concatenar con límite	Añade como máximo *n* caracteres y siempre coloca '\0'.
strcmp()	Comparar cadenas completas	Devuelve 0 si son iguales, negativo si la primera es menor.
strncmp()	Comparar *n* primeros caracteres	Útil para comparar prefijos.
strchr()	Buscar la primera aparición de un carácter	Devuelve puntero o *NULL* si no se encuentra.
strrchr()	Buscar la última aparición de un carácter	Similar a *strchr()*, pero desde el final.
strstr()	Buscar una subcadena	Devuelve un puntero a la subcadena encontrada.
strpbrk()	Buscar primer carácter de un conjunto	Devuelve el primer carácter de *s1* que está en *s2*.
strspn()	Contar caracteres iniciales válidos	Cuenta cuántos caracteres consecutivos de *s1* están en *s2*.
strcspn()	Contar caracteres iniciales inválidos	Cuenta cuántos caracteres consecutivos de *s1* no están en *s2*.
strtok()	Dividir cadena en tokens	Modifica la cadena original. No es segura en entornos concurrentes.
memset()	Rellenar zona de memoria	Útil para inicializar cadenas a '\0'. Trabaja a nivel de bytes.
strlcpy()	Copia segura (no estándar)	Copia con límite garantizando el carácter nulo. Más segura que *strncpy()*.
strlcat()	Concatenación segura (no estándar)	Añade contenido sin sobrepasar el tamaño total del array.

Ejercicios propuestos

(Las soluciones de estos ejercicios se pueden consultar en [2])

Ejercicio 12.1. Longitud de una palabra.
Escribe un programa que lea una palabra desde el teclado y muestre cuántos caracteres tiene utilizando la función *strlen()*.

Ejercicio 12.2. Copiar y mostrar.
Lee una palabra y cópiala en otra variable utilizando *strcpy()*. Muestra ambas cadenas para comprobar que son idénticas.

Ejercicio 12.3. Comparación simple.
Escribe un programa que lea dos palabras y diga si son iguales o no utilizando la función *strcmp()*.

Ejercicio 12.4. Buscar una letra.
Lee una cadena y un carácter, y muestra si el carácter aparece en la cadena usando *strchr()*. Si aparece, muestra su posición dentro de la cadena.

Ejercicio 12.5. Copia segura con límite.
Lee una cadena desde teclado y cópiala en un array de tamaño limitado utilizando *strncpy()*. Asegúrate de que la cadena resultante termine correctamente en '\0'.

Ejercicio 12.6. Comparar prefijos.
Pide al usuario dos cadenas y un número *n*. Compara si coinciden en sus primeros *n* caracteres utilizando la función *strncmp()*.

Ejercicio 12.7. Contar vocales usando *strpbrk()*.
Escribe un programa que cuente cuántas vocales hay en una cadena. Utiliza la función *strpbrk()* para detectar si un carácter pertenece al conjunto de vocales.

Ejercicio 12.8. Detectar subcadenas prohibidas.
Lee una frase desde teclado y muestra un mensaje de advertencia si contiene alguna de las siguientes palabras: *error*, *peligro* o *prohibido*. Usa la función *strstr()*.

Ejercicio 12.9. Validación numérica.
Pide al usuario que introduzca un código. Comprueba si contiene exclusivamente dígitos utilizando la función *strspn()*.

Ejercicio 12.10. Tokenización de una frase.
Lee una frase completa (con espacios) y muestra palabra por palabra en líneas separadas, utilizando la función *strtok()* con el espacio como delimitador.

Ejercicio 12.11. Reemplazar las letras 'a' por 'x'.
Lee una cadena desde teclado. Recorre la cadena y reemplaza cada aparición de la letra 'a' por el carácter 'x'. Muestra el resultado final.

Ejercicio 12.12. Medir la longitud hasta una letra.
Pide al usuario una cadena y un carácter. Usa la función *strcspn()* para mostrar cuántos caracteres hay hasta la primera aparición del carácter dado. Si el carácter no aparece, informa al usuario.

Estructuras complejas de datos

Contenido

En programación, muchas aplicaciones necesitan manejar colecciones de datos que agrupan elementos relacionados. Cuando estos elementos son estructuras, hablamos de arrays de estructuras. Este capítulo estudia tres formas de organizarlos y gestionarlos.

Los arrays estáticos tienen un tamaño fijo y contienen siempre los mismos elementos durante la ejecución. Son simples de implementar y adecuados cuando la colección no cambia.

Los arrays con huecos también son de tamaño fijo, pero algunas posiciones pueden quedar vacías para reutilizarse después. Son útiles cuando las altas y bajas son frecuentes y el orden de los elementos no importa.

Los arrays compactados mantienen todos los elementos consecutivos, sin huecos. Permiten recorridos y búsquedas más rápidos, pero requieren mover datos al eliminar elementos.

Cada técnica tiene ventajas e inconvenientes según el uso: rapidez en la inserción, conservación del orden o eficiencia en memoria.

En el capítulo veremos ejemplos completos para cada método, con operaciones básicas como altas, bajas, búsquedas y listados. También se incluyen comparativas y casos reales, para que aprendas a elegir la técnica más adecuada en tus programas.

13.1 Introducción

En programación, es frecuente tener que gestionar una colección de elementos. Por ejemplo, imagina el problema de gestionar los libros existentes en una biblioteca. Cada libro tiene una serie de datos: el título, el autor, el número de páginas, etc. A nivel biblioteca, hay que gestionar la colección de libros existente, incluyendo operaciones como añadir libros a la colección, buscar si determinado libro está en la biblioteca o dar de baja libros, entre otras.

Una posibilidad es utilizar una estructura *Libro* para guardar los datos de cada ejemplar. Después, un array de elementos *Libro* permitiría gestionar toda la biblioteca. Uno de los problemas de este planteamiento es que los arrays tienen un tamaño fijo y, una vez creados, no se pueden añadir ni eliminar elementos.

Para resolver este problema, vamos a explicar varias estrategias:

- **Arrays estáticos:** para gestionar colecciones de tamaño fijo en las que se conocen todos los elementos que forman parte de la colección y son los mismos a lo largo de todo el programa.

- **Arrays con huecos:** permiten manejar colecciones de tamaño variable, dejando espacios vacíos en los elementos que no se usan.

- **Arrays compactados:** también son colecciones de tamaño variable, pero se optimiza el acceso a los elementos activos, eliminando los huecos.

Cada una de estas estrategias tiene sus ventajas e inconvenientes. Según el problema concreto, resultará más adecuada una u otra.

En el Capítulo 16 veremos las posibilidades que ofrece el lenguaje C para gestionar colecciones de tamaño variable. Se trata de utilizar técnicas de asignación dinámica de memoria. Estas técnicas aportan otro enfoque diferente a la resolución de los problemas que se muestran en este capítulo.

13.2 Arrays estáticos

En este apartado, llamamos *arrays estáticos* a los que se utilizan para gestionar una colección de elementos cuyos componentes son fijos y conocidos. En este tipo de colecciones, los elementos del array no cambian: siempre son los mismos.

Vamos a desarrollar un ejemplo completo para que comprendas cómo gestionar este tipo de colecciones en tus programas.

13.2.1 Aplicación de array estático: Hotel

Supongamos que tenemos que desarrollar un programa para gestionar las habitaciones de un pequeño hotel. Cada habitación podría estar representada por una estructura como la siguiente:

```
typedef struct {
    int numero;
    int camas;
    double precio;
    bool reservada;
} Habitacion;
```

El programa va a utilizar un array cuyos elementos serán del tipo *Habitacion*. Es conveniente que el programa disponga de una variable global que indique el número de habitaciones existentes en el hotel, de forma que pueda ser usado por todas las funciones en los bucles que recorrerán el array de habitaciones. Una solución es establecer el valor de la constante en una cláusula #define al principio del programa:

```
#define NUM_HABITACIONES 4
```

Podemos definir un tipo de datos llamado *Hotel* para referirnos al array de habitaciones. Se podría hacer así:

```
typedef Habitacion Hotel[NUM_HABITACIONES];
```

Las habitaciones del hotel son siempre las mismas, no cambian a lo largo del programa. Si suponemos que en el hotel hay 4 habitaciones, podríamos definir un array con los datos de las habitaciones al principio de la función *main()*, de la siguiente forma:

```
Hotel hotel = {{101, 2, 36.0, false},
    {102, 2, 36.0, false},
    {103, 3, 54.0, false},
    {104, 1, 30.0, false}
};
```

Con estas consideraciones, el esqueleto inicial del programa quedaría así:

```
#include <stdio.h>
#include <stdbool.h>

#define NUM_HABITACIONES 4

typedef struct {
    int numero;
    int camas;
    double precio;
    bool reservada;
} Habitacion;

typedef Habitacion Hotel[NUM_HABITACIONES];

int main() {

    Hotel hotel = { {101, 2, 36.0, false},
        {102, 2, 36.0, false},
        {103, 3, 54.0, false},
        {104, 1, 30.0, false}
    };

    return 0;
}
```

Las funciones que gestionan la variable *Hotel* deben poder modificar los valores de los campos de cada habitación. Se podría hacer que la variable *Hotel* fuera global y accesible a todas las funciones del programa, escribiendo su definición al principio del programa, fuera de todas las funciones. En este caso, hemos preferido no usar variables globales y declarar la variable *Hotel* como local, al principio de la función *main()*:

A modo de ejemplo, vamos a implementar dos de las operaciones básicas de mantenimiento de la colección:

- Reservar una habitación.

- Listar habitaciones libres.

En un caso real habría otras operaciones, como listar las habitaciones ocupadas o sumar el importe diario que se facturará en base a las habitaciones que hay ocupadas, por poner unos ejemplos. Algunas de estas funciones se solicitan entre los ejercicios propuestos del capítulo.

En primer lugar, vamos a codificar una función que permita marcar como reservada una habitación cuando entra un cliente. El Ejemplo 13.1 muestra una posible solución.

Ejemplo 13.1 Reserva de una habitación

```
bool reservar_habitacion(Hotel hotel, int num_habitacion) {
    bool result = false;
    for(int i=0; i<NUM_HABITACIONES; i++) {
        if( ( hotel[i].numero == num_habitacion) &&
        (hotel[i].reservada==false) ) {
            hotel[i].reservada = true;
            result = true;
            break;
        }
    }

    return result;
}
```

La función recibe como argumentos la variable *hotel* y el número de la habitación que se quiere reservar. Dentro de la función, se recorre el array de habitaciones con un bucle y, en cada *Habitación* del array, se comprueba si el número de habitación es el solicitado y si la habitación está libre, en cuyo caso se marca la habitación como ocupada y se asigna *true* al resultado de la función. En el caso de que el número de habitación no exista o que no esté libre, la función devuelve *false*.

Observa que, si la habitación existe y está libre, se modifica su campo *reservada*. Esto implica que se modifica la variable *hotel* que recibe la función como argumento. Por tratarse de un array, las modificaciones serán permanentes y, cuando se vuelva de la función, la variable *hotel* mantendrá las modificaciones.

La segunda función que vamos a desarrollar es la que muestra por pantalla un listado, tabulado y con cabeceras, de todas las habitaciones libres del hotel. El Ejemplo 13.2 podría resolver esta cuestión.

Ejemplo 13.2 Listado de habitaciones libres

```
void listar_habitaciones_libres(Hotel hotel) {
    printf(" N  Camas  Precio Libre\n");
    for(int i=0; i<NUM_HABITACIONES; i++) {
        Habitacion h = hotel[i];
        if(h.reservada == false) {
            printf("%3d %4d %8.2f %4s\n", h.numero, h.camas, h.precio,
                h.reservada?"NO": "SI");
        }
    }
}
```

Como se puede ver en el código, la función recibe como argumento la variable *hotel*, con el array de habitaciones y no devuelve nada (void). La salida por pantalla sería:

```
N  Camas  Precio Libre
101   2    36.00   SI
102   2    36.00   SI
103   3    54.00   SI
104   1    30.00   SI
```

Observa cómo se ha resulto que se imprima *SI* o *NO*, en función del valor del campo *ocupada*, utilizando el operador ternario.

Es importante que intentes montar el programa entero, con las dos funciones que hemos desarrollado. También tendrás que rellenar algunas instrucciones en la función *main()*, que te permitan probar la funciones. Tendrás que decidir si pones el código de las funciones antes de *main()* o bien, pones al principio del programa los prototipos y después de *main()* la definición completa de las funciones. Esta última es mejor solución.

Entre los ejercicios propuestos para el capítulo hay algunas funciones más relativas a este ejemplo. El código completo del programa *hotel.c* se puede descargar desde el repositorio de recursos adicionales del libro en *github* [2].

Operaciones CRUD

En la gestión de datos, el acrónimo **CRUD** se refiere a las cuatro operaciones básicas que se realizan habitualmente sobre una colección de elementos o registros. El término proviene del inglés.

La tabla siguiente explica el significado de cada letra del término CRUD.

Tabla 13.1: Operaciones CRUD

Letra	Inglés	Español	Descripción
C	Create	Crear	Añadir un nuevo elemento a la colección.
R	Read	Leer	Consultar o recuperar uno o varios elementos existentes.
U	Update	Actualizar	Modificar la información de un elemento existente.
D	Delete	Eliminar	Quitar un elemento de la colección.

13.3 Arrays con huecos

En algunas aplicaciones se necesita almacenar un conjunto de elementos en un array, sin importar el orden en el que están almacenados, sino solo los datos del elemento en cuestión. Son casos apropiados para la técnica denominada *array con huecos*.

Un *array con huecos* es un array de tamaño fijo en el que algunas posiciones están ocupadas y otras libres. Las posiciones libres se denominan *huecos*.

Cada posición del array contiene, además de los datos del elemento, un *indicador de estado*. Este indicador permite saber si la posición está ocupada o libre. Este indicador suele ser de tipo *bool* o un entero que actúa como bandera (por ejemplo, 0 para libre y 1 para ocupado).

El array hay que definirlo de un tamaño que permita almacenar el máximo número de elementos que pueda tener la colección en cada momento.

La técnica de los arrays con huecos permite:

- Reutilizar posiciones del array cuando se eliminan elementos.
- Gestionar colecciones con tamaño variable de manera sencilla, sin recurrir a memoria dinámica.

Este enfoque es útil en programas con un número máximo de elementos, donde las altas y bajas son frecuentes. Algunos ejemplos podrían ser la gestión de préstamos de una biblioteca, la lista de reservas en un hotel o el control de plazas de aparcamiento.

13.3.1 Aplicación minimalista de array con huecos

Vamos a desarrollar un ejemplo muy sencillo para explicar el funcionamiento general de un array con huecos. Posteriormente, explicaremos una posible organización de los datos en ejemplos más complejos, con datos basados en estructuras.

Supongamos que queremos manejar una colección de números enteros positivos. La colección debe permitir añadir números a la colección o eliminar números de la misma. Por simplicidad, vamos a utilizar un array con tan solo 6 elementos.

Guardaremos la colección en un array cuyos elementos sean del tipo *int*. Cuando una posición del array esté disponible, lo indicaremos guardando un −1 en el elemento correspondiente. Ese será nuestro indicador de que la posición está desocupada. Cualquier otro valor indicará que ese elemento contiene un número de la colección.

Vamos a empezar nuestro programa con un array de 6 elementos, parcialmente utilizado: contiene 4 elementos con valores de la colección (3, 12, 6, 5) y 2 huecos (-1). El array se va a llamar *lista*.

A continuación añadiremos el número 7 a la colección. Para ello, buscaremos el primer hueco disponible y sustituiremos el valor −1 por el 7. Finalmente, eliminaremos el número 3 de la colección, buscando el elemento del array cuyo valor es 7 y sustituyéndolo por −1, con lo que se crea un nuevo hueco en la posición que ocupaba el 3.

El esquema con los estados sucesivos del array se muestra en la Figura 13.1. En la parte superior, el estado inicial del array, con 4 valores y 2 huecos. En la parte central, el estado tras añadir el 7 en el primer hueco disponible. En la parte inferior, el estado del array tras eliminar el 3, con lo que se origina un nuevo hueco.

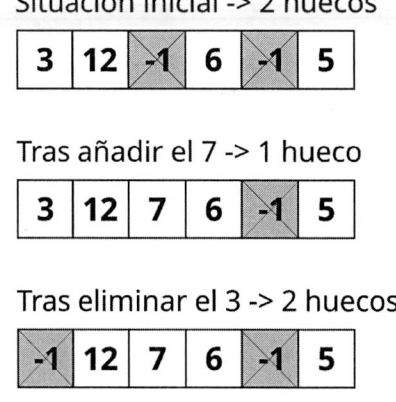

Situación inicial -> 2 huecos

| 3 | 12 | -1 | 6 | -1 | 5 |

Tras añadir el 7 -> 1 hueco

| 3 | 12 | 7 | 6 | -1 | 5 |

Tras eliminar el 3 -> 2 huecos

| -1 | 12 | 7 | 6 | -1 | 5 |

Figura 13.1: Estados sucesivos del array con huecos utilizado en el Ejemplo 13.3. Arriba: estado inicial. Centro: estado tras añadir el número 7. Abajo: estado tras eliminar el número 3

El código del programa podría ser el del Ejemplo 13.3.

Ejemplo 13.3   Ejemplo minimalista de array con huecos

```
int main() {
    int lista[] = {3, 12, -1, 6, -1, 5};

    // Añadir el 7
    for(int i=0; i<6; i++) {
        if(lista[i]==-1) {
            lista[i]=7;
            break;
        }
    }
    // Eliminar el 3
    for(int i=0; i<6; i++) {
        if(lista[i]==3) {
            lista[i]=-1;
            break;
        }
    }
    return 0;
}
```

13.3.2 Estructura de los datos en el caso general

Los casos reales son más complejos que el ejemplo minimalista del apartado anterior. En la práctica, la colección suele contener elementos definidos por algún tipo de estructura. Podría ser una colección de libros o de facturas o de cualquier otro tipo de datos que utilice nuestro programa. Vamos a llamar genéricamente *Dato* a la estructura que encapsula la información de los elementos de nuestra colección.

Necesitamos un mecanismo que nos permita indicar si un elemento del array que guarda la colección está libre u ocupado. Podría ser un campo de la propia estructura *Dato*, pero eso quitaría generalidad a al solución.

Vamos a crear una estructura que llamaremos *Celda* y que consta de dos campos:

1. Una campo *dato*, del tipo *Dato*, que contendrá el elemento de nuestra colección.

2. Un campo *ocupada*, de tipo *bool*, que indicará si la posición del array está libre u ocupada.

La Figura 13.2 muestra el diagrama UML de las estructuras *Dato* y *Celda*.

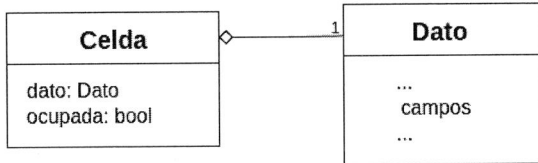

Figura 13.2: Esquema UML de las estructuras *Celda* y *Dato* de un array con huecos

Los elementos del array que utilicemos para gestionar la colección serán del tipo *Celda*. Cuando recorramos el array, el valor del campo *ocupada* de cada celda nos indicará si la posición correspondiente del array está ocupada (*true*) o libre (*false*).

La Figura 13.3 muestra el esquema de un array con huecos en el que hay 4 elementos con datos y 2 huecos.

Array con huecos

Celda	Celda	Celda	Celda	Celda	Celda
Dato	Dato	Dato	Dato	Dato	Dato
ocupada = **true**	ocupada = **true**	ocupada = **false**	ocupada = **true**	ocupada = **false**	ocupada = **true**

Hueco   Hueco

Figura 13.3: Esquema de un array con huecos, con 4 posiciones ocupadas y 2 huecos

13.3.3 Operaciones usuales

Las operaciones habituales en este tipo de colecciones son las siguientes:

- **Inicialización:** al inicializar el array, habrá que recorrer todas las posiciones y asignar el valor *false* al campo *ocupada*.

- **Alta:** para insertar un nuevo elemento, se recorre el array en busca de la primera celda libre (*ocupada == false*). Si se encuentra, se rellenan los datos y se marca como ocupada. Si no hay huecos, se indica que no es posible añadir el nuevo elemento.

- **Baja:** para eliminar un elemento, se localiza la posición que lo contiene y se marca como hueco (*ocupada = false*). Los datos antiguos pueden permanecer en memoria, pues serán ignorados mientras la celda esté libre.

- **Búsqueda:** se recorre el array para buscar un elemento concreto. Solo es necesario comprobar las posiciones ocupadas. Esto reduce el coste de procesar datos inexistentes.

- **Recorrido:** el recorrido completo del array permite imprimir listados para mostrar el estado de cada posición, diferenciando entre ocupada y libre. Se pueden hacer listados de préstamos, contar posiciones ocupadas o libres y cualquier otro tipo de operación que pueda interesar.

13.3.4 Ventajas y limitaciones

Las ventajas de este tipo de almacenamiento son las siguientes:
- Proporciona una implementación sencilla y directa.
- No requiere gestión de memoria dinámica.
- Reutiliza automáticamente las posiciones liberadas.

Por su parte, las limitaciones son:
- Tamaño máximo fijo, definido en tiempo de compilación.
- El tiempo de búsqueda de huecos es lineal en el tamaño del array.
- Consumo de más memoria de la necesaria si el número de elementos activos es mucho menor que la capacidad.

13.3.5 Aplicación práctica: préstamos de biblioteca

Vamos a desarrollar un ejemplo de programa para gestionar los libros prestados por una biblioteca. Para ello, se van a utilizar las siguientes estructuras de datos:

- **Libro:** contiene los datos del libro que se ha prestado. Es una estructura con dos campos: *titulo* y *autor*. Los dos son cadenas de caracteres de tamaño 81.

- **FichaPrestamo:** contiene los datos del préstamo de un libro. Tiene tres campos: *libro*, del tipo *Libro*; *tomador*, que es una cadena de caracteres de tamaño 81 con el nombre de la persona que ha tomado el libro en préstamo; *fecha*, que es una cadena de caracteres de tamaño 11.

- **Celda:** es una estructura que se utilizará para rellenar las posiciones del array. Tiene dos campos: *ficha* del tipo *FichaPrestamo* y *ocupada*, del tipo *bool*.
- **ListaPrestamos:** es un array de tamaño 5 cuyos elementos son del tipo *Celda*.

Este ejemplo es un poco más complicado que el caso tipo que hemos descrito en los apartados anteriores. Aquí, uno de los campos de la estructura con los datos (*FichaPrestamo*) es a su vez otra estructura anidada (*Libro*). La Figura 13.4 muestra un esquema de las estructuras de datos anteriores.

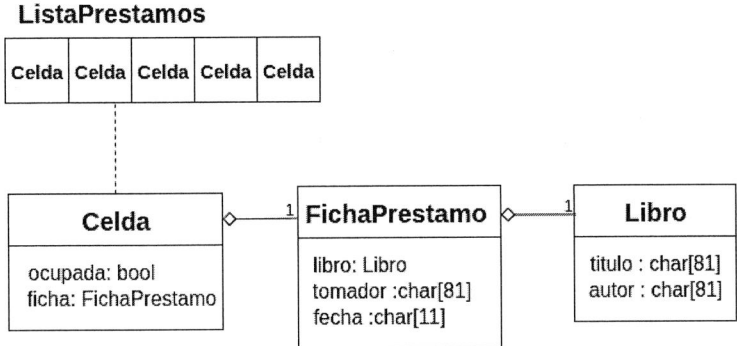

Figura 13.4: Esquema de las estructuras de datos del ejemplo de array con huecos

El esqueleto del programa, con las directivas de preprocesamiento, las declaraciones de tipos y una función main() podría ser el del Ejemplo 13.4.

Ejemplo 13.4   Cabecera del programa de préstamos en una biblioteca

```
#include <stdio.h>
#include <stdbool.h>
#include <string.h>

#define MAX_CELDAS 4
#define MAX_NOMBRE 81
#define MAX_FECHA  11

typedef struct {
    char titulo[MAX_NOMBRE];
    char autor[MAX_NOMBRE];
} Libro;

typedef struct {
    Libro libro;
    char tomador[MAX_NOMBRE];
    char fecha[MAX_FECHA];
} FichaPrestamo;
```

```
typedef struct {
    FichaPrestamo prestamo;
    bool ocupada;
} Celda;

typedef Celda ListaPrestamos[MAX_CELDAS];

int main() {

    ListaPrestamos lista = {0};

    return 0;
}
```

En primer lugar se importan las bibliotecas *stdio.h*, *string.h* y *stdbool.h*. A continuación, se declaran las constantes *MAX_CELDAS*, con el número de celdas que tendrá el array, *MAX_NOMBRE*, con el tamaño de los campos del tipo cadena de caracteres y *MAX_FECHA*, con el tamaño del campo *fecha*.

Le sigue la declaración de los tipos de datos utilizados en la aplicación: *Libro*, *FichaPrestamo*, *Celda* y *ListaPrestamos*. Los tres primeros son estructuras, mientras que *ListaPrestamos* es un array de elementos *Celda*.

Lo primero que hay que hacer en este tipo de aplicaciones es inicializar el array de celdas y que todas las celdas tengan el campo *ocupada* con el valor *false*. En este caso está garantizado, por haber hecho la inicialización con un cero entre llaves:

```
ListaPrestamos lista = {0}; // Inicializa con ceros/false
```

En otras situaciones, podría ser interesante crear una función *inicializar()*. Su implementación podría ser la siguiente:

```
void inicializar(ListaPrestamos lista) {
    for(int i=0; i<MAX_CELDAS; i++) {
        lista[i].ocupada = false;
    }
}
```

La primera función que vamos a implementar es la que sirve para dar de alta un préstamo en la lista. Esta función tiene que buscar el primer hueco disponible que haya en la lista, asignar al campo *prestamo* de la *Celda* la ficha correspondiente y establecer en *true* el valor del campo *ocupada*.

La función *alta()* recibirá como argumentos la variable *lista* y una variable del tipo *FichaPrestamo*. Devolverá un *bool*, que será *true* si el préstamo se pudo añadir a la lista y *false* si la lista estaba llena.

El código podría ser el siguiente:

```
bool alta(ListaPrestamos lista, FichaPrestamo ficha) {
   bool result = false;
   for(int i=0; i<MAX_CELDAS; i++) {
      if(lista[i].ocupada == false) {
         lista[i].prestamo = ficha;
         lista[i].ocupada = true;
         result = true;
         break;
      }
   }
   return result;
}
```

Puedes poner el código de las funciones antes de *main()* o poner la declaración de las funciones (prototipos) antes y el código completo de las mismas después de *main()*.

Conviene ir probando las funciones que vayamos implementando. Para ello, vamos a partir de un array con un solo hueco en una posición intermedia.

La inicialización del array se puede hacer de manera simplificada:

```
ListaPrestamos lista = {
   {{{"Programming in C", "Kochan"},"Felipe","20/02/2025"}, true},
   {{{"Design Patterns", "GoF"},"Rosa","18/04/2025"}, true},
   {{{"",""}, "", ""}, false},
   {{{"Clean Code", "R.C. Martin"},"Santiago","12/05/2025"}, true},
};
```

Ahora tenemos que añadir dos libros; no importa que sea el mismo libro las dos veces. La primera vez, la función *alta()* debe devolver *true*. La segunda vez no quedan huecos y la función *alta()* debe devolver *false*.

Añade las siguientes líneas de código a *main()*, detrás de la inicialización de la variable *lista*:

```
Libro libro = {"Programación en C", "SHiguera"};
FichaPrestamo ficha = {libro, "Elisa", "13/12/2024"};
bool result1 = alta(lista, ficha);
bool result2 = alta(lista, ficha);
printf("%d %d\n", result1, result2);
```

Tendrás que ejecutar el programa y observar la salida en pantalla, que debería ser:

```
1 0
```

Si el resultado es diferente, habrá algún error o diferencia en el código.

El resto de operaciones (baja, búsqueda y recorridos) se plantean como ejercicios propuestos al final del capítulo. El código completo del programa *prestamos.c* se puede descargar desde el repositorio del autor en *github* [2].

13.4 Arrays compactados

Para la gestión de colecciones de tamaño variable, una alternativa al uso de los arrays con huecos es la denominada de los *arrays compactados*. Consiste en reorganizar los elementos para que, tras la eliminación de uno de ellos, no queden posiciones libres en medio de los datos. Esto se logra moviendo elementos dentro del propio array.

En la mayoría de los casos, se puede utilizar una u otra técnica, a elección del desarrollador. Como veremos a lo largo de este apartado, cada técnica tiene sus ventajas y sus inconvenientes. Para elegir uno u otro procedimiento se suelen considerar criterios de eficiencia, en función del tipo de operaciones más frecuentes que sean previsibles en la colección. En casos reales, es habitual implementar soluciones mixtas, como se explicará en el Apartado 13.5.

13.4.1 Procedimiento de compactación

En un array compactado, todos los elementos de la colección se mantienen agrupados desde el primer elemento. No se dejan huecos. Cada vez que se elimina un elemento de la colección, hay que mover otros para cubrir el hueco que queda. A este proceso se le denomina *compactación*.

La compactación se suele hacer fundamentalmente de dos maneras:

- **Desplazando el último elemento:** el hueco se rellena con el último elemento de la colección. Esta operación es rápida, pero solo se puede utilizar si el orden de los elementos no es relevante.

- **Desplazando los elementos posteriores al eliminado:** si el orden de los elementos de la colección hay que conservarlo, se pueden desplazar todos los elementos posteriores al eliminado, una posición hacia atrás. Esta operación es más lenta, pudiendo llegar a ser inviable en colecciones de gran tamaño.

En cualquiera de los dos procedimientos, tras realizar la compactación, todos los elementos de la colección se mantienen agrupados en las primeras posiciones del array.

13.4.2 Operaciones más usuales

Las operaciones usuales para la gestión de colecciones son las mismas, con independencia de la técnica que se utilice. Lo que difiere es la manera de realizarlas:

- **Alta:** los nuevos elementos se añaden al final de la colección, tras el último existente. Se trata de una operación más eficiente que en el caso del array con huecos, en el que hay que recorrer la colección buscando un hueco.

- **Baja:** aquí, tras eliminar un elemento, hay que desplazar uno o más elementos de la colección. Es lo que hemos denominado *compactación*. Este procedimiento es más lento que su equivalente en el array con huecos.

- **Búsqueda:** en general, será más eficiente en los arrays compactados. Al no haber huecos, hay que recorrer menos elementos.

- **Recorrido:** la situación es similar a la de las búsquedas: hay que recorrer menos elementos, porque no hay huecos.

13.4.3 Organización de las estructuras de datos

En los arrays compactados, los elementos del array serán directamente los elementos de la colección que se quiere gestionar. El array tendrá tamaño fijo. Si el número de elementos que hay en la colección en un momento dado es n, solo estarán ocupadas las primeras n posiciones.

Se necesita algún mecanismo para mantener el número n actualizado tras añadir o eliminar elementos. Para ello, lo que se hace es encapsular el array con los elementos de la colección en una estructura que tiene dos campos:

- **El array:** el primer campo será el propio array con los elementos de la colección.

- **El número de elementos n:** habrá un segundo campo de tipo entero cuyo valor será el número de elementos de la colección. Cuando se añada un elemento, habrá que incrementar en una unidad el valor de n. Cuando se elimine un elemento, habrá que reducir n en una unidad.

Las estructuras de datos que se usarán son:

- **Dato:** es un estructura que contiene la información de un elemento de la colección.

- **ListaDatos:** es un array de tamaño fijo cuyos elementos serán del tipo *Dato*. En sus primeras posiciones, contendrá todos los elementos de la colección.

- **n:** número de elementos de la colección.

- **Colección:** será una estructura con dos campos. El primero será la *ListaDatos* y el segundo, n.

La Figura 13.5 muestra el esquema de esta organización de los datos.

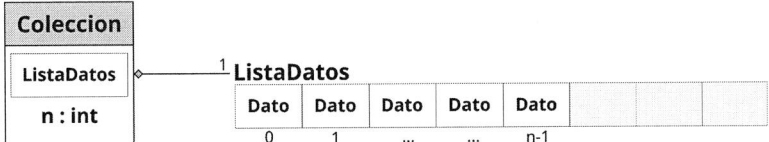

Figura 13.5: Esquema de las estructuras de datos usadas en un array compactado

13.4.4 Ventajas e inconvenientes

Los arrays compactados presentan varias ventajas frente a los arrays con huecos:

- Accesos más rápidos, pues eliminan la necesidad de comprobar continuamente si una posición está ocupada o libre durante el recorrido.

- Recorridos más rápidos y sencillos.

- Reducción del coste de almacenamiento cuando se exportan datos, ya que no se almacenan posiciones vacías.

Por contra, la compactación implica realizar movimientos de elementos dentro del array, lo que puede tener un coste adicional en tiempo de ejecución.

En la Tabla 13.2 se resumen las principales diferencias entre el procedimiento de los arrays compactados y el de los arrays con huecos.

Tabla 13.2: Comparación entre arrays compactados y arrays con huecos

Operación	Array compactado	Array con huecos
Esquema	Coleccion / ListaDatos / n : int → ListaDatos / Dato Dato Dato / 0 ... n-1	Array con huecos / Celda Celda Celda Celda Celda / Dato Dato Dato Dato Dato / ocupada = true, ocupada = false, ocupada = true, ocupada = false, ocupada = true / Hueco Hueco
En general	✘ Más difícil de implementar.	✔ Más sencillo de implementar.
Baja	✘ Hay que mover elementos en el array. Más lento.	✔ Solo marcar como libre la celda correspondiente. Muy rápido.
Alta	✔ Se añade en la posición del índice. Muy rápido.	✘ Hay que recorrer el array. Más lento.
Búsqueda	✔ Menos elementos. Más rápido.	✘ Más elementos, por los huecos. Más lento.
Recorrido	✔ Menos elementos. Más rápido.	✘ Más elementos. Más lento.
Import/Export	✔ Estructura más compacta. Más eficiente.	✘ Menos compacta. Menos eficiente.
Cols. Ordenadas	✔ Se puede usar.	✘ No se puede usar.

13.4.5 Aplicación: Polilinea

Una *polilínea* es una figura geométrica formada por una secuencia finita de segmentos de recta consecutivos en el plano, donde el punto final de cada segmento (excepto el último) coincide con el punto inicial del siguiente. Estos puntos se llaman *vértices* de la polilínea, y los segmentos que los unen, *lados* o *tramos*. Si el primer y el último vértice coinciden, la polilínea es *cerrada*; en caso contrario, es *abierta*.

La Figura 13.6 resume estas definiciones.

En nuestro programa, la polilínea va a consistir en una colección ordenada de elementos del tipo *Punto*. Cada *Punto* tendrá dos coordenadas *double*, *x* e *y*:

```
typedef struct {double x, y;} Punto;
```

Vamos a definir también una estructura llamada *PoliLinea*, que tendrá dos campos: el campo *vertices*, que será un array de elementos *Punto* y el campo *num_vertices* que será del tipo entero. Usaremos polilíneas con un máximo de 100 puntos.

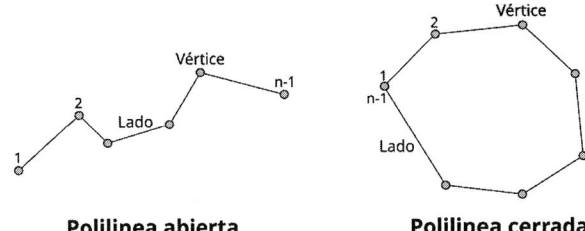

Polilinea abierta   **Polilinea cerrada**

Figura 13.6: Izquierda: polilínea abierta. Derecha: polilínea cerrada

```
#define MAX_VERTICES 100

typedef struct {
    Punto vertices[MAX_VERTICES];
    int num_vertices;
} PoliLinea;
```

El esqueleto inicial del programa podría ser el del Ejemplo 13.5.

Ejemplo 13.5   Esqueleto inicial del programa de gestión de polilineas

```
#include <stdio.h>
#include <stdbool.h>
#include <math.h>

#define MAX_VERTICES 100

typedef struct {
    double x, y;
} Punto;

typedef struct {
    Punto vertices[MAX_VERTICES];
    int num_vertices;
} PoliLinea;

int main() {

    return 0;
}
```

Hemos incluido la cabecera de la biblioteca *math.h* pues tenemos pensado hacer algunos cálculos matemáticos.

Lo primero es inicializar una *PoliLinea* vacía, a la que posteriormente iremos añadiendo vértices. Al crear la *PoliLinea*, tenemos que asegurarnos de que el campo *num_vertices* tiene un valor inicial 0. Podemos hacerlo de la siguiente forma:

```
PoliLinea plinea = {0};
```

A continuación, vamos a implementar una función que permita añadir vértices a la polilínea. Los nuevos vértices se irán añadiendo en el array a continuación del último existente. El índice del nuevo vértice sera *num_vertices*. Antes de añadir un nuevo vértice, habrá que comprobar que la polilínea no está completa. La función devolverá un *bool*, que será *true* si el nuevo vértice se añadió y *false*, en caso contrario.

La función recibirá como argumentos un puntero a la estructura *PoliLinea* y un *Punto*. Es necesario que la función reciba un puntero a la estructura para que los cambios en la misma sean permanentes.

El código de la función *anadir_vertice()* podría ser el siguiente:

```
bool anadir_vertice(PoliLinea* plinea, Punto nuevo_vertice) {
    int result = false;
    if(plinea->num_vertices < MAX_VERTICES) {
        int indice = plinea->num_vertices;
        plinea->vertices[indice] = nuevo_vertice;
        plinea->num_vertices++;
        result = true;
    }
    return result;
}
```

Vamos a añadir ahora otra función que calcule la longitud de la polilínea. La función recibirá como argumento una *PoliLinea* y devolverá un *double* con la longitud calculada de la polilínea.

```
double longitud(PoliLinea plinea) {
    double longitud = 0.0;
    for(int i=0; i<plinea.num_vertices-1; i++) {
        Punto inicio = plinea.vertices[i];
        Punto fin = plinea.vertices[i+1];
        double difx = fin.x - inicio.x;
        double dify = fin.y - inicio.y;
        double d = sqrt(difx*difx + dify*dify);
        longitud += d;
    }
    return longitud;
}
```

La función *longitud()* calcula la suma de las longitudes de los segmentos de la polilínea. Si un segmento va del punto (x_1, y_1) al punto (x_2, y_2), la longitud se puede calcular con la fórmula:

$$longitud = \sqrt{(x_2 - x_1)^2 + (y_2 - y_1)^2}$$

Observa que el bucle hay que pararlo en el penúltimo punto pues, si la polilínea tiene *n* puntos, tendrá *n-1* segmentos.

Por último, vamos a añadir una función, llamada *mostrar()*, que reciba como argumento una *PoliLinea* y muestre en pantalla el número de vértices, la longitud de la polilínea y el listado de los vértices:

```
void mostrar(PoliLinea plinea) {
    int n = plinea.num_vertices;
    double L = longitud(plinea);
    printf("Num. Vértices: %d Longitud: %.2f\n", n, L);
    for(int i=0; i< plinea.num_vertices; i++) {
        Punto v = plinea.vertices[i];
        printf("(%.2f, %.2f) ", v.x, v.y);
    }
    printf("\n");
}
```

Ahora vamos a comprobar que todo funciona bien. Añade el código de las funciones al programa. Ya sabes, puedes hacerlo con la técnica del prototipo al principio del programa y las definiciones completas después de *main()*, o bien añadiendo las definiciones completas antes de *main()*. Tras ello, añade el siguiente código a la función *main()*:

```
int main() {
    PoliLinea plinea = {0};
    int result = anadir_vertice(&plinea, (Punto){0.0, 0.0});
    result += anadir_vertice(&plinea, (Punto){1.0, 1.0});
    result += anadir_vertice(&plinea, (Punto){1.0, 2.0});
    result += anadir_vertice(&plinea, (Punto){2.0, 4.0});
    if(result != 4) {
        printf("Se han producido errores.\n");
    }
    mostrar(plinea);
    return 0;
}
```

Ejecuta el programa. Si todo ha ido bien, la salida de pantalla debería ser la siguiente:

```
Num. Vértices: 4 Longitud: 4.65
(0.00, 0.00) (1.00, 1.00) (1.00, 2.00) (2.00, 4.00)
```

Observa la técnica que se ha usado para comprobar los resultados: se suman los valores devueltos por la función *anadir_vertice()* y se comprueba que es igual al número de vértices añadidos.

Es interesante también cómo se define cada nuevo punto en los argumentos de la función *anadir_vertice()*:

```
(Punto){1.0, 1.0}
```

Se trata de la técnica del *type casting* combinado con los *literales compuestos* que se explicó en el Apartado 9.2.3.

Podríamos probar también el funcionamiento correcto de *anadir_vertice()*, cuando la línea está llena. Para ello, modifica el código de *main()*:

```c
int main() {
    PoliLinea plinea = {0};
    int result = 0;
    for(int i=0; i<=MAX_VERTICES; i++) {
        result = anadir_vertice(&plinea, (Punto){0.0, 0.0});
        if(result==0) {
            printf("No se pudo añadir el vértice %d\n", i+1);
        }
    }
    return 0;
}
```

Ejecuta el programa. Si todo ha ido bien, la salida de pantalla debería ser:

```
No se pudo añadir el vértice 101
```

La última función que vamos a desarrollar es de las más complicadas del método de los arrays compactados. Se trata de la función para eliminar un elemento de la colección.

Si el elemento que se quiere eliminar es el que ocupa la última posición, no hay problema; lo único que hay que hacer es disminuir en una unidad el valor de *num_vertices()*. El vértice eliminado seguirá en memoria, pero las funciones que trabajan con el array compactado no accederán a él, al haber reducido el valor de *num_vertices()*.

En el método de los arrays compactados, la eliminación de un vértice intermedio se puede hacer de dos maneras:

- Llevando el último elemento de la colección a la posición que ocupaba el elemento eliminado.

- Desplazando hacia la izquierda una posición todos los elementos de la colección posteriores al eliminado.

Dependiendo de la aplicación concreta, puede que alguna de las opciones no sea adecuada. Por ejemplo, en el caso de las polilíneas en el que estamos trabajando, las dos posibilidades se esquematizan en la Figura 13.7.

En la parte izquierda de la figura, se muestra la polilínea original. En el centro, la polilínea que resulta al eliminar el punto que ocupaba el índice 3 en la polilínea original, moviendo el último vértice a la posición del array que ocupaba el elemento eliminado. En la parte derecha de la figura, el resultado de utilizar el método de desplazar todos los elementos del array posteriores al eliminado, una posición hacia la izquierda.

La función que resolvería la eliminación y compactación siguiendo el método de desplazar solo el último elemento, podría ser la siguiente:

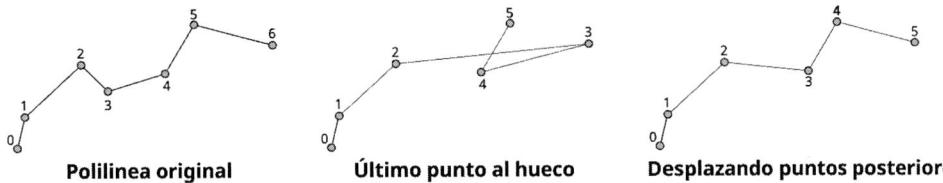

Polilinea original   **Último punto al hueco**   **Desplazando puntos posteriores**

Figura 13.7: Distintas formas de eliminar un punto interior en una polilínea. Izquierda: polilínea original. Centro: el último vértice pasa a la posición del vértice eliminado. Derecha: desplazando todos los vértices posteriores al eliminado una posición hacia la izquierda

```
void eliminar(PoliLinea* plinea, int index) {
    int ultimo = plinea->num_vertices-1;
    plinea->vertices[index] = plinea->vertices[ultimo];
    plinea->num_vertices += -1;
}
```

La función *eliminar()* recibe como argumentos un puntero a la *PoliLinea* y el índice del elemento que queremos eliminar. Puedes probar su funcionamiento con el siguiente código en la función *main()*:

```
int main() {
    PoliLinea plinea = {0};
    anadir_vertice(&plinea, (Punto){0.0, 0.0});
    anadir_vertice(&plinea, (Punto){1.0, 1.0});
    anadir_vertice(&plinea, (Punto){1.0, 2.0});
    anadir_vertice(&plinea, (Punto){2.0, 4.0});

    mostrar(plinea);

    eliminar(&plinea, 2);

    mostrar(plinea);

    return 0;
}
```

La salida de pantalla debería ser la siguiente:

```
Num. Vértices: 4 Longitud: 4.65
(0.00, 0.00) (1.00, 1.00) (1.00, 2.00) (2.00, 4.00)
Num. Vértices: 3 Longitud: 4.58
(0.00, 0.00) (1.00, 1.00) (2.00, 4.00)
```

La función que implementa el procedimiento de eliminación y compactación desplazando todos los elementos posteriores una posición hacia la izquierda:

```
void simplificar(PoliLinea* plinea, int index) {
    int ultimo = plinea->num_vertices-1;
    int elementos_a_desplazar = ultimo - index;
    for(int i=0; i<elementos_a_desplazar; i++) {
        plinea->vertices[index+i] = plinea->vertices[index+i+1];
    }
    plinea->num_vertices += -1;
}
```

Puedes probar la función con el siguiente código para *main()*:

```
int main() {
    PoliLinea plinea = {0};
    anadir_vertice(&plinea, (Punto){0.0, 0.0});
    anadir_vertice(&plinea, (Punto){1.0, 1.0});
    anadir_vertice(&plinea, (Punto){1.0, 2.0});
    anadir_vertice(&plinea, (Punto){2.0, 4.0});

    mostrar(plinea);
    simplificar(&plinea, 2);
    mostrar(plinea);
}
```

La salida de pantalla debería ser:

```
Num. Vértices: 4 Longitud: 4.65
(0.00, 0.00) (1.00, 1.00) (1.00, 2.00) (2.00, 4.00)
Num. Vértices: 3 Longitud: 4.58
(0.00, 0.00) (1.00, 1.00) (2.00, 4.00)
```

En este caso y, en general, en todos los problemas en los que el orden de los elementos es significativo, el método de desplazar el último elemento a la posición del eliminado, no es adecuado.

En los problemas reales de polilíneas, se desplazan los elementos posteriores al eliminado. Es una *operación geoespacial* llamada *simplificar polilínea*.

En los ejercicios propuestos del capítulo se pide desarrollar algunas funciones más en relación con este programa. Te animo a que intentes realizarlos. El código completo del programa *polilinea.c* lo puedes descargar desde el repositorio del autor en *github* [2].

13.5 Soluciones mixtas

Hemos visto que, según la operación que se haga con la colección, es más eficaz uno u otro método. Por ejemplo, la operación de añadir elementos es más eficiente en los arrays compactados. En cambio, la operación de eliminar elementos es más eficiente en los arrays con huecos.

En los programas reales se emplean métodos mixtos. Se puede usar la técnica de arrays compactados para unas operaciones y la de arrays con huecos para otras.

Pongamos el caso del cliente de correo *Thunderbird* de *Mozilla*. En principio utiliza un array compactado. Los correos que entran, se añaden al final de la colección. Para eliminar un correo, lo que se hace es *marcarlo* como eliminado, como se hace en los arrays con huecos.

Periódicamente, se hace una operación de compactación. Por ejemplo, se puede configurar *Thunderbird* para que haga la compactación cada vez que abres el programa. La compactación consiste en eliminar de manera definitiva los correos marcados y desplazar todos los correos posteriores.

Por supuesto, *Thunderbird* no utiliza un array de tamaño fijo. Utiliza técnicas de *asignación dinámica de memoria* como las que veremos en el Capítulo 16. De esta forma, es posible utilizar arrays de tamaño variable. El tamaño del array no se aumenta de uno en uno sino que, cada vez que que se llena el array, se añade espacio para 100 elementos, por ejemplo.

Para saber más: mapas y polilíneas

Cuando ves un mapa en OpenStreetMap, GoogleMaps u otros mapas en la web, aparentemente ves líneas curvas para las carreteras, perímetro de recintos, etc. En realidad en esos mapas no hay ninguna curva, son polilíneas, eso sí, con el número de puntos suficiente para que visualmente parezcan curvas.

La polilínea original de un elemento del mapa puede tener miles de puntos. Esa polilínea original solo se visualiza en el nivel máximo de zoom, el de mayor detalle. A medida que se reduce el zoom para ver con menos detalle, se *simplifica* la polilínea, eliminando puntos.

Por ejemplo, en una polilínea de 2000 puntos, se podría hacer una simplificación al 75 %, eliminando uno de cada 4 puntos, con lo que quedaría reducida a unos 1500 puntos. En geomática, se dice que se ha aplicado el *geoproceso simplificar* a la polilínea.

Y, ¿cuál es la longitud real de la línea? Bueno, ese es "*el problema de la longitud de la línea de costa*". Está relacionado con las fractales y no tiene solución. La longitud depende del tamaño de la regla con la que midas.

Ejercicios propuestos

(Las soluciones de estos ejercicios se pueden consultar en [2])

Ejercicio 13.1. Arrays estáticos: precio habitación.
En relación con el ejemplo del hotel que se ha utilizado en el Apartado 13.2 dedicado a explicar los arrays estáticos, desarrolla una función que reciba como argumentos la variable *hotel* y un número de habitación y devuelva un número *double* con el precio de la habitación, si existe o −1.0 si la habitación no existe en el array de habitaciones.

Ejercicio 13.2. Arrays estáticos: facturación.
En relación con el mismo ejemplo del hotel, desarrolla una función *facturacion()*, que reciba como argumento la variable *hotel* y devuelva un número *double* con la cantidad que es previsible facturar ese día en base a las habitaciones ocupadas.

Ejercicio 13.3. A. estáticos: desocupar habitación.
En relación con el mismo ejemplo del hotel, desarrolla una función que permita desocupar una habitación cuando el cliente abandona el hotel.
La función recibirá como argumentos la variable *hotel* y el número de habitación que se quiere desocupar. Devolverá *true* si la operación tuvo éxito y *false* en caso contrario.

Ejercicio 13.4. Array con huecos: búsqueda.
En relación con el ejemplo de los préstamos de libros de una biblioteca que se ha utilizado en el Apartado 13.3, dedicado a explicar los arrays con huecos, desarrolla una función llamada *buscar()* que realice una búsqueda por título de un libro en la lista de préstamos.
La función recibirá como argumentos la variable *lista* y una cadena de caracteres con el título del libro que se quiere buscar. Devolverá el índice del libro en la *ListaPrestamos*, si se encuentra el libro o -1, en caso contrario.

Ejercicio 13.5. Array con huecos: baja.
En relación con el mismo ejemplo de los préstamos de libros, desarrolla una función llamada *devolver()* que gestione la devolución de un libro a la biblioteca.
La función recibirá como argumentos la variable *lista* y una cadena de caracteres con el título del libro que se devuelve. Devolverá *true* si la operación tu-

vo éxito y *false* en caso contrario. Esta función hará uso de la función *buscar()* que se ha desarrollado en el ejercicio anterior.

Ejercicio 13.6. Array con huecos: listados.
En relación con el mismo ejemplo de los préstamos de libros, desarrolla una función llamada *listar()* que realice un listado de todos los datos acerca de los libros prestados.

Ejercicio 13.7. Array compactado: añadir array.
En relación con el ejemplo de la polilínea que se ha utilizado en el Apartado 13.4, dedicado a explicar los arrays compactados, desarrolla una función llamada *anadir_puntos()* que añada todos los puntos contenidos en un array de elementos *Punto* a una *PoliLinea* existente.

Ejercicio 13.8. Array compactado: *unir()*.
En relación con el mismo ejemplo de la polilínea, desarrolla una función llamada *unir()* que genera una polilínea como resultado de unir las dos polilíneas que recibe como argumento y la devuelve como valor devuelto.

Ejercicio 13.9. Array compactado: *Copy on write*.
En relación con el mismo ejemplo de la polilínea, desarrolla una función que implemente el método *simplificar* pero, en vez de modificar la *PoliLinea* que recibe como argumento, generará una nueva modificada y la devolverá.

Ejercicio 13.10. Array compactado: comprobar si una polilínea es cerrada.
En relación con el mismo ejemplo de la polilínea, desarrolla una función llamada *es_cerrada()*, que reciba como argumento una polilínea y devuelva *true*, si es cerrada y *false*, si es abierta.

Ejercicio 13.11. Array compactado: *cerrar()*.
En relación con el mismo ejemplo de la polilínea, desarrolla una función llamada *cerrar()*, que reciba como argumento una polilínea y devuelva la polilínea cerrada resultante de añadir el primer vértice al final de la lista de vértices.

Entrada y salida por pantalla

Contenido

Este capítulo profundiza en el manejo de la entrada y la salida estándares en C, es decir, en las operaciones que permiten comunicarse con el usuario a través del teclado y la pantalla. Aunque en capítulos anteriores ya se introdujeron de manera básica las funciones printf() *y* scanf(), *ahora se estudiarán con mayor detalle, revisando todas las posibilidades que ofrecen.*

Se analizan los indicadores de formato de printf(), *que permiten controlar cómo se muestran los valores: desde enteros en diferentes bases hasta números reales con distintos grados de precisión, anchura de campo y alineación. También se presentan las secuencias de escape más habituales, que proporcionan efectos como salto de línea, tabulación o retroceso.*

En paralelo, se estudia el uso de scanf() *para la lectura de datos, explicando cómo combinar varios especificadores de formato en una misma instrucción, cómo funcionan los espacios en la cadena de formato y cuáles son los errores más frecuentes.*

El capítulo dedica una sección a la lectura y escritura carácter a carácter, con getchar() *y* putchar(), *y a la lectura y escritura de cadenas completas. Además, se incluyen las funciones que trabajan sobre cadenas en lugar de hacerlo directamente sobre la entrada o la salida estándar:* sprintf() *y* sscanf().

Los ejemplos y ejercicios propuestos permiten practicar con casos reales, desde la lectura de fechas y tablas numéricas hasta la construcción de una minicalculadora interactiva.

En conjunto, este capítulo proporciona al estudiante las herramientas necesarias para dominar la comunicación básica con el usuario en C, base imprescindible para los programas más complejos que se desarrollarán en los siguientes capítulos.

14.1 Introducción

En C, las operaciones de entrada y salida (E/S) se realizan a través de funciones definidas en la biblioteca estándar. Aunque ya hemos utilizado *printf()* y *scanf()* para imprimir mensajes por pantalla y leer datos del teclado, es importante comprender que estas funciones forman parte de un mecanismo más general de gestión de flujos de datos.

14.1.1 El flujo estándar de entrada y salida

Todo programa en C tiene acceso, de manera predeterminada, a tres *flujos de datos*:

- **Flujo de entrada estándar** (*stdin*): es el canal por el que el programa recibe datos desde el exterior, normalmente a través del teclado.

- **Flujo de salida estándar** (*stdout*): es el canal por el que el programa envía datos hacia el exterior, típicamente hacia la pantalla.

- **Flujo de error estándar** (*stderr*): se utiliza para mostrar mensajes de error o advertencias, también por pantalla.

Las funciones *printf()* y *scanf()* operan sobre *stdin* y *stdout*, respectivamente y las veremos a continuación. Las funciones *sprintf()* y *sscanf()* operan sobre cadenas de caracteres y las veremos al final de este capítulo. Las funciones *fprintf()* y *fscanf()* operan sobre flujos o ficheros y las estudiaremos en el Capítulo 15.

Convención de nombres

Aunque los nombres de las funciones *printf()* y *scanf()* no están definidos oficialmente como acrónimos, es común interpretarlos de forma mnemotécnica en función de su comportamiento:

- *printf()* → *print formatted*: escribe datos con formato.
- *scanf()* → *scan formatted*: lee datos con formato.

Estas interpretaciones no forman parte del estándar del lenguaje, pero resultan útiles para recordar la diferencia entre ellas y entender su propósito.

El conjunto de funciones de entrada y salida formateada en C sigue una convención de nombres que facilita su memorización:

- *printf()* y *scanf()*: operan sobre los flujos estándar.
  - *printf()* escribe en la salida estándar (*stdout*).
  - *scanf()* lee desde la entrada estándar (*stdin*).
- Prefijo *f*: indica que la función trabaja con un *file* o flujo (*FILE**).
  - *fprintf()* escribe en un fichero o flujo.
  - *fscanf()* lee desde un fichero o flujo.
- Prefijo *s*: indica que la función trabaja con una *string* (cadena de caracteres).
  - *sprintf()* escribe en una cadena.
  - *sscanf()* lee desde una cadena.

Estas convenciones permiten deducir el comportamiento de una función a partir de su nombre, lo que resulta especialmente útil al comenzar a trabajar con operaciones de entrada y salida avanzadas.

14.1.2 Búfer de entrada y de salida

Los flujos de datos en C están gestionados mediante *búferes*, es decir, áreas de memoria intermedias que almacenan temporalmente la información antes de ser leída o escrita.

- En el caso de la *salida estándar*, el búfer almacena los caracteres que el programa desea imprimir. El contenido del búfer se envía a la pantalla cuando se llena, o bien cuando se encuentra un salto de línea ('\n') o se fuerza su vaciado mediante funciones como *fflush()*.

- En la *entrada estándar*, el búfer recoge las pulsaciones de teclado hasta que el usuario pulsa la tecla INTRO ⏎. Entonces, el programa comienza a procesar la entrada almacenada en el búfer.

El conocimiento de este funcionamiento es fundamental para comprender algunos comportamientos inesperados al mezclar funciones de entrada diferentes o cuando se encadenan múltiples lecturas.

14.1.3 E/S formateada y E/S no formateada

Podemos clasificar las operaciones de entrada y salida en dos grandes categorías:

- **E/S formateada**: permite especificar el formato de los datos que se desean imprimir o leer. Ejemplos de funciones de E/S formateada son *printf()* y *scanf()*.

- **E/S no formateada**: trabaja con datos de tipo carácter o cadena, sin aplicar un formato específico. Son funciones más sencillas, como *putchar()*, *puts()*, *getchar()* y *fgets()*.

La E/S formateada es más flexible, pero también más compleja y propensa a errores si no se utiliza correctamente. Por otro lado, las funciones de E/S no formateada son más seguras para operaciones sencillas con caracteres y cadenas.

En los apartados siguientes estudiaremos en detalle cada una de estas funciones y las técnicas necesarias para usarlas de manera eficiente y segura.

14.2 E/S de caracteres individuales

14.2.1 La función *getchar()*

La entrada de caracteres individuales tecleados por el usuario se puede hacer con la función *getchar()* de la biblioteca *stdio.h*. Esta función devuelve un entero correspondiente al siguiente carácter en la entrada estándar, *stdin*. La sintaxis de la función es:

```
int getchar(void);
```

El Ejemplo 14.1 muestra un programa que lee una línea de texto del terminal. Para ello, solicita al usuario que teclee una línea, la lee carácter a carácter y la va guardando en una cadena de caracteres, hasta que encuentra el carácter '\n', momento en el cuál, elimina el '\n' de la cadena y la muestra en pantalla.

Ejemplo 14.1   Lectura de línea de texto con *getchar()*

```c
#include <stdio.h>

int main() {

    char cadena[81] = {0};
    char caracter = 0;
    int contador = 0;

    printf("Teclee línea de texto y pulse INTRO (máximo 80 caracteres):\n");
    do {
        caracter = getchar();
        cadena[contador] = caracter;
        contador++;
    } while( (caracter!='\n') && (contador < 81) );
```

```
        cadena[contador-1] = '\0'; // Elimina el \n
        printf("%s", cadena);

        return 0;
}
```

El Ejemplo 14.2 es una modificación del programa anterior, pero utilizando una función llamada *leer_linea()*. Esta función devuelve el número de caracteres leídos.

Ejemplo 14.2   Función *leer_linea()*

```
#include <stdio.h>

int leer_linea(char buffer[]) {
    char caracter = 0;
    int contador = 0;

    do {
        caracter = getchar();
        buffer[contador] = caracter;
        contador++;
    } while( (caracter!='\n') && (contador < 81) );
    buffer[contador-1] = '\0';
    return contador;
}

int main() {
    char cadena[81] = {0};

    printf("Teclee una línea de texto y pulse INTRO (máximo 80
      caracteres):\n");
    int num_caracteres = leer_linea(cadena);
    printf("%s - %d\n", cadena, num_caracteres);

    return 0;
}
```

14.2.2 La función *putchar()*

Para mostrar un carácter individual en la pantalla, se puede utilizar la función *putchar()* de la biblioteca *stdio.h*. Su sintaxis es:

```
int putchar(int ch);
```

La función *putchar()* escribe un carácter en la salida estándar, *stdout*. Internamente, convierte el carácter a *unsigned int* antes de escribirlo. Esta función es equivalente a:

```
putc(ch, stdout);
```

El Ejemplo 14.3 muestra una cadena de caracteres en pantalla, carácter a carácter.

Ejemplo 14.3   Mostrar una cadena con *putchar()*

```c
#include <stdio.h>

int main() {
    char cadena[] = "Prueba de texto";
    char ch;
    int contador = 0;

    do {
        ch = cadena[contador];
        putchar(ch);
        contador++;
    } while( ch != '\0');
    return 0;
}
```

14.3 Salidas con formato: *printf()*

La función *printf()* permite mostrar en pantalla mensajes y valores de variables con un formato controlado por el programador.

14.3.1 Sintaxis general de *printf()*

La forma general de la función es:

```
printf( cadena_de_formato, lista_de_argumentos);
```

En esta expresión:

- *cadena_de_formato*: es una cadena de caracteres (entre comillas dobles) que puede contener texto literal, *especificadores de formato*, precedidos por el símbolo % (por ejemplo, %d, %f, %s) y *caracteres especiales*, precedidos por la barra invertida \.

- *lista_de_argumentos*: es una lista de expresiones o variables cuyos valores se insertarán en la cadena de formato en las posiciones de los especificadores de formato.

La Figura 14.1 esquematiza una instrucción *printf()*.

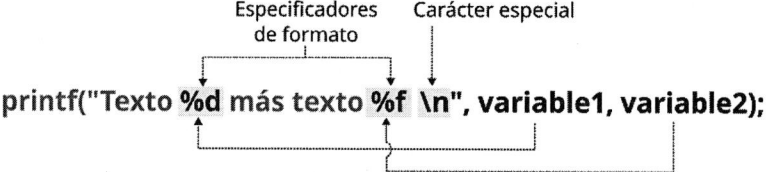

Figura 14.1: Esquema de uso de la instrucción *printf()*

Se pueden poner tantos especificadores de formato como sean necesarios; por cada uno de ellos, deberá haber una variable o expresión en la lista posterior a la cadena entrecomillada.

14.3.2 Especificadores de formato

En principio, un especificador de formato está formado por el carácter % seguido de un *carácter de conversión* que indica el tipo de datos que se va a mostrar en la salida. La sintaxis sería la siguiente:

```
%caracter_de_conversión
```

Los caracteres de conversión posibles son los de la Tabla 14.1.

Tabla 14.1: Carácter de conversión (Tipo de datos del valor que se imprime)

Carácter	Formato mostrado
i o d	Entero.
u	Entero *unsigned*.
o	Entero octal.
x	Entero hexadecimal (minúsculas).
X	Entero hexadecimal (mayúsculas).
f o F	Número en coma flotante (6 decimales por defecto).
e o E	Formato exponencial, con la e minúscula o la E mayúscula.
g o G	Coma flotante o exponencial, selección automática.
a o A	Numero en coma flotante en formato hexadecimal.
c	Carácter individual.
s	Cadena de caracteres.
p	Puntero.
n	No imprime nada; almacena la cantidad de caracteres escritos hasta ese momento en la variable del argumento, que tiene que ser de tipo puntero (ver nota en Tabla 14.4).

Los siguientes ejemplos muestran algunos casos de uso:

```
int n = 10;
printf("n= %d\n", n);   // Muestra n= 10
printf("n= %X\n", n);   // Muestra n= A (10 en hexadecimal)

double x = 3.14159;
printf("pi= %f\n", x);  // Muestra pi= 3.141590 (6 decimales)
printf("pi= %e\n", x);  // Muestra pi= 3.141590e+00
```

14.3.3 Modificadores

Entre el símbolo % y el carácter de conversión, se pueden intercalar algunos parámetros, denominados *modificadores*, que permiten hacer un ajuste fino del comportamiento de cada especificador. Estos modificadores permiten gestionar los siguientes aspectos de la impresión:

- **Alineación**: se puede elegir entre alineación a la izquierda o a la derecha, si se muestra o no el signo + en los números positivos, si se rellena el espacio sobrante con ceros y otros aspectos que afectan a la alineación.

- **Anchura mínima de campo**: es el número mínimo de caracteres que tendrá el campo en el que se escriba el valor. Si el valor es más ancho que el campo, se escribirá completo.

- **Precisión**: es el número de dígitos a mostrar en enteros, el de decimales en números reales o el número máximo de caracteres en cadenas. En los enteros, rellena con ceros a la izquierda. En los reales, si se especifica el número de decimales, la salida se redondea a esa precisión. Si no se especifica, por defecto se muestran con 6 decimales.

- **Modificador de tipo:** permite afinar el tipo concreto de datos. Por ejemplo, el carácter de conversión *f* corresponde a números en coma flotante. Por defecto, interpretará un *float* o un *double*, pero se puede utilizar *lf*, para especificar el tipo *double* o *Lf* para *long double*.

El formato general de los especificadores con parámetros modificadores es:

```
%[alineación][anchura][.precisión][hlL]tipo
```

Los parámetros entre corchetes son opcionales pero, de aparecer, deben hacerlo en este orden. La Figura 14.2 esquematiza un especificador de formato con todos los modificadores.

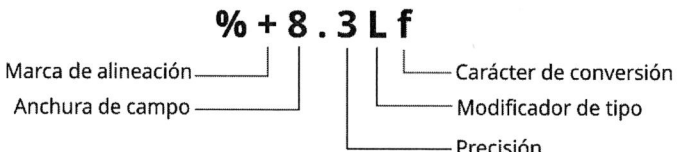

Figura 14.2: Ejemplo de un especificador de formato que utiliza todos los modificadores. En este caso, el especificador imprimirá una variable de tipo *long double*, utilizando una anchura de campo de 8 caracteres, con 3 decimales de precisión y precedido con el signo + o −, según corresponda

14.3.4 Modificadores de alineación y anchura de campo

Cuando se escriben varias líneas de valores, es frecuente querer mostrarlos en columnas. Para ello, es necesario gestionar la anchura de campo de cada columna, la alineación de su contenido y la forma de mostrar el valor.

Hay que entender el concepto *anchura de campo* al imprimir. Imagina una hoja de cálculo. Las celdas de cada columna tienen una anchura determinada. Si escribes un número en una celda, puede pasar que la celda tenga una anchura mayor que el número. En ese caso, quedan espacios vacíos y habrá que decidir si el número lo mostramos *alineado* a la izquierda a la derecha de la celda.

La Figura 14.3 muestra dos celdas de una hoja de cálculo en las que se ha escrito el mismo valor, 125. La celda *1A* muestra el número alineado a la izquierda, mientras que la celda *1B* lo muestra alineado a la derecha. En ambos casos, la *anchura del campo* (la anchura de las celdas) es la misma.

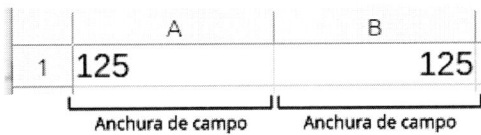

Figura 14.3: Dos celdas de una hoja de cálculo mostrando dos números con distinta alineación

La *marca de alineación (alignment flag)*, es un carácter que puede tomar los valores que muestra la Tabla 14.2. Es opcional. Si no se usa, el compilador asigna unos valores por defecto según el tipo de datos que se esté mostrando.

Tabla 14.2: Marcas de alineación

Marca	Significado
-	Justifica a la izquierda del campo.
+	Precede los valores con el signo + o −.
(espacio)	Precede los valores positivos con un espacio.
0	Rellena con ceros.
#	Precede los octales con o, los hexadecimales con 0x o 0X; en los *float* y *double* muestra el punto decimal; muestra el cero antes del punto decimal en los formatos g y G.

La anchura de campo es un número que indica la cantidad de caracteres que ocupará el valor mostrado. Si necesita menos caracteres, los espacios sobrantes se rellenarán con espacios o con ceros, según el valor indicado en la marca de alineación. Si el valor utiliza más caracteres que los indicados en la anchura de campo, se imprimirán todos.

El siguiente ejemplo muestran algunos casos sencillos de uso con enteros:

```
int n = 3;
printf("%d | %+d | %02d\n", n, n, n);
```

La salida es:

```
3 | +3 | 03
```

En cuanto a la alineación (justificación) del valor mostrado dentro de la anchura de campo asignada, si se utiliza como marca de alineación el signo −, los valores se alinearán a la izquierda del campo, como se hace en el siguiente ejemplo:

```
int i=10, j=200, k=-125;
printf("|%6d|%6d|%6d|\n", i, j, k);
printf("|%-6d|%-6d|%-6d|\n", i, j, k);
printf("|%-+6d|%-+6d|%-+6d|\n", i, j, k);
```

La salida es:

```
|    10|   200|  -125|
|10    |200   |-125  |
|+10   |+200  |-125  |
```

Observa el último *printf()*, en el que se han usado las dos marcas: −, para alinear a la izquierda del campo y +, para preceder con el signo + los números positivos.

14.3.5 Modificadores de precisión

El modificador de precisión es un número que se escribe precedido de un punto. Su interpretación difiere según el tipo de datos que se muestre. La Tabla 14.3 muestra la interpretación de este parámetro cuando se combina con la anchura de campo.

Tabla 14.3: Modificadores de anchura y precisión

Indicador	Significado
número	Anchura mínima del campo.
*	Utiliza el siguiente argumento como anchura mínima de campo.
.número	En enteros, número mínimo de dígitos; en formatos e y f, número de decimales; en formato g, máximo número de dígitos significativos; en formato s, máximos caracteres.
.*	Utiliza el siguiente argumento como precisión, interpretado en el sentido indicado en la fila anterior de esta tabla.
n1.n2	n1=anchura de campo; n2=precisión.

El uso más frecuente es para indicar el número de decimales de los números en coma flotante. En ese caso, el valor mostrado se redondea al número de decimales indicado. Los siguientes ejemplos pueden servir para entender su funcionamiento:

```
double x = 3.141592;
printf("%f \n", x);    // Por defecto se muestran 6 decimales
printf("%.2f \n", x); // Redondeo a 2 decimales
printf("%.4f \n", x); // Redondeo a 4 decimales
```

La salida es:

```
3.141592
3.14
3.1416
```

Hay que comprender que, aunque la salida se muestre redondeada a cierto número
de decimales, el valor en memoria conserva la precisión que tuviera. En el Apartado 14.6
se mostrará una técnica para conseguir redondeos permanentes basada en la utilización
de este modificador de formato.

14.3.6 Modificador de tipo

El carácter de conversión que indica el tipo de datos, puede ir precedido de una carácter
que modifica el tipo general. Es necesario en el caso de los tipos *long*, por ejemplo. La
Tabla 14.4 resume los posibles valores de este parámetro.

Tabla 14.4: Carácter modificador

Carácter	Significado
hh	Muestra los argumentos enteros como carácter.
h*	Muestra entero *short*.
l*	Muestra entero *long*.
ll*	Muestra entero *long long*.
L	Muestra *long double*.
j*	Muestra entero *intmax_t* o *uintmax_t*.
t*	Muestra valores *ptrdiff_t*.
z*	Muestra valores *ptrdiff_t*.

(*) Se pueden colocar delante del carácter de conversión n para indicar que el
el puntero es del tipo especificado.

El siguiente ejemplo imprime un *long int* y un *long double*:

```
long int n = 1967L;
long double x = 1e125;
printf("n=%ld x=%Le\n", n, x);
```

La salida es:

```
n=1967 x=1.000000e+125
```

La cantidad de posibilidades descritas en los apartados y las tablas anteriores puede
intimidar un poco. En la práctica, es más sencillo de lo que parece y, salvo situaciones
muy especiales, se usan solo algunas de las opciones. Se muestran a continuación algunos ejemplos de los usos más frecuentes.

14.3.7 Aplicación: imprimir una matriz de números enteros

El Ejemplo 14.4 imprime una matriz cuyos elementos son números enteros con distinta cantidad de dígitos y distintos signos. La matriz se imprime en formato tabulado. Se ha elegido un formato de impresión %5d, con un ancho de campo 5.

Ejemplo 14.4 Imprimir una matriz de números enteros

```c
#include <stdio.h>

int main() {
    int A[][3] = {
        {-1, 234, 17},
        {1, 0, -17},
        {12, 3456, 0}
    };

    for(int i=0; i<3; i++) {
        for(int j=0; j<3; j++) {
            printf("%5d ", A[i][j]);
        }
        printf("\n");
    }

    return 0;
}
```

La salida del programa es:

```
   -1   234    17
    1     0   -17
   12  3456     0
```

Hay que comprender cómo se escribe un matriz en formato tabulado. El bucle exterior va recorriendo las filas. El bucle interior imprime cada número de la fila correspondiente, seguido de un espacio. Tras imprimir cada fila, se imprime un salto de línea.

14.3.8 Aplicación: imprimir matriz de números *double*

El Ejemplo 14.5 imprime una matriz de números *double*. En este caso, se ha decidido aproximar los valores a dos decimales y alinear los números a la derecha de la columna. Observa el resultado de aproximar los siguientes números:

- El primer número de la primera columna es *-1.205* y se aproxima a *-1.21*.
- El segundo número de la primera columna es *1.205* y se aproxima a *1.21*.
- El segundo número de la segunda columna es *0.007* y se aproxima a *0.01*.
- El último número de la matriz es *0.004* y se aproxima a *0.00*.

Ejemplo 14.5 Imprimir una matriz de *double*

```c
#include <stdio.h>

int main() {

    double A[][3] = {
        {-1.205, 234.0, 1.7},
        {1132.0, 0.007, -1.0},
        {12.01, 3456.2, 0.004}
    };

    for(int i=0; i<3; i++) {
        for(int j=0; j<3; j++) {
            printf("%10.2f ", A[i][j]);
        }
        printf("\n");
    }
    return 0;
}
```

La salida del programa es:

```
     -1.21     234.00       1.70
   1132.00       0.01      -1.00
     12.01    3456.20       0.00
```

Como ya se ha mencionado anteriormente, aunque la salida en pantalla se haga aproximando a la precisión solicitada, el número original permanece en memoria con su valor original.

14.3.9 Imprimir columnas de datos

El Ejemplo 14.6 imprime unos datos en columnas. La primera columna son cadenas de texto de longitud variable; se imprime con una anchura de campo 20 y alineación izquierda.

Ejemplo 14.6 Imprimir columnas de datos

```c
#include <stdio.h>

int main(void) {
    printf("%-20s %10s %10s\n", "Producto", "Precio", "Stock");
    printf("%-20s %10.2f %10d\n", "Manzanas", 1.50, 50);
    printf("%-20s %10.2f %10d\n", "Naranjas", 2.00, 30);
    printf("%-20s %10.2f %10d\n", "Melón", 3.75, 12);
    printf("%-20s %10.2f %10d\n", "Pera conferencia", 2.30, 25);
    return 0;
}
```

Los especificadores de formato utilizado son los que muestra la Tabla 14.5:

Tabla 14.5: Especificadores de formato utilizados en el Ejemplo 14.6

Especificador	Significado
%-20s	Imprime una cadena de caracteres alineada a la izquierda en un campo de 20 caracteres.
%10s	Imprime una cadena alineada a la derecha en un campo de 10 caracteres.
%10.2f	Imprime un número real alineado a la derecha, con 2 decimales y anchura 10.
%10d	Imprime un entero alineado a la derecha, en un campo de 10 caracteres.

La salida por pantalla del Ejemplo 14.6 es:

```
Producto              Precio    Stock
Manzanas               1.50       50
Naranjas               2.00       30
Melón                  3.75       12
Pera conferencia       2.30       25
```

14.3.10 Secuencias de escape

Dentro de la cadena de formato, se pueden incluir secuencias especiales precedidas por la barra invertida (\), que representan caracteres no imprimibles o de control. Algunas de las más habituales se muestran en la Tabla 14.6:

Tabla 14.6: Secuencias de escape más habituales

Especificador	Significado
\n	Cambio de línea.
\r	Retorno de carro. Lleva el cursor al principio de la línea actual.
\t	Tabulación horizontal.
\b	(*back space*). Mueve el cursor una posición hacia atrás sin borrar. Si se escribe un carácter, sobrescribirá el existente.
\\	Imprime una barra invertida.
\"	Imprime una comilla doble.
\%	Imprime símbolo de porcentaje %.

El carácter \n realiza un cambio de línea cuando se escribe en pantalla. En los ficheros de texto en sistemas Windows, los finales de línea se representan como una secuencia de dos caracteres: \r\n. En los sistema MacOS antiguos, se utilizaba solo \r.

El siguiente código muestra la utilización de algunas de estas secuencias de escape:

```
printf("Primera línea\nSegunda línea\n");
printf("Columna A\tColumna B\n");
```

La salida del código anterior sería:

```
Primera línea
Segunda línea
Columna A    Columna B
```

Es interesante que vuelvas a echar un vistazo al Ejemplo 6.2, que explicaba cómo mostrar un array en pantalla y que utilizaba la secuencia de escape \b para conseguir el formato deseado.

14.4 Entradas con formato: *scanf()*

Hasta ahora hemos usado la función *scanf()* de manera sencilla para hacer entradas desde el teclado. La sintaxis de la instrucción *scanf()* es la siguiente:

> scanf(*cadena_de_formato*, *puntero_a_variable*)

Las cadenas de formato que hemos usado hasta ahora constaban de un solo especificador de formato, similar a los que usábamos con *printf()*. El puntero a la variable lo indicábamos poniendo el símbolo & delante del nombre de la variable, salvo en el caso de las cadenas de texto, en las que no hace falta.

Por ejemplo, las siguientes instrucciones servirían para leer un carácter, un entero, un *double* y una cadena de caracteres:

```
char ch;
scanf("%c", &ch); // Lee un caracter y lo guarda en ch
int n;
scanf("%d", &n); // Lee un entero y lo guarda en n
double x;
scanf("%lf", &x); // Lee un double y lo guarda en x
char cad[81];
scanf("%s", cad); // Lee una cadena y la guarda en cad
```

14.4.1 El problema de los \n residuales

Cuando en un programa se ejecuta una instrucción *scanf()*, a medida que el usuario va tecleando, los caracteres se van almacenando en el *búfer de teclado*. Cuando el usuario pulsa la tecla *INTRO*, ('\n'), la instrucción *scanf()* comienza a leer información del búfer.

Supongamos que se están ejecutando las dos instrucciones siguientes:

```
scanf("%d", &n1);
scanf("%d", &n2);
```

y supongamos que el usuario teclea 125 INTRO ⏎. En ese momento (*Instante 1*), el búfer del teclado tendría el contenido que refleja la parte izquierda de la Figura 14.4[1].

Ahora, la instrucción *scanf()* comienza a obtener información del búfer. La forma de actuar de la función *scanf()* es la siguiente:

1. Primero, descarta todos los caracteres denominados *whitespace* que pudiera haber en el búfer. Estos caracteres son: espacio, '\n', '\t', '\v', '\r' y '\f'.

2. A continuación, lee todos los caracteres que haya y que sean válidos para el tipo de datos que se está leyendo.

3. En el momento en que *scanf()* detecta un carácter no válido para el tipo de datos, se detiene la lectura, dejando dicho carácter en el búfer.

Instante 1

Búfer de teclado

| 1 | 2 | 5 | \n | | |

Instante 2

Búfer de teclado

| \n | | | | | |

Figura 14.4: Contenido del búfer de teclado. Izquierda: contenido tras pulsar el usuario la tecla INTRO ⏎ (*Instante 1*)). Derecha: contenido tras leer un número entero la función *scanf()* (*Instante 2*). Observa que queda un \n *residual* en el búfer

En el caso de nuestro ejemplo, inicialmente no hay ningún carácter que se pueda descartar, por lo que *scanf()* comienza a leer el número entero 125, hasta que se encuentra el carácter \n, momento en el cual, da por terminada la lectura del entero, almacena 125 en la dirección de la variable *n1* y termina la instrucción. El carácter \n se queda en el búfer (*Instante 2* de la Figura 14.4).

Ahora el programa pide al usuario que teclee otro número entero. Supongamos que el usuario teclea 257 y la tecla INTRO ⏎ . En ese momento, la situación del búfer del teclado sería la de la parte izquierda de la Figura 14.5 (*Instante 3*).

Instante 3

Búfer de teclado

| \n | 2 | 5 | 7 | \n | |

Instante 4

Búfer de teclado

| \n | | | | | |

Figura 14.5: Izquierda: contenido del búfer del teclado tras teclear el usuario el número 257 y pulsar la tecla INTRO ⏎ (*Instante 3*). Derecha: contenido tras leer la función *scanf()* un *número entero* (*Instante 4*). Observa que ha vuelto a quedar un \n *residual* en el búfer

Tras pulsar la tecla INTRO ⏎ , *scanf()* comienza a leer información del búfer. Descarta el carácter \n y va leyendo el número 257, hasta que encuentra el siguiente \n, momento el que guarda 257 en la variable *n2* y termina su ejecución. El carácter \n vuelve a quedar en el búfer (*Instante 4*).

---

[1]En realidad, en el búfer no hay caracteres, sino los números enteros que corresponden a sus códigos ASCII.

Este comportamiento de la función *scanf()*, descartando los caracteres *whitespace* antes de empezar a leer el valor que marca el formato de lectura, tiene lugar con todos los formatos de lectura, excepto cuando se lee un carácter individual con el formato %c. Para el formato %c, los *whitespace* son caracteres válidos y, por tanto, si hay un \n en el búfer en el momento de leer un carácter, el carácter leído será precisamente ese \n.

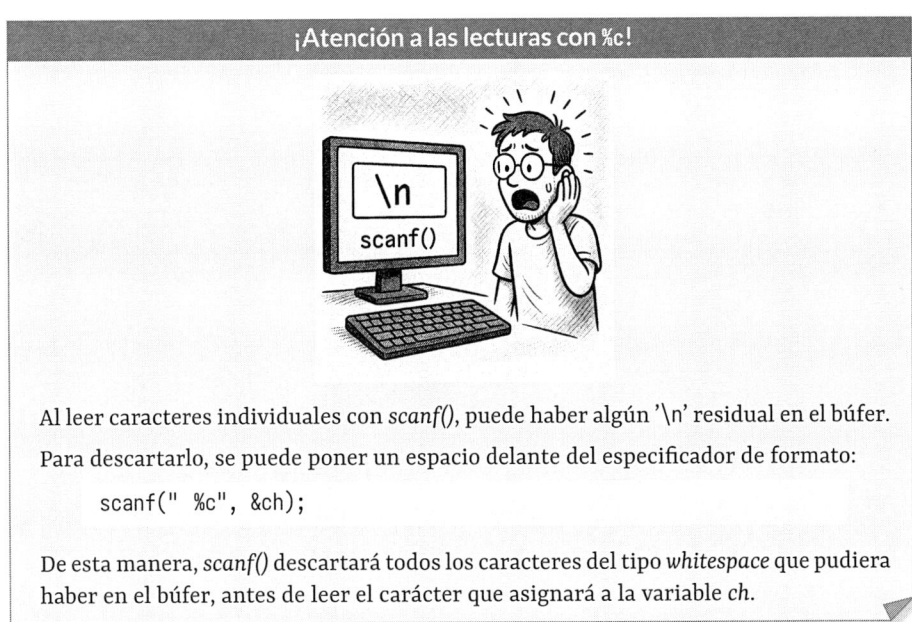

¡Atención a las lecturas con %c!

Al leer caracteres individuales con *scanf()*, puede haber algún '\n' residual en el búfer.

Para descartarlo, se puede poner un espacio delante del especificador de formato:

```
scanf(" %c", &ch);
```

De esta manera, *scanf()* descartará todos los caracteres del tipo *whitespace* que pudiera haber en el búfer, antes de leer el carácter que asignará a la variable *ch*.

14.4.2 Lectura de cadenas con *scanf()*

Cuando se lee una cadena de texto con la instrucción *scanf()* y el formato '%s' hay que tener en cuenta algunos detalles.

El primer detalle es que, como ya se comentó anteriormente, el nombre de la cadena ya indica la dirección de memoria del primer carácter y, por tanto, no hay que poner el carácter '&' delante del nombre de la variable:

```
char cad[81];

scanf("%s", cad);
```

La instrucción anterior muestra la forma correcta de referirse a la variable de cadena en la que se quiere guardar la lectura.

El segundo detalle que hay que tener en cuenta es que *scanf()* detendrá la lectura si se encuentra con un espacio, por lo que si la cadena que teclea el usuario consta de más de una palabra, solo se guardará la primera.

El Ejemplo 14.7 solicita una cadena al usuario y luego la imprime en pantalla. A la derecha del código puedes ver la ejecución del programa en un caso en el que el usuario haya tecleado una cadena con varias palabras. Observa que la salida posterior solo incluye la primera de ellas.

Ejemplo 14.7	Lectura de cadena con %s

```
#include <stdio.h>

int main() {
    char cad[81];

    printf("Teclea una cadena: ");
    scanf("%s", cad);
    printf("Has tecleado: %s\n", cad);

    return 0;
}
```

```
Símbolo del sistema        ×   +  ∨           –   □   ×
>gcc prueba.c -o prueba

>prueba
Teclea una cadena: Hola, mundo!
Has tecleado: Hola,

>
```

Como detalle adicional, indicar que que la cadena leída no incluye en ningún caso el carácter '\n' final pero sí que se añade automáticamente el '\0'.

14.4.3 Sintaxis completa de un especificador de formato para *scanf()*

Cuando se utiliza *scanf()*, se puede intercalar un parámetro entre el signo de % y el carácter de conversión, para ajustar la forma en la que se hacen las lecturas.

La sintaxis completa para un especificador de formato de *scanf()* es la siguiente:

```
%[modificador]caracter_de_conversion
```

El modificador es opcional.

La Tabla 14.7 muestra los valores posibles de los modificadores de tipo:

Tabla 14.7: Modificadores en *scanf()*

Modificador	Significado
*	El campo se leerá, pero no se asignará la lectura, se saltará al siguiente.
tamaño	Máximo tamaño que se leerá.
hh	El valor se guardará en una variable *char* o *unsigned char*.
h	El valor se guardará en una variable *short int*.
l	El valor se guardará en una variable *long, double* o *wchar_t*.
j, z o texttttt	El valor se guardará en una variable *size_t, ptrdiff_t, intmax_t* o *uintmax_t*.
ll	El valor se guardará en una variable *long int*
L	El valor se guardará en una variable *long double*

La Tabla 14.8 muestra los valores que pueden tomar el carácter de conversión que indica el tipo que se va a a leer:

Tabla 14.8: Carácter de conversión en *scanf()*

Carácter	Acción
d	Lectura de enteros en notación decimal.
i	Lectura de enteros como %d, pero si el primer carácter es la letra 'o', se interpreta en octal y si los dos primeros caracteres son 0x, se interpreta en hexadecimal.
u	Lectura de enteros a variables *unsigned int*.
o	Lectura de enteros en notación octal.
x	Lectura de enteros en notación hexadecimal.
a, e, f, o textttg	Lectura de números en coma flotante. Admite notación exponencial. Para leer *double*, hay que poner %1 y para *long double*, %L
c	Lectura de carácter. Ojo, da como válidos los caracteres *whitespace* ('\n' y similares). La lectura se detiene si encuentra un espacio.
s	Lectura de cadena de caracteres. Añade el '\0'.
[...]	Indica que se va a leer una cadena de caracteres y que solo se consideran válidos los caracteres que aparezcan entre los corchetes. Al primer carácter no incluido en los corchetes, se interrumpe la lectura. Si el primer carácter en los corchetes es el carácter '^', se considera en negativo: los caracteres válidos son todos menos los que aparezcan entre corchetes.
n	No se lee nada. El número de caracteres que se hayan leído hasta ese momento se guardará en el argumento correspondiente, que tendrá que ser un puntero a entero.
p	Lectura de un puntero, en el mismo formato en el que se imprimen con *printf()* y el formato '%p'. El argumento tiene que ser un puntero a puntero *void*.
%	El siguiente carácter que no sea *whitespace* tiene que ser un %.

Al igual que comentamos con *printf()*, la cantidad de opciones de lectura que ofrece *scanf()* es intimidante. En la práctica, solo usaremos algunas de ellas y, en los casos en los que se necesite hacer cosas muy especiales, habrá que ir consultando la documentación e ir actuando por prueba y error hasta dar con la clave.

14.4.4 Efecto de un espacio en la cadena de formato

Cuando en la cadena de formato de scanf() aparece un espacio en blanco (puede ser un espacio, un tabulador o un salto de línea), esto no significa que deba introducirse literalmente un espacio en la entrada del usuario.

En realidad, tiene un comportamiento especial:

- Cualquier carácter de espacio en blanco en la cadena de formato (incluyendo " ", "\t" o "\n") le dice a *scanf()* que debe saltar todos los espacios en blanco consecutivos en la entrada, hasta encontrar el primer carácter no blanco.

- Estos espacios en blanco pueden ser espacios normales, tabuladores o saltos de línea.

- Una vez encontrado el carácter no blanco, la lectura continúa según el siguiente especificador de formato.

Por ejemplo:

Ejemplo 14.8   Interpretación de los espacios en blanco en la entrada

```c
#include <stdio.h>

int main() {
    int a, b;
    scanf("%d %d", &a, &b);
    printf("a = %d, b = %d\n", a, b);
    return 0;
}
```

Al ejecutar este programa el usuario podría teclear los números de distintas formas. La primera sería tecleando los dos números separados por un espacio:

```
10 20
```

También podría tecear INTRO ⏎ después del primer número y algunos espacios antes de teclear el segundo:

```
10
    20
```

o incluso tecleando INTRO ⏎ más de una vez entre los dos números:

```
10


20
```

En todos los casos, la salida será:

```
a = 10, b = 20
```

14.4.5 Cadenas de formato con más de un especificador

En muchos programas es habitual necesitar leer varios datos en una sola instrucción. Para ello, *scanf()* permite combinar distintos especificadores de formato en la misma cadena, de manera que se puedan capturar de forma simultánea valores de tipos diferentes o varios valores del mismo tipo.

Vamos a ver dos ejemplos para comprender mejor el significado de los modificadores y caracteres de conversión que aparecen en las Tablas 14.7 y 14.8.

Lectura de edad y altura:

Ejemplo 14.9   Lectura de dos valores: entero y real

```c
#include <stdio.h>

int main() {
    int edad;
    float altura;

    printf("Introduce tu edad y altura (en metros): ");
    scanf("%d %f", &edad, &altura);

    printf("Edad: %d años\n", edad);
    printf("Altura: %.2f m\n", altura);
    return 0;
}
```

Entrada:
```
20 1.75
```

Salida:
```
Edad: 20 años
Altura: 1.75 m
```

Lectura de fecha con separadores:

Ejemplo 14.10   Lectura de una fecha con separadores

```c
#include <stdio.h>

int main() {
    int dia, mes, anio;

    printf("Introduce la fecha (dd/mm/aaaa): ");
    scanf("%d/%d/%d", &dia, &mes, &anio);

    printf("Día: %d, Mes: %d, Año: %d\n", dia, mes, anio);
    return 0;
}
```

Entrada:
```
22/08/2025
```

Salida:

```
Día: 22, Mes: 8, Año: 2025
```

14.5 Lectura de líneas completas: *fgets()*

Una de las limitaciones de la función *scanf()* con el formato %s es que la lectura se interrumpe al encontrar un espacio en blanco, por lo que no resulta adecuada para leer frases completas. Una alternativa más segura y flexible es la función *fgets()*, definida en la biblioteca *stdio.h*.

```
char* fgets(char* buffer, int n, FILE* flujo);
```

Parámetros:

- *buffer*: array de caracteres donde se almacenará la línea leída.
- *n*: número máximo de caracteres a leer, incluyendo el carácter '\0' de terminación.
- *flujo*: flujo de entrada del que se leerán los caracteres (por ejemplo, *stdin*).

Valor de retorno: devuelve el mismo puntero *buffer* si la lectura se realizó con éxito o *NULL* en caso de error o de fin de archivo.

La función *fgets()* lee como máximo $n-1$ caracteres del flujo y los guarda en el *buffer*, añadiendo automáticamente el carácter '\0' al final. La lectura se detiene si se ha leído el carácter de nueva línea '\n' o si se alcanza el límite $n-1$.

El siguiente ejemplo solicita una línea de texto al usuario, la lee y la imprime en pantalla:

Ejemplo 14.11   Lectura de una línea con *fgets()*

```c
#include <stdio.h>

int main() {
    char cadena[81];

    printf("Teclea una línea de texto: ");
    if(fgets(cadena, sizeof(cadena), stdin) != NULL) {
        printf("Has tecleado: %s", cadena);
    }
    return 0;
}
```

Entrada:

```
Hola mundo de C
```

Salida:

```
Has tecleado: Hola mundo de C
```

14.5.1 Eliminar el carácter '\n' final de la cadena

A diferencia de *scanf(" %s", ...)*, en este caso se leen todos los caracteres de la línea, incluidos los espacios. Es importante tener en cuenta que, si el usuario pulsa la tecla *INTRO*, el carácter '\n' también se almacena en la cadena, justo antes del '\0' final.

En muchas situaciones conviene eliminar ese carácter de nueva línea, sustituyéndolo por el terminador '\0'. El siguiente ejemplo muestra una forma de hacerlo:

Ejemplo 14.12   Eliminar el carácter '\n' al leer con *fgets()*

```c
#include <stdio.h>
#include <string.h>

int main() {
    char cadena[81];

    printf("Teclea una línea de texto: ");
    if(fgets(cadena, sizeof(cadena), stdin) != NULL) {
        // Buscar si hay un '\n' y sustituirlo por '\0'
        size_t len = strlen(cadena);
        if(len > 0 && cadena[len-1] == '\n') {
            cadena[len-1] = '\0';
        }
        printf("Has tecleado: %s\n", cadena);
    }
    return 0;
}
```

El Ejemplo 14.13 es equivalente al 14.12, pero en este caso se utiliza una función llamada *limpiar()* para eliminar el '\n' final de la cadena:

Ejemplo 14.13   Función *limpiar()* para eliminar el '\n' final de las cadenas

```c
#include <stdio.h>
#include <string.h>

char* limpiar(char* cadena) {
    int i = 0;
    while(cadena[i] != '\0') {
        if(cadena[i] == '\n') {
            cadena[i] = '\0';
            break;
        }
        i++;
    }
    return cadena;
}
```

```
int main() {
   char cadena[81];

   printf("Teclea una línea de texto: ");
   if(fgets(cadena, sizeof(cadena), stdin) != NULL) {

      printf("Has tecleado: %s\n", limpiar(cadena));
   }
   return 0;
}
```

Es interesante disponer de una función auxiliar para poder eliminar el '\n' cada vez que leamos una línea de texto con *fgets()* en nuestros programas. Hay dos detalles de la función *limpiar()* que vale la pena destacar:

- El primero es que la técnica utilizada por *limpiar()* para eliminar el '\n' es diferente de la que se usó en el Ejemplo 14.12.

- Otro detalle interesante es que la función *limpiar()* devuelve el mismo puntero a la cadena que recibió como argumento. Esto permite utilizar directamente la llamada a la función dentro de *printf()*.

Recuerda que *fgets()* nunca leerá más de n-1 caracteres pero, si el usuario introduce una línea más larga, el resto quedará pendiente en el *búfer de entrada* asociado a *stdin*, de modo que se leerá en la siguiente llamada a una función de entrada.

En el Capítulo 15, dedicado a las entradas y salidas a ficheros, volveremos a utilizar la función *fgets()*, pero en vez de leer de la entrada estándar *stdin*, leeremos de ficheros de texto.

14.6 Entrada y salida sobre cadenas de caracteres

Además de realizar operaciones de entrada y salida en la pantalla o el teclado, el lenguaje C permite trabajar con cadenas de caracteres como si fueran fuentes o destinos de datos.

Para ello, la biblioteca estándar proporciona funciones que imitan el comportamiento de *printf()* y *scanf()*, pero utilizando una cadena de caracteres en lugar de un flujo de entrada/salida. Estas funciones están definidas en la biblioteca estándar *stdio.h*.

14.6.1 La función *sprintf()*

La función *sprintf()* permite escribir en una cadena de caracteres utilizando un formato especificado, de forma similar a *printf()*, pero en lugar de enviar el resultado a la pantalla, lo guarda en una cadena.

```
int sprintf(char* destino, const char* formato, ...);
```

Los parámetros de la expresión anterior son:

- *destino*: puntero a un array de tipo *char* donde se almacenará el resultado.

- *formato*: cadena que especifica cómo formatear los datos.

Valor de retorno: número de caracteres escritos, sin contar el carácter '\0' final.

Ejemplo 14.14 Uso básico de *sprintf()*

```c
char buffer[100];
int edad = 20;
sprintf(buffer, "Tengo %d años", edad);
printf("%s\n", buffer);
```

La salida es:

```
Tengo 20 años
```

La función *sprintf()* no comprueba si hay suficiente espacio en el array destino. Si el mensaje es demasiado largo, puede provocar un error de desbordamiento. Para evitarlo, se recomienda usar *snprintf()*.

14.6.2 La función *snprintf()*

Para evitar los problemas de desbordamiento que puede ocasionar *sprintf()*, la biblioteca estándar de C99 introdujo la función *snprintf()*, que añade un parámetro adicional: el tamaño máximo del array destino. De este modo, el programador puede indicar cuántos caracteres, como máximo, deben escribirse, lo que aporta mayor seguridad frente a posibles errores. La sintaxis es:

```c
int snprintf(char* destino, size_t tam, const char* formato, ...);
```

Hay un parámetro adicional respecto de la función *sprintf()*:

- *tam*: número máximo de caracteres que se escribirán en el array, incluyendo el carácter de terminación '\0'.

La función devuelve el número de caracteres que se habrían escrito si hubiera espacio suficiente, sin contar el terminador. Esto permite al programador comprobar si el contenido ha sido truncado y actuar en consecuencia.

El siguiente código muestra un ejemplo de uso:

```c
char buffer[10];
int numero = 12345;

int n = snprintf(buffer, sizeof(buffer), "Valor = %d", numero);

printf("Buffer: %s\n", buffer);
printf("Caracteres escritos (incluido truncado): %d\n", n);
```

La salida es:

```
Buffer: Valor = 1
Caracteres escritos (incluido truncado): 11
```

En este ejemplo, el mensaje completo tendría 11 caracteres, pero el array solo admite 9 más el terminador. Por tanto, la cadena se trunca, pero el programa no se interrumpe ni produce un desbordamiento de memoria.

14.6.3 Redondeo decimal con *sprintf()* y *atof()*

Una técnica sencilla para redondear un número real a un número fijo de cifras decimales consiste en:

1. Convertir el número a una cadena con *sprintf()* utilizando el formato adecuado, por ejemplo, `"%.2f"` para dos decimales.

2. Volver a convertir esa cadena a un número real usando *atof()*.

Esto permite trabajar con una representación decimal redondeada, útil en contextos como cálculos financieros o presentación de resultados. Por ejemplo:

Ejemplo 14.15   Redondeo a dos decimales usando *sprintf()* + *atof()*

```
double valor = 3.14159;
char buffer[32];

sprintf(buffer, "%.2f", valor);
double redondeado = atof(buffer);

printf("Original: %.10f\n", valor);
printf("Redondeado: %.10f\n", redondeado);
```

Salida por pantalla:

```
Original: 3.1415900000
Redondeado: 3.1400000000
```

Redondeo decimal frente a precisión binaria

Este tipo de redondeo actúa sobre la representación decimal del número, no sobre su representación binaria interna.

No debe utilizarse como sustituto de las funciones de redondeo numérico para cálculos de alta precisión.

Uso de *atof()* frente a *strtod()*

La función *atof()* convierte una cadena de caracteres en un número de tipo *double*.

Aunque resulta cómoda de usar, presenta un inconveniente importante: si la cadena no representa un número válido, *atof()* devuelve simplemente 0.0, sin que exista manera de distinguir entre un error de conversión y una cadena cuyo valor sea cero.

Por este motivo, en programas que requieran mayor robustez se recomienda emplear la función *strtod()*, también definida en *stdlib.h*.

Esta función no solo devuelve el valor convertido, sino que además permite comprobar mediante un puntero dónde terminó la conversión, lo que facilita detectar errores o partes no numéricas en la cadena de entrada.

14.6.4 La función *sscanf()*

La función *sscanf()* permite leer datos desde una cadena de caracteres con un formato determinado, del mismo modo que *scanf()* lee desde la entrada estándar.

```
int sscanf(const char* fuente, const char* formato, ...);
```

Los parámetros de la expresión anterior son:

- *fuente*: cadena de la que se leerán los datos.
- *formato*: cadena que indica el tipo de datos a leer y cómo deben interpretarse.

La función *sscanf()* devuelve el número de elementos correctamente leídos y asignados.

Esta instrucción es muy útil para leer líneas completas desde un fichero o desde la consola y procesar sus elementos a posteriori.

El siguiente código muestra un ejemplo de uso:

```c
char entrada[] = "Luis 42";
char nombre[20];
int edad;

sscanf(entrada, "%s %d", nombre, &edad);
printf("Nombre: %s\n", nombre);
printf("Edad: %d\n", edad);
```

La salida es:

```
Nombre: Luis
Edad: 42
```

Observación: al igual que ocurre con *scanf()*, si el formato de la cadena no se ajusta exactamente al especificado, pueden producirse errores de lectura.

14.7 Resumen de funciones de entrada/salida formateada

La Tabla 14.9 resume las funciones para entrada y salida con formato. Las relativas a ficheros las estudiaremos en el Capítulo 15.

Tabla 14.9: Funciones C para entradas y salidas con formato

Función	Operación	Fuente o destino
printf()	Salida	Pantalla (*stdout*)
fprintf()	Salida	Fichero o flujo (*FILE**)
sprintf()	Salida	Cadena de caracteres
snprintf()	Salida	Cadena (con límite de tamaño)
scanf()	Entrada	Teclado (*stdin*)
fscanf()	Entrada	Fichero o flujo (*FILE**)
sscanf()	Entrada	Cadena de caracteres

Diferencia entre los especificadores de formato %d y %i

En la función *printf()*, los especificadores %d y %i son equivalentes: ambos sirven para mostrar números enteros con signo en base decimal. No hay diferencia en la salida producida por uno u otro.

```
int a = 42;
printf("Valor: %d\n", a);  // Muestra: Valor: 42
printf("Valor: %i\n", a);  // Muestra: Valor: 42
```

Sin embargo, en la función *scanf()* sí existe una diferencia importante:

- %d interpreta siempre la entrada como un número decimal.
- %i permite detectar automáticamente la base del número introducido:
  - Si el número empieza por 0x o 0X, se interpreta como hexadecimal.
  - Si empieza por 0, se interpreta como octal.
  - En otro caso, se interpreta como decimal.

```
int x;
scanf("%i", &x);
// Si el usuario escribe: 0x10  --> x = 16 (hexadecimal)
// Si el usuario escribe: 010   --> x = 8  (octal)
// Si el usuario escribe: 10    --> x = 10 (decimal)
```

Ejercicios propuestos

(Las soluciones de estos ejercicios se pueden consultar en [2])

Ejercicio 14.1. Secuencias de escape. Escribe un programa que muestre en pantalla un rectángulo formado por asteriscos (*) de 5 filas y 10 columnas, utilizando *printf()* y las secuencias de escape \n y \t.

Ejercicio 14.2. Especificadores de formato. Declara una variable entera con valor 1234 y muéstrala por pantalla en formato decimal, octal y hexadecimal utilizando distintos especificadores de *printf()*.

Ejercicio 14.3. Suma y producto. Escribe un programa que lea dos enteros por teclado en la misma línea y muestre su suma y su producto. Usa *scanf()* con varios indicadores de formato en la misma cadena.

Ejercicio 14.4. Impresión alineada. Escribe un programa que muestre una tabla con tres enteros alineados a la derecha en un campo de ancho fijo de 8 caracteres.

Ejercicio 14.5. Lectura de fecha. Escribe un programa que lea una fecha introducida en formato *dd/mm/aaaa* y muestre cada parte por separado. Por ejemplo:

```
\22/08/2025 -> Día: 22, Mes: 8, Año: 2025
```

Ejercicio 14.6. Contador de letras. Utiliza *getchar()* en un bucle para leer caracteres de la entrada hasta encontrar un punto (.) y cuenta cuántas letras se han introducido.

Ejercicio 14.7. Conversión a mayúsculas. Escribe un programa que lea una palabra con *scanf()* y la muestre en mayúsculas carácter a carácter utilizando *putchar()*.

Ejercicio 14.8. Precisión en coma flotante. Declara un número de tipo *double* con valor 3.1415926535 y muéstralo con 2, 4 y 6 decimales usando *printf()*. Explica el efecto de la precisión.

Ejercicio 14.9. Uso de *sprintf()*. Escribe un programa que use *sprintf()* para construir una cadena con el mensaje: "*El precio final es: XX.XX euros*" (con dos decimales). Muestra luego la cadena por pantalla.

Ejercicio 14.10. Lectura con *sscanf()*. Escribe un programa que defina la cadena "*Juan 25 1.75*" y utilice *sscanf()* para extraer en tres variables el nombre, la edad y la altura. Luego muéstralos formateados por pantalla.

Ejercicio 14.11. Redondeo con cadenas. Escribe un programa que, dado un número en coma flotante introducido por el usuario, construya con *sprintf()* una cadena que lo represente con 2 decimales y convierta la cadena de nuevo a *double* con *strtod()*. Muestra el valor redondeado.

Ejercicio 14.12. Minicalculadora. Escribe un programa que lea una operación en formato *n1 operador n2* (por ejemplo, *12 + 5*) usando *scanf()* con varios indicadores de formato, y muestre el resultado. Debe soportar las operaciones +, -, * y /.

Ejercicio 14.13. Contar líneas tecleadas. Escribe un programa que lea varias líneas de texto desde el teclado utilizando *fgets()* y cuente cuántas se han introducido hasta que el usuario escriba la palabra *FIN*.

Lectura y escritura de ficheros

Contenido

Este capítulo presenta el manejo de ficheros en el lenguaje C, una herramienta esencial para almacenar y recuperar datos de forma permanente. Comienza explicando la estructura secuencial de los ficheros, su representación física y la diferencia entre acceso secuencial y acceso aleatorio. A continuación, se introduce el concepto de fichero desde el punto de vista lógico y físico, así como los distintos modos de apertura y cierre, y el papel del búfer en las operaciones de entrada/salida.

Se estudian con detalle las funciones necesarias para escribir y leer ficheros tanto en formato binario como en texto, analizando sus ventajas, inconvenientes y aplicaciones típicas. Se explica el funcionamiento del cursor lógico, cómo consultar su posición, cómo moverlo dentro del fichero y cómo detectar el fin del fichero.

Además, se ofrecen buenas prácticas de programación, se muestran técnicas para la lectura robusta de datos con fgets() *y* sscanf()*, y se proporcionan ejemplos de lectura línea a línea o copia de ficheros. También se incluyen notas sobre el tratamiento de errores, la gestión del búfer y la portabilidad entre sistemas. El capítulo finaliza con casos prácticos que ilustran situaciones comunes al trabajar con ficheros en C.*

15.1 Forma de almacenamiento de los ficheros

Los primeros computadores utilizaban como dispositivos de almacenamiento externo cintas magnéticas. La parte izquierda de la Figura 15.1 muestra el sistema de almacenamiento a base de cintas magnéticas de un computador IBM de los años 70 del siglo pasado. La parte derecha de la misma figura muestra las llamadas *cintas de cassette*, más conocidas por su utilización para grabar y reproducir archivos de audio, pero que también se utilizaban para guardar archivos de computador en los primeros computadores personales. En ambos casos, se trataba de una cinta magnética enrollada entre dos bobinas giratorias.

Figura 15.1: Izquierda: sistema de cintas magnéticas de un computador IBM de los años 70 del siglo pasado. Derecha: cinta de cassette como las utilizadas por los primeros computadores personales para guardar información

El dispositivo de lectura o escritura estaba dotado de un cabezal magnético que se enfrentaba con la cinta en la parte central, entre las dos bobinas. En estos dispositivos, para acceder al dato guardado en determinada posición de la cinta, era necesario pasar primero por todas las posiciones anteriores, enrollando la cinta en la bobina hasta que la posición buscada estaba enfrentada con el cabezal de lectura o escritura. Este tipo de acceso se denomina *acceso secuencial*.

La Figura 15.2 muestra el esquema de funcionamiento de las cintas magnéticas. Cada posición de la cinta podía estar magnetizada o no, dando lugar a un cero o un uno.

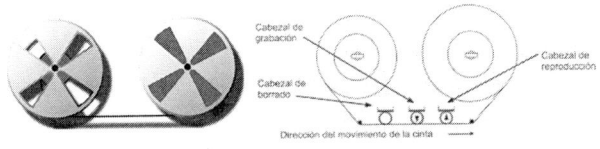

Figura 15.2: Arriba: esquema de funcionamiento de un sistema de almacenamiento a base de cintas magnéticas. Abajo: tira de datos *ceros* y *unos* grabada en la cinta magnética

En los discos duros actuales, ya sean de discos o memorias de estado sólido, no es necesario pasar por todas las posiciones anteriores a una concreta para leer o escribir en ella, sino que se puede dirigir directamente la lectura o escritura a una posición determinada. Este acceso se denomina *acceso aleatorio*.

La parte superior izquierda de la Figura 15.3 muestra el interior de un dispositivo de almacenamiento de los denominados *discos duros*. El cabezal de lectura puede alcanzar cualquier posición del disco sin necesidad de pasar por todas las anteriores. No obstante, la información se guarda en *pistas*, como se indica a su derecha, y son simplemente sucesiones de ceros y unos, como se muestra en la parte inferior de la misma figura.

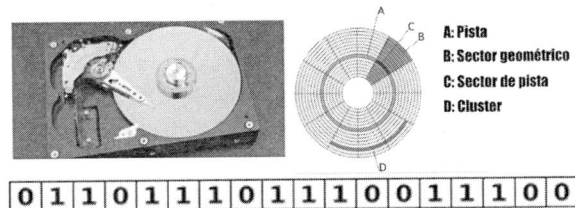

Figura 15.3: Arriba: interior de un disco duro mecánico (izquierda) y distribución en sectores y pistas (derecha). Abajo: almacenamiento en una fila de ceros y unos en cada pista del disco

La parte superior izquierda de la Figura 15.4 muestra un lápiz de memoria USB y la parte derecha un disco de estado sólido SSD. En ambos casos, la información se almacena en unas matrices de ceros y unos, como la que se muestra en la parte inferior de la figura.

Figura 15.4: Arriba: lápiz de memoria USB (izquierda) y disco de estado sólido SSD (derecha). Abajo: forma de almacenamiento de la información en este tipo de dispositivos

A pesar de que los dispositivos actuales disponen de acceso aleatorio a cualquier posición, la forma en que se organiza la información que almacenan sigue siendo básicamente secuencial: se van colocando los datos de manera ordenada unos a continuación de otros. Los ficheros reflejan esta disposición secuencial y la forma que ofrecen los lenguajes de programación para acceder a la información de los ficheros está compuesta básicamente de órdenes que acceden a la información de manera secuencial.

Es más, en algunos casos, se sigue conservando la denominación que se utilizaba cuando la información se almacenaba en cintas magnéticas, como sucede con la instrucción *rewind()*, utilizada para llevar el *cursor de lectura* al inicio del fichero. La traducción al castellano de *rewind* es *rebobinar* y era el verbo que se utilizaba para indicar que toda la cinta magnética se enrollaba en el tambor, dejando el principio de la cinta enfrentado con el cabezal de lectura o escritura.

En la parte superior de la Figura 15.5 se puede observar un fichero de texto, tal como se muestra al abrirlo en el editor de texto. En la parte inferior de la misma figura se puede ver cómo está realmente guardada la información en el dispositivo de almacenamiento. Cada línea del fichero se separa de la siguiente mediante el carácter ASCII 10 (decimal), '\n', que es un carácter especial que indica al editor que en esa posición hay que hacer un cambio de línea[1]. Pero en el disco, la información se guarda como una secuencia lineal de bytes (ceros y unos), sin saltos físicos de línea. El final del fichero también está indicado mediante un carácter especial.

Aunque por razones de claridad se ha representado la información en el disco mediante caracteres, en realidad lo que hay son ceros y unos: cada carácter utiliza el código ASCII o UTF que le corresponde, en su representación binaria.

---

[1]En los sistemas Windows, el cambio de línea se escribe como dos caracteres: '\r' (código ASCII decimal 13) y '\n' (código ASCII decimal 10).

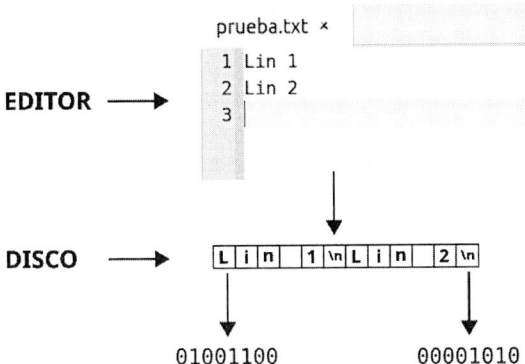

Figura 15.5: Arriba: fichero de texto tal como se ve en un editor. Abajo: fichero de texto tal como está almacenado en el disco

15.2 Concepto de fichero

En programación, un *fichero*, que también se suele llamar *archivo*[2], es un conjunto de datos relacionados que se almacenan de forma permanente en dispositivos como discos duros, memorias USB o discos ópticos. A diferencia de los datos que se guardan temporalmente en la memoria RAM, la información contenida en un fichero permanece disponible incluso después de que el programa que lo creó haya terminado de ejecutarse o el computador se haya apagado.

Un fichero tiene un nombre único (*nombre físico*), que lo identifica dentro del sistema de archivos del computador. También tiene una ubicación específica en un directorio dentro de dicho sistema de archivos.

Cada fichero tiene un tamaño, que se mide en bytes, en función de los datos almacenados en el mismo. Dicho tamaño puede variar durante la ejecución del programa.

Los ficheros pueden contener diferentes tipos de información: texto, números, imágenes, audio, etc. En en C suelen clasificarse en *ficheros de texto* y *ficheros binarios*.

Durante la programación, hay que distinguir entre dos conceptos:

- **Fichero físico:** es el archivo real almacenado en el dispositivo, identificado por su nombre y ruta en el sistema operativo.
- **Fichero lógico:** es la variable o estructura dentro del programa en C (por ejemplo, un puntero de tipo FILE *) que permite manipular el fichero físico mediante operaciones de lectura, escritura, apertura y cierre.

Para trabajar con ficheros se utilizan funciones específicas, la mayoría de las cuales están definidas en la biblioteca *stdio.h*. Las principales, se resumen en la Tabla 15.1.

---

[2]El término *fichero* y el término *archivo* se utilizan indistintamente en computación. En este texto se da preferencia al uso de la palabra *fichero*.

Tabla 15.1: Título

Operación	Funciones utilizadas
Abrir el fichero	`fopen`
Leer o escribir datos	`fgetc, fgets, fread, fprintf, fwrite, etc.`
Gestión del cursor de posición	`feof, ftell, fseek, rewind`
Cerrar el fichero	`fclose`

15.3 Ficheros de texto y ficheros binarios

Generalmente, se consideran dos tipos de ficheros: *de texto plano* y *binarios*.

Los ficheros de texto plano contienen caracteres representados por su código en algún sistema de codificación. Ejemplos de este tipo de ficheros son los del código fuente de los programas que estamos viendo a lo largo de este libro, pero también se pueden utilizar para guardar información numérica o de otro tipo.

Los ficheros binarios guardan la información como una sucesión de códigos binarios[3]. El programa creador del fichero es el que conoce qué representan exactamente esos códigos binarios. Se pueden utilizar para guardar cualquier tipo de información. Es frecuente su uso para guardar imágenes, sonidos u otros tipos de información.

En realidad, todos los ficheros son binarios en sentido estricto, ya que almacenan información como secuencias de ceros y unos, pero los códigos binarios que guardan los ficheros de texto son los correspondientes a caracteres en algún sistema de codificación.

Desde el punto de vista del programador, en un fichero de texto, los datos se codifican y descodifican como caracteres legibles (ASCII, UTF-8). En cambio, en un fichero binario, los datos se escriben y se leen con la misma representación que tienen en memoria. Usar ficheros de texto puede facilitar el intercambio de datos entre programas de diferentes lenguajes, mientras que los ficheros binarios son más eficientes pero menos portables.

En la Tabla 15.2 se muestra cuál sería el contenido de un fichero de texto que guardara el valor 12345 y su equivalente si se guardase el mismo valor en un fichero binario[4].

Tabla 15.2: Mismo contenido, distinto tipo de fichero

Tipo de fichero	Contenido real en disco	Memoria				
Texto	5 bytes: '1' '2' '3' '4' '5'	1	2	3	4	5
Binario (int)	4 bytes: 0x39 0x30 0x00 0x00	0x39	0x30	0x00	0x00	

---

[3]Un código binario es una sucesión de ceros y unos, un número expresado en base 2. Generalmente los códigos binarios se agrupan en *bytes*, que es una sucesión de 8 ceros y unos, y representa un número decimal entre 0 y 255

[4]La representación binaria que se muestra en la tabla anterior dependería, en realidad, del sistema y del llamado *endiannes*.

Los ficheros de texto plano se pueden inspeccionar con cualquier editor de texto, por ejemplo, con el que proporciona VSCode. En cambio, los ficheros en formato binario no se pueden abrir con un editor de texto. Para inspeccionar su contenido hay que utilizar editores especiales. En VSCode puedes instalar la extensión *Hex Editor* (*Editor Hexadecimal*), que permite abrir e inspeccionar el contenido de los ficheros en formato binario. En la Figura 15.6 se muestra el *banner* del complemento *HexEditor* para VSCode.

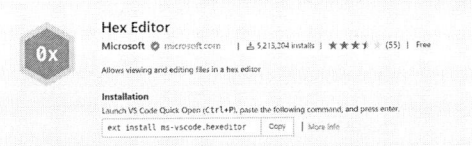

Figura 15.6: Para inspeccionar el contenido de los ficheros binarios hay que utilizar editores especiales. El de la figura es el complemento *HexEditor* de Microsoft que se puede instalar en VSCode

A lo largo de este capítulo aprenderás a trabajar con ambos tipos de ficheros, y a decidir cuál es más adecuado según el tipo de aplicación que estés desarrollando.

La Tabla 15.3 muestra una comparación entre las características de ambos tipos de fiheros, desde el punto de vista el programador.

Tabla 15.3: Comparación entre ficheros de texto y ficheros binarios

Característica	Fichero de texto	Fichero binario
Formato de almacenamiento	Códigos de caracteres (AS-CII, UTF-8...)	Representación interna en memoria
Legibilidad	Legible por humanos con un editor de texto	No legible directamente; requiere editor hexadecimal
Tamaño	Más grande (usa más bytes)	Más compacto (usa solo los necesarios)
Portabilidad	Alta: intercambiable entre sistemas	Baja: puede depender del sistema o compilador
Facilidad de depuración	Alta	Baja
Velocidad de acceso	Más lento	Más rápido
Tipos de datos típicos	Texto, configuraciones, logs, CSV	Números, estructuras, imágenes, sonido
Herramientas para inspección	Cualquier editor de texto	Editor hexadecimal (como Hex Editor en VSCode)

15.4 Operativa básica con ficheros

Los programas no suelen hacer directamente operaciones de lectura o escritura en los dispositivos de almacenamiento. Lo que hacen es utilizar llamadas a servicios del sistema operativo, que es quien realmente lee o escribe en los discos u otros dispositivos.

A las operaciones de lectura se les denomina *de entrada*, pues proporcionan datos al programa. A las operaciones de escritura se les denomina *de salida*, pues sirven para escribir resultados.

Estas operaciones de lectura o escritura son costosas en tiempo y recursos de procesamiento. Por ello, los programas suelen utilizar una zona de memoria en la que se van almacenando de manera provisional los datos que se leen o que se van a escribir en los ficheros. Esta zona de memoria se denomina el *búfer*, que será *de entrada* o *de salida*, según que se estén realizando operaciones de lectura o escritura. La Figura 15.7 esquematiza el mecanismo del búfer para operaciones de entrada o salida.

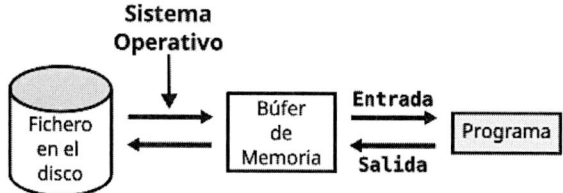

Figura 15.7: Operativa con ficheros: el fichero físico, guardado en el disco, es accedido por el sistema operativo; los programas actúan sobre una zona de memoria específica llamada *búfer*

Cuando un programa necesita leer datos de un fichero que está en algún disco, el sistema operativo va llenando el *búfer de entrada* con los datos que hay en el disco y, a medida que el programa los consume, va actualizando el contenido del búfer con nuevos datos. Según el tamaño del búfer y del fichero, podría suceder que todos los datos del fichero se carguen en el búfer y, a partir de ese momento, no sean necesarios nuevos accesos al disco, pues el programa puede acceder a los datos directamente de la memoria.

Cuando un programa tiene que escribir datos en algún fichero de un disco, el mecanismo es similar: el programa va escribiendo datos en la memoria, en el búfer de salida, y el sistema operativo se encarga de volcar dichos datos periódicamente en el dispositivo de almacenamiento.

Un error que hay que prevenir en operaciones de escritura de ficheros es que el contenido del búfer no llegue a escribirse en el disco. Puede suceder que, si no se toman precauciones, parte de los datos que se querían escribir en un fichero se queden en el búfer y no lleguen al disco. Más adelante explicaremos cómo evitar este error.

El flujo de un programa cuando trabaja con ficheros se muestra en la Figura 15.8. Las operaciones que se realizan son las siguientes:

1. **Abrir fichero:** esta operación comunica al sistema operativo que se va a trabajar con un fichero del disco, para que habilite el correspondiente búfer de entrada o salida y realice los bloqueos correspondientes. Estos bloqueos impiden que otros programas accedan al fichero mientras nuestro programa lo esté utilizando.

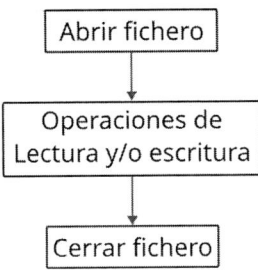

Figura 15.8: Diagrama de flujo cuando se trabaja con un fichero desde un programa C

2. **Operaciones de lectura o escritura:** en esta fase del programa se utilizarán instrucciones para leer datos del fichero o para escribir información en el mismo, a través del búfer correspondiente.

3. **Cerrar fichero:** comunica al sistema operativo que hemos terminado de trabajar con el fichero. Si quedan datos en el búfer de salida, el sistema operativo los escribirá en el disco y dejará el fichero en condiciones de volver a ser utilizado por cualquier programa.

15.5 Apertura de un fichero

Como se ha dicho, se denomina *abrir un fichero* a comunicar al sistema operativo nuestra intención de utilizarlo desde nuestro programa. El sistema operativo necesita saber el nombre y la localización del fichero que queremos utilizar. Además, el sistema operativo necesita saber si las operaciones que vamos a realizar son de lectura o escritura y si se trata de un fichero de texto o binario.

En el lenguaje C, la instrucción que se utiliza para abrir un fichero es *fopen()*, de la biblioteca *stdio.h*. Su sintaxis es la siguiente:

```
FILE* fopen(const char* nombre_fichero, const char* modo_apertura);
```

Los parámetros de *fopen()* son los siguientes:

- **nombre_fichero:** es una cadena de caracteres con el nombre completo del fichero. Si el fichero no está en el directorio de trabajo del programa, habrá que incluir la ruta completa al fichero.

- **modo_apertura:** es una cadena de texto que indica si el fichero se va a utilizar para lectura o escritura y si se trata de un fichero de texto o binario. En el Apartado 15.5.1 explicaremos cómo utilizar este parámetro.

La función *fopen()* devuelve un puntero a una estructura del tipo *FILE*. La estructura *FILE* está definida en la biblioteca *stdio.h* y se suele denominar el *manejador* del fichero (*file handler*) o también el *descriptor* del fichero. Proporciona campos con la información que se necesita para realizar operaciones de lectura o escritura en el fichero físico. Por ejemplo, proporciona información sobre el *modo de apertura* del fichero, la dirección del *bufer* sobre el que se realizarán las operaciones de lectura o escritura, el último carácter leído del *bufer* y otros detalles.

Normalmente, no utilizaremos directamente los campos de la estructura FILE; lo que haremos es pasar el puntero a las instrucciones de lectura o escritura, para que puedan realizar su trabajo. Este puntero hace las veces de fichero lógico y es la conexión de nuestro programa con el búfer habilitado por el sistema operativo.

Puede suceder que, al intentar abrir un fichero, la operación no tenga éxito. En ese caso, en lugar de un puntero al objeto FILE, el resultado de *fopen()* será NULL.

> **¡Muy importante!**
>
> Siempre que se utiliza *fopen()*, hay que comprobar que se ha obtenido un puntero válido al fichero con el que se quiere trabajar. En el Apartado 15.5.2 se explicará cómo hacer la comprobación correspondiente.

15.5.1 Modos de apertura de los ficheros

El segundo parámetro de la función *fopen()* es una cadena de texto indicando el *modo de apertura*. Este parámetro indica al sistema operativo el tipo de operaciones que vamos a hacer con el fichero y si se trata de un fichero de texto o binario. La Tabla 15.4 muestra los valores más habituales de este parámetro.

Tabla 15.4: Modos más habituales de apertura de ficheros

Modo	Descripción
"r" "rt"	Modo lectura para ficheros de texto (*read*).
"w" "wt"	Modo escritura para ficheros de texto (*write*).
"a" "at"	Modo añadir para ficheros de texto (*append*).
"rb"	Modo lectura para ficheros binarios.
"wb"	Modo escritura para ficheros binarios.
"ab"	Modo añadir para ficheros binarios.

El modo de apertura por defecto es el modo *texto*. Para abrir un fichero en modo texto, la letra "t" es opcional, como se indica en la Tabla 15.4. Si el fichero se quiere abrir en modo binario, sí que es necesario añadir la letra "b" al modo de apertura.

El fichero que se indica en el primer parámetro de la función *fopen()* puede existir o no. En función de ello y del modo de apertura elegido, el comportamiento de la instrucción *fopen()* será el siguiente:

- **Lectura ("r", "rt" o "rb")**: el fichero tiene que existir. Si el fichero no existe, la función *fopen()* devuelve un puntero nulo (NULL).

- **Escritura ("w", "wt" o "wb")**: si el fichero no existe, se creará uno nuevo con ese nombre. Si el fichero existe, se sobrescribirá su contenido. A todos los efectos, es como si el fichero existente se borrara y se volviera a escribir de nuevo.

- **Añadir ("a", "at" o "ab")**: si el fichero existe, el nuevo contenido se añadirá a continuación del contenido ya existente en el fichero. Si el fichero no existe, se creará uno nuevo y se escribirá en él.

15.5.2 Comprobación de que la apertura ha tenido éxito

Como se ha indicado, tras ejecutar la instrucción *fopen()* es necesario comprobar que el puntero que se ha recibido es válido. Si por algún motivo, la función *fopen()* no ha podido abrir el fichero, devolverá un valor *NULL* y las instrucciones posteriores de lectura o escritura en el fichero no tienen sentido.

Este error es más frecuente en los modos de lectura de ficheros, cuando el fichero del que se quiere leer no existe. Puede ser que el nombre del fichero no se haya indicado correctamente o que la ruta del fichero no es la que se ha escrito.

El siguiente código muestra cómo podría ser el bloque de apertura de un fichero para lectura, incluyendo la comprobación del puntero:

```
// Intentar abrir el fichero
FILE* fid = fopen("mi_fichero", "rb");

// Comprobación de que el puntero no es NULL
if(fid == NULL) {
    printf("Error al abrir fichero\n");
    return 1; // Fin del programa
}
```

En el código anterior, se intenta abrir un fichero del directorio actual llamado "mi_fichero", asignando el puntero que devuelve la instrucción *fopen* a una variable del tipo puntero a *FILE* llamada *fid*. Si el resultado es un puntero nulo, se informa al usuario y se termina el programa.

Cuando se solicita al usuario el nombre de un fichero del que se quiere leer y el fichero no existe, se puede indicar el error y volver a solicitar al usuario un nombre correcto. En otras circunstancias, el puntero *NULL* nos obligará a terminar el programa.

En los accesos para escritura es menos frecuente que *fopen()* devuelva *NULL*, pues si el fichero no existe se creará nuevo. Pero también hay situaciones en las que no sea posible escribir en el fichero solicitado.

Por ello, siempre que se usa *fopen()*, hay que hacer la comprobación de que la función haya devuelto un puntero válido.

Modos mixtos lectura-escritura

Los modos que se han indicado en la Tabla 15.4 solo permiten operaciones de lectura u operaciones de escritura. Si un fichero se abre para leer, no se podrán utilizar instrucciones de escritura en la misma sesión. Si un fichero se abre para escribir, no se podrán utilizar instrucciones de lectura.

Existen modos mixtos que permiten realizar operaciones de lectura y operaciones de escritura en la misma sesión. Son los modos "r+", "w+" y "a+", para el modo texto y sus equivalentes para ficheros binarios, "rb+", "wb+" y "ab+".

Estos modos son muy potentes, pero menos portables y más propensos a errores. En general, conviene separar lectura y escritura, o cargar los datos en memoria, modificarlos, y reescribir el fichero entero.

Nota: en el Apartado 15.9, cuando se explica la función *rewind()*, se muestra un ejemplo en el que se abre un fichero para lectura y escritura.

Buenas prácticas

Al programar, el puntero *FILE* se suele asignar a una variable.

Es habitual usar nombres como *fid* (*file identifier*), *file*, *file_in*, *file_out* u otros parecidos que reflejan bien la intención de la variable.

15.6 Cierre del fichero

Para cerrar un fichero en C se utiliza la instrucción *fclose()*, que recibe como argumento un puntero al objeto *FILE* que se quiere cerrar. La sintaxis es:

```
int fclose(FILE* fid);
```

Devuelve 0, si la operación tuvo éxito y *EOF* (normalmente -1), si se produce algún error al intentar cerrar el fichero.

Normalmente, al finalizar un programa, se cierran automáticamente todos los ficheros que se hubieran abierto. Aún así, es bueno acostumbrarse a cerrar cualquier fichero abierto, tan pronto como se termina de trabajar con él.

Ten en cuenta que, mientras se mantiene abierto un fichero, el riesgo de que pudiera resultar dañado es mayor. Por ejemplo, un corte de corriente podría invalidar el contenido del fichero y dejarlo inutilizable, pudiendo afectar incluso al propio dispositivo de almacenamiento.

Al cerrar un fichero, el sistema operativo realizará varias operaciones. Por ejemplo, al cerrar un fichero que se abrió para escritura, el sistema operativo intentará escribir en el disco cualquier dato pendiente en el búfer. Si se produce un error en este proceso (por ejemplo, por falta de espacio), podría perderse información. También eliminará los bloqueos que hubiera podido imponer al fichero, dejándolo disponible para que otros programas lo puedan utilizar.

Expulsar USB

Para desconectar una memoria USB del computador, los sistemas operativos ofrecen una opción llamada *expulsar, desconectar con seguridad* u otro nombre parecido.

En esa operación, se cerrarán todos los ficheros haya abiertos de forma que no se produzcan daños en ningún fichero ni en el propio dispositivo al desenchufarlo.

Todos hemos desconectado alguna vez un USB sin realizar primero la expulsión segura. En muchas ocasiones no pasa nada, pero hay veces en las que el USB puede dañarse y se pueden perder los datos que tuviera almacenados.

Por ello, el consejo es que siempre quitéis los USB mediante el procedimiento de expulsión segura que os proporcione el sistema operativo.

Consejo

En mi caso, cuando codifico un bucle o una bifurcación, escribo las llaves de apertura y cierre y luego completo dentro de ellas el contenido correspondiente.

De la misma forma, cuando utilizo una instrucción *fopen()*, escribo la correspondiente instrucción *fclose()* y luego escribo el contenido que haya que codificar entre ellas.

Es una buena forma de no olvidar las llaves de cierre, en el caso de los bucles y bifurcaciones o la instrucción *fclose()*, cuando estoy trabajando con ficheros.

15.7 Escritura de ficheros binarios

Para escribir información en formato binario se utiliza la instrucción *fwrite()*. Esta función escribe en un fichero una serie de elementos, de un tamaño concreto en bytes cada uno. Su sintaxis es la siguiente:

```
size_t fwrite(const void* buffer, size_t tamano,
              size_t num_elementos, FILE* fid);
```

Los parámetros son:

- **buffer:** es un puntero a una dirección de memoria de donde vamos a coger los bytes que escribiremos en el disco. En la práctica, suele ser un puntero a la variable que vamos a escribir en el disco.

- **tamano:** tamaño en bytes de cada uno de los elementos que vamos a escribir. El tipo de datos de este parámetro es *size_t*.

- **num_elementos:** número de elementos que se quiere escribir. También es de tipo *size_t*.

- **fid:** puntero al *FILE* donde se van a escribir los elementos.

La función *fwrite()* devuelve un *size_t* con el número de elementos que realmente se han escrito. Será un valor entre 0 y *num_elementos*. Si es menor que *num_elementos*, indica que no se han podido escribir todos los elementos solicitados.

El Ejemplo 15.1 muestra un programa que escribe un número entero en un fichero:

Ejemplo 15.1   Ejemplo de uso de *fwrite()*

```c
#include <stdio.h>

int main() {
    // Abrir fichero
    FILE* fid = fopen("prueba.bin", "wb");
    if (fid == NULL) {
        printf("Error al abrir fichero\n");
        return 1;
    }

    // Operar
    int x = 10;
    int result=fwrite(&x,sizeof(x),1,fid);
    printf("num_elementos: %d\n", result); // Imprime 1, si no hay error

    // Cerrar fichero
    fclose(fid);
    return 0;
}
```

Observa el ejemplo anterior: primero se abre un fichero de nombre *prueba.bin*, en modo escritura binaria y se comprueba que la apertura del fichero tuvo éxito; a continuación, se escribe el valor de la variable *x*, del tipo *int*, utilizando la siguiente instrucción:

```
int result = fwrite(&x, sizeof(x), 1, fid);
```

En este caso, se va a escribir un solo elemento. El búfer desde donde se obtendrá la información comienza en la dirección de memoria de la variable *x*; el tamaño de los elementos que se van a escribir, en este caso solo uno, es el tamaño de la propia variable; se indica que se quiere escribir un solo elemento y que el fichero en el que se quiere hacer la escritura es el apuntado por el puntero *fid*.

Observa que, el número de elementos escritos que devuelve la instrucción *fwrite()*, que es del tipo *size_t*, lo recogemos en una variable del tipo entero. Esto se puede hacer y facilita su utilización posterior.

15.7.1 Escribir un array en un fichero binario

El Ejemplo 15.2 añade un array de 3 números enteros, al final del fichero *prueba.bin* que se utilizó en el ejemplo anterior:

Ejemplo 15.2   Añadir un array a *prueba.bin*

```
#include <stdio.h>

int main() {
    FILE* fid = fopen("prueba.bin", "ab");
    if (fid == NULL) {
        printf("Error al abrir fichero\n");
        return 1;
    }

    int nums[3] = {1, 2, 3};
    int result=fwrite(nums,sizeof(int),3,fid);
    printf("num_elementos: %d\n", result); // Imprime 3, si no hay errores

    fclose(fid);
    return 0;
}
```

En este caso, *prueba.bin* se ha abierto en modo "ab" (*append binary*), de forma que lo que escribamos se añadirá al final del fichero.

Se escriben tres números enteros, las tres componentes del array *nums*. La instrucción que se ha utilizado es:

```
result = fwrite(nums, sizeof(int), 3, fid);
```

El puntero a la variable que queremos escribir es *nums*. Como ya sabemos, el nombre de un array actúa como un puntero a la primera componente del array. El tamaño de cada uno de los elementos que vamos a escribir es el de un número entero del tipo *int* y queremos escribir 3 elementos. El valor devuelto por la instrucción *fwrite()*, si no hay errores, será 3. Podríamos haber utilizado una sintaxis alternativa:

```
int result = fwrite(nums, sizeof(nums), 1, fid);
```

La diferencia está en el tamaño de la variable que se escribe y en el número de elementos. Ahora, el tamaño indicado es el del array *nums* y el número de elementos es 1. En el fichero se escribirá la misma información, aunque el valor devuelto será 1.

Este método presenta una limitación: solo se puede utilizar *sizeof()* para obtener el tamaño de *nums*, si el array se ha declarado en el mismo ámbito. No podríamos haberlo hecho así dentro de una función que hubiera recibido el array como argumento.

Si miras en la parte del explorador de archivos de VSCode, deberías ver que está el fichero *prueba.bin*. Si miras las propiedades del fichero en el explorador de archivos o haciendo *DIR* en el terminal, verás que el tamaño del fichero es 16 bytes, que corresponden a 4 números *int* de 4 bytes cada uno. Pero no podrás abrir el fichero con un editor de texto, pues se trata de un fichero binario.

Si has instalado en *VSCode* la extensión *Hex Editor*, como se explicó en el Apartado 15.3, puedes pulsar el botón derecho del ratón sobre el nombre del fichero y seleccionar *Abrir con...*, eligiendo a continuación *Hex Editor*. Deberías ver una imagen similar a la de la Figura 15.9, donde se han indicado las distintas secciones para que puedas comprender su significado.

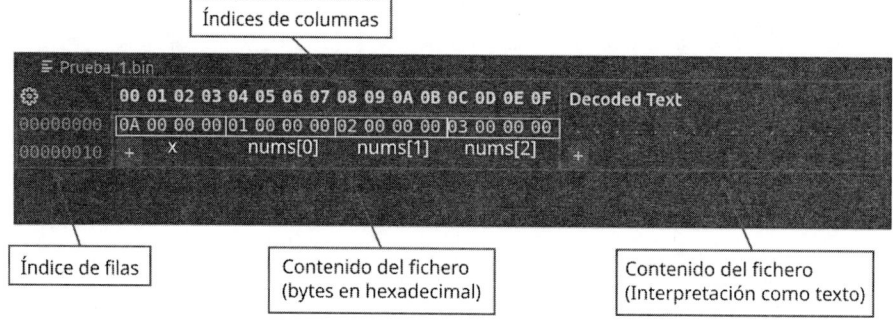

Figura 15.9: Visualización del contenido del fichero *prueba.bin* en HexEditor

Puedes ver los 16 bytes del contenido del fichero, con su valor hexadecimal y con su interpretación como texto. El editor te muestra el contenido del fichero en una matriz de 16 columnas por las filas que sean necesarias, por necesidades de visualización. En realidad, el fichero es una secuencia lineal de bytes consecutivos, sin ninguna organización en filas o columnas.

15.7.2 Escribir estructuras en ficheros binarios

La escritura en formato binario es muy útil cuando se trata de escribir estructuras en ficheros. En el Ejemplo 15.3, se añade al fichero *prueba.bin* una variable de tipo *struct Punto*. El modo de apertura del fichero se ha establecido como "ab". Además, tras ejecutar la instrucción de escritura en el fichero, se ha añadido una comprobación de que la escritura se hizo correctamente. Es buena práctica realizar esta comprobación.

Ejemplo 15.3   Escribir una estructura con comprobación de error

```c
#include <stdio.h>

typedef struct {
    double x;
    double y;
} Punto;

int main() {
    FILE* fid = fopen("prueba.bin", "ab");
    if (fid == NULL) {
        printf("Error al abrir el archivo\n");
        return 1;
    }

    // Escribir en el fichero
    Punto p1 = {3.14, 5.15};
    int result = fwrite(&p1, sizeof(p1), 1, fid);

    // Comprobación de escritura correcta
    if (result != 1) {
        printf("Error al escribir en el archivo\n");
        return 1;
    }

    fclose(fid);
    return 0;
}
```

Observa cómo se ha indicado la dirección de la variable de tipo estructura y cómo se ha calculado su tamaño utilizando el operador *sizeof*.

En la Figura 15.10 puedes ver el fichero *prueba.bin* en HexEditor, tras añadir la variable del tipo *Punto*. Al principio del fichero están los 16 bytes de los 4 números enteros que añadimos en los Ejemplos 15.1 y 15.2. Al final del fichero, se han añadido 16 bytes correspondientes al valor de los dos campos del *Punto p1*, 8 bytes por cada valor *double*.

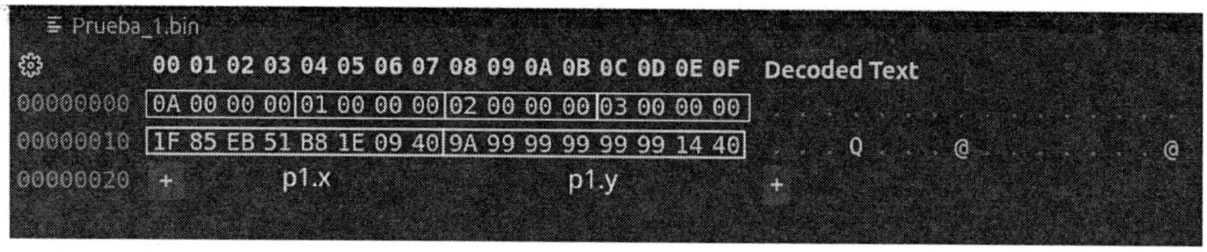

Figura 15.10: Contenido de *prueba.bin* tras añadir una variable del tipo *Punto*

15.7.3 Escritura de caracteres en ficheros binarios

Aunque el formato del fichero sea binario, también se pueden guardar caracteres individuales o cadenas de caracteres.

El Ejemplo 15.4 añade al fichero *prueba.bin* un carácter y una cadena.

Ejemplo 15.4   Añadir un carácter y una cadena a *prueba.bin*

```c
#include <stdio.h>
#include <string.h>

int main() {
    // Abrir fichero
    FILE* fid = fopen("prueba.bin", "ab");
    if (fid == NULL) {
        printf("Error al abrir el archivo\n");
        return 1;
    }

    // Escribir 1 carácter en el fichero
    char c = '#';
    int result = fwrite(&c, sizeof(c), 1, fid);
    // Escribir una cadena completa en el fichero
    char cad[15] = "Hola mundo";
    result = fwrite(cad, sizeof(cad), 1, fid);

    // Cerrar fichero
    fclose(fid);
    return 0;
}
```

El contenido de *prueba.bin*, tras ejecutar el Ejemplo 15.4, se muestra en la Figura 15.11. Se ha añadido el array entero de la cadena *cad*, sus 15 bytes, incluyendo los espacios no ocupados por caracteres válidos. Una vez más, hemos podido utilizar el operador *sizeof* para obtener el tamaño del array, porque estamos trabajando en el mismo ámbito en el que se definió el array.

También debes fijarte en la parte derecha del editor: ahora muestra la interpretación como caracteres de los bytes de la parte del fichero que contiene caracteres válidos.

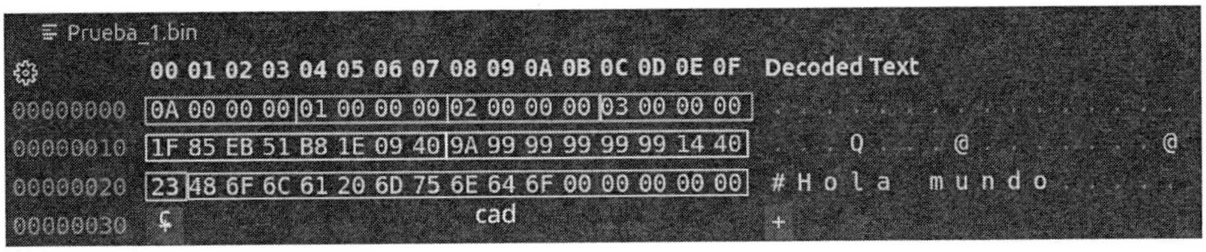

Figura 15.11: Contenido de *prueba.bin* tras ejecutar el Ejemplo 15.4

Vamos a ver otro ejemplo para que comprendas mejor cómo escribir caracteres individuales y arrays de caracteres a un fichero. Observa el código del Ejemplo 15.5.

Ejemplo 15.5   Añadir cuatro caracteres y una cadena a *prueba.bin*

```c
#include <stdio.h>
#include <string.h>

int main() {
    // Abrir fichero
    FILE* fid = fopen("prueba.bin", "ab");
    if (fid == NULL) {
        printf("Error al abrir el archivo\n");
        return 1;
    }

    char cad[15] = "Hola mundo";

    // Añadir 4 caracteres de la cadena
    int result = fwrite(cad, sizeof(char), 4, fid);

    // Añadir todos los caracteres válidos de la cadena
    result = fwrite(cad, strlen(cad), 1, fid);

    // Cerrar fichero
    fclose(fid);
    return 0;
}
```

Observa que se han ejecutado dos instrucciones *fwrite()*:

- En la primera, se añaden los cuatro primeros caracteres de la cadena *cad*. Se trata de escribir cuatro elementos, de tamaño 1 byte.

- En la segunda, se añade un solo elemento de tamaño la longitud de la cadena. En este caso, se añaden todos los caracteres de la cadena, hasta llegar al '\0', que no se añade. Si usamos *sizeof(cad)* en lugar de *strlen(cad)*, se escribirán todos los bytes reservados para el array, incluyendo los no utilizados y el carácter '\0'. En cambio, con *strlen(cad)* se escriben solo los caracteres válidos de la cadena.

El contenido de *prueba.bin*, tras ejecutar el Ejemplo 15.5 se muestra en la Figura 15.12.

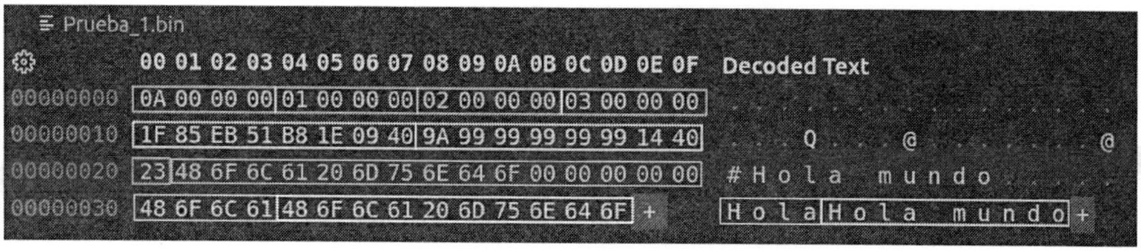

Figura 15.12: Contenido del fichero *prueba.bin*, tras ejecutar el Ejemplo 15.5

Juega un poco con todos estos conceptos para comprender bien cómo funciona la instrucción *fwrite()* y cómo, la combinación del tamaño y el número de elementos, determina qué es lo que realmente se añade al fichero.

Cadenas de longitud fija

Cuando se guardan registros con campos de texto de longitud fija, puede interesar escribir siempre el array completo (por ejemplo, 15 bytes), incluso si no todos los caracteres están en uso. Esto facilita la lectura posterior del fichero por bloques del mismo tamaño.

15.8 Lectura de ficheros binarios

Para leer ficheros en formato binario se utiliza la función *fread()* de la biblioteca *stdio.h*. La sintaxis de esta instrucción es la siguiente:

```
size_t fread(void* buffer, size_t tamano, size_t num_elementos, FILE* fid);
```

Los parámetros y el valor devuelto son los mismos que los que hemos visto para la función *fwrite()* pero, en este caso, se leen elementos del fichero y se guardan en *buffer*.

El valor devuelto por la función es un *size_t* con el número de elementos leídos, que estará entre 0 y *num_elementos*. Si es menor que *num_elementos*, es que por algún motivo no se pudieron leer todos los elementos cuya lectura se solicitó en la instrucción.

Uno de los principales inconvenientes del uso del formato binario para leer ficheros es que es necesario conocer cómo se escribieron. Inspeccionar un fichero binario no facilita información de su contenido. Si no se conoce con detalle cómo se escribió el fichero, no será posible decodificarlo.

Para poder practicar la instrucción *fread()*, primero vamos a escribir un fichero, que será el que utilizaremos luego para hacer la lectura con *fread()*.

El Ejemplo 15.6 escribe en formato binario en el fichero *prueba_2.bin* los siguientes elementos: un carácter, una cadena de longitud 10 caracteres, dos números enteros y dos números en coma flotante.

Observa que, al escribir la cadena, no se escribe el carácter '\0'. Solo se guardan los caracteres válidos de la cadena. El carácter '\0' sirve para delimitarla dentro de un array de *char*, pero no tiene utilidad en el fichero del disco.

Ejemplo 15.6   Escritura del fichero *prueba_2.bin*

```c
#include <stdio.h>
#include <string.h>

int main() {
    FILE* f = fopen("prueba_2.bin", "wb");
    if(f == NULL) {
        printf("Error al abrir fichero");
        return 1;
    }

    char c = 'R';
    fwrite(&c, 1, 1, f);
    char cad[] = "Hola mundo";
    fwrite(cad, strlen(cad), 1, f);
    int nums1[] = {125, 234};
    fwrite(nums1, sizeof(int), 2, f);
    double nums2[] = {3.14, 1.41};
    fwrite(nums2, sizeof(double), 2, f);

    fclose(f);
    return 0;
}
```

Tras ejecutar el Ejemplo 15.6, si miras las propiedades del fichero *prueba_2.bin* con el explorador de archivos o en el terminal, verás que tiene un tamaño de 35 bytes:

$$35 = 1 + 10 + 2 \times 4 + 2 \times 8.$$

El Ejemplo 15.7 lee todos los datos del fichero *prueba_2.bin* y los va mostrando en pantalla.

Ejemplo 15.7   Lectura del fichero *prueba_2.bin*

```c
#include <stdio.h>

int main() {
    FILE* f = fopen("Prueba_2.bin", "rb");
```

```
    if(f == NULL) {
        printf("Error al abrir fichero");
        return 1;
    }

    char c;
    fread(&c, 1, 1, f);
    printf("%c\n", c);
    char cad[11] = {0};
    fread(cad, 10, 1, f);
    printf("%s\n", cad);
    int nums1[2] = {0};
    fread(nums1, 2, sizeof(int), f);
    printf("%d %d\n", nums1[0], nums1[1]);
    double nums2[2] = {0};
    fread(nums2, 2, sizeof(double), f);
    printf("%.2f %.2f\n", nums2[0], nums2[1]);

    fclose(f);
    return 0;
}
```

Si ejecutas sucesivamente los Ejemplos 15.6 y 15.7, la salida de pantalla debería ser la siguiente:

```
R
Hola mundo
125 234
3.14 1.41
```

Observa cómo se ha resuelto la lectura de la cadena. El programa necesita saber el número de caracteres que tiene que leer. Además, cuando se guarden en el array de *char* en memoria, es necesario añadir el carácter '\0' final. Para ello, primero se creó un array de *char* con capacidad 11, los 10 caracteres de la cadena y el '\0' usando la siguiente instrucción:

```
    char cad[11] = {0};
```

Usando esta instrucción, inicialmente todos los caracteres de la cadena son '\0'. Cuando se sustituyen los 10 primeros por los caracteres leídos del fichero del disco, el último carácter sigue siendo '\0',

También es importante comprender que los números *double* guardados en el fichero del disco tienen la precisión que les corresponde (unos 15 decimales), aunque al escribirlos en pantalla hemos redondeado a 2 decimales. En el Apartado 15.11, cuando expliquemos cómo escribir ficheros en formato texto, verás que no sucede igual. Al escribir números *double* en formato texto hay que elegir con qué precisión se escriben.

Ficheros Binarios Vs Ficheros de Texto

La forma en que se escriben los datos binarios en disco depende de cómo se almacenan en memoria, lo cual puede variar entre sistemas. Por ello, los ficheros binarios no siempre son portables entre diferentes arquitecturas o compiladores. Si se necesita portabilidad, puede ser más seguro usar ficheros de texto con formato controlado.

Además, otro inconveniente de los ficheros binarios es que, para poder leerlos, se necesita saber cómo fue grabado el fichero; si no, no es posible leerlo. La simple inspección de su contenido no permite saber qué información contiene.

Por estos motivos actualmente está muy extendida la utilización de ficheros de texto para guardar información: son portables y fáciles de inspeccionar con un editor para ver cómo está organizada la información. Una vez visto el contenido, se puede diseñar el programa de lectura.

15.9 El cursor del fichero

Cuando un programa abre un fichero, el sistema operativo le asocia un *cursor lógico*, también llamado *puntero de posición*. Este cursor es un indicador que señala en qué parte del fichero se encuentra el programa en ese momento y marca el lugar donde se hará la próxima operación de lectura o escritura.

Para indicar la posición del cursor se utiliza el número de bytes contados desde el principio del fichero. Cuando abrimos el fichero con *fopen()*, el cursor está situado al principio del mismo, antes del primer byte. Esta es la posición 0. Cada vez que hacemos una operación de lectura o de escritura, el cursor avanza automáticamente el número de bytes leídos o escritos.

Por ejemplo, en el fichero de la Figura 15.13, tras ejecutar la instrucción *fopen()*, el cursor queda situado en la posición 0. Si leemos una cadena con la instrucción *fgets()*, tal como se explicará en el Apartado 15.12, el cursor quedará situado en la posición 8. La siguiente instrucción de lectura que hagamos se hará a partir de ese punto.

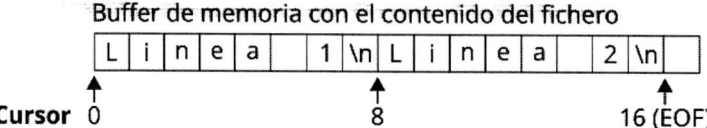

Figura 15.13: Ejemplo de fichero de texto, con indicación de varias posiciones del cursor

La Tabla 15.5 muestra las funciones que ofrece la biblioteca estándar de C para consultar o modificar la posición del cursor.

Tabla 15.5: Funciones para gestionar la posición del cursor

Función	Descripción
feof	Indica si se ha alcanzado el final del fichero.
ftell	Devuelve la posición del cursor.
fseek	Sitúa el cursor en una posición concreta.
rewind	Lleva el cursor al inicio del fichero

En los próximos apartados vamos a explicar cómo funciona cada una de ellas.

15.9.1 La función *feof()*

El final del fichero (*EOF, End Of File*) es una posición lógica del cursor situada justo después del último byte válido del fichero. Esta posición no está marcada por ningún carácter especial en el archivo: se determina únicamente por el tamaño total del fichero en bytes. En la Figura 15.13 está indicada como posición 16.

El lenguaje C proporciona la función *feof()* (*File End Of File*) que detecta esta condición cuando se intenta leer más allá del final. Su sintaxis es:

```
int feof( FILE* fid );
```

Devuelve 1, si el cursor ha alcanzado el final del fichero y devuelve 0 en caso contrario. De esta forma, los programas pueden saber si ya se ha llegado al final del fichero.

Es importante entender que *feof()* no devuelve 1 hasta que se ha intentado una lectura que ha fallado por haber alcanzado el final.

Una técnica que puede ser útil para leer todos los datos de un fichero del que no se sabe cuántos datos contiene, es utilizar un bucle en el que se va comprobando con *feof()* si se ha alcanzado el final del fichero.

El Ejemplo 15.8 lee datos *double* de un fichero llamado *distancias.bin* en el que hay almacenados un número indeterminado de ellos.

Ejemplo 15.8   Lectura de datos utilizando *feof()*

```c
#include <stdio.h>

int main() {
    // Array para guardar los valores leídos
    double valores[100] = {0};

    // Abrir fichero
    FILE* fid = fopen("distancias.bin", "rb");
    if (fid == NULL) {
        printf("Error al abrir el archivo\n");
        return 1;
    }

    // Leer valores double
    int contador = 0;
    while(feof(fid) == 0) {
        double x;
        int num_leidos = fread(&x, sizeof(double), 1, fid);
        if(num_leidos == 1) {
            valores[contador]=x;
            contador++;
        }
    }

    // Cerrar fichero
    fclose(fid);

    // Mostrar resultado
    printf("Número de valores leídos: %d\n", contador);
    for(int i=0; i< contador; i++) {
        printf("%.2lf ", valores[i]);
    }
    printf("\n");

    return 0;
}
```

La salida del programa es:

```
Número de valores leídos: 10
1.00 2.00 4.00 7.00 11.00 16.00 22.00 29.00 37.00 46.00
```

Si quieres probar tú mismo el programa, puedes descargar el fichero *distancias.bin* desde el repositorio de recursos adicionales del libro [2] o crearlo con el siguiente programa:

Ejemplo 15.9   Programa para crear el fichero *distancias.bin*

```c
#include <stdio.h>

int main() {
    // Abrir fichero
    FILE* fid = fopen("distancias.bin", "wb");
    if (fid == NULL) {
        printf("Error al abrir el archivo\n");
        return 1;
    }
    // Escribir diez distancias
    double x = 1.0;
    for(int i=0; i<10; i++) {
        x = x +(double)i;
        fwrite(&x, sizeof(double), 1, fid);
    }
    // Cerrar fichero
    fclose(fid);
    return 0;
}
```

Es importante entender bien el funcionamiento de *feof()*: no devuelve 1 hasta que se ha intentado leer más allá del final del fichero. En el ejemplo anterior, en cada iteración del bucle, se comprueba que se ha leído un elemento con éxito. Esta es la forma correcta de leer hasta el final del fichero.

Una alternativa al uso de *feof()* es usar como condición principal del bucle el valor devuelto por *fread()*, en lugar de utilizar *feof()*. En nuestro caso, el bucle quedaría así:

```c
// Leer valores double
int contador = 0;
double x;
while(fread(&x, sizeof(double), 1, fid) == 1) {
    valores[contador]=x;
    contador++;
}
```

15.9.2 La función *ftell()*

La función *ftell()* permite conocer la posición actual del cursor. Su sintaxis es:

```c
long ftell(FILE* fid);
```

Devuelve un número entero largo (*long*) con el número de bytes desde el inicio del fichero hasta la posición actual del cursor. Si ocurre un error, devuelve -1.

El siguiente ejemplo abre un fichero, escribe un *int* y un *double* y luego muestra la posición del cursor usando *ftell()*:

| Ejemplo 15.10 | Uso de *ftell()* para obtener la posición del cursor |

```
#include <stdio.h>

int main() {
    FILE* f = fopen("posicion.bin", "wb");
    if (f == NULL) {
        printf("No se pudo abrir el fichero.\n");
        return 1;
    }

    int n = 35;
    fwrite(&n, sizeof(int), 1, f);
    double x = 1.41;
    fwrite(&x, sizeof(double), 1, f);

    long pos = ftell(f);
    printf("El cursor está en la posición: %ld\n", pos);

    fclose(f);
    return 0;
}
```

La salida del programa es:

```
El cursor está en la posición: 12
```

El cursor está a 12 bytes del inicio del fichero (4 del *int* + 8 del *double*).

Aplicaciones útiles

La función *ftell()* es útil para registrar posiciones clave en el fichero, por ejemplo, para volver a ellas más tarde con *fseek()*, o para saber cuántos bytes se han escrito o leído en un fichero binario.

15.9.3 La función *fseek()*

La función *fseek()* permite mover el cursor a una posición determinada, medida en bytes desde un punto de referencia. Es muy útil cuando se necesita acceder a una posición concreta del fichero sin leer secuencialmente todo su contenido. La sintaxis es:

```
int fseek(FILE* fid, long offset, int origen);
```

Los parámetros de la función son:

- **fid**: puntero al fichero previamente abierto.
- **offset**: número de bytes que se desea desplazar desde el origen.
- **origen**: constante que indica desde qué punto se mide el desplazamiento.

Las constantes válidas para el parámetro *origen* son:

- SEEK_SET: el desplazamiento se mide desde el inicio del fichero.
- SEEK_CUR: el desplazamiento se mide desde la posición actual del cursor.
- SEEK_END: el desplazamiento se mide desde el final del fichero.

Por ejemplo, para mover el cursor al byte 100 del fichero (desde el principio), se puede escribir:

```
fseek(f, 100, SEEK_SET);
```

Y para retroceder 20 bytes desde la posición actual del cursor:

```
fseek(f, -20, SEEK_CUR);
```

La función fseek() devuelve 0 si el movimiento se realiza correctamente y un valor distinto de cero si ocurre algún error.

Tamaño de los tipos de datos

Al trabajar con ficheros binarios, es importante conocer cuántos bytes ocupa cada elemento, para poder calcular correctamente los desplazamientos.

Por ejemplo, si se quiere acceder al quinto elemento de un fichero que contiene un array de estructuras *Estructura*, habría que desplazarse:

```
feseek(f, 4 * sizeof(Estructura), SEEK_SET);
```

Esta instrucción situaría el cursor justo antes del quinto elemento *Estructura*.

15.9.4 La función *rewind()*

La función *rewind()* permite mover el cursor lógico al principio del fichero, es decir, a la posición 0. Es especialmente útil cuando se necesita volver a leer desde el comienzo un fichero que ya ha sido parcialmente recorrido. La sintaxis es la siguiente:

```
void rewind(FILE* fid);
```

La función recibe como argumento el puntero *FILE* correspondiente al fichero que se quiere rebobinar. No devuelve ningún valor.

Además de mover el cursor al principio, *rewind()* también borra cualquier condición de error o de fin de fichero que se haya producido durante la lectura anterior. Esto significa que, tras ejecutar *rewind()*, funciones como *feof()* o *ferror()* devolverán cero.

Origen del término

El nombre *rewind* proviene del inglés *"rebobinar"*, en referencia a las cintas magnéticas de los antiguos dispositivos de almacenamiento. *"Rebobinar"* significaba enrollar de nuevo toda la cinta hasta que el cabezal de lectura quedara frente al principio. Aunque ya no se usan cintas, se mantiene esta denominación en los lenguajes de programación como C.

Un uso típico de *rewind()* puede ser volver a recorrer un fichero desde el principio después de haberlo leído parcialmente o después de haber comprobado su contenido.

En el Ejemplo 15.11 se abre un fichero binario en modo mixto *lectura/escritura*. Tras ello, se escriben 5 números *int*, se rebobina el fichero y se leen y muestran en pantalla los números que se han escrito.

Ejemplo 15.11   Ejemplo de uso de *rewind()*

```c
#include <stdio.h>

int main() {
    FILE* f = fopen("ejrewind.bin", "wb+");
    if (f == NULL) {
        printf("No se pudo abrir el fichero.\n");
        return 1;
    }

    // Escribir en el fichero
    int nums[] = {1, 1, 2, 3, 5};
    fwrite(nums, sizeof(nums), 1, f);

    // Rebobinar
    rewind(f);

    // Leer del fichero
    int nums_2[5];
    fread(nums_2, sizeof(int), 5, f);

    // Mostrar resultado
    for(int i=0; i<5; i++) {
        printf("%d ", nums_2[i]);
    }
    printf("\n");

    // Cerrar fichero
    fclose(f);
    return 0;
}
```

15.10 Comprobación de errores de lectura o escritura

La lectura o escritura en ficheros es propensa a errores. Por ello, conviene que los programas vayan comprobando que las operaciones se realizan de manera correcta.

Ya hemos visto que siempre, tras utilizar la instrucción *fopen()*, hay que comprobar que el fichero se ha abierto correctamente. También conviene comprobar que las operaciones de lectura o escritura se hacen correctamente.

En el Ejemplo 15.3 se vio cómo comprobar que la escritura de un elemento se ha realizado correctamente. Otras veces, será útil comprobar que el número de elementos escritos o leídos coincide con los que se solicitaban. Este tipo de comprobaciones hay que hacerlas de manera regular.

Al leer datos binarios desde disco, hay que asegurarse de que los tipos de datos utilizados en el programa coinciden exactamente con los que se usaron para escribir el fichero, tanto en tipo como en orden. Además, algunos sistemas podrían usar un orden de bytes diferente (*endianness*), lo cual puede afectar la interpretación de los datos binarios si se transfieren entre arquitecturas distintas.

La Tabla 15.6 resume las funciones disponibles en la biblioteca estándar para la gestión de errores en operaciones con ficheros.

Tabla 15.6: Funciones para la gestión de errores en operaciones con ficheros

Función	Descripción
`ferror(FILE* f)`	Indica si se ha producido un error en el flujo f (devuelve distinto de cero si hay error).
`clearerr(FILE* f)`	Limpia los indicadores de error y fin de fichero del flujo f.
`perror(const char* msg)`	Muestra en pantalla un mensaje de error relacionado con la última operación fallida, precedido por msg. Usa errno.
`strerror(int errnum)`	Devuelve una cadena descriptiva asociada al código de error errnum. Se suele usar como `strerror(errno)`.

15.10.1 La función *ferror()*

El lenguaje C ofrece la función *ferror()* que permite comprobar si se ha producido algún error de cualquier tipo durante las operaciones de lectura o escritura:

```
int ferror(FILE* pFichero);
```

La función *ferror()* devuelve un cero si no ha detectado errores y otro número en caso contrario.

Se pueden hacer las comprobaciones tras cada operación de lectura o escritura, tras un conjunto de ellas o antes de cerrar el fichero. Como se ha comentado anteriormente, si se usa la función *rewind()*, se borran los errores que pudiera haber registrados.

15.10.2 Mensajes de error detallados con *perror()* y *strerror()*

Además de la función *ferror()*, que permite comprobar si se ha producido un error en una operación con ficheros, el lenguaje C proporciona mecanismos para mostrar mensajes más detallados sobre la causa del error.

Una opción muy sencilla es la función *perror()* de la biblioteca *errno.h*, que imprime un mensaje de error en función del valor actual de la variable global *errno*. Se usa habitualmente tras errores en operaciones como *fopen()*, *fread()*, *fwrite()*, etc.

Ejecuta el código del Ejemplo 15.12:

Ejemplo 15.12   Prueba de la función *perror()*

```
#include <stdio.h>
#include <errno.h>

int main() {
    FILE *f = fopen("inexistente.txt", "r");
    if (f == NULL) {
        perror("Error al abrir fichero");
    }
    return 0;
}
```

La salida del programa es:

```
Error al abrir fichero: No such file or directory
```

Otra alternativa es utilizar la función strerror(), definida en *string.h*, que devuelve una cadena de texto con el mensaje asociado a un código de error:

Ejemplo 15.13   Prueba de la función *strerror()*

```
#include <stdio.h>
#include <errno.h>
#include <string.h>

int main() {
    FILE *f = fopen("inexistente.txt", "r");
    if (f == NULL) {
        printf("ERROR: %s\n", strerror(errno));
    }
    return 0;
}
```

La salida del programa sería:

```
ERROR: No such file or directory
```

Estos mensajes dependen del sistema operativo y pueden ayudar a identificar la causa del error (por ejemplo, fichero inexistente, permiso denegado, etc.).

15.11 Escritura de ficheros de texto

Las principales funciones que ofrece C para escribir en ficheros de texto son las que muestra la Tabla 15.7.

Tabla 15.7: Funciones para escribir en ficheros de texto

Función	Descripción
fputc	Escribe un solo carácter en el fichero.
fputs	Escribe una cadena en el fichero, sin formato.
fprintf	Permite escribir texto con formato en un fichero.

15.11.1 La función *fputc*

Permite escribir un solo carácter en un fichero. Su sintaxis es la siguiente:

```
int fputc(int ch, FILE* fid);
```

El Ejemplo 15.14 muestra un caso de uso de *fputc()*.

Ejemplo 15.14   Ejemplo de *fputc()*

```c
#include <stdio.h>

int main() {
    FILE* fid = fopen("prueba.txt", "w");
    if (fid == NULL) {
        printf("Error al abrir fichero\n");
        return 1;
    }
    char cad[] = "Hola";
    for(int i=0; i<4; i++) {
        fputc(cad[i], fid);
        fputc('\n', fid);
    }
    fclose(fid);
    return 0;
}
```

En el programa, se abre el fichero *prueba.txt* para escritura y se escriben uno a uno los caracteres de la palabra "*Hola*", un carácter en cada línea. Observa que el programa, tras cada letra, escribe el carácter '\n', para imprimir un cambio de línea.

La Figura 15.14 muestra el contenido del fichero *prueba.txt* tras ejecutar el programa y abrirlo en VSCode.

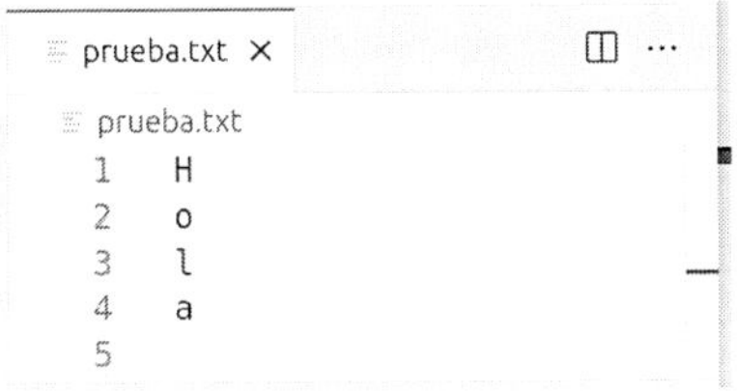

Figura 15.14: Archivo creado por el Ejemplo 15.14

15.11.2 La función *fputs*

La función *fputs* permite escribir una cadena de texto en un fichero, sin aplicar ningún formato. Su sintaxis es[5]:

```
int fputs(const char* str, FILE* fid);
```

El Ejemplo 15.15 muestra la utilización de la función *fputs* para escribir una serie de cadenas en el fichero *prueba.txt*.

Ejemplo 15.15 Ejemplo de escritura de cadenas con *fputs*

```c
#include <stdio.h>

int main() {
    FILE* fid = fopen("prueba.txt", "w");
    if (fid == NULL) {
        printf("Error al abrir fichero\n");
        return 1;
    }
    fputs("Linea 1\n", fid);
    fputs("Linea 2\n", fid);
    fputs("Linea 3\n", fid);
    fclose(fid);
    return 0;
}
```

En la Figura 15.15 se muestra el contenido del fichero tras ejecutar el programa. Observa que hemos escrito en el mismo fichero *prueba.txt* que se utilizó en el Ejemplo 15.14. Como el modo de apertura utilizado ha sido "w", el fichero se ha sobrescrito.

---

[5]A partir de C99, los parámetros de *fputs* y muchas otras funciones del capítulo llevan el modificador *restrict*. En todas las funciones mantendremos la sintaxis anterior, sin explicitar el modificador *restrict*, pues es más sencilla de comprender y perfectamente válida. Internamente, el compilador considerará que las variables de los parámetros cumplen las restricciones que impone el modificador. El lector interesado puede consultar la especificación del lenguaje C-99 en [8] o la de la versión de 2023 en [7].

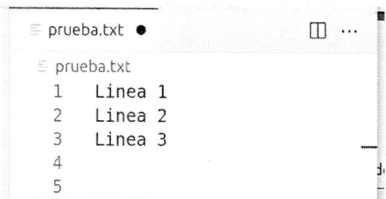

Figura 15.15: Fichero *prueba.txt* tras ejecutar el Ejemplo 15.15

15.11.3 La función *fprintf*

Es la función más versátil de las tres presentadas en este apartado. Permite escribir cadenas de texto con formato. Funciona de manera muy similar a la función *printf* que estamos utilizando a lo largo del libro, pero permite dirigir la salida a un fichero. Su sintaxis es:

```
int fprintf( FILE* fid, const char* format, ... );
```

El Ejemplo 15.16 imprime en el fichero *inventario.txt* un array de variables del tipo *Articulo*:

Ejemplo 15.16   Ejemplo de escritura en fichero con *fprintf()*

```c
#include <stdio.h>

typedef struct {
    char* nombre;
    int cantidad;
    double precio;
} Articulo;

int main() {
    Articulo inventario[] = { {"Cajonera", 3, 23.45},
        {"Silla", 12, 17.0}, {"Mesa", 4, 60.5}};

    FILE* f = fopen("inventario.txt", "w");
    if (f == NULL) {
        printf("Error al abrir fichero\n");
        return 1;
    }

    for(int i=0; i<3; i++) {
        Articulo a = inventario[i];
        fprintf(f, "%15s %2d %.2f\n", a.nombre, a.cantidad, a.precio);
    }
    fclose(f);
    return 0;
}
```

Observa las especificaciones de formato que hemos usado para conseguir que los datos queden alineados en columnas:

- "%-10s": imprime una cadena, con ancho campo 10, alineada a la izquierda.
- "%2d": imprime un número entero, con ancho de campo 2.
- "%.2f": imprime un número en coma flotante con 2 decimales de precisión.

En la Figura 15.16 se puede ver el contenido del fichero tras ejecutar el programa.

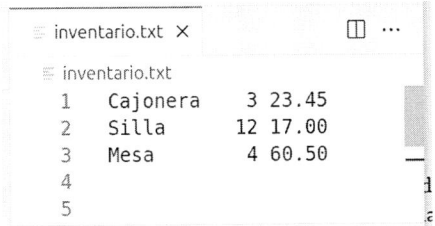

Figura 15.16: Fichero *inventario.txt* tras ejecutar el Ejemplo 15.16

Truco

Si deseas comprobar el contenido del fichero que has creado sin salir del programa, puedes utilizar la función *system()*, que permite ejecutar comandos del sistema operativo desde el propio programa en C.

Por ejemplo, tras cerrar el fichero con *fclose()*, podrías añadir:

```
system("type inventario.txt");    // En Windows
// o
system("cat inventario.txt");     // En Linux o macOS
```

Esto mostrará el contenido del fichero por pantalla, como si lo abrieras con un editor o desde el terminal.

Para poder usar *system()*, es necesario incluir la cabecera:

```
#include <stdlib.h>
```

15.11.4 Fin de línea en ficheros de texto

En general, cuando escribimos una cadena de texto terminada con el carácter especial '\n', estamos indicando un *fin de línea lógico*. Esto tiene un efecto visible cuando se imprime por pantalla: el cursor avanza hasta el principio de la línea siguiente. Por ejemplo:

```
printf("Cadena 1\n");
printf("Cadena 2\n");
```

Este código imprimirá en pantalla:

```
Cadena 1
Cadena 2
```

El carácter '\n' se llama *line feed* (LF) y tiene código ASCII decimal 10. En terminales y editores de texto modernos, este carácter provoca el salto de línea.

Cuando escribimos texto en un fichero, el comportamiento del carácter '\n' depende del sistema operativo y del modo de apertura del fichero:

- En **Linux** y **macOS**, el carácter '\n' se escribe directamente como un byte de valor 10 en el fichero. Este es el comportamiento estándar en sistemas tipo UNIX.

- En **Windows**, al abrir un fichero en *modo texto*, el carácter '\n' se convierte automáticamente en la secuencia de dos caracteres '\r\n':
  - '\r' (*carriage return*, CR) tiene código ASCII 13.
  - '\n' (*line feed*, LF) tiene código ASCII 10.

  Esta conversión la realizan automáticamente las funciones *fwrite()*, *fputs()* o *fprintf()*, siempre que el fichero haya sido abierto en modo texto.

Esta diferencia no afecta al comportamiento visible en pantalla, pero sí puede provocar inconsistencias si se inspecciona el fichero en un editor hexadecimal, se transfiere entre sistemas diferentes (Linux ↔ Windows) o se abre en modo binario desde otro programa.

Supongamos un fichero de texto con el siguiente contenido:

```
Hola
Adiós
```

La representación en el disco podría ser la que muestra la Figura 15.17.

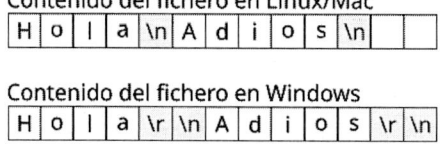

Figura 15.17: Línea de texto escrita en un sistema. Arriba: Linux/Mac. Abajo: Windows

En la parte superior de la Figura 15.17, se muestra el fichero escrito en un sistema Linux o Mac. En la parte inferior se muestra ese mismo fichero escrito en un sistema Windows. El fichero en Windows tiene mayor tamaño que en Linux o Mac. En este caso, en Linux/Mac tendría 11 bytes, mientras que en Windows tendría 13 bytes.

Cuando se trabaje con ficheros de texto en C, se recomienda abrirlos siempre en *modo texto* ("w", "r", etc.) si se desea que el sistema operativo realice automáticamente la conversión de saltos de línea. Además, conviene evitar insertar manualmente la secuencia '\r\n' salvo en casos excepcionales (por ejemplo, al generar ficheros CSV específicamente para aplicaciones de Windows).

15.12 Lectura de ficheros de texto con *fscanf()* y *fgets()*

La función *fscanf()* permite leer datos desde un fichero de texto utilizando una cadena de formato, de forma muy similar a la función *scanf()* que ya se explicó en detalle en el capítulo de entrada y salida por pantalla (véase el Apartado 14.4). La sintaxis es la siguiente:

```
int fscanf(FILE* fid, const char* formato, ...);
```

Esta función intenta leer datos del fichero apuntado por *fid*, interpretando el contenido según la cadena de formato indicada. El funcionamiento es análogo al de *scanf()*: se esperan secuencias de caracteres que correspondan a los especificadores de formato, y los valores leídos se almacenan en las variables pasadas como argumentos.

La función *fscanf()* funciona de forma análoga a *scanf()* pero, en lugar de leer desde el teclado, lo hace desde el fichero indicado en el primer parámetro. Todo lo aprendido sobre especificadores de formato en *scanf()* (como %d, %f, %s, etc.) se aplica también aquí. Para más detalles, consulta el Apartado 14.4.

15.12.1 Aplicación básica de lectura con *fscanf()*

El siguiente ejemplo lee, desde un fichero llamado datos.txt, una secuencia de números enteros, de uno en uno, hasta llegar al final del fichero. Se presupone que los números están separados por espacios, tabuladores o saltos de línea.

Ejemplo 15.17 Lectura de enteros con *fscanf()*

```c
#include <stdio.h>

int main() {
    FILE* f = fopen("datos.txt", "r");
```

```
    if (f == NULL) {
        printf("No se pudo abrir el fichero.\n");
        return 1;
    }
    int n;
    while (fscanf(f, " %d", &n) == 1) {
        printf("%d ", n);
    }
    printf("\n");
    fclose(f);
    return 0;
}
```

El contenido del fichero utilizado ha sido el siguiente:

```
12 45 78
3 19
34 56 89 102
17
```

La salida del programa es:

```
12 45 78 3 19 34 56 89 102 17
```

Este patrón de lectura es muy habitual: el bucle se repite mientras se vayan leyendo correctamente valores. El valor de retorno de *fscanf()* indica cuántos elementos han sido leídos con éxito.

Consideraciones importantes:

- **Separadores:** igual que con *scanf()*, los espacios en blanco, tabuladores y saltos de línea son tratados como equivalentes. Si en el fichero hay números separados por cualquier combinación de estos, la lectura funcionará correctamente.

- **Formato de los datos:** es esencial que el contenido del fichero coincida con lo esperado en la cadena de formato. Si el formato no coincide, la lectura se detendrá.

- **Comprobación del resultado:** no basta con usar *feof()*; lo más seguro es controlar el valor devuelto por *fscanf()*, como en el ejemplo anterior.

15.12.2 La función *fgets()*

La función *fgets()* permite leer una línea completa de texto desde un fichero (o desde la entrada estándar) y guardarla en un array de caracteres. A diferencia de *scanf()*, esta función nunca interpreta el contenido como números, sino que copia literalmente los caracteres leídos hasta encontrar un salto de línea o alcanzar el número máximo de caracteres permitido. La sintaxis es:

```
char* fgets(char* buffer, int max_longitud, FILE* fid);
```

donde:

- `buffer`: puntero al array donde se guardará la línea leída.
- `max_longitud`: número máximo de caracteres a leer (incluye el carácter \0 final).
- `fid`: puntero al fichero desde el que se quiere leer.

La función *fgets()* detiene la lectura cuando ocurre una de estas condiciones:

- Se ha leído un salto de línea (\n).
- Se han leído *max_longitud - 1* caracteres.
- Se ha alcanzado el final del fichero.

La cadena devuelta siempre termina con \0, y puede contener el carácter \n si se leyó uno antes de alcanzar el límite.

Todo lo explicado sobre *fgets()* en el Capítulo 14, dedicado a la entrada y salida por pantalla, es de aplicación cuando se trabaja con ficheros. En particular, las técnicas para *limpiar* las cadenas leídas del carácter '\n' que suelen incluir al final de la cadena leída.

El siguiente ejemplo lee un fichero, línea a línea, y lo va mostrando en pantalla:

Ejemplo 15.18   Lectura de líneas con *fgets()*

```c
#include <stdio.h>

int main() {
    FILE* f = fopen("texto.txt", "r");
    if (f == NULL) {
        printf("No se pudo abrir el fichero.\n");
        return 1;
    }
    char linea[100];
    while (fgets(linea, 100, f)) {
        printf("Línea: %s", linea);
    }
    fclose(f);
    return 0;
}
```

Lectura segura

A diferencia de *scanf()*, *fgets()* evita errores de desbordamiento de búfer, ya que siempre respeta el límite de caracteres indicado. Es una función recomendada cuando se trabaja con texto línea a línea.

15.12.3 Aplicación: copiar un fichero línea a línea

El Ejemplo 15.19 copia un fichero, línea a línea, en otro con distinto nombre.

Ejemplo 15.19   Programa *copyfile*

```c
#include <stdio.h>

int main() {
    FILE* fin = fopen("entrada.txt", "r");
    if (fin == NULL) {
        printf("No se pudo abrir el fichero de entrada.\n");
        return 1;
    }
    FILE* fout = fopen("salida.txt", "w");
    if (fout == NULL) {
        printf("No se pudo abrir el fichero de salida.\n");
        fclose(fin);
        return 1;
    }
    char linea[256];
    while (fgets(linea, 256, fin) != NULL) {
        fputs(linea, fout);
    }
    fclose(fin);
    fclose(fout);
    printf("Copia completada.\n");
    return 0;
}
```

15.12.4 Aplicación: leer un fichero con cabecera y datos de distintos tipos

El Ejemplo 15.20 ilustra:

- Cómo leer un fichero de texto con cabecera.
- Cómo saltar la línea de cabecera usando *fgets()* o directamente con *fscanf()*.
- Cómo leer un número indeterminado de líneas en las que hay una cadena, un entero y un número real.
- Cómo guardar los datos en un array de estructuras.

El fichero, llamado *inventario.txt*, tiene una línea de cabecera y, a continuación, un número indeterminado de líneas de artículos. Las siguientes podrían ser las primeras líneas de un fichero de ese tipo:

```
Artículo   cantidad  Precio
Mesa        4         60.50
Silla      12         17.00
```

Si quieres probar el programa, puedes copiar las líneas de texto anteriores en un fichero llamado *inventario.txt* o descargar el fichero desde el repositorio de recursos adicionales del libro [2]. El código del programa es el siguiente:

Ejemplo 15.20   Lectura de un fichero de inventario con *fscanf()*

```c
#include <stdio.h>

typedef struct {
    char nombre[50];
    int cantidad;
    double precio;
} Articulo;

int main() {
    Articulo inventario[100];
    int num_articulos = 0;

    FILE* f = fopen("inventario.txt", "r");
    if (f == NULL) {
        printf("No se pudo abrir el fichero.\n");
        return 1;
    }
    // Saltar la cabecera
    char cabecera[100];
    fgets(cabecera, 100, f);

    // Leer datos del fichero
    while (fscanf(f, "%s %d %lf", inventario[num_articulos].nombre,
            &inventario[num_articulos].cantidad,
            &inventario[num_articulos].precio) == 3) {
        num_articulos++;
    }
    fclose(f);

    // Mostrar el inventario
    printf("Inventario cargado:\n");
    for (int i = 0; i < num_articulos; i++) {
        printf("%-10s %2d %.2f\n", inventario[i].nombre,
            inventario[i].cantidad, inventario[i].precio);
    }
    return 0;
}
```

Algunos detalles a resaltar del programa anterior son:

- Se utiliza *fgets()* para saltar la línea de cabecera. Es más seguro que intentar leerla con *fscanf()* si no se va a usar.

- Se supone que no hay espacios en el nombre del artículo. Si se espera que los haya, habría que ajustar la lectura.

- El array *inventario[100]* puede contener hasta 100 artículos. Para casos reales, podría usarse memoria dinámica (como se verá en capítulos posteriores).

15.12.5 Alternativa robusta: lectura con *fgets()* y *sscanf()*

Aunque la función *fscanf()* es muy útil para leer datos formateados desde un fichero de texto, presenta algunas limitaciones cuando el fichero contiene líneas con errores de formato, campos opcionales o espacios en blanco mal colocados.

En esos casos, una alternativa más robusta consiste en leer primero cada línea completa con *fgets()*, y luego analizar su contenido utilizando *sscanf()*. Este enfoque tiene varias ventajas:

- Permite detectar y descartar líneas mal formateadas.
- Evita errores de lectura que podrían dejar el cursor del fichero en una posición incorrecta.
- Facilita la depuración, ya que se puede mostrar el contenido exacto de la línea antes de analizarla.

El siguiente ejemplo ilustra esta técnica:

| Ejemplo 15.21 | Lectura de fichero con *fgets()* + *sscanf()* |

```c
#include <stdio.h>
#include <string.h>

typedef struct {char nombre[50]; int cantidad; double precio;} Articulo;

int main() {
    Articulo inventario[100];
    int num_articulos = 0;
    char linea[200];

    // Abrir fichero para lectura
    FILE* f = fopen("inventario.txt", "r");
    if (f == NULL) {
        printf("No se pudo abrir el fichero.\n");
        return 1;
    }

    // Saltar la línea de cabecera
    fgets(linea, sizeof(linea), f);

    // Lectura línea a línea
    while (fgets(linea, sizeof(linea), f) != NULL) {
        // Analizar la línea leída
        int leidos = sscanf(linea, "%s %d %lf",
            inventario[num_articulos].nombre,
            &inventario[num_articulos].cantidad,
            &inventario[num_articulos].precio);
```

```
        if (leidos == 3) {
            num_articulos++;
        } else {
            printf("Línea ignorada: %s", linea);
        }
    }
    fclose(f);
    printf("Se leyeron %d artículos.\n", num_articulos);
    return 0;
}
```

Esta técnica de usar *fgets()* + *sscanf()* es aconsejable en las siguientes circunstancias:

- El fichero puede contener líneas incorrectas o incompletas.

- Se desea mostrar mensajes de error más detallados.

- Hay campos opcionales o formatos de línea variables.

En cambio, si el fichero está bien formateado y tiene una estructura predecible, *fscanf()* es más directo y suficiente.

La Tabla 15.8 compara las funciones *fgetc()*, *fgets()* y *fread()*.

Tabla 15.8: Comparación entre *fgetc()*, *fgets()* y *fread()*

Característica	fgetc()	fgets()	fread()
Tipo de lectura	Carácter a carácter	Línea completa	Bloque de bytes
Formato	Texto	Texto	Binario o texto
Control de formato	Ninguno	Hasta fin de línea o tamaño	Ninguno
Facilidad de uso	Muy simple	Simple	Requiere conocer tamaño
Uso típico	Leer un carácter o recorrer archivo	Leer líneas completas	Leer estructuras o bloques
Adecuado para ficheros de texto	Sí	Sí	Sí, pero requiere cuidado
Adecuado para ficheros binarios	No	No	Sí

15.12.6 Lectura y escritura con *stdin* y *stdout*

Las funciones *fscanf()*, *fgets()* y *fprintf()* no se utilizan únicamente para trabajar con ficheros. También pueden emplearse para leer desde la entrada estándar (*stdin*) o escribir en la salida estándar (*stdout*), que normalmente corresponden al teclado y a la pantalla, respectivamente.

Esto permite tratar la entrada y la salida como si fueran ficheros, lo cual puede ser útil para reutilizar código o para facilitar pruebas automatizadas.

Por ejemplo, las siguientes dos líneas son equivalentes:

```
scanf("%d", &n);
fscanf(stdin, "%d", &n);
```

Y también estas otras:

```
printf("%d\n", n);
fprintf(stdout, "%d\n", n);
```

En programas más complejos, este enfoque puede permitir que una misma función sirva tanto para leer datos desde un fichero como desde el teclado, según el puntero *FILE** que se le pase como argumento.

Caracteres Unicode y codificaciones multibyte

Si el fichero de texto contiene caracteres especiales o multibyte (por ejemplo, letras acentuadas, eñes, símbolos matemáticos o caracteres de otros alfabetos), es importante tener en cuenta la codificación utilizada, como *UTF-8* o *UTF-16*.

Funciones como *fscanf()* o *fgets()* tratan los caracteres como bytes individuales, por lo que podrían no interpretar correctamente caracteres multibyte si no se tiene cuidado.

En este capítulo se trabaja exclusivamente con texto codificado en ASCII o texto compatible con UTF-8 básico. El tratamiento adecuado de cadenas y ficheros Unicode se abordará con más detalle en el capítulo dedicado a *cadenas de caracteres Unicode*.

15.12.7 La función *fflush()* y el control del búfer

Como ya se ha explicado, cuando un programa escribe en un fichero (o en la salida estándar), los datos no se escriben inmediatamente en el disco o en pantalla, sino que se almacenan primero en una zona intermedia llamada *búfer*. El sistema operativo se encarga de volcar ese búfer al dispositivo correspondiente cada cierto tiempo o al cerrar el fichero.

La función *fflush()* permite forzar el vaciado del búfer de salida. Es decir, obliga a que todos los datos pendientes se escriban inmediatamente. Su sintaxis es:

```
int fflush(FILE* fid);
```

Esta función resulta especialmente útil en programas interactivos, donde queremos asegurarnos de que un mensaje se muestre en pantalla antes de que el usuario introduzca datos. Por ejemplo:

```
printf("Introduce tu nombre: ");
fflush(stdout);  // Asegura que el mensaje se muestre antes de leer
scanf("%s", nombre);
```

También se puede usar para asegurarse de que los datos se escriben en un fichero sin tener que cerrarlo.

Por otro lado, la biblioteca estándar también ofrece la función *setvbuf()* para configurar el tipo y tamaño del búfer, pero su uso es más avanzado y poco frecuente en programas básicos, por lo que no se abordará en este capítulo.

Ejercicios propuestos

(Las soluciones de estos ejercicios se pueden consultar en [2])

Ejercicio 15.1. Escritura simple en fichero.
Escribe un programa que cree un fichero de texto llamado *numeros.txt* y escriba en él los números del 1 al 10, uno por línea.

Ejercicio 15.2. Lectura y suma de enteros.
Crea un programa que lea números enteros desde un fichero de texto llamado *enteros.txt* (un número por línea) y calcule su suma total.

Ejercicio 15.3. Escritura de estructuras.
Define una estructura *Producto* con los campos *char nombre[30]*, *int stock* y *double precio*. Crea un array de 5 productos e imprímelos en un fichero de texto llamado *productos.txt*, con formato en columnas.

Ejercicio 15.4. Lectura con *fscanf()*.
Dado un fichero de texto llamado *medidas.txt*, en el que cada línea contiene un nombre, un valor entero y un valor real (por ejemplo: *Altura 180 1.82*), escribe un programa que los lea en estructuras y muestre el contenido en pantalla.

Ejercicio 15.5. Lectura de líneas con *fgets()*.
Escribe un programa que lea todas las líneas de un fichero llamado *entrada.txt* y las imprima por pantalla tal como están escritas.

Ejercicio 15.6. Escritura binaria.
Escribe un programa que almacene en un fichero binario llamado *valores.bin* los números enteros del 1 al 20.

Ejercicio 15.7. Lectura binaria con comprobación.
Crea un programa que lea del fichero *valores.bin* (generado en el ejercicio anterior) y calcule cuántos valores contiene, imprimiéndolos por pantalla. Usa *fread()* y comprueba el número de elementos leídos.

Ejercicio 15.8. Copia de ficheros.
Escribe un programa que copie el contenido de un fichero de texto llamado *original.txt* en otro fichero llamado *copia.txt*, leyendo línea a línea con *fgets()*.

Ejercicio 15.9. Uso de *ftell()* y *fseek()*.
Escribe un programa que abra un fichero de texto en modo lectura, lea los 10 primeros caracteres y luego vuelva al inicio del fichero para imprimir la primera línea completa.

Ejercicio 15.10. Actualización en fichero binario.
Crea un programa que abra un fichero binario de enteros en modo *rb+* y modifique el tercer entero del fichero (posición 2) por el valor 999. Usa *fseek()* para posicionarte correctamente antes de la escritura.

Ejercicio 15.11. Contar líneas de un fichero.
Escribe un programa que pida al usuario el nombre de un fichero de texto y cuente cuántas líneas contiene. Para ello, abre el fichero en modo lectura, utiliza *fgets()* para leerlo línea a línea y al final muestra el número total de líneas.

Ejercicio 15.12. Escribir estructuras en ficheros binarios.
Define una estructura llamada *Punto* que contenga dos variables *double* llamadas *x* e *y*. Escribe un programa en C que cree un fichero binario llamado *puntos.bin* y almacene en él 10 estructuras *Punto*. Cada punto debe tener las coordenadas $x = i \times 1.0$, $y = i \times 2.0$, donde *i* es un entero que va desde 1 hasta 10. El programa debe escribir consecutivamente estos 10 puntos en el archivo usando *fwrite()*.

Ejercicio 15.13. Leer estructuras de ficheros binarios.
Dado el fichero binario *puntos.bin* generado en el ejercicio anterior, que contiene 10 estructuras *Punto* con coordenadas *x* e *y*, escribe un programa en C que lo abra en modo lectura binaria, lea todos los puntos y calcule la media de las coordenadas *x* e *y*. Finalmente, el programa debe mostrar por pantalla la media de *x* y la media de *y* calculadas a partir de todos los puntos leídos del fichero.

Ejercicio 15.14. Leer fichero carácter a carácter.
Escribe un programa en C que abra un fichero de texto llamado *mensaje.txt* en modo lectura y lea su contenido carácter a carácter utilizando la función *fgetc()*. Por cada carácter leído, el programa debe imprimir en pantalla el carácter y su código ASCII correspondiente. El programa debe continuar hasta llegar al final del fichero.

Asignación dinámica de memoria

Contenido

En este capítulo estudiaremos la asignación dinámica de memoria. Se trata de un mecanismo fundamental en el lenguaje C, que permite reservar espacio en memoria durante la ejecución del programa, en lugar de hacerlo de forma fija en tiempo de compilación. Esta técnica resulta especialmente útil cuando no se conoce de antemano la cantidad de datos que será necesario manejar. Así ocurre, por ejemplo, al leer información introducida por el usuario.

Comenzaremos analizando las diferencias entre la memoria estática y la dinámica. Conoceremos las funciones principales de la biblioteca estándar que permiten gestionar esta memoria: malloc(), calloc(), realloc() y free(). Veremos cómo se utilizan, qué precauciones deben tomarse y cuáles son los errores más frecuentes que se deben evitar, como las fugas de memoria y los accesos indebidos.

A lo largo del capítulo se presentarán ejemplos prácticos y casos de uso reales que ayudarán a comprender la necesidad de gestionar manualmente la memoria en C. También se introducirá brevemente el uso de herramientas como Valgrind para detectar errores relacionados con la memoria. El objetivo es que el estudiante adquiera una base sólida para trabajar con estructuras de datos dinámicas y para escribir programas más flexibles, eficientes y seguros.

16.1 ¿Por qué necesitamos memoria dinámica?

Hasta ahora, hemos trabajado con variables y arrays cuyo tamaño se conoce de antemano, y cuya memoria se reserva de forma estática. Por ejemplo:

```
int numeros[100];
```

Con la instrucción anterior, estamos reservando memoria para 100 enteros, independientemente de cuántos vayamos a usar realmente. Esta forma de reserva es sencilla y eficiente cuando el tamaño máximo es pequeño o predecible, pero resulta limitada en muchos contextos reales. ¿Qué ocurre si queremos escribir un programa que lea una cantidad arbitraria de datos introducidos por el usuario?, ¿o que cree una lista de valores cuyo número no se conoce hasta que el programa está en marcha?

Aquí es donde entra en juego la *asignación dinámica de memoria*, que nos permite reservar memoria en tiempo de ejecución, es decir, mientras el programa se está ejecutando y conoce los datos concretos que necesita manejar.

Vamos a tratar de explicarlo utilizando una analogía: imaginemos que vamos a organizar una conferencia, pero no sabemos cuántas personas van a asistir. Tenemos dos opciones:

- Podemos colocar 100 sillas desde el principio, por si acaso. Si luego solo vienen 20 personas, el resto de sillas quedarán vacías e inutilizadas.

- O bien, podemos esperar a que la gente vaya llegando y sacar las sillas una por una, en función del número real de asistentes.

La primera opción se parece a reservar un array estático de tamaño fijo: se asigna memoria por adelantado, aunque no sepamos si se usará toda. La segunda opción representa la idea de la memoria dinámica, donde solo pedimos al sistema la memoria que realmente necesitamos.

La utilización de la memoria estática presenta algunas limitaciones:

- **Tamaño fijo:** no se puede cambiar el tamaño de un array estático una vez declarado.
- **Falta de eficiencia:** si reservamos más memoria de la necesaria, parte de ella quedará sin usar.
- **Falta de flexibilidad:** no permite estructuras de datos como listas, árboles o colas de tamaño variable.

Por su parte, la utilización de la memoria dinámica presenta algunas ventajas:

- **Tamaño variable:** permite adaptarse al tamaño real de los datos en tiempo de ejecución.
- **Eficiencia:** permite que los programas sean más eficientes en el uso de la memoria y más modulares.
- **Flexibilidad:** hace posible trabajar con estructuras de datos dinámicas, como listas enlazadas, árboles, tablas hash, etc.

Como conclusión, podemos decir que la asignación dinámica de memoria es una herramienta poderosa. No obstante, requiere una mayor responsabilidad por parte del programador, ya que C no gestiona automáticamente la memoria asignada de manera dinámica. Su comprensión es esencial para poder construir programas más generales, eficientes y escalables. En los siguientes apartados aprenderemos a utilizarla.

16.2 Conceptos básicos

Para trabajar con memoria dinámica en C, hay que comprender cómo se organiza la memoria de un programa y cómo se accede a ella a través de punteros. También es importante entender qué significa *reservar* y *liberar* memoria.

Cuando ejecutamos un programa escrito en C, el sistema operativo le asigna varias zonas de memoria, denominadas *segmentos*, tal como muestra la Figura 16.1. De estos segmentos, los dos que más nos interesan aquí son:

- **Memoria estática (o pila, *stack*):** se utiliza para almacenar variables locales y arrays de tamaño fijo. Su tamaño y duración están definidos en tiempo de compilación. Es rápida, pero limitada y rígida.
- **Memoria dinámica (o montón, *heap*):** se utiliza para reservar memoria durante la ejecución del programa. El tamaño y la duración son controlados por el programador mediante funciones específicas de la biblioteca estándar (*malloc()*, *free()*, etc.).

Como se explicó en el Capítulo 11, un puntero es una variable que guarda la dirección de memoria de otra variable. Por ejemplo:

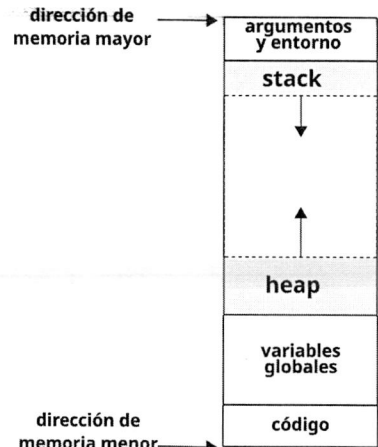

Figura 16.1: Segmentos de memoria asignados por el sistema operativo a un programa, durante su ejecución

```
int x = 5;
int* p = &x;
```

En el código anterior, la variable *p* es un puntero a *int*, cuyo valor es la dirección de memoria en la que guarda su contenido la variable *x*.

En el contexto de la memoria dinámica, los punteros son la única forma que tenemos de acceder a la memoria reservada dinámicamente. Cuando reservamos memoria dinámica, el sistema operativo nos devuelve la dirección del primer byte reservado. Esa dirección debe guardarse en un puntero, ya que no hay ningún identificador de variable asociado a esa memoria.

Por ejemplo:

```
int* datos = malloc(10 * sizeof(int));
```

En la instrucción anterior, estamos reservando memoria para 10 enteros y guardando la dirección del primer entero en el puntero *datos*. Si no usáramos un puntero, no podríamos acceder a esa memoria.

En C, el uso de memoria dinámica conlleva una responsabilidad adicional: el programador debe liberar la memoria cuando ya no la necesita, de lo contrario, quedará ocupada y sin uso. Esa memoria, ocupada pero no utilizada, se denomina *fuga de memoria (memory leak)*. Puede dar lugar a un consumo creciente de memoria y, eventualmente, a una degradación del rendimiento o, si el problema persiste, al fallo del sistema.

Para liberar la memoria se utiliza la función *free()*. Por ejemplo, para liberar la memoria que se reservó en la instrucción anterior, haríamos:

```
free(datos);
```

16.3 Funciones para asignar memoria

El lenguaje C proporciona un conjunto de funciones de la biblioteca estándar que permiten al programador reservar, redimensionar y liberar bloques de memoria durante la ejecución del programa. Las más importantes son: *malloc()*, *calloc()*, *realloc()* y *free()*.

Estas funciones están definidas en la biblioteca *stdlib.h*. En los próximos apartados, vamos a explicar cada una de estas funciones.

16.3.1 malloc(): reserva de memoria sin inicializar

La función *malloc* (*memory allocation*) se utiliza para reservar un bloque de memoria de un número determinado de bytes. La sintaxis es:

```
void* malloc(size_t numero_de_bytes);
```

Devuelve un puntero genérico (*void**) al bloque de memoria reservado. Hay que hacer una conversión explícita al tipo de puntero deseado. Si la reserva falla, por ejemplo, por falta de memoria, devuelve *NULL*.

El siguiente ejemplo reserva memoria para un array de 10 enteros. Si la operación tiene éxito, *v* apunta al primer entero. En caso contrario, *v* vale *NULL*.

```
int* v = (int*) malloc(10 * sizeof(int));
```

Observa que hemos hecho el *casting* a puntero *int* en la propia instrucción, por lo que el puntero *v* es puntero a *int*.

La memoria que devuelve *malloc()* no está inicializada. Puede contener cualquier valor aleatorio (basura).

16.3.2 calloc(): reserva e inicialización a cero

La función *calloc()* también reserva memoria, pero además inicializa a cero todos los bytes del bloque asignado. Su sintaxis es:

```
void* calloc(size_t num_elementos, size_t tamaño_elemento);
```

Esta función devuelve un puntero genérico y hay que hacer *casting* al tipo concreto de puntero que queremos obtener.

El siguiente código reserva memoria para un array de 10 enteros, igual que hicimos en el ejemplo de la función *malloc()*, pero en este caso, inicializa a cero todos los bytes del bloque de memoria asignado.

```
int* v = (int*) calloc(10, sizeof(int));
```

16.3.3 realloc(): redimensionar memoria ya reservada

La función *realloc()* permite cambiar el tamaño de un bloque de memoria que ya ha sido reservado con *malloc()* o *calloc()*. Su sintaxis:

```
void* realloc(void* puntero_anterior, size_t nuevo_tamaño);
```

Si hay espacio suficiente, amplía el bloque. Si no, reserva un nuevo bloque, copia el contenido anterior y libera el bloque antiguo. Si el nuevo tamaño es más pequeño, los datos sobrantes se pierden. Si la operación falla, devuelve *NULL* y no modifica el bloque original.

Un ejemplo podría ser:

```
v = (int*) realloc(v, 20 * sizeof(int));
```

Este código redimensiona el array *v* para que tenga 20 enteros.

Es conveniente tomar precauciones, para no perder el puntero original. Tal como se ha hecho en la instrucción anterior, si *realloc()* devuelve *NULL*, perderíamos el puntero original *v*. Es mejor hacerlo de la siguiente manera:

```
int* tmp = (int*) realloc(v, 20 * sizeof(int));
if (tmp != NULL) {
    v = tmp;
    tmp = NULL;
}
```

16.3.4 free(): liberar memoria

La función *free* se utiliza para devolver al sistema la memoria previamente reservada con *malloc()*, *calloc()* o *realloc()*. Su sintaxis:

```
free(nombre_puntero);
```

Una vez que se llama a la función, el puntero no se debe volver a usar, salvo que se reasigne.

16.3.5 Comprobación de errores

Después de cualquier llamada a *malloc()*, *calloc()* o *realloc()*, siempre debe comprobarse si el puntero devuelto es *NULL*, como se hace en el siguiente ejemplo:

```
int* v = (int*) malloc(10 * sizeof(int));
if (v == NULL) {
    printf("Error: no se pudo asignar memoria.\n");
    exit(1);
}
```

16.3.6 Resumen y buenas prácticas

La Tabla 16.1 resume las funciones más utilizadas para gestión dinámica de memoria.

Tabla 16.1: Funciones para asignación dinámica de memoria

Función	Acción que realiza
malloc	Reserva memoria sin inicializar.
calloc	Reserva memoria e inicializa a cero.
realloc	Redimensiona un bloque de memoria ya existente.
free	Libera la memoria previamente reservada.

Conviene respetar siempre las siguientes buenas prácticas:

- Comprobar siempre si el puntero devuelto es NULL.
- Liberar la memoria con *free()*, cuando ya no se necesita.
- No usar un puntero después de haberlo liberado.
- No liberar dos veces el mismo puntero.

16.4 Algunos ejemplos

En este apartado veremos cómo utilizar las funciones de asignación dinámica de memoria a través de casos prácticos sencillos. El objetivo es familiarizarse con la sintaxis, el uso de punteros y la necesidad de liberar la memoria cuando ya no se necesita.

16.4.1 Reserva de memoria para un número entero

Supongamos que queremos reservar memoria para un solo número entero, pero sin declararlo de forma estática. Así se hace en el Ejemplo 16.1:

Ejemplo 16.1   Asignación dinámica de memoria para un número entero

```c
#include <stdio.h>
#include <stdlib.h>

int main() {
    int* p = (int*) malloc(sizeof(int));
    if (p == NULL) {
        printf("Error: no se pudo reservar memoria.\n");
        return 1;
    }
    *p = 42; // Almacenamos un valor en la dirección reservada
    printf("Valor almacenado: %d\n", *p);
    free(p); // Liberamos la memoria
    return 0;
}
```

El Ejemplo 16.1 reserva memoria para un número entero. Primero comprueba que el puntero no es nulo y, si lo es, termina el programa. Si el puntero no es nulo, guarda un valor en la memoria y lo imprime en pantalla. Finalmente, libera la memoria asignada al puntero y termina el programa.

La salida del programa es:

```
Valor almacenado: 42
```

16.4.2 Array dinámico, tamaño conocido en tiempo de ejecución

El código del Ejemplo 16.2 muestra el caso de la reserva de memoria para un array de *n* enteros, pero en el que *n* lo introduce el usuario por teclado y, por tanto, no es conocido en el momento de la compilación del programa.

Ejemplo 16.2   Crear un array de manera dinámica

```c
#include <stdio.h>
#include <stdlib.h>

int main() {
    int n;
    printf("¿Cuántos elementos quieres introducir? ");
    scanf("%d", &n);

    int* v = (int*) malloc(n * sizeof(int));
    if (v == NULL) {
        printf("Error al reservar memoria.\n");
        return 1;
    }

    // Leer los elementos
    for (int i = 0; i < n; i++) {
        printf("Elemento %d: ", i);
        scanf("%d", &v[i]);
    }

    // Mostrar los elementos
    printf("Contenido del array:\n");
    for (int i = 0; i < n; i++) {
        printf("%d ", v[i]);
    }
    printf("\n");

    // Liberar memoria
    free(v);
    return 0;
}
```

En este caso, la salida del programa podría ser:

```
¿Cuántos elementos quieres introducir? 3
Elemento 0: 10
Elemento 1: 20
Elemento 2: 30
Contenido del array:
10 20 30
```

16.4.3 Redimensionamiento de un array

El Ejemplo 16.3 resuelve la situación de redimensionar un array, esto es, añadir más elementos a un array ya existente. Observa cómo redimensionar un array sin perder los datos anteriores y cómo evitar errores usando una variable temporal.

Ejemplo 16.3 Ampliar el tamaño de un array ya existente con *realloc()*

```c
#include <stdio.h>
#include <stdlib.h>

int main() {
    // Array inicial con 3 elementos
    int* v = (int*) malloc(3 * sizeof(int));
    if (v == NULL) {
        printf("Error de memoria.\n");
        return 1;
    }
    v[0] = 10; v[1] = 20; v[2] = 30;

    // Ampliamos el array a 5 elementos
    int* temp = (int *) realloc(v, 5 * sizeof(int));
    if (temp == NULL) {
        printf("No se pudo redimensionar el array.\n");
        free(v);
        return 1;
    }
    v = temp;
    v[3] = 40; v[4] = 50;

    // Mostrar el nuevo array
    for (int i = 0; i < 5; i++) {
        printf("v[%d] = %d\n", i, v[i]);
    }

    // Liberar memoria
    free(v);
    return 0;
}
```

La salida es este caso es:

```
v[0] = 10
v[1] = 20
v[2] = 30
v[3] = 40
v[4] = 50
```

16.4.4 Cadenas de caracteres de longitud variable

El último ejemplo que vamos a analizar usa la memoria dinámica para guardar cadenas de caracteres de longitud varible. Aunque en el código del Ejemplo 16.4 el tamaño máximo es 50, podríamos usar *strlen()* más adelante para redimensionar la cadena si fuera necesario.

Ejemplo 16.4   Crear y liberar un array de caracteres (cadena dinámica)

```c
#include <stdio.h>
#include <stdlib.h>
#include <string.h>

int main() {
    char* nombre = (char*) malloc(50 * sizeof(char));
    if (nombre == NULL) {
        printf("Error al reservar memoria.\n");
        return 1;
    }
    printf("Introduce tu nombre: ");
    fgets(nombre, 50, stdin);

    printf("Hola, %s", nombre);
    free(nombre);
    return 0;
}
```

Estos ejemplos muestran cómo trabajar con memoria dinámica en casos simples. Aunque las operaciones son parecidas a las que ya conocemos con arrays estáticos, ahora el control de la memoria es responsabilidad del programador, lo que obliga a prestar más atención al manejo de punteros, al control de errores y a la llamada correcta a *free()*.

16.5 Errores comunes y problemas típicos

Trabajar con memoria dinámica en C es poderoso, pero también arriesgado: el programador es el único responsable de reservar, usar y liberar correctamente la memoria. Si se cometen errores, el programa puede producir resultados incorrectos, fallar en tiempo de ejecución o, peor aún, funcionar aparentemente bien pero tener errores ocultos (bugs). En este apartado describimos los errores más comunes relacionados con el uso de memoria dinámica.

16.5.1 Fuga de memoria (*memory leak*)

Una fuga de memoria ocurre cuando se reserva memoria con *malloc()*, *calloc()* o *realloc()*, pero nunca se libera con *free()*. Esa memoria permanece ocupada hasta que termina el programa, aunque ya no se use, y no puede ser reutilizada por el sistema.

Observa el siguiente ejemplo:

```
int* v = (int*) malloc(100 * sizeof(int));
/* ... usamos v ... */
v = NULL; // Ahora hemos perdido la referencia al bloque
```

En el código anterior, el bloque de memoria no se ha liberado y, además, es inaccesible. Se ha perdido el puntero original y el bloque de memoria queda huérfano en el *heap*. Es un buen hábito liberar toda la memoria asignada antes de que termine el programa, como se hace a continuación:

```
int* v = (int*) malloc(100 * sizeof(int));
/* ... usamos v ... */
free(v); // Liberamos la memoria asignada
v = NULL; // Ahora sí podemos anular el puntero
```

Más adelante, veremos cómo utilizar herramientas como *Valgrind* para detectar fugas de memoria.

16.5.2 Acceder a memoria no reservada

Este error ocurre cuando se intenta acceder a memoria fuera del bloque reservado, ya sea por haber reservado menos de lo necesario, por error en los índices o por usar punteros no inicializados.

El siguiente código incurre en este error:

```
int* v = (int*) malloc(5 * sizeof(int));
v[5] = 10; // Error: el índice válido más alto es v[4]
```

Este tipo de acceso da lugar a un comportamiento indefinido: puede parecer que funciona o provocar un fallo inmediato.

16.5.3 Usar memoria después de liberarla

Un error muy sutil es seguir utilizando un puntero que ya ha sido liberado con *free()*. Ese puntero ahora apunta a memoria que ya no nos pertenece. Por ejemplo:

```
int* v = (int*) malloc(10 * sizeof(int));
free(v); // Liberamos la memoria asignada
v[0] = 3; // Error: acceso a memoria liberada
```

A este tipo de error se le denomina *puntero colgado* o *puntero colgante (dangling pointer)*, pues el puntero *cuelga* de una zona de memoria que ya no pertenece al programa. Este tipo de errores puede causar corrupción de memoria, fallos intermitentes o resultados impredecibles. Un ejemplo típico sería el siguiente:

```
int* p = (int*) malloc(sizeof(int));
*p = 42;
free(p); // Se libera la memoria}\par}
*p = 10; // ¡Error! 'p' es un puntero colgante
```

Después de llamar a *free(p)*, el puntero *p* no deja de existir, pero ya no debe usarse, porque apunta a memoria que el sistema ha reclamado. Una analogía sería tener la dirección de una casa que ha sido demolida. Tú conservas el papel con la dirección, pero si intentas ir allí, ya no hay nada válido. Podrías entrar en el terreno de otro programa, provocar errores graves o recibir un fallo de segmentación (*segmentation fault*).

Una forma de prevenirlo es acostumbrarse a poner los punteros a *NULL* después de liberar la memoria:

```
free(p);
p = NULL;
```

16.5.4 Doble liberación de memoria

Este error se produce cuando se llama dos veces a *free()* sobre el mismo puntero. La primera llamada libera la memoria, pero la segunda intenta liberar algo que ya no es válido.

```
int* v = (int*) malloc(10 * sizeof(int));
free(v);
free(v); // Error: doble liberación
```

Este error puede provocar un fallo de ejecución inmediato o corromper la gestión interna de memoria. Hay compiladores que lo detectan. Al igual que con el error del apartado anterior, hay que acostumbrarse a poner el puntero a *NULL* después de llamar a *free()*.

16.5.5 No comprobar si la asignación ha fallado

La función *malloc()* puede devolver *NULL* si no hay suficiente memoria. Si no comprobamos esto, podemos intentar usar un puntero nulo, lo que lleva a un fallo de segmentación:

```
int* v = (int*) malloc(1000000000 * sizeof(int));
v[0] = 5; // ¡Error si malloc devolvió NULL!
```

Conviene comprobar siempre que el puntero recibido no es *NULL*:

```
int* v = (int*) malloc(1000000000 * sizeof(int));
v[0] = 5; // ¡Error si malloc devolvió NULL!
if(v == NULL) {
    printf("Error: no se pudo asignar memoria. \n");
    exit(1);
}
```

16.5.6 Resumen y consejos finales

La Tabla 16.2 resume cuáles son las causas más comunes de errores al usar la asignación dinámica de memoria y la forma de evitar estos errores.

Tabla 16.2: Errores comunes al usar asignación dinámica de memoria

Error	Causa común	Cómo evitarlo
Fuga de memoria	Olvidar *free()*	Liberar la memoria al final de su uso
Acceso fuera del bloque reservado	Usar índices inválidos o memoria no asignada	Controlar índices y validar punteros
Uso tras *free()*	Acceder a punteros ya liberados	Poner el puntero a *NULL* tras liberarlo
Doble *free()*	Llamar dos veces a *free()* sobre el mismo puntero	Poner el puntero a *NULL* tras liberarlo
No comprobar si *malloc()* falló	Usar punteros sin verificar *NULL*	Comprobar siempre el resultado de *malloc()*

Como resumen de buenas prácticas podríamos establecer los siguientes consejos:

- Si asignas memoria a un puntero, no olvides liberarlo.
- Si ya lo liberaste, no lo toques más.
- Si no sabes si se ha reservado correctamente, no lo uses.

16.6 Herramientas para detectar errores

Como ya hemos visto, trabajar con memoria dinámica en C requiere especial cuidado. Errores como fugas de memoria, punteros colgantes o accesos inválidos pueden ser difíciles de detectar a simple vista, ya que no siempre provocan un fallo inmediato del programa. Afortunadamente, existen herramientas diseñadas para analizar automáticamente el uso de la memoria durante la ejecución del programa.

La herramienta más conocida es *Valgrind*, diseñada para sistemas Unix/Linux. Dentro de Windows, se puede utilizar en WSL (*Windows Subsystem for Linux*).

La instalación es sencilla; solo hay que teclear en el terminal:

```
sudo apt update
sudo apt install valgrind
```

Para utilizarla, hay que compilar el programa con la opción '*-g*', para que se genere la información de depuración:

```
gcc -g programa.c -o programa
```

Una vez compilado el programa, se puede analizar con *Valgrind*. La comprobación se hace sobre el programa compilado, no sobre el código fuente:

```
valgrind ./programa
```

El código del Ejemplo 16.5 no ha liberado el puntero v antes de finalizar el programa. En la Figura 16.2 se puede ver parte del informe que proporciona *Valgrind*, señalando que, al terminar el programa, había 40 bytes sin liberar.

Ejemplo 16.5   Código analizado con Valgrind

```
#include <stdlib.h>

int main() {
    int* v = (int*) malloc(10 * sizeof(int));
    v[0] = 5;
    // Olvidamos llamar a free(v);
    return 0;
}
```

```
==48594== HEAP SUMMARY:
==48594==     in use at exit: 40 bytes in 1 blocks
==48594==   total heap usage: 1 allocs, 0 frees, 40 bytes allocated
==48594==
==48594== LEAK SUMMARY:
==48594==    definitely lost: 40 bytes in 1 blocks
==48594==    indirectly lost: 0 bytes in 0 blocks
==48594==      possibly lost: 0 bytes in 0 blocks
==48594==    still reachable: 0 bytes in 0 blocks
==48594==         suppressed: 0 bytes in 0 blocks
==48594== Rerun with --leak-check=full to see details of leaked memory
```

Figura 16.2: Informe emitido por *Valgrind* del Ejemplo 16.5

Otra alternativa interesante, que sirve para entornos Linux, Windows o Mac es *AddressSanitizer (ASan)*. En Linux está incluida en el compilador GCC, pero en Windows tendrás que instalar *clang*. Para utilizarla, solo hay que compilar activando la opción *-fsanitize*, como se hace en la siguiente instrucción:

```
gcc -g -fsanitize=address programa.c -o programa
```

Tras la compilación, si se ejecuta el programa, se mostrará un informe con las posibles fugas de memoria, como muestra la Figura 16.3.

```
=================================================================
==49081==ERROR: LeakSanitizer: detected memory leaks

Direct leak of 40 byte(s) in 1 object(s) allocated from:
    #0 0x7388290fd9c7 in malloc ../../../../src/libsanitizer/asan/asan_malloc_linux.cpp:69
    #1 0x5d9c78f41be in main /home/santiago/nextcloud/articles/2025/LibroC/ws/wsw/programa.c:4
    #2 0x738828c2a1c9 in __libc_start_call_main ../sysdeps/nptl/libc_start_call_main.h:58
    #3 0x738828c2a28a in __libc_start_main_impl ../csu/libc-start.c:360
    #4 0x5d9c78f40e4 in _start (/home/santiago/nextcloud/articles/2025/LibroC/ws/wsw/programa+0x10e4)
(BuildId: 35845dff97ad2e5f93455eef5fe1c0224cab5ed7)

SUMMARY: AddressSanitizer: 40 byte(s) leaked in 1 allocation(s).
```

Figura 16.3: Informe emitido por *ASan* del Ejemplo 16.5

Si estás trabajando en Windows, seguramente la opción más interesante es instalar el Subsistema Linux para Winows (WSL) y ejecutar una de estas dos herramientas.

16.7 Asignación dinámica en estructuras complejas

Hasta ahora hemos utilizado memoria dinámica para almacenar tipos simples como enteros o arrays unidimensionales. Sin embargo, una de las grandes ventajas de la memoria dinámica es que nos permite crear estructuras de datos flexibles, como arrays de cadenas, arrays de estructuras o incluso listas enlazadas, pilas y árboles.

Vamos a mostrar algunos ejemplos de uso de la memoria dinámica con estructuras más complejas que se apoyan en punteros y requieren un manejo más preciso.

16.7.1 Arrays de cadenas (array de punteros a char)

Supongamos que queremos guardar una lista de nombres, pero no sabemos cuántos caracteres tendrá cada uno. Podemos usar un array de punteros, donde cada puntero apunta a una cadena reservada dinámicamente, como se hace en el Ejemplo 16.6.

Ejemplo 16.6 Ejemplo de array de punteros a *char*

```c
#include <stdio.h>
#include <stdlib.h>
#include <string.h>

int main() {
    int n;
    printf("¿Cuántos nombres vas a introducir? ");
    scanf("%d", &n);
    getchar(); // Consumimos el salto de línea pendiente

    char** nombres = (char**) malloc(n * sizeof(char*));
    if (nombres == NULL) {
        printf("Error al reservar memoria.\n");
        return 1;
    }
```

```
    for (int i = 0; i < n; i++) {
        // Hasta 99 caracteres + '\0'
        nombres[i] = (char*) malloc(100 * sizeof(char));
        if (nombres[i] == NULL) {
            printf("Error al reservar memoria para el nombre %d.\n", i);
            return 1;
        }
        printf("Introduce el nombre %d: ", i + 1);
        fgets(nombres[i], 100, stdin);
    }

    printf("\nNombres introducidos:\n");
    for (int i = 0; i < n; i++) {
        printf("%s", nombres[i]);
        free(nombres[i]); // Liberamos cada cadena
    }
    free(nombres); // Liberamos el array de punteros
    return 0;
}
```

Observa el código anterior, que permite manejar un array de cadenas de longitud variable, reservando memoria para cada cadena individualmente.

16.7.2 Array de estructuras

Supongamos ahora que tenemos una estructura que representa un alumno, y queremos reservar memoria para varios alumnos dinámicamente. Así se hace en el Ejemplo 16.7.

Ejemplo 16.7   Uso de la memoria dinámica con un array de estructuras

```
#include <stdio.h>
#include <stdlib.h>

typedef struct {
    int id;
    float nota;
} Alumno;

int main() {
    int n;
    printf("¿Cuántos alumnos quieres registrar? ");
    scanf("%d", &n);

    Alumno* lista = (Alumno*) malloc(n * sizeof(Alumno));
    if (lista == NULL) {
        printf("Error al reservar memoria.\n");
        return 1;
    }
```

```
    for (int i = 0; i < n; i++) {
        printf("ID del alumno %d: ", i + 1);
        scanf("%d", &lista[i].id);
        printf("Nota del alumno %d: ", i + 1);
        scanf("%f", &lista[i].nota);
    }
    printf("\nListado de alumnos:\n");
    for (int i = 0; i < n; i++) {
        printf("ID: %d, Nota: %.2f\n", lista[i].id, lista[i].nota);
    }
    free(lista);
    return 0;
}
```

Observa que se ha usado un único bloque de memoria para almacenar un array de estructuras. Cada elemento se accede como en un array normal (*lista[i]*).

16.7.3 Introducción a estructuras enlazadas

El último ejemplo que vamos a mostrar es un poco más complejo. Se trata de una primera aproximación a las *listas enlazadas*, que son estructuras que crecen durante la ejecución. Este tipo de estructuras no son posibles con memoria estática, ya que requieren asignar memoria a medida que se necesitan los elementos, sin conocer de antemano cuántos habrá.

Cada nodo de una lista enlazada contiene un valor y un puntero al siguiente nodo, que se crean con llamadas sucesivas a *malloc()*. Cada vez que queramos añadir un nuevo elemento a la lista, usaremos *malloc()* para crear un nuevo nodo.

El Ejemplo 16.8 realiza lo siguiente:

- Permite al usuario introducir una secuencia de números enteros.
- Crea un nodo dinámico por cada número.
- Enlaza los nodos formando una lista.
- Recorre la lista y muestra su contenido.
- Libera toda la memoria reservada.

En el código, *typedef struct Nodo* define el tipo de dato que representa un nodo: un entero y un puntero al siguiente nodo. La lista empieza vacía (*cabeza = NULL*). En cada iteración del *while*, se reserva memoria con *malloc()* y se rellena el nuevo nodo. Si es el primer nodo, se convierte en la cabeza de la lista; si no, se enlaza al final de la lista existente. Una vez creada la lista, se recorre con un bucle para imprimir los valores. Finalmente, se libera la memoria de todos los nodos.

Ejemplo 16.8   Ejemplo de lista enlazada

```c
#include <stdio.h>
#include <stdlib.h>

// Definición del tipo de dato para un nodo de la lista
typedef struct Nodo {
    int valor;
    struct Nodo* siguiente;
} Nodo;

int main() {
    Nodo* cabeza = NULL;  // Puntero al primer nodo
    Nodo* actual = NULL;  // Puntero auxiliar para recorrer la lista
    int n;

    printf("Introduce números enteros (0 para terminar):\n");
    while (1) {
        printf("> ");
        scanf("%d", &n);
        if (n == 0) break;

        // Reservamos memoria para un nuevo nodo
        Nodo* nuevo = (Nodo*) malloc(sizeof(Nodo));
        if (nuevo == NULL) {
            printf("Error al reservar memoria.\n");
            return 1;
        }
        nuevo->valor = n;
        nuevo->siguiente = NULL;
        if (cabeza == NULL) {
            // El nuevo nodo es el primero de la lista
            cabeza = nuevo;
        } else {
            // Lo añadimos al final de la lista
            actual->siguiente = nuevo;
        }
        actual = nuevo; // Avanzamos el puntero
    }

    // Mostrar la lista
    printf("\nContenido de la lista:\n");
    Nodo* temp = cabeza;
    while (temp != NULL) {
        printf("%d -> ", temp->valor);
        temp = temp->siguiente;
    }
    printf("NULL\n");
```

```
    // Liberar la memoria
    temp = cabeza;
    while (temp != NULL) {
        Nodo* siguiente = temp->siguiente;
        free(temp);
        temp = siguiente;
    }
    return 0;
}
```

Este ejemplo puede servir como punto de partida para construir otras estructuras dinámicas, como pilas o colas. Es importante notar cómo se hace un uso disciplinado de *malloc()* y *free()* para evitar fugas de memoria. El uso de dos punteros (*cabeza* y *actual*) es muy común en listas enlazadas.

Ejercicios propuestos

(Las soluciones de estos ejercicios se pueden consultar en [2])

Ejercicio 16.1. Primeros pasos con *malloc()*.
Escribe un programa que pida al usuario cuántos números enteros desea introducir, reserve dinámicamente memoria para almacenarlos y luego lea los valores desde teclado. Al final, el programa debe mostrar la suma de todos los valores introducidos y liberar la memoria utilizada.

Ejercicio 16.2. Inicializar con *calloc()*.
Modifica el ejercicio anterior para que, en lugar de *malloc()*, se utilice *calloc()*. Comprueba (mostrando los valores antes de escribirlos) que la memoria está inicialmente a cero. Explica la diferencia de comportamiento entre *malloc* y *calloc*.

Ejercicio 16.3. Redimensionar un array.
Crea un programa que permita al usuario introducir una cantidad inicial de enteros, los guarde en un array dinámico y luego le pregunte si desea añadir más. Si responde que sí, debe ampliarse el array usando *realloc()* y permitir introducir nuevos valores. El programa debe mostrar el contenido final del array y liberar la memoria reservada.

Ejercicio 16.4. Array de cadenas dinámicas.
Haz un programa que pida al usuario cuántas palabras va a introducir. Luego debe reservar un array de punteros a *char* y, para cada palabra, reservar un bloque de memoria con *malloc()* para guardar la cadena introducida por el usuario. Finalmente, debe mostrar todas las palabras almacenadas y liberar correctamente toda la memoria utilizada.

Ejercicio 16.5. Array de estructuras.
Define una estructura *Alumno* con campos *nombre* (cadena de caracteres), *edad* y *nota*. Escribe un programa que reserve memoria dinámica para *n* alumnos, lea los datos desde teclado y muestre al final un listado con la información de todos ellos. La memoria debe liberarse correctamente al final del programa.

Ejercicio 16.6. Lista enlazada simple.
Implementa una lista enlazada de números enteros en la que el usuario pueda ir introduciendo valores uno a uno hasta escribir un 0. Cada nuevo número debe almacenarse en un nodo creado dinámicamente. Al final, el programa debe mostrar todos los números introducidos en orden y liberar la memoria de todos los nodos.

Ejercicio 16.7. Detectar errores de memoria.
Modifica uno de los ejercicios anteriores para introducir voluntariamente una fuga de memoria o un acceso fuera de los límites. Luego, utiliza una herramienta de análisis como *Valgrind* o *ASan* para detectar el error. Explica el informe generado por la herramienta.

── Capítulo 17 ──

La biblioteca estándar de C

Contenido

La biblioteca estándar de C pone a disposición del programador un amplio conjunto de funciones, tipos y macros que amplían las posibilidades del lenguaje más allá de sus instrucciones básicas. Estas herramientas, organizadas en diferentes ficheros de cabecera, permiten realizar tareas tan diversas como cálculos matemáticos avanzados, medición del tiempo de ejecución, clasificación y transformación de caracteres, comprobación de condiciones en tiempo de ejecución, manejo de tipos con tamaños bien definidos o incluso operaciones con números complejos.

En este capítulo presentaremos algunas de las cabeceras más representativas y de uso más frecuente. La cabecera math.h *ofrece funciones para trabajar con raíces cuadradas, potencias, funciones trigonométricas y logaritmos, entre otras operaciones. Con* time.h *podremos obtener y manipular fechas y horas, así como medir intervalos de tiempo. La cabecera* ctype.h *facilita la clasificación de caracteres (por ejemplo, saber si un carácter es letra, dígito o espacio) y su conversión a mayúsculas o minúsculas. Por su parte,* assert.h *nos permite introducir comprobaciones que, en caso de fallar, detienen el programa e informan del error, lo que resulta muy útil durante la fase de depuración.*

Además, stddef.h *y* stdint.h *proporcionan tipos portables y utilidades como* offsetof() *para calcular el desplazamiento de campos en estructuras o enteros con tamaños exactos, mínimos y rápidos. Finalmente,* complex.h *ofrece soporte nativo para trabajar con números complejos, una característica poco común en lenguajes de propósito general, pero muy útil en ámbitos científicos y de ingeniería.*

A lo largo de los siguientes apartados conoceremos las principales funciones de estas bibliotecas, su sintaxis y ejemplos prácticos que nos permitirán incorporarlas de forma inmediata a nuestros programas.

Con ellas, podrás escribir código más potente, claro y expresivo, aprovechando al máximo las capacidades que el lenguaje C pone en tus manos.

17.1 Introducción

La biblioteca estándar de C (en inglés, *C Standard Library*) es un conjunto de funciones, macros, tipos y constantes que forman parte del estándar del lenguaje C. Estas herramientas están disponibles para todos los programas en C y permiten realizar operaciones comunes como entrada/salida, gestión de memoria, manipulación de cadenas, aritmética matemática, y muchas otras tareas básicas.

La biblioteca estándar se compone de varios módulos, cada uno definido en un fichero de cabecera (*.h*). A continuación se presentan algunos de los más importantes, agrupados por funcionalidad:

- **Entrada y salida:**
  - *stdio.h:* funciones de entrada/salida como *printf, scanf, fopen, fgets, fwrite,* etc.
- **Funciones matemáticas:**
  - *math.h:* funciones matemáticas como *sin, cos, sqrt, pow,* etc.

- *stdlib.h:* funciones *abs, rand, malloc, free, exit,* entre otras.
- *complex.h:* funciones para manipulación de números complejos.

■ **Gestión de memoria dinámica:**
- *stdlib.h:* funciones como *malloc, calloc, realloc* y *free.*

■ **Manipulación de cadenas y arrays:**
- *string.h:* funciones como *strlen, strcpy, strcmp, memcpy, memset,* etc.
- *wchar.h:* manipulación de caracteres anchos y multibyte.

■ **Tipos y conversiones:**
- *stddef.h:* tipos estándar como *size_t, ptrdiff_t.*
- *stdint.h:* tipos enteros con tamaño fijo como *int32_t, uint64_t.*

■ **Control del tiempo:**
- *time.h:* funciones como *time, clock, difftime,* y estructuras como *struct tm.*

■ **Utilidades varias:**
- *ctype.h:* funciones para clasificar y transformar caracteres (*isalpha, isdigit, toupper,* etc.).
- *assert.h:* proporciona la macro *assert* para comprobaciones en tiempo de ejecución. *errno.h:* gestión de errores mediante el valor de *errno.*

Para usar cualquier función de la biblioteca estándar, basta con incluir el fichero de cabecera correspondiente y luego llamar a la función. Por ejemplo:

```c
#include <stdio.h>

int main(void) {

    printf("Hola, mundo\n");

    return 0;
}
```

La importancia de la biblioteca estándar radica en que ofrece:

■ **Portabilidad:** el mismo código fuente se puede compilar y ejecutar en múltiples sistemas sin cambios.

■ **Eficiencia:** las implementaciones suelen estar altamente optimizadas.

■ **Confiabilidad:** se trata de código ampliamente probado y estandarizado.

La biblioteca estándar de C fue formalizada como parte del estándar ANSI C (también llamado C89 o C90) y ha sido ampliada en versiones posteriores del lenguaje como C99, C11 y C17, añadiendo nuevas funcionalidades sin perder compatibilidad con versiones anteriores.

A lo largo del libro hemos ido viendo las funciones de algunas de estas bibliotecas. En los siguientes apartados vamos a resumir las funciones y tipos más importantes que se incluyen en algunas bibliotecas que no se han visto hasta ahora.

Para consultar en detalle la totalidad de las funciones, seguramente la mejor referencia es el libro de descarga gratuita ofrecido por la GNU Foundation: "*The GNU C Library Reference Manual*", escrito por Sandra Loosemore y otros [13]. Para consultas ocasionales, algunos portales que pueden ser útiles, como *W3School* [14] o *cppreference* [15].

Acerca de la traducción del término inglés *library*

En la literatura técnica en español, el término correcto para traducir *library* (en el contexto de programación) es **biblioteca**.

En inglés, *library* no se refiere a una tienda de libros, sino a un conjunto de funciones, tipos de datos y recursos que se pueden reutilizar en programas.

En el habla coloquial de muchos programadores, es frecuente encontrar el calco **librería**. En el Diccionario de la Lengua Española, los términos *biblioteca* y *librería* se consideran sinónimos, en algunas acepciones de la palabra.

En este libro utilizaremos de forma sistemática el término **biblioteca**, por considerarlo más apropiado en español técnico.

17.2 Funciones para cálculos matemáticos

El lenguaje C incluye un conjunto de *funciones matemáticas* de uso frecuente que no forman parte del núcleo del lenguaje, sino de la biblioteca estándar *math.h*.

Aunque el lenguaje proporciona operadores para sumas, restas, multiplicaciones, divisiones y módulo de enteros, cualquier cálculo más complejo requiere utilizar estas funciones.

Las funciones de *math.h* permiten realizar operaciones como raíces cuadradas, potencias, funciones trigonométricas, logaritmos y otras operaciones numéricas.

Las Tablas 17.1 y 17.2 resumen algunas de las funciones más utilizadas, aunque hay bastantes más que puedes consultar en [13, 14, 15].

Tabla 17.1: Funciones más comunes de *math.h*

Función	Descripción
`double sqrt(double x)`	Devuelve la raíz cuadrada de *x*. Requiere que *x* sea no negativo.
`double pow(double base, double exp)`	Devuelve $base^{exp}$. Puede trabajar con exponentes fraccionarios y negativos.
`double fabs(double x)`	Devuelve el valor absoluto (módulo) de *x*.
`double floor(double x)`	Redondea *x* hacia abajo (entero más próximo menor o igual que *x*).
`double ceil(double x)`	Redondea *x* hacia arriba (entero más próximo mayor o igual que *x*).
`double fmod(double x, double y)`	Devuelve el resto de la división de *x* entre *y* con signo de *x*.
`double sin(double x)`	Devuelve el seno de *x*, donde *x* está en radianes.
`double cos(double x)`	Devuelve el coseno de *x*, donde *x* está en radianes.
`double tan(double x)`	Devuelve la tangente de *x*, donde *x* está en radianes.
`double asin(double x)`	Devuelve el arcoseno de *x* en radianes. El argumento debe estar en el rango $[-1, 1]$.
`double acos(double x)`	Devuelve el arcocoseno de *x* en radianes. El argumento debe estar en el rango $[-1, 1]$.
`double atan(double x)`	Devuelve el arcotangente de *x* en radianes.
`double exp(double x)`	Devuelve e^x, donde *e* es la base de los logaritmos naturales.
`double log(double x)`	Devuelve el logaritmo natural de *x* (base *e*).
`double log10(double x)`	Devuelve el logaritmo decimal de *x* (base 10).

En muchos compiladores, como gcc, estas funciones se encuentran en la biblioteca matemática *libm*, que debe enlazarse explícitamente con la opción *-lm* al compilar:

```
gcc programa.c -o programa -lm
```

En Windows y Mac, las funciones de *math.h* ya están incluidas por defecto y no es necesario usar la opción *-lm*.

Todas las funciones de `math.h` están disponibles en versiones para los tres tipos de coma flotante (*float*, *double* y *long double*), siguiendo una convención de nombres: las funciones para *float* añaden el sufijo *f* (por ejemplo, *sqrtf()*), las de *long double* añaden el sufijo *l* (por ejemplo, *sqrtl()*), y las de *double* no llevan sufijo.

La Tabla 17.2 resume los nombres de algunas de las funciones, según el tipo de número en coma flotante que se esté utilizando.

Tabla 17.2: Sufijos de funciones en *math.h*

Operación	*float*	*double*	*long double*
Raíz cuadrada	sqrtf()	sqrt()	sqrtl()
Potencia	powf()	pow()	powl()
Valor absoluto	fabsf()	fabs()	fabsl()
Seno	sinf()	sin()	sinl()
Coseno	cosf()	cos()	cosl()
Tangente	tanf()	tan()	tanl()
Logaritmo natural	logf()	log()	logl()
Logaritmo decimal	log10f()	log10()	log10l()
Exponencial	expf()	exp()	expl()

El Ejemplo 17.1 muestra un sencillo caso de uso de las funciones *sqrt()* y *pow()*.

Ejemplo 17.1   Uso de *sqrt()* y *pow()* de *math.h*

```c
#include <stdio.h>
#include <math.h>

int main(void) {
    double x = 16.0;

    double raiz = sqrt(x);      // Raíz cuadrada de 16
    double potencia = pow(2.0, 8.0); // 2 elevado a 8

    printf("Raíz cuadrada de %.2f = %.2f\n", x, raiz);
    printf("2 elevado a 8 = %.2f\n", potencia);

    return 0;
}
```

Acerca de la compilación de *math.h*

En muchos compiladores, como gcc, las funciones de la biblioteca matemática estándar se encuentran en un módulo separado llamado libm. Para compilar un programa
que utilice funciones de math.h, es necesario enlazar explícitamente esta biblioteca
añadiendo la opción -lm al final del comando de compilación.

```
gcc programa.c -o programa -lm
```

Si se omite la opción -lm, es probable que el enlazador muestre algún error.

En Windows y Mac no es necesario utilizar este parámetro adicional y los programas
que usan *math.h* se pueden compilar con normalidad:

17.3 Números complejos: *complex.h*

A diferencia de muchos otros lenguajes de programación, C incorpora el *soporte para números complejos* directamente en su estándar desde C99.

La biblioteca *complex.h* define tipos de datos, macros y funciones que permiten realizar operaciones aritméticas y trigonométricas con parte real e imaginaria. Esto significa que no es necesario recurrir a bibliotecas de terceros para realizar cálculos con parte real e imaginaria, lo que facilita su uso en aplicaciones científicas, de ingeniería y en procesamiento de señales.

En otros lenguajes, el tratamiento de números complejos suele depender de módulos adicionales o paquetes externos. En C, basta con incluir la cabecera *complex.h* y enlazar con la biblioteca matemática estándar (*-lm*) para disponer de todas las operaciones básicas y avanzadas.

17.3.1 Tipos de datos

- `float complex`: número complejo con componentes en coma flotante simple.
- `double complex`: número complejo con componentes en coma flotante *double*. Es la opción por defecto.
- `long double complex`: número complejo con componentes de precisión extendida.

También se definen las macros `_Complex_I` e `I`, que permiten representar la unidad imaginaria *i*.

17.3.2 Funciones principales

La Tabla 17.3 muestra las funciones disponibles en la biblioteca *complex.h* para trabajar con números complejos.

Tabla 17.3: Funciones de *complex.h*

Función	Descripción
creal(z)	Parte real de *z*.
cimag(z)	Parte imaginaria de *z*.
cabs(z)	Módulo (magnitud) de *z*.
carg(z)	Argumento (fase) de *z*, en radianes.
conj(z)	Conjugado de *z*.
cexp(z)	Exponencial e^z.
clog(z)	Logaritmo natural de *z*.
cpow(x, y)	Potencia x^y.
csqrt(z)	Raíz cuadrada de *z*.
csin(z), ccos(z), ctan(z)	Funciones trigonométricas.
casin(z), cacos(z), catan(z)	Funciones trigonométricas inversas.

> ### Compilar con la biblioteca *complex.h*
>
> Para usar *complex.h* es necesario compilar con un estándar C99 o posterior y enlazar
> con la biblioteca matemática (*-lm*) en la mayoría de compiladores.

El Ejemplo 17.2 muestra algunos usos básicos al trabajar con números complejos.

Ejemplo 17.2   Operaciones básicas con números complejos

```c
#include <stdio.h>
#include <complex.h>
#include <math.h>

int main(void) {
    double complex z1 = 1.0 + 2.0*I;
    double complex z2 = 3.0 - 4.0*I;

    double complex suma = z1 + z2;
    double complex producto = z1 * z2;

    printf("z1 = %.2f %+.2fi\n", creal(z1), cimag(z1));
    printf("z2 = %.2f %+.2fi\n", creal(z2), cimag(z2));
    printf("Suma = %.2f %+.2fi\n", creal(suma), cimag(suma));
    printf("Producto = %.2f %+.2fi\n", creal(producto), cimag(producto));
    printf("|z1| = %.2f\n", cabs(z1));

    return 0;
}
```

La salida es:

```
z1 = 1.00+2.00i
z2 = 3.00-4.00i
Suma = 4.00-2.00i
Producto = 11.00+2.00i
|z1| = 2.24
```

17.4 Generación de números aleatorios

En C, la *generación de números aleatorios* se realiza con la función *rand()* de la biblioteca
stdlib.h. Esta función devuelve un valor entero entre 0 y `RAND_MAX`.

Para obtener secuencias diferentes en cada ejecución se utiliza la función *srand()*,
que inicializa la semilla del generador, siendo habitual emplear *time(NULL)* como valor
de inicialización.

17.4.1 Entero en rango

Para generar un número entero en un rango [*min*, *max*], puede emplearse:

```
int aleatorio = min + rand() % (max - min + 1);
```

Observa que el número obtenido puede tomar el valor de los extremos del intervalo (intervalo cerrado [*min, max*]).

Por ejemplo:

```
int dado = 1 + rand() % 6;  // valor entre 1 y 6
```

17.4.2 Número real en $[0, 1]$

Para obtener números reales en el intervalo cerrado [0,1], se convierte el valor devuelto por *rand()* a tipo *double* y se divide por RAND_MAX:

```
double x = (double)rand() / (double)RAND_MAX;
```

Una vez más, observa que el número obtenido puede ser 0.0 o 1.0.

17.4.3 Número real en rango

Para números reales en el intervalo [a,b]:

```
double y = a + (b - a) * ((double)rand() / RAND_MAX);
```

La función *rand()* no es adecuada para aplicaciones criptográficas; para estos casos se requieren bibliotecas especializadas.

El Ejemplo 17.3 muestra algunos casos de uso.

Ejemplo 17.3   Generación de números aleatorios en C

```
#include <stdio.h>
#include <stdlib.h>
#include <time.h>

int main(void) {
    // Inicializar el generador de números aleatorios con una semilla variable
    srand(time(NULL));  // Usar la hora actual como semilla

    // Ejemplo 1: número entero aleatorio en un rango [1, 6]
    int dado = 1 + rand() % 6;
    printf("Tirada de dado: %d\n", dado);

    // Ejemplo 2: número real aleatorio en un rango [0, 1]
    double r1 = (double)rand() / RAND_MAX;
    printf("Real en [0,1]: %f\n", r1);
```

```
// Ejemplo 3: número real aleatorio en un rango [0, 1)
double r2 = (double)rand() / ((double)RAND_MAX + 1);
printf("Real en [0,1): %f\n", r2);

// Ejemplo 4: número real aleatorio en un rango [a, b]
double a = 5.0, b = 10.0;
double r3 = a + (b - a) * ((double)rand() / RAND_MAX);
printf("Real en [5,10]: %f\n", r3);

// Ejemplo 5: generar 3 números enteros aleatorios entre 0 y RAND_MAX
for (int i = 0; i < 3; i++) {
    int r = rand();
    printf("%d\n", r);
}

    return 0;
}
```

La salida en mi computador fue:

```
Tirada de dado: 3
Real en [0,1): 0.431441
Real en [0,1): 0.988168
Real en [5,10]: 8.092347
1269569743
51885062
634404203
```

Lógicamente, si lo ejecutas tú, el resultado será diferente, por la aleatoriedad de los resultados.

17.5 La biblioteca *time.h*

La cabecera *time.h* proporciona tipos y funciones para trabajar con fechas y horas en C: obtener la hora actual, convertir entre representaciones, formatear para mostrar, y medir tiempos (de reloj de pared o de CPU).

Los tipos principales se muestran en la Tabla 17.4 y las funciones más utilizadas en la Tabla 17.5.

Tabla 17.4: Tipos definidos en *time.h*

Tipo	Descripción
time_t	Representa un instante de tiempo como número de segundos desde el *Epoch* (01/01/1970 00:00:00 UTC), según la implementación.
struct tm	Descomposición de una fecha/hora en campos (año, mes, día, hora, minuto, segundo, día de la semana, etc.).
clock_t	Tiempo de CPU consumido por el proceso (para medir rendimiento).

Tabla 17.5: Funciones comunes de *time.h*

Función	Descripción
`time(time_t* t)`	Devuelve el tiempo actual como `time_t`; si *t* no es NULL, también lo escribe en *t.
`difftime(time_t a, time_t b)`	Diferencia *a - b* en segundos, como `double`.
`localtime(const time_t* t)`	Convierte *t* en una `struct tm` en hora local (puntero a estructura estática interna).
`gmtime(const time_t* t)`	Igual que `localtime()`, pero en UTC.
`mktime(struct tm* p)`	Convierte una `struct tm` (en hora local) a `time_t`, normalizando campos.
`strftime(char* s, size_t n, const char* fmt, const struct tm* p)`	Escribe en *s* (hasta *n* bytes) la fecha/hora *p* formateada según *fmt*.
`clock(void)`	Tiempo de CPU consumido; para convertir a segundos usar: `(double)clock()/CLOCKS_PER_SEC`.

17.5.1 El tipo *time_t* y la función *time()*

El tipo *time_t*, definido en la cabecera *time.h*, se utiliza para representar un instante de tiempo absoluto, normalmente como el número de segundos transcurridos desde la *época (epoch)*: las 00:00:00 UTC del 1 de enero de 1970 en la mayoría de implementaciones.

El valor de *time_t* es opaco para el programador: su representación interna (entero con o sin signo, 32 o 64 bits) depende de la plataforma. No debe manipularse directamente, sino a través de las funciones de la biblioteca *time.h*.

La función *time()* devuelve el instante actual como un valor *time_t* y puede recibir un puntero para almacenarlo en una variable o NULL si solo se desea el valor de retorno.

El Ejemplo 17.5 obtiene el instante actual utilizando la función *time()* y lo guarda en la variable *ahora*, de tipo *time_t*. A continuación, el valor de *ahora* en formato '*%ld*'.

Ejemplo 17.4   Uso básico de *time_t*

```c
#include <stdio.h>
#include <time.h>

int main(void) {
    time_t ahora = time(NULL); // segundos desde la época
    printf("Segundos desde 1/1/1970: %ld\n", (long)ahora);
    return 0;
}
```

La salida de pantalla sería:

```
Segundos desde 1/1/1970: 1754999520
```

17.5.2 La estructura *tm*

La estructura *struct tm*, definida en la cabecera *time.h*, se utiliza para almacenar fecha y hora desglosadas en sus componentes (año, mes, día, hora, minuto, segundo, etc.).

Esta estructura es devuelta por funciones como *localtime()* (hora local) o *gmtime()* (hora en UTC), que toman un valor *time_t* y lo convierten en un formato más fácil de interpretar.

Los campos principales que se pueden encontrar en la estructura *struct tm* son:

- `int tm_sec` — segundos (0–60, para permitir segundos intercalares).
- `int tm_min` — minutos (0–59).
- `int tm_hour` — horas (0–23).
- `int tm_mday` — día del mes (1–31).
- `int tm_mon` — mes (0–11, donde 0 = enero).
- `int tm_year` — años desde 1900.
- `int tm_wday` — día de la semana (0 = domingo).
- `int tm_yday` — día del año (0–365).
- `int tm_isdst` — horario de verano: positivo si está en vigor, cero si no, negativo si no se conoce.

La Figura 17.1 muestra la diferencia entre un valor del *time_t* (segundos desde *epoch*) y un valor del tipo *struct tm* (descomposición en campos).

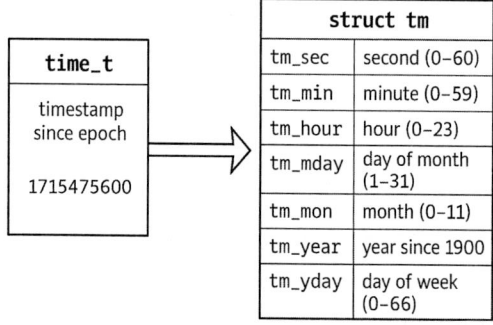

time_t	struct tm	
	tm_sec	second (0–60)
	tm_min	minute (0–59)
timestamp since epoch	tm_hour	hour (0–23)
	tm_mday	day of month (1–31)
1715475600	tm_mon	month (0–11)
	tm_year	year since 1900
	tm_yday	day of week (0–66)

Figura 17.1: Variables de tipo *time_t* o *struct tm*

El Ejemplo 17.5 obtiene el instante actual utilizando la función *time()* y lo guarda en la variable *ahora*, de tipo *time_t*. A continuación, la función *localtime()* convierte ese valor en una estructura *struct tm*, con los campos de fecha y hora desglosados en hora local, guardándolo en el *struct tm* info*. Finalmente, imprime los campos seleccionados de *info*.

Ejemplo 17.5   Conversión de time_t a struct tm

```c
#include <stdio.h>
#include <time.h>

int main(void) {
    time_t ahora = time(NULL);
    struct tm* info = localtime(&ahora);

    printf("Fecha: %02d/%02d/%d\n",
    info->tm_mday, info->tm_mon + 1, info->tm_year + 1900);
    printf("Hora:  %02d:%02d:%02d\n",
    info->tm_hour, info->tm_min, info->tm_sec);
    return 0;
}
```

La salida de pantalla sería:

```
Fecha: 12/08/2025
Hora:  13:53:35
```

17.5.3 La función *strftime()*

La función *strftime()* permite obtener una cadena formateada a partir de un valor del tipo *struct tm*, que es el que devuelven algunas funciones de la biblioteca. Para dar formato, utiliza algunos especificadores especiales (los que se nuestran en la Tabla 17.6).

Su sintaxis es:

```
strftime(char* s, size_t n, const char* fmt, const struct tm* p)
```

En esta expresión:

- **s**: cadena en la que se escribirá el resultado.
- **n**: número máximo de bytes que se escribirán.
- **fmt**: cadena de formato. Usa los especificadores indicados en la Tabla 17.6.
- **tm**: estructura del tipo *fecha/hora*, que se habrá obtenido con alguna de las funciones de la propia biblioteca, como *gmtime()* o *localtime()*.

La Tabla 17.6 muestra los especificadores de formato que se pueden utilizar con la función *strftime()*.

Tabla 17.6: Especificadores de formato para *strftime()*

Código	Significado
%Y	Año con cuatro cifras (p. ej., 2025).
%m	Mes (01–12).
%d	Día del mes (01–31).
%H	Hora (00–23).
%M	Minutos (00–59).
%S	Segundos (00–60, incluye segundo intercalar si procede).
%%	Un carácter %.

17.5.4 Aplicación: fecha y hora actuales

El Ejemplo 17.6 muestra como imprimir en pantalla la fecha y la hora actual.

Ejemplo 17.6   Fecha y hora actuales formateadas

```c
#include <stdio.h>
#include <time.h>

int main(void) {
    time_t ahora;
    struct tm* info;
    char buf[64];

    time(&ahora);                  // instante actual
    info = localtime(&ahora);      // desglosar a hora local

    // dd/mm/aaaa hh:mm:ss
    if (strftime(buf, sizeof buf, "%d/%m/%Y %H:%M:%S", info) > 0) {
        printf("Ahora (local): %s\n", buf);
    }

    return 0;
}
```

La salida de pantalla sería:

```
Ahora (local): 12/08/2025 18:32:39
```

¡Importante!

localtime() y *gmtime()* devuelven un puntero a una estructura estática que puede ser sobrescrita por llamadas posteriores a estas funciones o a *asctime()*, *ctime()*, etc.

Si es necesario conservar la información, debe copiarse a una *struct tm* propia.

17.5.5 La función *clock()*

La función *clock()* mide el tiempo de CPU consumido por el programa. Es importante entender la diferencia entre el *tiempo de CPU* y el *tiempo de pared* (*wall-clock time*), el que mediría un reloj.

- **Tiempo de pared (wall-clock time):** el que marca un reloj real, desde que empieza hasta que acaba algo, incluyendo pausas, espera de E/S, etc.
- **Tiempo de CPU (CPU time):** solo cuenta el tiempo en que la CPU estuvo ejecutando instrucciones de tu programa. Si el programa está bloqueado esperando datos del disco o de la red, ese tiempo no se acumula. Si la CPU ejecuta otros procesos, ese tiempo tampoco se cuenta.

Por ejemplo:

- Un programa que espera 5 segundos sin hacer nada (sleep(5)):
  - Tiempo de pared ≈ 5 s.
  - Tiempo de CPU ≈ 0 s (o muy pequeño).
- Un programa que calcula sin parar durante 5 segundos:
  - Tiempo de pared ≈ 5 s.
  - Tiempo de CPU ≈ 5 s (aprox.).

El Ejemplo 17.7 muestra cómo utilizar la función *clock()* en los programas.

Ejemplo 17.7 Medición de tiempo de CPU con *clock()*

```c
#include <stdio.h>
#include <time.h>

int main(void) {
    clock_t inicio = clock();

    // Trabajo simulado
    volatile double s = 0.0;
    for (long long i = 0; i < 10000000LL; ++i) {
        s += i * 0.000001;
    }

    clock_t fin = clock();
    double segundos = (double)(fin - inicio) / CLOCKS_PER_SEC;

    printf("Resultado = %.3f, tiempo de CPU = %.3f s\n", s, segundos);
    return 0;
}
```

17.6 Tipos y conversiones

El lenguaje C define en su biblioteca estándar varios ficheros de cabecera que proporcionan tipos adicionales útiles para la programación de propósito general. En este apartado resumimos los dos más utilizados: *stdint.h* y *stddef.h*.

17.6.1 Biblioteca *stdint.h*

La *cabecera stdint.h* (introducida en C99) define tipos enteros con tamaños exactos, mínimos o más eficientes según la implementación.

Estos tipos son especialmente útiles cuando se necesita portabilidad y control sobre el tamaño en bits de las variables. La Tabla 17.7 muestra los tipos ofrecidos por la biblioteca *stdint*.

Tabla 17.7: Tipos definidos en *stdint.h*

Tipo	Descripción
Tamaños exactos (si están soportados)	
int8_t, uint8_t	Enteros con signo/sin signo de exactamente 8 bits.
int16_t, uint16_t	Enteros de exactamente 16 bits.
int32_t, uint32_t	Enteros de exactamente 32 bits.
int64_t, uint64_t	Enteros de exactamente 64 bits.
Tamaños mínimos garantizados	
int_leastN_t, uint_leastN_t	Enteros con al menos N bits (p.ej., int_least16_t).
Más eficientes de al menos N bits	
int_fastN_t, uint_fastN_t	Enteros más rápidos de manejar, con al menos N bits.
Otros tipos útiles	
intptr_t, uintptr_t	Tipos enteros capaces de almacenar un puntero convertido a entero.
intmax_t, uintmax_t	Enteros con el rango máximo disponible en la implementación.

17.6.2 Biblioteca *stddef.h*

La *cabecera stddef.h* define varios tipos y macros que resultan de uso común en programas C, especialmente para manejar punteros, tamaños y diferencias de posición en memoria.

La Tabla 17.8 muestra los principales tipos de datos definidos en la biblioteca *stddef*.

Tabla 17.8: Tipos definidos en *stddef.h*

Tipo/Macro	Descripción
ptrdiff_t	Tipo entero con signo que representa la diferencia entre dos punteros (número de elementos de distancia).
size_t	Tipo entero sin signo que representa tamaños de objetos en bytes; es el tipo devuelto por *sizeof()*.
wchar_t	Tipo entero que puede representar cualquier carácter de la codificación amplia soportada por la implementación.
NULL	Constante utilizada para indicar puntero nulo.
offsetof(tipo, miembro)	Macro que devuelve la posición (en bytes) de un miembro dentro de una estructura.

El Ejemplo 17.8 combina *stddef.h* (para *offsetof()* y *size_t*) con *stdint.h* (para enteros de tamaño fijo como *uint32_t*).

Ejemplo 17.8 Usando *offsetof()* y *uint32_t*

```c
#include <stdio.h>
#include <stddef.h>  // size_t, offsetof
#include <stdint.h>  // uint8_t, uint16_t, uint32_t

// Paquete de ejemplo con anchos fijados y posible relleno/alineación
struct Packet {
    uint8_t  version;  // 8 bits
    uint8_t  flags;    // 8 bits
    uint16_t length;   // 16 bits
    uint32_t id;       // 32 bits
};

int main(void) {
    struct Packet p = {0};
    p.version = 1;
    p.flags  = 0x5u;
    p.length = 1024u;
    p.id     = 0xDEADBEEFu;

    // Mostrar offsets y tamaños de los campos (en bytes)
    printf("Offset(version) = %zu\n",
        (size_t)offsetof(struct Packet, version));
    printf("Offset(flags)   = %zu\n",
        (size_t)offsetof(struct Packet, flags));
    printf("Offset(length)  = %zu\n",
        (size_t)offsetof(struct Packet, length));
```

```
    printf("Offset(id)       = %zu\n",
       (size_t)offsetof(struct Packet, id));

    // Tamaño total de la estructura (puede incluir padding por alineación)
    printf("sizeof(Packet)  = %zu\n", sizeof(struct Packet));

    // Usar valores con anchos definidos y mostrarlos
    printf("version=%u, flags=0x%02X, length=%u, id=0x%08X\n",
       (unsigned)p.version, (unsigned)p.flags,
       (unsigned)p.length, (unsigned)p.id);

    return 0;
}
```

La salida es:

```
Offset(version) = 0
Offset(flags)   = 1
Offset(length)  = 2
Offset(id)      = 4
sizeof(Packet)  = 8
version=1, flags=0x05, length=1024, id=0xDEADBEEF
```

Observa la letra u que se ha escrito como sufijo en las asignaciones de literales numéricos. En C, la letra u al final de un literal numérico indica que el literal es de tipo *unsigned* (entero sin signo).

¡Importante!

- Los tipos de *stdint.h* (*uint8_t*, *uint16_t*, *uint32_t*) garantizan el número de bits. Esto, además de mejorar la portabilidad, es crucial en comunicaciones, formatos de ficheros y hardware.

- No todos los tamaños exactos (*int8_t*, *int64_t*, etc.) están disponibles en todas las arquitecturas, aunque hoy son muy comunes.

- Usar *size_t* para contar elementos o medir tamaños evita problemas de portabilidad.

- Para imprimir *size_t* se usa *%zu* (C99). Para los enteros fijos puedes hacer *casting* a *unsigned* o usar las macros de formato de *inttypes.h*.

- *offsetof(tipo, campo)* devuelve el desplazamiento en bytes del campo dentro de la estructura (útil para protocolos y mapeos binarios).

17.7 Utilidades varias

En este apartado resumimos dos cabeceras muy útiles de la biblioteca estándar de C: *ctype.h* (clasificación y transformación de caracteres) y *assert.h* (comprobaciones en tiempo de ejecución para depuración).

17.7.1 Clasificación y transformación de caracteres: *ctype.h*

La *cabecera ctype.h* proporciona funciones para:

- *Clasificar* caracteres (¿es letra, dígito, espacio, etc.?).
- *Transformar* caracteres (pasar a mayúscula o minúscula).

La Tabla 17.9 muestra las principales funciones que ofrece la biblioteca *ctype*.

Tabla 17.9: Funciones comunes de *ctype.h*

Función	Descripción
isalpha(c)	Verdadero, si *c* es una letra (A–Z, a–z).
isdigit(c)	Verdadero, si *c* es un dígito decimal (0–9).
isalnum(c)	Verdadero, si *c* es alfanumérico (letra o dígito).
isspace(c)	Verdadero, si *c* es un espacio en blanco (espacio, *tab*, *newline*, etc.).
isblank(c)	Verdadero, si *c* es un espacio o tabulación horizontal.
iscntrl(c)	Verdadero, si *c* es un carácter de control (no imprimible).
islower(c)	Verdadero, si *c* es letra minúscula.
isupper(c)	Verdadero, si *c* es letra mayúscula.
isprint(c)	Verdadero, si *c* es imprimible (incluye espacio).
isgraph(c)	Verdadero, si *c* es imprimible *distinto* de espacio.
ispunct(c)	Verdadero, si *c* es un signo de puntuación.
isxdigit(c)	Verdadero, si *c* es un dígito hexadecimal (0–9, A–F, a–f).
toupper(c)	Si *c* es letra minúscula, devuelve su mayúscula; si no, devuelve *c*.
tolower(c)	Si *c* es letra mayúscula, devuelve su minúscula; si no, devuelve *c*.

Esta biblioteca está íntimamente relacionada con *string.h*. Las funciones de *ctype.h* operan sobre caracteres individuales, permitiendo clasificar y transformar cada carácter por separado. Por su parte, la biblioteca *string.h* trabaja con cadenas completas (*char[]*), proporcionando funciones para copiar, comparar, concatenar y buscar caracteres o subcadenas.

En la práctica, ambas bibliotecas suelen usarse juntas:

- *string.h* para recorrer o manipular cadenas.
- *ctype.h* para examinar o modificar cada carácter dentro de un bucle.

Por ejemplo, para convertir a mayúsculas todas las letras de una cadena, se recorre la cadena con *strlen()* y se aplica *toupper()* carácter a carácter.

La Figura 17.2 ilustra cómo las bibliotecas *string.h* y *ctype.h* actúan en diferentes niveles: *string.h* trata la cadena como un bloque completo, permitiendo operaciones globales como copiar, concatenar o medir su longitud; mientras que *ctype.h* actúa carácter por carácter, evaluando o transformando cada símbolo individualmente dentro de esa cadena.

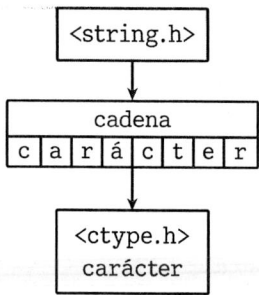

Figura 17.2: Relación y diferencia entre *ctype.h* y *string.h*

El Ejemplo 17.9 muestra cómo convertir una cadena a mayúsculas *in situ*.

Ejemplo 17.9   Convertir una cadena a mayúsculas (in situ)

```c
#include <stdio.h>
#include <ctype.h>

int main(void) {
    char s[] = "Biblioteca <ctype.h>: ¡Hola, mundo!";
    for (int i = 0; s[i] != '\0'; ++i) {
        s[i] = (char)toupper((unsigned char)s[i]);
    }
    printf("%s\n", s);
    return 0;
}
```

17.7.2 Comprobaciones en tiempo de ejecución: *assert.h*

La *cabecera assert.h* define la *macro assert()* para verificar *invariantes* y condiciones que deben cumplirse en tiempo de ejecución durante el desarrollo.

assert(condición) evalúa la condición y, si es falsa, muestra un mensaje de error, mostrando archivo, línea y la condición fallida, y termina el programa con *abort()*.

La Tabla 17.10 resume los dos elementos de *assert.h*.

Tabla 17.10: Resumen de *assert.h*

Elemento	Descripción
assert(expr)	Finaliza el programa si *expr* es falsa, mostrando diagnóstico.
NDEBUG	Si se define antes de incluir *assert.h*, *assert()* no genera código (se desactiva).

La macro *assert()* solo genera código cuando NO está definida la macro simbólica *NDEBUG* (No DEBUG).

Si antes de incluir *assert.h*, defines la macro *NDEBUG*, entonces *assert()* se convierte en una instrucción vacía (no genera código ni comprobaciones).

Esto es útil para desactivar las comprobaciones en versiones de producción y mantenerlas en versiones de depuración.

El Ejemplo 17.10 muestra cómo usar la macro *aasert()*.

Ejemplo 17.10 Título del cuadro

```c
#include <stdio.h>

// Descomenta la siguiente línea para desactivar assert()
// #define NDEBUG
#include <assert.h>

int main(void) {
    int x = 5;
    assert(x > 0); // Esta pasa
    printf("Primera comprobación superada.\n");

    x = -3;
    assert(x > 0); // Falla si NDEBUG no está definido
    printf("Segunda comprobación superada.\n");

    return 0;
}
```

Si *NDEBUG* no está definida, el programa se detendrá en la segunda *assert()* y mostrará un mensaje como:

```
Assertion failed: x > 0, file ejemplo.c, line 14
```

Si *NDEBUG* está definida, antes de #include <assert.h>, las comprobaciones se ignoran y el programa continuará ejecutándose sin detenerse.

También se puede activar *NDEBUG* desde la orden de compilación. Si se compila normalmente:

```
gcc programa.c -o programa
```

las aserciones están activas.

Si se define NDEBUG en la compilación:

```
gcc -DNDEBUG programa.c -o programa
```

Las llamadas a *assert()* no generan código, eliminando las comprobaciones en tiempo de ejecución.

Recomendaciones de uso de *assert.h*

- Úsala para **errores de programación** (precondiciones, invariantes), no para manejar errores de usuario.

- Puede desactivarse en compilación de producción definiendo *NDEBUG*.

- No pongas en *assert()* llamadas con efectos laterales, ya que podrían eliminarse al desactivar las aserciones.

Ejercicios propuestos

(Las soluciones de estos ejercicios se pueden consultar en [2])

Ejercicio 17.1. Raíz cuadrada.
Escribe un programa que pida un número positivo por teclado y muestre su raíz cuadrada usando la función *sqrt()* de *math.h*.

Ejercicio 17.2. Conversión a mayúsculas.
Lee una cadena introducida por el usuario y conviértela a mayúsculas carácter a carácter usando *toupper()* de *ctype.h*.

Ejercicio 17.3. Contar letras y dígitos.
Pide al usuario una cadena y muestra cuántos caracteres son letras (*isalpha()*) y cuántos son dígitos (*isdigit()*).

Ejercicio 17.4. Medición de tiempo de CPU.
Mide el tiempo de CPU que tarda un bucle en sumar los números del 1 al 100 millones usando *clock()* de *time.h*.

Ejercicio 17.5. Fecha actual formateada.
Muestra la fecha y la hora actuales en formato dd/mm/aaaa hh:mm:ss usando *time()*, *localtime()* y *strftime()*.

Ejercicio 17.6. Precondición con *assert()*.
Escribe una función que divida dos enteros y verifique con *assert()* que el divisor no es cero antes de hacer la división.

Ejercicio 17.7. Desplazamiento de un campo en una estructura.
Define una estructura con tres campos y muestra el desplazamiento de cada campo usando *offsetof()* de *stddef.h*.

Ejercicio 17.8. Uso de enteros de tamaño fijo.
Declara variables de tipo *uint8_t* y *uint32_t* de *stdint.h* y muestra sus valores y tamaños en bytes.

Ejercicio 17.9. Número aleatorio en un rango.
Usa *srand()* y *rand()* de *stdlib.h* junto con *time.h* para generar un número entero aleatorio entre 1 y 6 (simulando un dado).

Ejercicio 17.10. Suma de números complejos.
Declara dos números complejos con *complex.h*, asígnales valores y muestra su suma y su módulo (*cabs()*).

Programación modular en C

Contenido

La programación modular *es una técnica fundamental que consiste en dividir un programa en varias partes o módulos, cada uno con una función bien definida. Este enfoque permite organizar proyectos de manera más clara y facilita el mantenimiento, la reutilización y el trabajo en equipo.*

En C, la modularidad se implementa separando el código en ficheros de dos tipos: los ficheros de código fuente (.c), que contienen la implementación de las funciones, y los ficheros de cabecera (.h), que actúan como interfaz al declarar funciones, constantes o tipos.

Las directivas del preprocesador, en particular #include, permiten reutilizar estas cabeceras en varios módulos. Para evitar problemas de inclusiones múltiples se emplean las llamadas guardas de inclusión o, en compiladores modernos, la directiva #pragma once.

Un aspecto clave es distinguir entre declarar *y* definir. *Las declaraciones suelen colocarse en las cabeceras, mientras que las definiciones se reservan para los ficheros fuente. En este contexto cobra importancia la palabra clave* extern, *que facilita compartir variables globales entre módulos, aunque su uso debe limitarse a casos justificados.*

El proceso de compilación y enlace *en proyectos modulares se realiza en varias fases: cada fichero se compila de forma independiente en un objeto (.o) y después todos se enlazan en un único ejecutable. Esta estrategia reduce tiempos de compilación y permite organizar proyectos de mayor tamaño.*

En este capítulo aprenderemos a crear programas divididos en módulos, a organizarlos en carpetas, a compilarlos correctamente y a seguir unas buenas prácticas que nos permitirán abordar proyectos complejos de manera ordenada y profesional.

18.1 Introducción a la programación modular

Hasta ahora hemos trabajado con programas en un único fichero de código fuente. Este enfoque es adecuado para programas sencillos, pero pronto resulta insuficiente a medida que los proyectos crecen en tamaño y complejidad.

La *programación modular* consiste en dividir un programa en varias partes o módulos, cada uno con una función bien definida. Estos módulos se agrupan en diferentes ficheros, que luego se combinan durante el proceso de compilación para obtener el programa completo.

El objetivo de la modularidad es mejorar la claridad, facilitar el mantenimiento y fomentar la reutilización de código. Además, permite que varios programadores trabajen de manera simultánea en distintas partes de un mismo proyecto, sin interferirse mutuamente.

Entre las principales ventajas de la programación modular podemos destacar:

- **Legibilidad:** el código es más fácil de entender al dividirse en secciones lógicas.
- **Mantenimiento:** localizar y corregir errores es más sencillo, ya que se acota a un módulo concreto.

- **Reutilización:** módulos ya desarrollados pueden emplearse en otros programas sin necesidad de reescribirlos.

- **Trabajo en equipo:** distintos programadores pueden encargarse de módulos distintos de manera simultánea.

En este capítulo aprenderemos a organizar programas en varios ficheros, a compilar y enlazar correctamente, y a utilizar las herramientas que el lenguaje C ofrece para trabajar de forma modular.

18.2 Estructura básica de un programa modular en C

Un programa modular en C suele estar formado por varios ficheros de dos tipos principales:

- **Ficheros de código fuente** (*.c*): contienen la implementación de las funciones y, en general, el cuerpo del programa. Normalmente uno de estos ficheros incluye la función *main()*, que actúa como punto de entrada del programa.

- **Ficheros de cabecera** (*.h*): contienen las declaraciones de funciones, constantes, macros y, en algunos casos, variables externas. Estos ficheros sirven como interfaz entre los distintos módulos.

El flujo de trabajo típico consiste en declarar en los ficheros *.h* aquello que será accesible desde otros módulos e implementar en los ficheros *.c* las funciones correspondientes. De este modo, los demás módulos solo necesitan conocer la cabecera para utilizar el código, sin importar los detalles de su implementación.

Convención de nombres

En proyectos pequeños, es habitual que cada fichero *.c* tenga un fichero *.h* asociado, con el mismo nombre. Por ejemplo, al fichero *operaciones.c* le corresponde *operaciones.h*.

Esta organización resulta especialmente útil en programas medianos o grandes, ya que evita duplicación de código, mejora la legibilidad y permite dividir el trabajo en partes más manejables.

18.2.1 Aplicación mínima de código

Prueba a crear los siguientes 3 ficheros y a compilarlos.

```
[operaciones.h]
#ifndef OPERACIONES_H
#define OPERACIONES_H

int suma(int a, int b);

#endif
```

```
[operaciones.c]
#include "operaciones.h"

int suma(int a, int b) {
    return a + b;
}
```

```
[main.c]
#include <stdio.h>
#include "operaciones.h"

int main(void) {
    int x = 5;
    int y = 7;
    int resultado = suma(x, y);

    printf("La suma de %d y %d es %d\n", x, y, resultado);
    return 0;
}
```

Para compilar este programa con *gcc*, se deben compilar ambos ficheros y luego enlazarlos en un único ejecutable:

```
gcc main.c operaciones.c -o programa
```

Para ejecutarlo, tendrás que teclear, en Windows:

```
programa
```

La salida será:

```
La suma de 5 y 7 es 12
```

En los próximos apartados iremos explicando los detalles de esta descomposición modular del programa en varios archivos.

18.3 La directiva *include*

La *directiva del preprocesador* #include indica que, antes de compilar, el contenido de un fichero de cabecera se *inserta textualmente* en el punto donde aparece la directiva. De este modo, los demás ficheros del proyecto pueden reutilizar declaraciones (prototipos de funciones, tipos, macros, constantes, etc.) sin duplicarlas.

18.3.1 Formas de uso

Existen dos sintaxis de #*include*, con significados distintos:

```
#include <stdio.h>        // Cabecera de la biblioteca estándar
```

```
#include "operaciones.h"    // Cabecera del proyecto (misma carpeta)
```

- **#include <...>**: busca el fichero únicamente en las rutas configuradas para cabeceras del sistema (por ejemplo, las de la biblioteca estándar).

- **#include "..."**: busca primero en el directorio del fichero actual y, si no lo encuentra, continúa en las rutas del sistema.

Rutas de búsqueda y -I

Con *gcc*, se pueden añadir rutas de búsqueda para cabeceras propias con la opción -I. Por ejemplo:

```
gcc -Iinclude src/main.c src/operaciones.c -o programa
```

Esto permite escribir en el código:

```
#include "operaciones.h"      // si está en la carpeta 'include'
```

18.3.2 Cabeceras del sistema *vs.* cabeceras propias

En el texto del libro nos referiremos a cabeceras estándar como *stdio.h, stdlib.h, string.h,* etc. (sin ángulos). En el código, las cabeceras estándar se incluyen con <...> y las del proyecto con "...". En proyectos organizados por carpetas, es frecuente incluir rutas relativas:

```
// Estructura de carpetas: src/, include/, include/mod/
#include "mod/ops.h"
```

18.3.3 ¿Qué debe ir en una cabecera?

Una cabecera (*.h*) expone la *interfaz* del módulo:

- Prototipos de funciones (por ejemplo, *int f(int x);*).
- Declaraciones de tipos: *struct, enum, typedef.*
- Constantes simbólicas y macros necesarias para la interfaz.
- *Declaraciones* de variables globales (si son estrictamente necesarias) con *extern.*

La *implementación* (cuerpos de funciones, variables definidas, lógica) debe ir en los ficheros *.c.* Este principio separa interfaz y código, simplifica el mantenimiento y acelera la compilación incremental.

18.3.4 Inclusiones múltiples: el problema

Si una cabecera se incluye, directa o indirectamente, más de una vez, el preprocesador insertará su contenido repetidamente, lo que puede causar errores de redefinición de tipos, funciones o macros. Para evitarlo se emplean *guardas de inclusión* (apartado siguiente) o, en compiladores que lo soporten, *#pragma once*.

```
// Ejemplo (sin guardas): puede causar
// redefiniciones si se incluye dos veces
// fichero: operaciones.h
int suma(int a, int b);    // prototipo
```

18.3.5 Orden recomendado de inclusiones

Un orden estable y consistente reduce dependencias accidentales:

1. Cabecera propia del módulo (por ejemplo, "*operaciones.h*").

2. Cabeceras de terceros (si las hay).

3. Cabeceras de la biblioteca estándar (por ejemplo, *stdio.h*, *stdlib.h*).

18.4 Guardas de inclusión

El problema de las inclusiones múltiples puede provocar errores de compilación, como redefiniciones de tipos o de funciones. Esto ocurre cuando un mismo fichero de cabecera es incluido más de una vez de forma directa o indirecta.

La solución clásica consiste en utilizar las llamadas *guardas de inclusión*, que son un conjunto de directivas del preprocesador que garantizan que el contenido de la cabecera se procesa una única vez, aunque se incluya varias veces.

18.4.1 Estructura de una guarda de inclusión

El esquema general es el siguiente:

```
// operaciones.h
#ifndef OPERACIONES_H
#define OPERACIONES_H

int suma(int a, int b);

#endif
```

El identificador (*OPERACIONES_H* en el ejemplo) debe ser único en todo el proyecto. Una convención habitual es usar el nombre del fichero en mayúsculas, sustituyendo los puntos por guiones bajos.

Ámbito de aplicación

Las guardas de inclusión actúan **únicamente dentro de cada unidad de compilación**. Si un proyecto contiene varios ficheros fuente (*main.c*, *modulo.c*, etc.), cada uno será preprocesado de manera independiente y en todos ellos se insertará el contenido de la cabecera protegida. Por tanto, las guardas evitan duplicaciones dentro de un mismo fichero, pero **no impiden que el código de la cabecera se procese varias veces en distintas unidades de compilación**.

18.4.2 La directiva #pragma once

Algunos compiladores modernos ofrecen una alternativa más simple mediante la directiva *#pragma once*:

```
// operaciones.h
#pragma once

int suma(int a, int b);
```

Esta directiva indica al compilador que procese la cabecera solo una vez. Es más concisa y menos propensa a errores que las guardas tradicionales, aunque no forma parte del estándar C y, por tanto, su portabilidad puede ser menor.

> **Buenas prácticas**
>
> Se recomienda usar guardas de inclusión clásicas para garantizar la portabilidad de los programas en cualquier compilador conforme al estándar. La directiva *#pragma once* puede emplearse en proyectos locales o cuando se sabe que el compilador la soporta.

18.5 Declaraciones y definiciones

En C es fundamental distinguir entre *declarar* y *definir*.

- **Declarar** significa indicar al compilador la existencia de una variable o función, especificando su tipo y nombre, pero sin reservar memoria (en el caso de variables) ni escribir el cuerpo (en el caso de funciones).
- **Definir** significa reservar memoria (para variables) o proporcionar la implementación (para funciones).

Por ejemplo:

```
// Declaración (no reserva memoria)
extern int contador;

// Definición (reserva memoria e inicializa a 0)
int contador = 0;

// Declaración de una función
int suma(int a, int b);

// Definición de una función
int suma(int a, int b) {
    return a + b;
}
```

18.5.1 Uso en ficheros de cabecera y código

En un programa modular, lo habitual es que las *declaraciones* de funciones y variables globales vayan en los *ficheros de cabecera (.h)*, mientras que las *definiciones* se colocan en los *ficheros de código (.c)*.

De este modo, todos los módulos pueden incluir la cabecera para conocer las declaraciones, pero solo uno contendrá la definición real, que se enlazará al final del proceso de compilación.

18.5.2 Aplicación práctica: variable global compartida

Supongamos un programa con una variable global llamada *contador*, accesible desde varios ficheros.

```
[contador.h]
// Declaración (solo una vez en la cabecera)
#ifndef CONTADOR_H
#define CONTADOR_H

extern int contador;       // Declaración
void incrementar(void);    // Declaración de función
void mostrar(void);

#endif


[contador.c]
#include <stdio.h>
#include "contador.h"

int contador = 0;          // Definición de la variable

void incrementar(void) {
    contador++;
}

void mostrar(void) {
    printf("Contador = %d\n", contador);
}


[main.c]
#include "contador.h"

int main(void) {
    incrementar();
    incrementar();
    mostrar();   // Debería mostrar: Contador = 2
    return 0;
}
```

En este ejemplo:

- En la cabecera *contador.h* aparece la *declaración* de la variable global *contador* con *extern*.
- En el fichero *contador.c* se encuentra la *definición* real de *contador*.
- El fichero *main.c* accede a la variable y a las funciones simplemente incluyendo la cabecera.

Regla importante

Cada variable global debe definirse una sola vez en todo el proyecto, aunque puede declararse en tantas cabeceras como sea necesario usando la palabra clave *extern*.

18.5.3 Aplicación práctica: inclusiones circulares

Vamos a mostrar un ejemplo en el que, si no se utilizan adecuadamente las guardas de inclusión, se produce duplicación de código y ello da lugar a errores de compilación.

Supongamos que tenemos dos cabeceras que se incluyen mutuamente.

```
[a.h (sin guardas)]
#include "b.h"

void fa(void);
```

```
[b.h (sin guardas)]
#include "a.h"

void fb(void);
```

```
[main.c]
#include "a.h"
#include "b.h"

int main(void) {
    return 0;
}
```

En este caso, el preprocesador expande *a.h*, que a su vez incluye *b.h*, que vuelve a incluir *a.h*. El resultado es una duplicación de las declaraciones y, al compilar, aparece un error de redefinición.

Si protegemos cada cabecera con sus guardas, el problema desaparece:

```
[a.h (con guardas)]
#ifndef A_H
#define A_H

#include "b.h"

void fa(void);

#endif
```

```
[b.h (con guardas)]
#ifndef B_H
#define B_H

#include "a.h"

void fb(void);

#endif
```

Ahora el preprocesador detecta que el contenido de cada cabecera ya ha sido incluido y evita la duplicación. De este modo, el programa compila correctamente.

> **Idea clave**
>
> Las guardas de inclusión no eliminan la dependencia circular, pero impiden que se genere código repetido en la misma unidad de compilación. Este ejemplo muestra la importancia de proteger todas las cabeceras desde el inicio de un proyecto.

18.6 La palabra clave *extern*

La *palabra clave extern* se utiliza en C para declarar variables globales sin reservar memoria para ellas. Sirve para indicar al compilador que la variable existe en otro lugar del programa (normalmente en otro fichero), y que su definición real se enlazará durante la fase de enlace.

18.6.1 Declaración *vs.* definición con *extern*

- Una **declaración** con *extern* informa al compilador del tipo y nombre de la variable, pero no crea espacio en memoria.

- Una **definición** sin *extern* (o con *extern* acompañado de una inicialización) sí reserva memoria.

Veamos una aplicación para comparar:

```
// Declaración: no reserva memoria
extern int contador;

// Definición: reserva memoria e inicializa a 0
int contador = 0;

// Definición explícita con extern (menos habitual)
extern int contador = 0;
```

18.6.2 Ampliación de la aplicación anterior

Retomemos el ejemplo del apartado anterior.

```
[contador.h]
// Declaración visible para todo el proyecto
#ifndef CONTADOR_H
#define CONTADOR_H

extern int contador;

void incrementar(void);
void mostrar(void);

#endif


[contador.c]
#include <stdio.h>
#include "contador.h"

int contador = 0;    // Definición única de la variable

void incrementar(void) {
    contador++;
}

void mostrar(void) {
    printf("Contador = %d\n", contador);
}


[main.c]
#include "contador.h"

int main(void) {
    incrementar();
    incrementar();
    mostrar();        // Muestra: Contador = 2
    return 0;
}
```

En este ejemplo, el fichero *main.c* accede a la variable *contador* gracias a la declaración con *extern* en la cabecera *contador.h*. La definición real se encuentra en *contador.c*, y durante el enlace se resuelve la referencia.

18.6.3 Riesgos y buenas prácticas

Aunque el uso de *extern* permite compartir variables globales entre varios módulos, se recomienda usarlo con moderación, ya que:

- Las variables globales dificultan el control del flujo de datos, porque pueden modificarse desde cualquier parte del programa.

- Un exceso de variables globales reduce la modularidad y la reutilización del código.

- Los programas resultan más propensos a errores difíciles de detectar (dependencias ocultas).

> **Recomendación**
>
> Es preferible pasar la información entre funciones mediante parámetros y valores de retorno, en lugar de depender de variables globales compartidas con *extern*. Las variables globales deberían reservarse para casos realmente necesarios, como contadores generales, configuración o estados compartidos.

18.7 Proceso de compilación y enlace

Cuando se programa en C, el código fuente no se ejecuta directamente: debe pasar por varias fases hasta convertirse en un ejecutable. En proyectos modulares, estas fases se aplican a *cada fichero* y, finalmente, se combinan. Las fases principales son:

- **Preprocesado**: se resuelven directivas como *#include* y *#define*. El resultado es un fichero intermedio (a veces *.i*) con todo el texto ya expandido.

- **Compilación**: el compilador traduce el código C a código ensamblador (*.s*) y, a continuación, a código objeto binario (*.o*). Cada *.c* produce su *.o* independiente.

- **Enlazado**: el enlazador combina todos los ficheros objeto (*.o*) y bibliotecas requeridas en un único ejecutable (por ejemplo, *programa* o *programa.exe*).

> **Idea clave**
>
> Compila cada módulo por separado para obtener sus *.o* y *enlaza* al final. Esto permite recompilar solo los ficheros que han cambiado, ahorrando tiempo en proyectos medianos y grandes.

18.7.1 Compilación por etapas con *gcc*

Dado un proyecto con *main.c* y *contador.c*:

```
gcc -c main.c       -o main.o
gcc -c contador.c  -o contador.o
gcc main.o contador.o -o programa
```

Una explicación rápida podría ser:

- *-c* pide a *gcc* que compile hasta **objeto** (*.o*) sin enlazar.

- En la última línea se realiza el **enlace**, produciendo el ejecutable *programa*.

18.7.2 Opciones útiles para aprender y depurar

Los siguientes ejemplos muestran posibles órdenes de compilación:

```
gcc -E main.c > main.i      // Solo preprocesa y muestra el resultado
gcc -S main.c               // Genera ensamblador (main.s)
gcc -c -Wall -Wextra -O2 main.c -o main.o
gcc main.o contador.o -o programa
```

> **Compatibilidad C99/C23**
>
> Estas fases forman parte del flujo clásico de C desde C90. Puedes especificar el están-
> dar con *-std=c99* o *-std=c23* para asegurar compatibilidad. Las opciones de diagnóstico
> (*-Wall*, *-Wextra*) son recomendables en cualquier versión.

18.7.3 Esquema visual

El siguiente diagrama resume el proceso para dos módulos (*main.c* y *contador.c*):

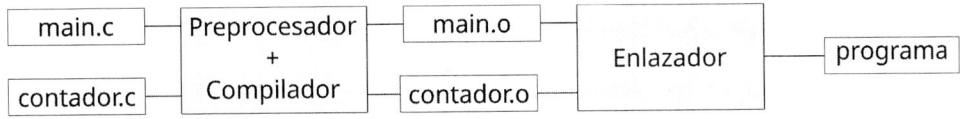

Figura 18.1: Esquema de compilación de un programa compuesto de dos ficheros fuente

18.7.4 Errores típicos y cómo reconocerlos

- **Error de compilación**: suele referirse a línea y columna en un *.c* (por ejemplo, "*ex-pected* ';'"). Se corrige en el código fuente.

- **Error de enlace** (*undefined reference*): indica que falta la *definición* de una función o variable usada en algún módulo. Verifica que el *.o* correspondiente se haya compi-lado y esté presente en el enlace, o que la biblioteca adecuada se haya indicado.

> **Bibliotecas**
>
> Para enlazar con bibliotecas del sistema, se usan opciones como *-lm* (matemáticas) o
> *-lpthread*.
>
> El orden importa: coloca los *.o* primero y, después, las bibliotecas necesarias.

18.8 Organización de proyectos

La *organización del proyecto* condiciona directamente la legibilidad, el tiempo de compilación y la facilidad para ampliar o corregir el código. Incluso en programas pequeños es recomendable separar *interfaz* (cabeceras .h) e *implementación* (fuentes .c), y disponer de una estructura de carpetas coherente.

18.8.1 Estructura de carpetas recomendada

Una disposición mínima y clara para proyectos docentes y de tamaño medio es:

```
proyecto/
├─ include/          # Cabeceras públicas (.h)
│  ├─ contador.h
│  └─ operaciones.h
├─ src/              # Implementación (.c)
│  ├─ main.c
│  ├─ contador.c
│  └─ operaciones.c
├─ build/            # Artefactos de compilación (.o, ejecutables)
└─ Makefile          # (Opcional) automatiza compilación
```

18.8.2 Convenciones de nombres

- Una cabecera .h por cada módulo .c con su *interfaz* pública: *operaciones.c* → *operaciones.h*.
- Nombres en minúsculas y descriptivos; evita abreviaturas crípticas.
- Guardas de inclusión basadas en el nombre de la cabecera: *OPERACIONES_H*.

18.8.3 Cabeceras autocontenidas

Cada cabecera debe poder incluirse en un fichero vacío y *compilar* por sí sola. Para ello:
- Incluye en la cabecera las dependencias estrictamente necesarias (*stdio.h, stddef.h*, etc.) o, si quieres retrasarlas, utiliza declaraciones adelantadas (*forward declarations*) cuando sea posible.
- Evita meter código de implementación en las cabeceras.

18.8.4 Cómo compilar respetando la estructura

Con *gcc*, añade la carpeta de cabeceras al *include path* con *-I* y genera los objetos en *build/*:

```
gcc -Iinclude -c src/contador.c    -o build/contador.o
gcc -Iinclude -c src/operaciones.c -o build/operaciones.o
gcc -Iinclude -c src/main.c        -o build/main.o
gcc build/*.o -o build/programa
```

18.8.5 Pincelada de *Makefile* (opcional pero útil)

Automatizar la compilación reduce errores y recompila solo lo necesario. *Makefile* es un gestor de construcción de programas que permite automatizar las tareas de compilación y dependencias.

```
# Makefile mínimo
CC      := gcc
CFLAGS  := -std=c23 -Wall -Wextra -O2 -Iinclude
SRCS    := src/main.c src/contador.c src/operaciones.c
OBJS    := $(SRCS:src/%.c=build/%.o)
BIN     := build/programa

$(BIN): $(OBJS)
$(CC) $(OBJS) -o $(BIN)

build/%.o: src/%.c
mkdir -p build
$(CC) $(CFLAGS) -c $< -o $@

.PHONY: clean
clean:
rm -rf build
```

18.8.6 Buenas prácticas de organización

- Separa *interfaz* y *código*: lo público en .h, la implementación en .c.
- Se expone solo lo necesario en el módulo; oculta detalles internos.
- Compila generando objetos independientes y enlaza al final (facilita compilación incremental).
- Documenta en la cabecera qué proporciona el módulo (funciones $f()$, tipos, constantes) y qué garantías ofrece.

> **Compatibilidad C99/C23**
>
> La estructura propuesta es válida desde C99. Si apuntas a C99, cambia *-std=c23* por *-std=c99* y evita características recientes (por ejemplo, *typeof* o inicializaciones designadas extendidas). El flujo de compilación y el uso de *make* no cambian.

18.9 Ejemplos prácticos

Para comprender mejor la programación modular, veremos algunos programas sencillos divididos en varios ficheros. En todos ellos se utiliza la misma idea: declarar en las cabeceras .h la interfaz del módulo, implementar en los ficheros .c y compilar cada módulo por separado antes de enlazarlos.

18.9.1 Aplicación: programa con dos módulos

El siguiente programa implementa operaciones básicas de suma y resta en un módulo independiente.

```
[operaciones.h]
#ifndef OPERACIONES_H
#define OPERACIONES_H

int suma(int a, int b);
int resta(int a, int b);

#endif
```

```
[operaciones.c]
#include "operaciones.h"

int suma(int a, int b) {
    return a + b;
}
int resta(int a, int b) {
    return a - b;
}
```

```
[main.c]
#include <stdio.h>
#include "operaciones.h"

int main(void) {
    int a = 10, b = 3;
    printf("Suma: %d\n", suma(a, b));
    printf("Resta: %d\n", resta(a, b));
    return 0;
}
```

El resultado de la compilación con *gcc* es:

```
gcc -c main.c -o main.o
gcc -c operaciones.c -o operaciones.o
gcc main.o operaciones.o -o programa
```

18.9.2 Aplicación: variable global compartida con *extern*

Este ejemplo retoma la variable global *contador* y las funciones que la manipulan.

```
[contador.h]
#ifndef CONTADOR_H
#define CONTADOR_H

extern int contador;

void incrementar(void);
void mostrar(void);

#endif
```

```
[contador.c]
#include <stdio.h>
#include "contador.h"

int contador = 0;
void incrementar(void) {
    contador++;
}
void mostrar(void) {
    printf("Contador = %d\n", contador);
}
```

```
[main.c]
#include "contador.h"

int main(void) {
    incrementar();
    incrementar();
    mostrar(); // Salida: Contador = 2
    return 0;
}
```

18.9.3 Aplicación: proyecto organizado en carpetas

En proyectos un poco mayores conviene separar cabeceras y código:

```
proyecto/
├ include/
│  └ operaciones.h
└ src/
   ├ main.c
   └ operaciones.c
```

La compilación desde la raíz del proyecto da como resultado:

```
gcc -Iinclude -c src/main.c -o main.o
gcc -Iinclude -c src/operaciones.c -o operaciones.o
gcc main.o operaciones.o -o programa
```

> **Idea clave**
>
> En todos los ejemplos se respeta la regla fundamental: *cada módulo expone sus declaraciones en la cabecera y su implementación en el fichero .c.*
>
> Esto permite reutilizar los módulos en otros proyectos sin modificar el código fuente principal.

18.10 Resumen y buenas prácticas

La programación modular en C se basa en dividir el programa en varias partes independientes, con responsabilidades bien definidas. Este enfoque mejora la claridad, facilita la colaboración y permite reutilizar módulos en distintos proyectos.

A modo de cierre, recopilamos las *reglas de oro* que conviene seguir:

- **Separa interfaz e implementación:** las *cabeceras* (*.h*) deben contener únicamente las declaraciones necesarias para usar un módulo, mientras que la lógica y las definiciones residen en los ficheros *.c*.

- **Pon cada módulo con su cabecera:** si un fichero *.c* proporciona funciones que deben usarse en otros módulos, crea una cabecera con el mismo nombre (*operaciones.c* → *operaciones.h*).

- **Protege las cabeceras:** utiliza guardas de inclusión (*#ifndef, #define, #endif*) para evitar problemas de inclusiones múltiples.

- **Minimiza dependencias:** incluye en cada cabecera solo lo estrictamente necesario. Esto reduce el acoplamiento y acelera la compilación.

- **Usa *extern* con moderación:** solo para variables globales imprescindibles. En general, pasa la información entre funciones mediante parámetros y valores de retorno.

- **Compila por módulos:** genera objetos (*.o*) para cada fichero fuente y enlázalos al final. Esto facilita recompilar solo lo que ha cambiado.

- **Organiza el proyecto en carpetas:** al menos usa una para *include/* (cabeceras) y otra para *src/* (fuentes). Opcionalmente, utiliza una carpeta *build/* para objetos y ejecutables.

- **Usa herramientas de automatización:** en proyectos medianos o grandes, emplea *make* u otros sistemas de compilación para gestionar dependencias.

- **Nombra con claridad:** los ficheros, funciones y variables deben reflejar su propósito. Evita abreviaturas crípticas.

- **Documenta las cabeceras:** explica en comentarios qué proporciona cada módulo y cómo debe usarse. Así el resto del código puede apoyarse en la cabecera sin mirar la implementación.

Síntesis

Un buen diseño modular permite que los programas crezcan en tamaño y complejidad sin volverse inmanejables.

La clave es pensar en cada módulo como una *caja negra*: otros módulos deben saber qué hace, pero no cómo lo hace.

Ejercicios propuestos

(Las soluciones de estos ejercicios se pueden consultar en [2])

Ejercicio 18.1. Dividir un programa sencillo. Escribe un programa que calcule el cuadrado de un número entero. Divide el programa en dos ficheros: uno con la función *cuadrado()* y otro con la función *main()*.

Ejercicio 18.2. Cabecera asociada. Crea un fichero de cabecera *operaciones.h* con el prototipo de la función *cuadrado()*. Incluye esta cabecera en el fichero *main.c* y compila el programa.

Ejercicio 18.3. Operaciones aritméticas. Implementa en un módulo independiente las funciones *suma()*, *resta()*, *multiplicacion()* y *division()*. Escribe un programa principal que use dichas funciones.

Ejercicio 18.4. Guardas de inclusión. Escribe una cabecera con varias funciones y comprueba qué ocurre si la incluyes dos veces en un mismo fichero. Modifica la cabecera para añadir guardas de inclusión y verifica que el error desaparece.

Ejercicio 18.5. Biblioteca de cadenas. Crea un módulo *cadenas.c* con funciones que operen sobre cadenas de caracteres: *longitud()* y *es_mayuscula()*. Declara las funciones en *cadenas.h* y utilízalas en el programa principal.

Ejercicio 18.6. Variable global compartida. Escribe un programa con un contador global que se incremente desde varias funciones en módulos diferentes. Usa la palabra clave *extern* para compartir la variable.

Ejercicio 18.7. Evitar globales innecesarias. Reescribe el programa del ejercicio anterior, pero en lugar de usar una variable global, haz que las funciones trabajen con un parámetro entero pasado por valor y devuelvan el resultado.

Ejercicio 18.8. Organización en carpetas. Crea un proyecto con la estructura *include/* y *src/*. Coloca en *include/* todas las cabeceras y en *src/* los ficheros fuente. Compila el proyecto indicando a *gcc* la ruta de cabeceras con la opción *-I*.

Ejercicio 18.9. Compilación en dos pasos. Compila el programa del ejercicio anterior generando primero los ficheros objeto (*.o*) de cada módulo y luego enlazándolos en un único ejecutable.

Ejercicio 18.10. Introducción a Makefile. Escribe un *Makefile* sencillo que compile automáticamente el programa del ejercicio 8. Comprueba que al modificar solo un fichero, el sistema recompila únicamente el módulo afectado.

Capítulo 19

Caracteres y cadenas Unicode

Contenido

> Este capítulo introduce el estándar Unicode *como solución universal para la representación de texto en múltiples idiomas y alfabetos. Se explican los conceptos clave de punto de código y codificaciones UTF-8, UTF-16 y UTF-32, así como sus diferencias y aplicaciones prácticas.*
>
> *A través de ejemplos concretos, se muestra cómo trabajar con caracteres multibyte y tipos como* wchar_t, *tanto en Linux como en Windows. Se analiza el papel de la función* setlocale() *y el impacto de la configuración regional en la entrada y salida de texto. También se estudian las funciones estándar de conversión de cadenas, como* mbstowcs() *y* mbrtowc(), *así como bibliotecas externas como* iconv.
>
> *Finalmente, se abordan aspectos específicos del sistema Windows, incluyendo las code pages, la consola en modo Unicode y el uso de funciones como* SetConsoleOutputCP() *y* _setmode(). *El capítulo incluye tablas de codificación, ejemplos y ejercicios prácticos para reforzar el aprendizaje.*

19.1 Introducción

Hasta ahora hemos trabajado con cadenas de caracteres representadas como arrays de tipo *char*, lo que supone que cada carácter ocupa exactamente un byte. Este modelo es suficiente para representar el alfabeto inglés y algunos símbolos adicionales, tal como se hace en la codificación ASCII. Sin embargo, resulta insuficiente cuando se desea procesar texto en otros idiomas, con otros alfabetos o que incluya símbolos especiales como tildes, signos matemáticos, emojis, caracteres asiáticos, etc.

El estándar Unicode surgió como una solución a este problema: propone un sistema de codificación capaz de representar todos los caracteres de todos los idiomas del mundo, asignando a cada uno de ellos un número entero llamado *punto de código*.

Trabajar con texto en Unicode desde el lenguaje C es posible, pero requiere una comprensión clara de los siguientes aspectos:

- La diferencia entre *carácter* y *byte*.
- Las distintas codificaciones que puede adoptar una cadena Unicode: UTF-8, UTF-16, UTF-32.
- El uso del tipo *wchar_t* y su relación con las cadenas tradicionales de tipo *char*.
- Las funciones de conversión entre codificaciones, que varían según la plataforma.
- La necesidad de establecer adecuadamente la configuración regional mediante la función *setlocale()*.

En este capítulo estudiaremos con detalle estos conceptos y técnicas, y aprenderemos a escribir programas en C que puedan manipular texto Unicode de forma correcta y portable, tanto en sistemas Linux o macOS como en Windows. Se introducirán también bibliotecas externas, como *iconv*, así como funciones específicas de la API de Windows para realizar conversiones de codificación.

Nuestro objetivo será entender las diferencias entre los modelos de representación de texto y adquirir las herramientas necesarias para que los programas puedan manejar cadenas Unicode en la entrada, el procesamiento y la salida de información textual.

19.2 Conceptos sobre codificación de caracteres

Para trabajar con texto de forma rigurosa en un lenguaje de bajo nivel como C, es imprescindible comprender la diferencia entre los conceptos de *carácter*, *byte* y *codificación*.

19.2.1 Carácter

Un *carácter* es una unidad abstracta de información textual: una letra, un número, un signo de puntuación, un símbolo matemático o un ideograma.

19.2.2 Byte

Un *byte* es una unidad concreta de almacenamiento (8 bits), capaz de representar valores entre 0 y 255.

19.2.3 Codificación

Una *codificación de caracteres* es una tabla que asigna a cada carácter un valor numérico, y define cómo se representa ese valor en una secuencia de uno o varios bytes.

Por ejemplo, en la codificación ASCII el carácter 'A' se representa con el byte 65, mientras que en UTF-8 el carácter '€' (símbolo del euro) se representa con la secuencia de tres bytes `0xE2 0x82 0xAC`.

Para poder almacenar un carácter en memoria, es necesario asignarle una representación en bytes mediante un sistema de codificación.

19.2.4 Codificaciones comunes

Las codificaciones más utilizadas en programación son:

- **ASCII**: codificación de 7 bits. Representa 128 caracteres básicos. Muy limitada.

- **ISO-8859-1** (Latin-1): extensión de ASCII a 8 bits. Añade letras acentuadas para idiomas europeos occidentales.

- **Windows-1252**: variante de Latin-1 utilizada en sistemas Windows. Añade símbolos imprimibles (como el euro o comillas tipográficas) en el rango 128–159.

- **UTF-8**: codificación compatible con ASCII que permite representar todos los caracteres Unicode. Usa entre 1 y 4 bytes por carácter.

- **UTF-16**: codificación Unicode que usa 2 bytes por carácter, o 4 bytes en caso de caracteres fuera del plano básico.

- **UTF-32**: codificación Unicode que representa cada carácter con 4 bytes fijos.

19.3 Unicode y codificaciones UTF-8, UTF-16 y UTF-32

Unicode es un estándar internacional que define un conjunto universal de caracteres, con el objetivo de representar de forma única y coherente todos los símbolos utilizados en los sistemas de escritura del mundo: letras latinas, árabes, chinas, cirílicas, coreanas, símbolos matemáticos, emojis, signos de puntuación, etc.

Cada carácter del estándar Unicode está identificado mediante un número entero llamado *punto de código* (*code point*), que se denota habitualmente en hexadecimal con el prefijo U+. Por ejemplo:

- U+0041 representa la letra A.
- U+00E1 representa la letra á.
- U+1F449 representa el emoji ☞.

Unicode, por sí solo, no especifica cómo almacenar o transmitir estos caracteres en la memoria de un computador o en un fichero. Para ello se utilizan distintas codificaciones llamadas *Unicode Transformation Formats*, o simplemente **UTF**:

- **UTF-8**: codificación de longitud variable que representa los puntos de código usando entre 1 y 4 bytes. Es compatible con ASCII para los primeros 128 caracteres (U+0000 a U+007F) y muy eficiente para textos en inglés y lenguas europeas. Es la codificación más utilizada en internet y en sistemas modernos.

- **UTF-16**: codificación que usa 2 bytes para los caracteres más comunes (U+0000 a U+FFFF) y 4 bytes para los caracteres del plano suplementario, mediante un mecanismo llamado *pares sustitutos* (*surrogate pairs*). Es la codificación interna de muchos entornos Windows.

- **UTF-32**: codificación de longitud fija que utiliza siempre 4 bytes por carácter, lo que simplifica el acceso aleatorio a los caracteres pero requiere más espacio.

La Tabla 19.1 muestra las representaciones de algunos caracteres en las distintas codificaciones Unicode:

Tabla 19.1: Representación de caracteres en distintas codificaciones

Carácter	UTF-8	UTF-16	UTF-32
á (U+00E1)	C3 A1	00E1	000000E1
☞ (U+1F449)	F0 9F 91 89	D83D DC49	0001F449

Conclusión: Unicode proporciona un repertorio estándar y único para todos los caracteres del mundo. Las codificaciones UTF-8, UTF-16 y UTF-32 son distintas maneras de representar esos caracteres como secuencias de bytes en memoria o en archivos.

Entender esta diferencia es fundamental para escribir programas que funcionen correctamente con textos internacionales.

19.4 Caracteres y cadenas multibyte en C

El tipo *char* es el tipo básico que utiliza el lenguaje C para representar caracteres individuales. Cada variable de tipo *char* ocupa exactamente un byte, lo que significa que puede almacenar uno de los 256 posibles valores enteros comprendidos entre -128 y 127 (si se considera con signo), o entre 0 y 255 (si se considera sin signo).

Este diseño es suficiente para representar los caracteres del alfabeto inglés y algunos símbolos adicionales, como los que aparecen en la codificación ASCII o en ISO-8859-1. Sin embargo, no basta para representar todos los caracteres del estándar Unicode, muchos de los cuales requieren más de un byte.

Un *carácter multibyte* es un carácter cuya representación puede ocupar más de un byte, dependiendo de la codificación. Por ejemplo, en UTF-8 el carácter 'ñ' se representa con dos bytes: 0xC3 0xB1.

Una *cadena multibyte* es un array de tipo *char* que contiene una secuencia de caracteres codificados, donde cada carácter puede ocupar uno o varios bytes. El final de la cadena se marca, como siempre en C, con el byte nulo '\0'.

Por ejemplo, consideremos la siguiente cadena en UTF-8:

```
const char* saludo = "¡Hola!";
```

Esta cadena contiene seis caracteres visibles: '¡', 'H', 'o', 'l', 'a' y '!'. Sin embargo, su representación en memoria ocupa siete bytes (uno para cada carácter ASCII y dos para el carácter '¡'), más uno adicional para el byte nulo:

```
0xC2 0xA1 0x48 0x6F 0x6C 0x61 0x21 0x00
```

Como puede observarse, la longitud en bytes de una cadena no coincide necesariamente con el número de caracteres.

Es posible representar texto Unicode utilizando arrays de tipo *char*, siempre que se utilice una codificación multibyte como UTF-8. En ese caso, cada carácter puede ocupar entre uno y cuatro bytes, y la cadena completa se almacena como un array de bytes terminado en '\0'.

El lenguaje C no distingue entre cadenas ASCII y cadenas UTF-8: ambas se almacenan en arrays de tipo *char*. Por tanto, es responsabilidad del programador saber qué codificación está utilizando y tratarla adecuadamente.

19.4.1 Limitaciones de las cadenas multibyte

El principal inconveniente de trabajar con cadenas multibyte es que las funciones estándar para manipulación de cadenas (*strlen()*, *strcpy()*, *strcat()*, etc.) operan sobre bytes, no sobre caracteres. Por ejemplo, *strlen()* devuelve el número de bytes hasta el carácter nulo, no el número real de caracteres de la cadena.

Además, recorrer una cadena multibyte carácter a carácter no es trivial, ya que no todos los caracteres ocupan el mismo número de bytes. Para realizar esta tarea de forma segura, es necesario utilizar funciones como *mbrtowc()* o bibliotecas externas como *iconv*.

19.5 El tipo *wchar_t* y las cadenas de caracteres anchos

Para facilitar el trabajo con juegos de caracteres ampliados (como Unicode), el lenguaje C proporciona el *tipo wchar_t*, que permite representar caracteres individuales utilizando más de un byte.

El tipo *wchar_t* es un tipo entero reservado, definido en la cabecera *wchar.h*, lo bastante grande como para representar cualquier carácter de la codificación utilizada en la configuración regional (*locale*) activa.

Su tamaño no está fijado por el estándar C, y depende de la plataforma:

- En **Windows**, *wchar_t* ocupa 2 bytes y utiliza codificación UTF-16.
- En **Linux** y **macOS**, *wchar_t* ocupa 4 bytes y utiliza codificación UTF-32.

Esto implica que los programas que usen directamente variables de tipo *wchar_t* pueden no ser portables entre sistemas, a menos que se limiten a caracteres del plano básico de Unicode.

19.5.1 Cadenas de tipo *wchar_t*

Una cadena de caracteres anchos es un array de tipo *wchar_t* terminado por el valor nulo *L'\0'*. Para definir literales de tipo *wchar_t*, se antepone una *L* mayúscula a la cadena o carácter:

```
wchar_t letra = L'ñ';
wchar_t saludo[] = L"¡Hola!";
wchar_t nulo = L'\0';
```

19.5.2 Funciones estándar para conversión

La biblioteca estándar de C proporciona algunas funciones para convertir cadenas multibyte (almacenadas como *char**) a cadenas de caracteres anchos (de tipo *wchar_t**), y viceversa. Las más utilizadas son:

- *mbstowcs()*: convierte una cadena multibyte a una cadena de tipo *wchar_t*.
- *wcstombs()*: convierte una cadena de tipo *wchar_t* a una cadena multibyte.

Nota: podríamos entender *mbstowcs* como acrónimo de *Multi Byte String to Wide Char String*. La conversión en el otro sentido, *wcstombs*, sería *Wide Char String to Multi Byte String*. Es una forma de acordarse de nombres de funciones tan endiablados.

Ambas funciones están definidas en la cabecera *stdlib.h* y su comportamiento depende de la *locale* activa. Por ello, antes de utilizarlas es necesario llamar a *setlocale()* con un valor adecuado. Daremos ejemplos de utilización de estas funciones cuando expliquemos la función *setlocale()*.

19.6 La función *setlocale()* y el entorno regional

Muchas de las funciones de la biblioteca estándar que operan con texto, especialmente las que manejan caracteres multibyte o cadenas anchas, dependen de la *configuración regional del entorno de ejecución*, también conocida como *locale*.

19.6.1 ¿Qué es una *locale*?

La *locale* define una serie de convenciones culturales y lingüísticas que afectan al comportamiento del programa en aspectos como:

- La codificación de caracteres utilizada para entrada/salida.
- El formato de fechas, números y monedas.
- Las reglas de comparación y ordenación de texto.

Cada parte de la *locale* está asociada a una categoría, como LC_CTYPE (clasificación de caracteres), LC_NUMERIC, LC_TIME, etc.

19.6.2 La función *setlocale()*

La función *setlocale()*, de la biblioteca *locale.h*, permite consultar o modificar la configuración regional del programa. Su sintaxis es:

```
char* setlocale(int category, const char* locale);
```

Los parámetros son los siguientes:

- **category**: especifica qué parte de la *locale* se va a modificar (por ejemplo, LC_ALL para todas).
- **locale**: es una cadena con el nombre de la nueva *locale* . Si se pasa NULL, la función solo devuelve la *locale* actual. Si se ponen comillas vacías, se establece la *locale* por defecto del sistema.

Si un programa en C no llama explícitamente a la función *setlocale()*, se utiliza una configuración regional por defecto conocida como *locale "C"*. Esta configuración básica está pensada para entornos de programación minimalistas y solo admite el conjunto de caracteres ASCII (los primeros 128 caracteres del código Unicode).

La configuración regional activa influye en el comportamiento de muchas funciones de la biblioteca estándar que operan con caracteres. Por ejemplo, la función *isalpha()* devuelve 1 si el carácter recibido es una letra alfabética según la configuración regional actual, y 0 en caso contrario.

Esto significa que un mismo carácter puede ser reconocido o no como letra dependiendo de la *locale*. Por ejemplo, el carácter 'ñ' no se considera una letra alfabética bajo la *locale* por defecto "C" (que solo reconoce ASCII), pero sí es reconocido como tal si se activa una *locale* apropiada, como "*es_ES.UTF-8*".

Para establecer la configuración regional por defecto del sistema se utiliza:

```
setlocale(LC_ALL, "");
```

Para guardar la *locale* activa en una cadena e imprimirla:

```
char* loc = setlocale(LC_ALL, NULL);
printf("%s\n", loc);
```

Para establecer una configuración regional concreta, habrá que pasar como segundo parámetro una cadena *locale* adecuada. La cadena *locale* completa sigue el siguiente formato:

```
idioma_PAIS.codificación
```

Lo que sucede es que, según el sistema operativo, se siguen distintas convenciones de nombres. En los sistemas Linux, un nombre común para la *locale* en español con codificación UTF-8 es *es_ES.UTF-8*. Las *locales* disponibles pueden consultarse con el comando:

```
locale -a
```

Windows utiliza nombres de *locale* distintos. Algunos valores típicos son: "*Spanish_Spain.1252*" o "*Spanish_Spain.utf8*".

El Ejemplo 19.1 imprime la configuración regional por defecto del programa, establece la configuración regional por defecto del sistema y la muestra en pantalla.

Ejemplo 19.1   Establecer la configuración regional por defecto

```
#include <locale.h>
#include <stdio.h>

int main(void) {
   char loc_0[] = setlocale(LC_ALL, NULL);
   printf("Locale por defecto del programa: %s\n", loc_0);

   printf("Activando la locale por defecto del sistema...\n");
   setlocale(LC_ALL, "");

   char loc_1[] = setlocale(LC_ALL, NULL);
   printf("Locale activa: %s\n", loc_1);

   return 0;
}
```

La salida en el sistema Windows 10 del autor fue:

```
Locale por defecto del programa: C
Activando la locale por defecto del sistema...
Locale activa: Spanish_Spain.1252
```

En Linux:

```
Locale por defecto del programa: C
Activando la locale por defecto del sistema...
Locale activa: es_ES.UTF-8
```

En Windows, la *locale* por defecto del sistema en España es la *Windows 1252*. En cambio, en Linux y macOS, la configuración regional por defecto es UTF-8.

Para establecer explícitamente que la *locale* activa utilice UTF-8, tendremos que hacer lo siguiente:

- En sistemas Windows 10 o posteriores:

```
setlocale(LC_ALL, ".UTF8");
```

- En sistemas Linux o macOS:

```
setlocale(LC_ALL, "");
```

    O también:

```
setlocale(LC_ALL, "es_ES.UTF-8");
```

Si queremos configurar nuestro programa para que sea portable y se pueda ejecutar en cualquiera de los sistemas, podemos que hacer:

```
#ifdef _WIN32
    setlocale(LC_ALL, ".UTF8");
#else
    setlocale(LC_ALL, "es_ES.UTF-8");
#endif
```

Si incorporamos estas modificaciones en el código del Ejemplo 19.1:

Ejemplo 19.2 Configuración UTF-8 multiplataforma

```
#include <locale.h>
#include <stdio.h>

int main(void) {
    char* loc_0 = setlocale(LC_ALL, NULL);
    printf("Locale por defecto del programa: %s\n", loc_0);

    printf("Activando la locale por defecto del sistema...\n");
#ifdef _WIN32
    setlocale(LC_ALL, ".UTF8");
#else
    setlocale(LC_ALL, "es_ES.UTF-8");
#endif

    char* loc_1 =  setlocale(LC_ALL, NULL);
    printf("Locale activa: %s\n", loc_1);

    return 0;
}
```

La salida en Linux o macOS sigue siendo la misma. En Windows, la salida será:

```
Locale por defecto del programa: C
Activando la locale por defecto del sistema...
Locale activa: Spanish_Spain.utf8
```

El uso de la *locale* en Windows con cadenas Unicode suele ser más limitado y se recomienda utilizar directamente funciones específicas como *MultiByteToWideChar()* o definir literales de tipo *wchar_t*.

19.6.3 Importancia de la locale

Si no se establece de manera correcta la *locale*, algunas funciones multibyte pueden interpretar mal las cadenas y producir errores de conversión, impresiones incorrectas o incluso fallos de ejecución. Es el caso de las funciones *mbstowcs()* o *wprintf()*.

> **¡Atención al separador de decimales en la *locale* en Español!**
>
> Si se establece la *locale* en español con una instrucción del tipo:
>
> ```
> setlocale(LC_ALL, ".UTF8");
> ```
>
> el sistema activa todas las categorías culturales asociadas a España, incluyendo:
>
> - *LC_CTYPE*: clasificación de caracteres (*isalpha()*, etc.).
>
> - *LC_TIME*: formato de fecha y hora.
>
> - *LC_NUMERIC*: formato de números; este es el que cambia el punto por la coma.
>
> - *LC_COLLATE, LC_MONETARY, LC_MESSAGES...*
>
> En español (*es_ES*), el separador decimal por convención cultural es la coma, así que funciones como *printf(" %f", ...)* o *scanf(" %lf", ...)* pasarán a usar coma decimal.
>
> Puedes cambiar solo la *locale* de caracteres (para que funcione ñ, *iswalpha()*, etc.) pero mantener la parte numérica como la del locale *"C"*:
>
> ```
> #include <locale.h>
>
> // Activar español solo para clasificación de caracteres, etc.
> setlocale(LC_CTYPE, "es_ES.UTF-8");
>
> // Mantener el formato numérico clásico (punto decimal)
> setlocale(LC_NUMERIC, "C");
> ```
>
> También puedes usar:
>
> ```
> setlocale(LC_ALL, "es_ES.UTF-8");
> setlocale(LC_NUMERIC, "C");  // sobrescribe solo la parte
>                              // numérica
> ```

19.7 Entrada y salida con cadenas anchas

La biblioteca estándar proporciona versiones alternativas de las funciones de entrada y salida para trabajar con tipos *wchar_t*. Algunas de las más utilizadas son:

- *wprintf()*, *fwprintf()*: impresión en consola o fichero.

- *wscanf()*, *fwscanf()*: lectura desde consola o fichero.

- *fgetws()*, *fputws()*: lectura y escritura de cadenas.

Ya hemos visto que, para inicializar un carácter o una cadena del tipo *wchar_t* hay que anteponer una 'L' mayúscula al literal:

```
wchar_t wch = L'W';
wchar_t cad[] = L"Cadena ancha";
```

En estas funciones, la cadena de formato se debe declarar como *ancha*, anteponiendo una 'L' mayúscula.

Además, el especificador de formato para caracteres *wchar_t* es *%lc* y para cadenas, *%ls*, anteponiendo una 'l' minúscula al tipo. Por ejemplo:

```
wchar_t wch = L'C';
wchar_t cad[] = L"Prueba de cadena ancha";
wprintf(L"Cadena: %ls Carácter: %lc\n", cad, wch);
```

El siguiente programa convierte una cadena multibyte a una cadena de tipo *wchar_t* y la imprime por pantalla utilizando *wprintf()*:

Ejemplo 19.3   Imprimir cadenas de tipo *wchar_t*

```
#include <stdio.h>
#include <wchar.h>
#include <locale.h>
#include <stdlib.h>

int main(void) {
    setlocale(LC_ALL, "");
    // setlocale(LC_ALL, ".UTF8"); // En Windows

    const char* original = "Hola, ¿qué tal?";
    wchar_t ancho[100];

    mbstowcs(ancho, original, 100);
    wprintf(L"Cadena convertida: %ls\n", ancho);

    return 0;
}
```

Podríamos haber definido directamente la cadena como *wchar_t* y no necesitar la conversión:

```
char_t cad[] = L"Hola, ¿qué tal?";
```

Pero quería mostrar también el uso de la función de conversión *mbstowcs()*, que lo teníamos pendiente.

19.7.1 Limitaciones y precauciones

Es importante tener en cuenta que no se deben mezclar funciones de tipo *char* (como *printf()*) y funciones de tipo *wchar_t* (como *wprintf()*) sobre el mismo flujo de salida. Hacerlo provoca un comportamiento indefinido.

Además, como el tamaño de *wchar_t* depende de la plataforma, su uso directo puede dificultar la portabilidad del código. Para una gestión más precisa del texto Unicode, se recomienda utilizar bibliotecas especializadas como *iconv* o *ICU*.

19.8 Code Pages en la consola de Windows

En Windows, la consola tradicional no utiliza Unicode internamente como codificación de texto para las funciones de E/S de *char*, sino *Code Pages* (páginas de códigos) heredadas. Una *Code Page* es una tabla que asigna valores de 1 byte a un subconjunto de caracteres. La Tabla 19.2 muestra algunos ejemplos comunes.

Tabla 19.2: Páginas de código más comunes

Código	Nombre	Uso típico
437	OEM US	Consolas muy antiguas (DOS)
850	OEM Multilingual Latin 1	Consola en Europa occidental
1252	Windows-1252	API "ANSI" de Windows, GUI clásicas
65001	UTF-8	Unicode en consola moderna (Windows 10/11, Windows Terminal)

La consola distingue dos code pages: una para *entrada* (teclado) y otra para *salida* (pantalla). La cabecera *windows.h* ofrece dso funciones para configurarlas:

- Para fijar la code page de **entrada**:

$$\texttt{SetConsoleCP(UINT } codePage\texttt{)}$$

- Para fijar la code page de **salida**:

$$\texttt{SetConsoleOutputCP(UINT } codePage\texttt{)}$$

Los códigos que se pasan como argumentos a las funciones son los propios códigos que definen las *code pages*: 850, 1252, 65001,... Para establecer UTF-8, se usa el código 65001 o también CP_UTF8.

En sistemas modernos, es recomendable usar 65001 (UTF-8) cuando se trabaja con cadenas multibyte en la consola. Alternativamente, puede usarse salida *wide* (UTF-16) con *wprintf()* y modos _O_U16TEXT (véanse los ejemplos).

En los próximos apartados se van a mostrar algunos ejemplos de utilización. En Windows, se recomienda usar la *Windows Terminal* moderna, que gestiona de manera más fluida la codificación UTF-8.

Locale de C vs. Code Pages de la consola

setlocale() afecta a cómo la biblioteca C interpreta cadenas multibyte (*mbstowcs()*, *mbrtowc()*, ...).

SetConsoleCP() y *SetConsoleOutputCP()* afectan a cómo la *consola* lee del teclado y muestra por pantalla cuando se usan funciones de E/S *char* (*printf()*, *puts()*, ...).

Para una experiencia coherente con UTF-8: **establece ambas cosas** (*locale* UTF-8 y code pages 65001).

19.8.1 Aplicación 1: consola en UTF-8 y *printf() con char**

Este enfoque funciona bien en Windows 10/11 y especialmente en *Windows Terminal*. En consolas heredadas, asegúrese de usar una fuente TrueType con soporte Unicode (p. ej., *Consolas, Cascadia Mono*).

Ejemplo 19.4 Consola en UTF-8 y *printf() con char**

```c
#include <windows.h>
#include <stdio.h>
#include <locale.h>

int main(void) {

    // 1) Consola en UTF-8 (entrada y salida)
    SetConsoleOutputCP(65001);
    SetConsoleCP(65001);

    // 2) Locale de C en UTF-8 para funciones multibyte
    setlocale(LC_ALL, ".UTF8");

    // 3) Cadenas UTF-8 literales (guarda este .c como UTF-8)
    const char* s = "Español: ¡Hola! Euro: € Café: ☕ Emoji: 😀 ";

    // 4) Imprimir como UTF-8
    printf("%s\n", s);

    // 5) Leer una línea (multibyte UTF-8) y volver a imprimir
    char buf[256];
    printf("Introduce texto UTF-8: ");
    if (fgets(buf, sizeof buf, stdin)) {
        printf("Leído: %s\n", buf);
    }

    return 0;
}
```

La salida en el terminal integrado de VSCode es:

```
PROBLEMS    OUTPUT    TERMINAL    PORTS    DEBUG CONSOLE

>p6
Español: ¡Hola! Euro: € Café: ● Emoji: ☺
Introduce texto UTF-8: Camión, ¿año?, Requeté
Leído: Camión, ¿año?, Requeté
```

19.8.2 Aplicación 2: ruta *wide* robusta (UTF-16) con *wprintf()* y modos de flujo

Otra estrategia es trabajar en UTF-16 (nativo de Windows) y escribir/leer *wchar_t* directamente. Para que *wprintf()* envíe UTF-16 a la consola, hay que cambiar el modo de los flujos estándar:

Ejemplo 19.5   Ejemplo usando UTF-16

```c
#include <windows.h>
#include <stdio.h>
#include <wchar.h>
#include <io.h>

#include <fcntl.h>
#include <locale.h>

int main(void) {

    // Establecer locale (opcional, útil si vas a usar conversiones multibyte)
    setlocale(LC_ALL, ".UTF8");

    // Forzar stdout/stderr/stdin a texto UTF-16
    _setmode(_fileno(stdout), _O_U16TEXT);
    _setmode(_fileno(stdin),  _O_U16TEXT);

    // Salida y entrada wide (UTF-16)
    wprintf(L"Salida UTF-16 directa: ¡Hola! € ☕ ☺ \n");
    wprintf(L"Escribe algo en Unicode y pulsa Enter:\n");
    wchar_t wbuf[256];
    if (fgetws(wbuf, 256, stdin)) {
        wprintf(L"Leído (wide): %ls\n", wbuf);
    }

    return 0;
}
```

La salida en el terminal integrado de VSCode es:

PROBLEMS	OUTPUT	TERMINAL	PORTS	DEBUG CONSOLE

```
>p6
Salida UTF-16 directa: ¡Hola! € ● ☺
Escribe algo en Unicode y pulsa Enter:
¡Qué barbarité!
Leído (wide): ¡Qué barbarité!
```

En este modo, la E/S se realiza por la vía *wide* de la consola (Windows llama por debajo a las funciones WriteConsoleW/ReadConsoleW) y no depende de la code page de salida para representar caracteres fuera de la página activa. Evita mezclar después *printf()* y *wprintf()* sobre el mismo flujo.

19.8.3 Aplicación 3: conversión UTF-8 → UTF-16 → UTF-8 con la API de Windows

Si necesitas transformar codificaciones (por ejemplo, procesar *char** UTF-8 y presentar por consola por la vía *wide*), usa *MultiByteToWideChar()* y *WideCharToMultiByte()*:

| Ejemplo 19.6 | Conversiones con funciones de la API de Windows |

```c
#include <windows.h>
#include <stdio.h>
#include <wchar.h>

int main(void) {

    const char* utf8 = "¡Hola!  €  ☕  ☺  ";
    wchar_t wbuf[256];
    char back[256];

    // UTF-8 -> UTF-16 (Windows)
    int n = MultiByteToWideChar(CP_UTF8, 0, utf8, -1, wbuf, 256);

    // Mostrar por consola (wide preferible en Windows)
    // Modo sencillo: confiar en wprintf (ideal si usas Aplicación 2)
    // _setmode(stdout, _O_U16TEXT) si no ves bien los caracteres
    wprintf(L"%ls\n", wbuf);

    // Vuelta: UTF-16 -> UTF-8
    int m = WideCharToMultiByte(CP_UTF8, 0, wbuf, -1, back, 256, NULL, NULL);
    printf("Reconvertido a UTF-8: %s\n", back);

    return 0;
}
```

La salida en el terminal integrado de VSCode es:

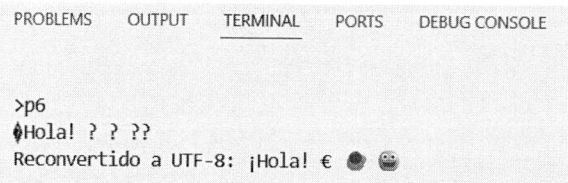

Buenas prácticas en consola de Windows

- En proyectos nuevos, usa **Windows Terminal** y **UTF-8** (code page 65001) con *SetConsoleOutputCP/SetConsoleCP* y *setlocale(".UTF8")*.

- Para conseguir la máxima compatibilidad, usa la **ruta wide** (UTF-16) con *_O_U16TEXT* y *wprintf()*, evitando dependencias de code page.

- No mezcles *printf()* y *wprintf()* en el mismo flujo: el comportamiento es indefinido.

- Asegúrate de que la fuente de la consola soporta los glifos (ej.: emojis).

Entrada/salida en modo *wide* en Windows

Cuando se activa el modo *_O_U16TEXT* sobre los flujos estándar mediante la función *_setmode()*, la biblioteca de C de Windows redirige automáticamente las funciones *wprintf()* y *fgetws()* hacia las funciones internas del sistema WriteConsoleW() y ReadConsoleW(), que operan directamente con texto en formato UTF-16. Esto permite enviar y recibir texto Unicode completo, incluyendo caracteres fuera del rango ASCII o de la code page activa, sin depender de la configuración regional del sistema ni de funciones de conversión multibyte.

En este modo, la consola recibe directamente texto *wide* codificado como *wchar_t*, y no es necesario llamar a *SetConsoleOutputCP()* para establecer la página de códigos a UTF-8. No obstante, es importante no mezclar funciones de entrada/salida normales (*printf()*, *scanf()*, etc.) con funciones *wide* (*wprintf()*, *fgetws()*, etc.) sobre el mismo flujo, ya que utilizan mecanismos diferentes y pueden generar conflictos o comportamientos inesperados.

19.9 Conversión entre codificaciones

En muchas aplicaciones es necesario convertir cadenas de texto entre distintas codificaciones: por ejemplo, de UTF-8 a ISO-8859-1, de UTF-16 a UTF-8, o viceversa. El lenguaje C estándar no proporciona funciones específicas para este propósito, pero existen bibliotecas externas ampliamente utilizadas que permiten realizar estas conversiones de manera eficiente y portable.

19.9.1 Sistemas Windows: funciones *MultiByteToWideChar()* y *WideCharToMultiByte()*

En Windows, las funciones estándar de la biblioteca C no son suficientes para realizar conversiones fiables entre distintas codificaciones de caracteres. Por este motivo, la API de Windows proporciona funciones específicas para convertir entre cadenas multibyte (normalmente en UTF-8 o Windows-1252) y cadenas de tipo *wchar_t* (en UTF-16).

Estas funciones están declaradas en la cabecera *windows.h* y permiten realizar conversiones de forma precisa y controlada.

19.9.2 Función *MultiByteToWideChar()*

Convierte una cadena multibyte (por ejemplo, en UTF-8) a una cadena de caracteres anchos (*wchar_t*).

```
int MultiByteToWideChar(UINT codePage, DWORD dwFlags,
    LPCCH lpMultiByteStr, int cbMultiByte,
    LPWSTR lpWideCharStr, int cchWideChar
);
```

19.9.3 Función *WideCharToMultiByte()*

Realiza la conversión inversa: de una cadena de tipo *wchar_t* (UTF-16) a una cadena multibyte (por ejemplo, en UTF-8).

```
int WideCharToMultiByte(UINT codePage, DWORD dwFlags,
    LPCWCH lpWideCharStr, int cchWideChar,
    LPSTR lpMultiByteStr, int cbMultiByte,
    LPCCH lpDefaultChar, LPBOOL lpUsedDefaultChar
);
```

19.9.4 Ventajas de estas funciones

- Permiten conversiones fiables entre UTF-8 y UTF-16.
- Soportan codificaciones específicas de Windows (como Windows-1252).
- No dependen de la *locale* ni de *setlocale()*.

19.9.5 Limitaciones

- Código no portable a sistemas Unix.
- Sintaxis compleja, con muchos parámetros técnicos.
- Requiere enlazar con la API de Windows (*windows.h*).

Nota: el lector interesado puede consultar un ejemplo de uso en el repositorio de recursos adicionales del libro [2].

19.9.6 En sistemas Linux/macOS: la biblioteca *iconv*

En sistemas Unix (Linux, macOS, BSD), la conversión entre codificaciones se realiza habitualmente mediante la biblioteca *iconv*, que forma parte del estándar POSIX.

La biblioteca *iconv* proporciona una interfaz que permite convertir cadenas entre codificaciones arbitrarias. Las funciones principales son:

- *iconv_t iconv_open(const char* tocode, const char* fromcode)*: crea un descriptor de conversión entre dos codificaciones.

- *size_t iconv(iconv_t cd, char** inbuf, size_t* inbytesleft, char** outbuf, size_t* outbytesleft)*: realiza la conversión de una cadena.

- *int iconv_close(iconv_t cd)*: libera los recursos asociados al descriptor.

Estas funciones están declaradas en la cabecera *iconv.h* y requieren enlazar con la biblioteca correspondiente.

Codificaciones disponibles:

Las codificaciones que pueden usarse con *iconv()* dependen del sistema y de la biblioteca instalada. En Linux suelen estar disponibles: "UTF-8", "UTF-16", "ISO-8859-1", "WINDOWS-1252", "ASCII", entre muchas otras. El comando siguiente permite consultar las disponibles en el sistema:

```
iconv -l
```

Ventajas de *iconv*:
- Permite trabajar con múltiples codificaciones.
- Es portable entre sistemas Unix.
- Se integra bien con programas de consola en C.

Limitaciones:
- No está disponible en sistemas Windows por defecto.
- Su uso requiere manipular punteros dobles y tamaños manualmente.

Nota: el lector interesado puede consultar un ejemplo de uso en el repositorio de recursos adicionales del libro [2].

19.10 Buenas prácticas para trabajar con Unicode en C

El tratamiento de texto Unicode en C puede resultar complejo debido a la variedad de codificaciones, funciones específicas por plataforma y diferencias entre sistemas operativos. Por ello, es fundamental adoptar una serie de buenas prácticas que permitan desarrollar programas más robustos, portables y fáciles de mantener.

19.10.1 Elegir una codificación única y coherente

Siempre que sea posible, es recomendable utilizar UTF-8 como codificación interna y externa del texto. UTF-8 tiene las siguientes ventajas:
- Es compatible con ASCII.
- Es estándar en sistemas Unix y ampliamente soportado.
- Permite almacenar cualquier carácter Unicode.

En Windows, si se decide trabajar con UTF-8, hay que asegurarse de configurar adecuadamente el entorno de compilación y utilizar funciones que lo soporten explícitamente (por ejemplo, *MultiByteToWideChar()* con CP_UTF8).

19.10.2 Establecer la locale al inicio del programa

Antes de realizar operaciones que dependan de la codificación (como imprimir caracteres multibyte o convertir cadenas), se debe establecer la configuración regional:

```
// En Linux-macOS
setlocale(LC_ALL, "");
// En Windows
setlocale(LC_ALL, ".UTF8");
```

Esto permite que funciones como *mbstowcs()*, *wprintf()* o *mbrtowc()* interpreten correctamente las cadenas.

19.10.3 No mezclar funciones multibyte y de caracteres anchos

Las funciones *printf()*, *puts()*, *fgets()* trabajan con cadenas de tipo *char**, mientras que *wprintf()*, *fgetws()*, *putws()* trabajan con *wchar_t**. Mezclar ambas familias sobre el mismo flujo de entrada o salida puede provocar errores o comportamientos inesperados.

19.10.4 Comprobar siempre los errores de conversión

Muchas funciones de conversión como *mbstowcs()*, *iconv()*, *MultiByteToWideChar()* pueden fallar si la cadena de entrada contiene caracteres no válidos para la codificación esperada. Es imprescindible comprobar los valores de retorno.

19.10.5 Documentar la codificación de entrada y salida

Si el programa lee o escribe ficheros de texto, conviene documentar claramente qué codificación se está utilizando. Esto evitará malentendidos al intercambiar datos con otros sistemas, programas o usuarios.

19.10.6 Evitar suposiciones sobre el tamaño de los caracteres

En codificaciones como UTF-8 o UTF-16, los caracteres pueden ocupar un número variable de bytes. No se debe asumir que la longitud de una cadena (en bytes) coincide con su número de caracteres. Para recorrer texto carácter a carácter es necesario utilizar funciones específicas como *mbrtowc()* o bibliotecas externas.

19.10.7 Para proyectos multiplataforma, encapsular las conversiones

Si el programa debe ejecutarse tanto en Windows como en Linux, se recomienda escribir funciones auxiliares que oculten las diferencias de API entre plataformas. Esto mejora la legibilidad del código y facilita su mantenimiento.

19.11 Análisis de compatibilidad y portabilidad

Uno de los retos principales al trabajar con Unicode en el lenguaje C es la *portabilidad* del código entre sistemas operativos y entornos de ejecución. A diferencia de otros lenguajes modernos, C no abstrae de forma completa los detalles de codificación de caracteres, por lo que el comportamiento del programa puede variar según la plataforma.

19.11.1 Compatibilidad entre plataformas

La principal diferencia entre sistemas Unix (Linux, macOS) y Windows radica en:

- El tamaño y codificación interna del tipo *wchar_t*.
- Las funciones disponibles para conversión entre codificaciones.
- El comportamiento por defecto de la *locale* y de la entrada/salida por consola.

Estas diferencias hacen que algunos programas funcionen correctamente en Linux, pero fallen al compilarse o ejecutarse en Windows (y viceversa), si no se toman ciertas precauciones.

19.11.2 Aspectos no portables

No son portables entre plataformas:

- El uso directo del tipo *wchar_t*. Su tamaño y codificación dependen del sistema.
- Las funciones de la API de Windows, como *MultiByteToWideChar()* o *WideCharToMultiByte()*, que no existen en sistemas Unix.
- Las llamadas a *iconv()* o al comando `locale`, que son específicas de POSIX.
- La suposición de que la consola podrá imprimir caracteres Unicode sin configuración adicional.

19.11.3 Aspectos portables

Son portables entre sistemas aquellos programas que:

- Trabajan únicamente con cadenas de tipo *char** codificadas en UTF-8.
- Utilizan funciones estándar como *mbstowcs()* y *wcstombs()*, siempre que se establezca correctamente la *locale*.
- Se limitan a caracteres ASCII o Latin-1, en contextos donde no se requiera compatibilidad total con Unicode.

19.11.4 Consejos para mejorar la portabilidad

- Encapsular las conversiones en funciones auxiliares independientes para cada plataforma.
- Utilizar macros de preprocesador para detectar el sistema operativo en tiempo de compilación.

- Establecer explícitamente la codificación esperada para entrada y salida.
- Realizar pruebas en todas las plataformas destino antes de la distribución.

19.11.5 Un enfoque progresivo

Dado que muchos programas escritos en C no necesitan inicialmente soporte Unicode completo, una estrategia habitual consiste en comenzar utilizando UTF-8 con *char**, y añadir progresivamente funciones de conversión y manejo de *wchar_t* cuando la aplicación lo requiera.

Ejercicios propuestos

(Las soluciones de estos ejercicios se pueden consultar en [2])

Ejercicio 19.1. Establecer la *locale* . Escribe un programa que muestre por pantalla la *locale* activa del sistema. Usa la función *setlocale()* y asegúrate de que el programa funciona correctamente tanto en Windows como en Linux.

Ejercicio 19.2. Cadena UTF-8 a wchar_t. Escribe un programa que almacene una cadena en UTF-8 (por ejemplo, "¡Buenos días!") y la convierta a una cadena de tipo *wchar_t* utilizando la función *mbstowcs()*. Imprime la cadena resultante con *wprintf()*.

Ejercicio 19.3. Cadena wchar_t a multibyte. Haz el proceso inverso del ejercicio anterior: define una cadena *wchar_t* e imprime su versión multibyte usando *wcstombs()*.

Ejercicio 19.4. Longitud de una cadena multibyte. Escribe un programa que calcule cuántos caracteres reales (no bytes) hay en una cadena multibyte codificada en UTF-8. Puedes usar la función *mbrtowc()*.

Ejercicio 19.5. Conversión con iconv. Implementa un programa que convierta una cadena desde UTF-8 a ISO-8859-1 utilizando la biblioteca *iconv*. Comprueba que la salida es correcta en Linux.

Ejercicio 19.6. Conversión con la API de Windows. Escribe un programa en Windows que convierta una cadena multibyte UTF-8 a UTF-16 con *MultiByteToWideChar()*, y luego reconviértela a UTF-8 con *WideCharToMultiByte()*.

Ejercicio 19.7. Lectura segura de entrada Unicode. Escribe un programa que lea del teclado una cadena multibyte introducida por el usuario y la convierta a *wchar_t*, comprobando que todos los caracteres se han leído correctamente.

Ejercicio 19.8. Conteo de vocales acentuadas. Escribe una función que reciba una cadena UTF-8 y devuelva cuántas vocales acentuadas contiene (á, é, í, ó, ú, Á, É, Í, Ó, Ú). Usa conversión a *wchar_t* si es necesario.

Ejercicio 19.9. Escritura en fichero en UTF-8. Escribe un programa que genere un fichero de texto codificado en UTF-8 con frases que contengan letras no ASCII (como "mañana", "año", "camión"). Verifica el fichero con un editor externo.

Ejercicio 19.10. Interfaz multilingüe. Implementa un programa que muestre un saludo diferente en función de la *locale* activa. Por ejemplo: "Hello" en en_US, "Hola" en es_ES, "Bonjour" en fr_FR.

Bibliografía

[1] Harold Abelson, Gerald Jay Sussman y Julie Sussman. *Structure and Interpretation of Computer Programs*. second. MIT Press, 1996. isbn: 978-0-262-51087-5.

[2] Santiago Higuera de Frutos. *Repositorio de Recursos Adicionales Del Libro Programación En C. Editorial Garceta*. 2025. url: https://github.com/shiguera/programacion_c.

[3] Julio Mulero González y Juan Matías Sepulcre Martínez. *LATEX con palabras clave: 2ª edición*. Universidad D'Alacant, 20 de oct. de 2020. 554 págs. isbn: 978-84-9717-704-7.

[4] *Basic Syntax | Markdown Guide*. 2023. url: https://www.markdownguide.org/basic-syntax/ (visitado 13-08-2023).

[5] *TIOBE Index*. TIOBE. 2024. url: https://www.tiobe.com/tiobe-index/ (visitado 14-08-2023).

[6] *ASCII*. En: *Wikipedia, la enciclopedia libre*. 6 de jul. de 2025. url: https://es.wikipedia.org/w/index.php?title=ASCII&oldid=168327195 (visitado 11-08-2025).

[7] ISO-IEC. *Information Technology - Programming Languages - C23*. 2024.

[8] ISO-IEC. *Information Technology - Programming Languages - C99*. 1999.

[9] Martin Robert. *Clean Code: A Handbook of Agile Software Craftsmanship*. Upper Saddle River, NJ, 1 de ago. de 2008. 464 págs. isbn: 978-0-13-235088-4.

[10] Erich Gamma et al. *Design Patterns: Elements of Reusable Object-Oriented Software*. Erich Gamma, Richard Helm, Ralph Johnson, John Vlissides. 1994. isbn: 978-0-201-63361-0. url: https://learning.oreilly.com/library/view/design-patterns-elements/0201633612/ (visitado 01-04-2024).

[11] Trevis Rothwell y James Youngman. *The GNU C Reference Manual*. Free Software Foundation Inc., 2015.

[12] Stephen G. Kochan. *Programming in C*. 4.ª ed. Addison-Wesley, 2015.

[13] Loosemore, S. et Al. *The GNU C Library Reference Manual*. Free Software Foundation Inc., 2023.

[14] W3Schools. *C Reference Documentation*. url: https://www.w3schools.com/c/c_ref_reference.php (visitado 12-08-2025).

[15] *C Reference - Cppreference.Com*. url: https://en.cppreference.com/w/c.html (visitado 12-08-2025).